आचार्य विश्वनाथ – साहित्यदर्पण

आचार्य विश्वनाथ – साहित्यदर्पण

डॉ. संगीता अग्रवाल

मुरारीलाल एंड सन्स
नई दिल्ली-110 002

आचार्य विश्वनाथ – साहित्यदर्पण
●
डॉ. संगीता अग्रवाल

संस्करण : 2025

ISBN : 978-93-80117-51-5

मूल्य : ₹ 995/-

PRINTED IN INDIA

Published by **Murari Lal & Sons,** 4378/4B, Ansari Road, Darya Ganj, New Delhi-110002, Phone : (Off.) 011-43526979

Printed at S.K. Offset, Delhi

प्राक्कथन

आचार्य विश्वनाथ संस्कृत काव्य शास्त्र के मर्मज्ञ और आचार्य थे। वे साहित्यदर्पण सहित अनेक साहित्य संबंधी संस्कृत ग्रंथों के रचयिता हैं। उन्होंने आचार्य मम्मट के ग्रंथ काव्य प्रकाश की टीका भी की है जिसका नाम "काव्यप्रकाश दर्पण" है।

साहित्यदर्पण के प्रथम परिच्छेद की पुष्पिका में उन्होंने जो विवरण दिया है उसके आधार पर उनके पिता का नाम चंद्रशेखर और पितामह का नाम नारायणदास था। महापात्र उनकी उपाधि थी। वे कलिंग के रहने वाले थे। उन्होंने अपने को "सांधिविग्रहिक", "अष्टादशभाषावारविलासिनीभुजंग" कहा है पर किसी राजा के राज्य का नामोल्लेख नहीं किया है। साहित्यदर्पण के चतुर्थ परिच्छेद में अलाउद्दीन खिलजी का उल्लेख पाए जाने से ग्रंथकार का समय अलाउद्दीन के बाद या समान संभावित है। जंबू की हस्तलिखित पुस्तकों की सूची में साहित्यदर्पण की एक हस्तलिखित प्रति का उल्लेख मिलता है, जिसका लेखन काल 1384 ई. है, अतरू साहित्यदर्पण के रचयिता का समय 14वीं शताब्दी ठहरता है।

रस को साहित्य की आत्मा मानने वाले वे पहले संस्कृत आचार्य थे। साहित्यदर्पण में उनका सूत्र वाक्य रसात्मकं वाक्यं काव्यम् आज भी साहित्य का मूल माना जाता है और बार बार उद्धृत किया जाता है। साहित्य में रस की स्थापना करने वाले उनके इस दर्शन को विश्वव्यापी ख्याति मिली और इस ग्रंथ का अनेक भाषाओं में अनुवाद हुआ। साहित्यदर्पण और काव्य प्रकाश की टीका के अतिरिक्त विश्वनाथ द्वारा अनेक काव्यों की भी रचना भी की गई है जिनका पता साहित्यदर्पण और काव्यप्रकाश दर्पण से लगता है। "राघव विलास", संस्कृत महाकाव्य, "कुवलयाश्वचरित्", प्राकृत भाषाबद्ध काव्य, "नरसिंहविजय", संस्कृत काव्य; "प्रभावतीपरिणय" और "चंद्रकला" नाटिका तथा "प्रशस्ति रत्नावली" जो सोलह भाषाओं में रचित करंभक है, का उल्लेख इन्होंने स्वयं किया है और उनके उदाहरण भी आवश्यकतानुसार दिए हैं जिनसे साहित्यदर्पणकार की बहुभाषाविज्ञता और प्रगल्भ पांडित्य की अभिव्यक्ति होती है।

इस पुस्तक में 10 अध्यायों को सम्मिलित किया गया है, जिसमें *आचार्य विश्वनाथ का व्यक्तित्व तथा कृतित्व; साहित्यदर्पण का आकलन तथा काव्य लक्षण की समीक्षा; लक्षणा तथा व्यंजना शक्ति का प्रयोग; आचार्य विश्वनाथ प्रदत्त रस लक्षण; रसस्य आलौकिकता तथा आनन्दरूपता; शान्तरसस्य स्वरूपं; विश्वनाथानुसारेन काव्यस्वरूपं विवेचना; साहित्यदर्पण - प्रथमः परिच्छेदः (व्याख्या भाग) कुछ अंश; साहित्यदर्पण - द्वितीयः परिच्छेदः (व्याख्या भाग) कुछ अंश; साहित्यदर्पण - तृतीयः परिच्छेदः (व्याख्या भाग) कुछ अंश;* का संक्षिप्त विवरण दिया गया है।

इस पुस्तक के लेखन में अनेक पुस्तकों, पत्र-पत्रिकाओं एवं प्रतिवेदनों से प्रत्यक्ष एवं अप्रत्यक्ष रूप से सहायता ली गई है, अतः उन सभी विद्वान लेखकों, सहायक ग्रन्थों तथा पत्र-पत्रिकाओं के सम्पादकों और मूल स्रोतों के व्यवस्थापकों का मैं हृदय से आभार प्रकट करती हूं और अन्त में, मुरारी लाल एंड सन्स का हृदय से धन्यवाद करती हूं जिन्होंने अल्प समय में इस पुस्तक का प्रकाशन सम्भव कराया।

–डॉ. संगीता अग्रवाल

अनुक्रम

प्राक्कथन (v)

1. आचार्य विश्वनाथ का व्यक्तित्व तथा कृतित्व 1
2. साहित्यदर्पण का आकलन तथा काव्य लक्षण की समीक्षा 13
3. लक्षणा तथा व्यंजना शक्ति का प्रयोग 29
4. आचार्य विश्वनाथ प्रदत्त रस लक्षण 49
5. रसस्य आलौकिकता तथा आनन्दरूपता 63
6. शान्तरसस्य स्वरूपं 75
7. विश्वनाथानुसारेन काव्यस्वरूपं विवेचना 81
8. साहित्यदर्पण - प्रथमः परिच्छेदः (व्याख्या भाग) कुछ अंश 94
9. साहित्यदर्पण - द्वितीयः परिच्छेदः (व्याख्या भाग) कुछ अंश 142
10. साहित्यदर्पण - तृतीयः परिच्छेदः (व्याख्या भाग) कुछ अंश 206

1

आचार्य विश्वनाथ का व्यक्तित्व तथा कृतित्व

साहित्यदर्पण नामक अद्वितीय काव्यशास्त्रीय ग्रंथ के रचयिता आचार्य विश्वनाथ का जीवन-परिचय भी अन्य कवियों के जीवन-परिचय के समान प्रच्छन्न ही है। इनके जीवन-परिचय के सन्दर्भ में बहुत कुछ नहीं कहा जा सकता। अपने ग्रंथों में इन्होंने जो कुछ संकेत दिया है, उसके आधार पर इतना ही कहा जा सकता है कि अपने जन्म से उन्होंने उत्कल देश को अलंकृत किया था। इनका जन्म राज्याश्रय प्राप्त, विद्यावैभवविभूषित एवं सर्वथा सम्पन्न ब्राह्मण कुल में हुआ था तथा महापात्र इनकी कुलोपाधि थी। इनके पितामह का नाम श्रीनारायण था, जो कलिंग के महाराजाधिराज श्री नरसिंहदेव के सभापण्डित थे तथा अपने समय के प्रकाण्ड विद्वान धर्मदत्त को शास्त्रार्थ में हराकर सकलसहृदयगोष्ठीगरिष्ठ बन गए थे। अन्य शास्त्रों के विद्वान होते हुए भी ये रस शास्त्र (काव्य शास्त्र) के मर्मज्ञ थे। वे उद्‌भट विद्वान् तथा साहित्यशास्त्र के प्रणेता थे। सम्भवतः विश्वनाथ कविराज ने अपने प्रपितामह श्रीमन्नारायण के श्रीचरणों में बैठकर ही साहित्यशास्त्र का अध्ययन किया हो। विश्वनाथ जी ने साहित्यदर्पण में रस के स्वरूप तथा रसास्वादन के प्रकरण में अपने प्रपितामह का स्मरण निम्न शब्दों में किया है—

"चमत्कारश्चित्तविस्ताररूपो विस्मयापरपर्यायः। तत्प्राणत्वं चास्मद्‌वृद्ध-प्रपितामह-सहृदयगोष्ठीगरिष्ठपण्डितमुख्यश्रीमन्नारायणपादैरुक्तम्। तदाह धर्मदत्तः स्वग्रंथे—

**"रसे सारश्चमत्कारः सर्वत्राप्यनुभूयते।
तच्चमत्कारसारत्वे सर्वत्राप्यद्‌भुतो रसः।।**

तस्मादद्भुतमेवाह कृती नारायणे रसम्" ।।

इति ।। साहित्यदर्पण 3.3.

अर्थात् श्रीमन्नारायण, जो विश्वनाथ कविराज के प्रपितामह हैं, रसों में चमत्कार को ही सार मानते हैं। उन्होंने केवल अद्भुत रस को ही सर्वत्र माना है। वे सहृदय गोष्ठीगरिष्ठ और कविपण्डितों में मुख्य हैं।

प्रसिद्ध विद्वान् दीपिकाकार चण्डीदास विश्वनाथ के पितामह नारायण के अनुज थे। इन्हें भी कवित्व एवं काव्यालोचन मे पूर्ण सफलता प्राप्त थी। श्रीविश्वनाथ ने इन्हें भी श्रीनारायण के ही समान 'कविपण्डितमुख्य' आदि विशेषणों से विशिष्ट बताया है। रस-प्रकरण में इनका परिचय देते हुए विश्वनाथ कहते हैं–

'इहास्मत्पितामहानुजकविपण्डितमुख्यचण्डीदासपादैरुक्तम् ।'

विश्वनाथ के पिता का नाम चन्द्रशेखर था। अपने साहित्यदर्पण के अन्तिम पद्य में विश्वनाथ ने इनके नाम का इस प्रकार उल्लेख किया है–

'श्रीचन्द्रशेखरमहाकविचन्द्रसूनु-
श्रीविश्वनाथकविराजकृतं प्रबंधम् ।
साहित्यदर्पणममुं सुधियो विलोक्य
साहित्यतत्त्वमखिलं सुखमेव वित्त' ।।

आचार्य विश्वनाथ को भी अपने पितामह के समान किसी राजा का आश्रय प्राप्त था। क्योंकि स्वयं इन्होंने ही काव्य प्रकाश की टीका 'काव्यप्रकाशदर्पण' में अपने को 'सान्धिविग्रहिक' कहा है। सान्धिविग्रहिक का तात्पर्य स्पष्ट है–'संधि एवं विग्रह कराने वाला।' इससे स्पष्ट है कि ये जात्वा ब्राह्मण थे, क्योंकि उन दिनों ब्राह्मण ही राजा का प्रधानामात्य हो सकता था। किसी राजा पर प्रधानामात्य का ही इतना प्रभाव हो सकता है कि राजा उसके कहने पर किसी से संधि अथवा किसी से विग्रह कर ले। महापात्र इनकी कुलोपाधि थी। उड़ीसा में महापात्र ब्राह्मण होते हैं। विश्वनाथ को आश्रय प्रदान करने वाला यह राजा अन्य कोई नहीं अपितु कलिङ्गाधिप 'नरसिंह' का पुत्र या पौत्र ही रहा होगा तथा इनके यहां प्रधान अमात्यपद कुलपरम्परागत होगा। इनका कलिङ्गाधिपमन्त्रित्व इनके पुत्र अनन्तदास, जिसने साहित्यदर्पण पर लोचन नामक टीका लिखी है, की उक्ति से सिद्ध है–

'आसीत्कपिञ्जलकुलक्षीराकूपारचन्द्रमाः।
त्रिकलिङ्गाधिपधराधामधीसचिवः कृती'।।

इस प्रकार साहित्यदर्पण के अंतःसाक्ष्य के आधार पर कहा जा सकता है कि विश्वनाथ कविराज स्वयं, इनके पिता श्री चन्द्रशेखर और पितामह श्रीमन्नारायण– सारा ही परिवार, परिवार ही नहीं वंश विद्या एवं ऐश्वर्य में सम्पन्न था। कुछ विद्वान् विश्वनाथ कविराज और विश्वनाथ पञ्चानन को एक ही मानते हैं। वस्तुतः साहित्यदर्पणकार विश्वनाथ कविराज न्यायमुक्तावली के कर्ता विश्वनाथ पञ्चानन से भिन्न हैं। इनके पिता का नाम श्री चन्द्रशेखर है और उनके पिता का नाम विद्यानाथ है। ये कविराज हैं और वे पञ्चानन। सम्भवतः ये विद्यानाथ वही हैं जिनके मत का खण्डन अप्पयदीक्षित ने अपनी चित्रमीमांसा में किया है।

आचार्य विश्वनाथ की शिक्षा-दीक्षा घर पर ही पितामह श्रीनारायण की देखरेख में सम्पन्न हुई थी। इनकी शिक्षा कहीं बाहर नहीं हुई। अपने पितामह श्रीनारायण के चरणारबिन्द का मधुकर बनकर इन्होंने निरन्तर उन्हीं से शिक्षा प्राप्त की, इसमें कोई सन्देह नहीं प्रतीत होता। काव्यप्रकाशदर्पण में अपने को– 'श्रीमन्नारायणचरणारविन्दमधुकर' कहने में बड़े गर्व का अनुभव करते हैं।

ये केवल संस्कृत भाषा के ही नहीं अपितु चौदह भाषाओं के अधिकारी विद्वान् थे। विविध विद्याएं तथा संगीत विद्या एवं कला में भी विश्वनाथ पारङ्गत थे। इसका प्रमाण है स्वयं विश्वनाथ की उक्ति–

'इति श्रीमन्नारायणचरणारविन्दमधुकरालङ्कालङ्कारिकचक्रवर्त्ति-ध्वनि-प्रस्थापनपरमाचार्या-ष्टादशभाषा-विलासिनीभुजङ्ग–सङ्गीतविद्याधर–कलाविद्या मालतीमधुकर-विविधविद्यार्णवकर्ण-धारसान्धिविग्रहिकमहापात्र- श्रीविश्वनाथ-कवि-राजकृतौ काव्यप्रकाशदर्पणेऽर्थालङ्कारनिर्णयो नाम दशम उल्लासः' इति।

प्रस्तुत उक्ति विश्वनाथ के सर्वाङ्गीण पाण्डित्य को प्रकट करती है। इस प्रकार विश्वनाथ का पाण्डित्य अधोलिखित रूप में वर्गीकृत किया जा सकता है–

1. अलंकारिक–ये अलङ्कार (काव्य) शास्त्र के परम प्रकाण्ड विद्वान् थे। इनके अलंकारिक वैदुष्य का ज्वलन्त उदाहरण साहित्यशास्त्रीय ग्रंथों की रीढ़ माना जाने वाले मम्मटकृत काव्यप्रकाश की टीका 'काव्यप्रकाशदर्पण' है। काव्यप्रकाश जैसे ग्रंथ की टीका करने मात्र से इनका मन आह्लादित नहीं हुआ तो

'साहित्यदर्पण' नामक स्वतंत्र काव्यशास्त्रीय ग्रंथ लिखकर अलंकारिकों की श्रेणी में अपने को खड़ा कर लिया। यह ग्रंथ काव्यशास्त्र का एक मानक ग्रंथ है। इन दोनों रचनाओं के कारण विश्वनाथ अलंकारिकचक्रवर्ती बन गए।

2. ध्वनिप्रस्थापनपरमाचार्य–काव्यशास्त्र के विविध प्रस्थानों में विश्वनाथ ध्वनिप्रस्थान के अनुयायी हैं। ध्वनिप्रस्थान के संस्थापक तो आचार्य आनन्दवर्धन थे, किन्तु विश्वनाथ ने इनके सम्प्रदाय को अपने तर्कों के द्वारा और अधिक प्रसादित तथा व्याख्यायित किया। सम्प्रदाय के रूप में तो विश्वनाथ रस-सम्प्रदाय के अनुवर्त्तक हैं, किन्तु रस-सम्प्रदाय का मूलाधार ध्वनि-सम्प्रदाय ही है। अतः विश्वनाथ ने मुक्तकण्ठ से अपने को 'ध्वनिप्रस्थापन-परमाचार्य' कहा है।

3. अष्टादशभाषाविलासिनीभुजङ्ग–विश्वनाथ अठारह भाषाओं में पारङ्गत थे, जिनमें संस्कृत, प्राकृत, पाली, महाराष्ट्री, अपभ्रंश आदि प्रसिद्ध हैं। साहित्यदर्पण के दशवें परिच्छेद में भाषासम अलङ्कार के रूप में उदाहृत इनका अपना श्लोक–

'मञ्जुलमणिमञ्जीरे कलगम्भीरे विहारसरसीतीरे।
विरसासि केलिकीरे किमालि! धीरे च गन्धसारसमीरे'॥

संस्कृत, प्राकृत, शौरसेनी, प्राच्यावन्ती, नागरापभ्रंश आदि भाषाओं में एकरूप है। इनकी 'प्रशस्तिरत्नावली' तो सोलह भाषाओं में निर्मित एक करम्भक है।

4. सङ्गीतविद्याधर–विश्वनाथ ने अपने को सङ्गीतविद्याधर कहा है। इससे सिद्ध है कि ये सङ्गीत में निपुण थे। यद्यपि संगीत में इनका कोई ग्रंथ उपलब्ध नही होता तथापि जयदेव के गीतगोविन्द में रमे उड़ीसा में उत्पन्न होने के कारण इनका भी संगीत के प्रति प्रेम स्वाभाविक ही रहा होगा। अन्यथा ये अपने को संगीतविद्याधर न कहते। संगीत के साथ विद्याधर विशेषण इस बात को इंगित करता है कि निश्चित रूप से सङ्गीत विद्या को भी इन्होंने अपनी लेखनी से अछूता नहीं रखा होगा। 'नृत्तं गीतं च वाद्यञ्च सङ्गीतमित्युच्यते।' इस उक्ति के अनुसार नृत्य, गीत एवं वाद्य–तीनों में इनकी अभिरुचि रही होगी, अन्यथा इन्हें 'विद्याधर' की उपाधि न दी जाती।

5. कलाविद्यामालतीमधुकर–विश्वनाथ कलाविद्या में भी निपुण थे। यही कारण था कि नाटिकाओं की रचना एवं उनके मञ्चन में इन्हें अत्यधिक सफलता प्राप्त हुई।

6. विविधविद्यार्णवकर्णधार–प्रस्तुत विशेषण विविध विद्याओं में इनके पारङ्गत होने का निदर्शन है।

7. सान्धिविग्रहिक–आचार्य विश्वनाथ नीतिशास्त्रविचक्षण थे। अतएव कलिङ्गनरेश के प्रधान अमात्य रहे एवं अपनी इच्छानुसार संधि एवं विग्रह का निर्णय लिया करते थे। इनके नीतिशास्त्रपटुता का ही यह परिणाम था कि राजा आत्मविश्वास के साथ इनकी मंत्रणा को स्वीकृति प्रदान किया करता था।

8. कविराज–विश्वनाथ कवि या महाकवि ही नहीं अपितु कविराज थे। महाकाव्य, खण्डकाव्य, नाटक, नाटिका, करम्भक तथा काव्यालोचना (काव्यशास्त्र) आदि सभी विषयों को अपनी लेखनी का विषय बनाने वाले आचार्य विशवनाथ निश्चित ही कविराज थे। कवित्व तथा आलोचना–दोनों धाराओं को प्रवाहित कर इन्होंने अपनी कारयित्री एवं भावयित्री–दोनों प्रतिभाओं को निखार प्रदान किया।

आचार्य विश्वनाथ का समय

आचार्य विश्वनाथ के जन्मकाल के सन्दर्भ में ऐसा कोई स्फुटतर प्रमाण नहीं मिलता जिससे स्पष्टतः में कुछ कहा जा सके, किन्तु यह इतना गूढ भी नहीं है। इन्होंने वाग्देवतावतार माने जाने वाले काव्यप्रकाशकार मम्मट के सिद्धांतों की प्रायः आलोचना की है तथा उसमें दोष का प्रतिपादन किया है–

'तददोषौ शब्दार्थौ सगुणावनलङ्कृती पुनः क्वापि।'

इस मम्मटकृत लक्षण में विशेष्य (शब्दार्थौ) तथा तीनों विशेषणों (अदोषौ, सगुणौ, अनलङ्कृती पुनः क्वापि) में से कुछ भी विश्वनाथ को अच्छा नहीं लगा। इन्होंने इन सबका बड़े विस्तार के साथ खण्डन किया है। अलङ्कार-प्रकरण में भी 'काव्यमार्गे स्वरो न गण्यते' यह मम्मटोक्ति विश्वनाथ को रास नहीं आयी। काव्यप्रकाश के ऐसे अनेक स्थल हैं जो विश्वनाथ के कोपभाजन हैं। विश्वनाथ मम्मट का खण्डन भी करते हैं, उन्हें सम्मान भी देते हैं–'इत्यलं मान्यानां कटाक्षनिक्षेपेण।' इससे यह सिद्ध है कि विश्वनाथ मम्मट से अर्वाचीन हैं।

पण्डितराज जगन्नाथ ने अपने रसगङ्गाधर में विश्वनाथ के साहित्यदर्पण के अनेक विषयों में असङ्गति का प्रतिपादन किया है। जैसे–'यत्तु रसवदेव काव्यमिति साहित्यदर्पणे निर्णीतं तत्र'–(रसगङ्गाधर, प्रथम आनन) इत्यादि। इससे सिद्ध है कि विश्वनाथ पण्डितराज से प्राचीन हैं।

अतः विश्वनाथ का समय मम्मट से पहले तथा पण्डितराज से बाद नहीं हो सकता। इतिहासकारों के अनुसार मम्मट का समय 11वीं शताब्दी तथा पण्डितराज जगन्नाथ का समय 16वीं शताब्दी है। विश्वनाथ का समय इन दोनों के बीच में मानना पड़ेगा।

साहित्यदर्पण की एक पाण्डुलिपि जम्मू के पुस्तकालय में पायी गयी है, जो वि. संवत् 1440 में वहां रखी गयी थी। इसको ई. सन् लगभग 1384 माना जा सकता है। इसप्रकार साहित्यदर्पण की रचना 1384 ई. से कुछ ही पूर्व में मानी जा सकती है।

विश्वनाथ के कालनिर्णय में साहित्यदर्पण के चतुर्थ परिच्छेद में इनके द्वारा उदाहृत एक श्लोक–

'सन्धौ सर्वस्वहरणं विग्रहे प्राणनिग्रहः।
अलावुद्दीननृपतौ न संधिर्न च विग्रहः।

सुल्तान अलाउद्दीन खिलजी से संबंधित है, जो उसका चरित्र उजागर करता है। इस अलाउद्दीन ने गौडदेश पर आक्रमण कर उसका शासक बन गया था। कलिङ्ग के राजा नरसिंह ने उसे पराजित किया। अंततः विषप्रयोग के द्वारा सुलतान अलाउद्दीन 1316 ई. में मारा गया। अलाउद्दीन खिलजी को परास्त करने के कारण ही श्रीविश्वनाथ ने कलिङ्ग-नरेश नरसिंह को नायक बनाकर नरसिंह विजय नामक एक खण्डकाव्य की रचना की है। इस काव्य में एक श्लोक है–

'आहवे जगदुद्दण्डराजमण्डलराहवे।
श्रीनृसिंहमहीपाल! स्वस्त्यस्तु तव बाहवे'।।

इसमें उद्दण्डराजमण्डल से अलाउद्दीन की ओर संकेत किया गया है।

यद्यपि उत्कलराज्य के सिंहासन पर आरूढ अनेक नरसिंहदेव इतिहास सिद्ध हैं। इनमें एक नरसिंह तो 1217 ई. में कलिङ्ग के सिंहासन पर आरूढ़ हुआ था तथा दूसरा नरसिंह वह था जो विश्वनाथ द्वारा विरचित नरसिंह विजय नामक खण्डकाव्य का नायक था। इन दोनों में प्रथम नरसिंह वह हो सकता है जो विश्वनाथ के पितामह या वृद्धप्रपितामह नारायण का आश्रयदाता था तथा द्वितीय नरसिंह विश्वनाथ के काव्य का नायक था, जो अलाउद्दीन खिलजी को पराजित किया था तथा 1306 ई. में राज्यसिंहासन पर बैठा था।

पूर्वोक्त श्लोकों में से द्वितीय श्लोक 'आहवे जगदुद्दण्ड' इत्यादि अलाउद्दीन विजय के बाद श्रीनरसिंह की स्तुति में लिखा गया, किन्तु प्रथम श्लोक–'सन्धौ सर्वस्वहरणम्' इत्यादि अलाउद्दीन के जीवनकाल में उदाहृत प्रतीत होता है। इसके आधार पर यह कहा जा सकता है कि साहित्यदर्पण की रचना का समय 1300 ई. से 1384 ई. के बीच होना चाहिए।

इसके अलावा और भी बहुत से आन्तरिक प्रमाण हैं जो विश्वनाथ के समय-निर्धारण में हमारी सहायता करते हैं, जिनमें कुछ को उपस्थित करना उपयुक्त है–

1. विश्वनाथ ने साहित्यदर्पण में जयदेव के गीतगोविन्द का एक श्लोक उद्धृत किया है–

'यदि बिसलताहारो नायं भुजङ्गमनायकः' इत्यादि।

2. इसी प्रकार प्रसन्नराघवकार जयदेव का भी एक श्लोक–

'कदली कदली करभः करभः करिराजकरः करिराजकरः।
भुवनत्रितयेऽपि बिभर्ति तुलामिदमूरुयुगं न चमूरुदृशः'।।
(प्रसन्नराघवनाटकम्)

साहित्यदर्पण में उद्धृत है। ये दोनों ही जयदेव (यदि अलग-अलग माने जाए तो) 12वीं शताब्दी के हैं–ऐसा इतिहासकारों का मत है।

3. आचार्य विश्वनाथ साहित्यदर्पण में प्रायः रुय्यक के अलङ्कारसर्वस्व को उद्धृत करते हैं, कहीं खंडन के लिए तो कहीं मान्यता के लिए। रुय्यक इनके मान्य भी हैं, उपजीव्य भी। रुय्यक का समय 12वीं शताब्दी माना गया है।

4. विश्वनाथ ने श्रीहर्ष के नैषधीयचरित से भी अनेक उदाहरण दिए हैं। श्रीहर्ष का समय 12वीं शताब्दी का उत्तरार्ध या 13वीं का पूर्वार्ध है।

5. चण्डीदास, जो इनके पितामह के अनुज थे, काव्यप्रकाश पर दीपिका नामक टीका लिखे हैं। काव्यप्रकाश 1050 ई. से 1100 ई. के बीच लिखा गया। चण्डीदास काव्यप्रकाश के कोई प्राचीन टीकाकार नहीं हैं तथा विश्वनाथ उनकी दूसरी या तीसरी पीढ़ी में आते हैं।

इसी प्रकार कुमारस्वामी, गोविन्द ठाकुर आदि के द्वारा विश्वनाथ का साहित्यदर्पण नामतः निर्दिष्ट है। निष्कर्षतः विश्वनाथ का स्थितिकाल तथा साहित्यदर्पण का रचनाकाल 14वीं शताब्दी का उत्तरार्ध माना जा सकता है।

आचार्य विश्वनाथ की कृतियां

आचार्य विश्वनाथ की वर्तमान में उपलब्ध होने वाली कृति **"साहित्यदर्पण"** है। यह **"अलङ्कारशास्त्र"** का ग्रंथ है। अपने गुणों के कारण इसने पर्याप्त प्रतिष्ठा, प्रचार तथा प्रसिद्धि पाई है। संस्कृत-साहित्य में अलङ्कारशास्त्र की अपनी एक विशिष्ट परम्परा रही है और उस अलंकारशास्त्र की परम्परा में **"साहित्यदर्पण"** का अपना एक विशिष्ट स्थान है। **अलंकारशास्त्र** अथवा **साहित्यशास्त्र** के सभी विषयों का विशद एवं साङ्गोपाङ्ग वर्णन इस अकेले ही ग्रंथ में मिल जाता है, जिससे साहित्यशास्त्र का अध्ययन करने वाले विद्वान् के लिए इसका महत्त्व अत्यधिक बढ़ जाता है। इसकी भाषा सरल, मनोहर एवं प्राञ्जल है। विषय प्रतिपादन की शैली अनूठी है। साहित्यदर्पण के रचयिता विश्वनाथ कविराज के सुपुत्र श्री अनन्तदास जी की साहित्यदर्पण के विषय में कहीं गई निम्न उक्ति सर्वथा सत्य प्रतीत होती है। वे कहते हैं–

स्वल्पाक्षरः सुबोधार्थः प्रध्वस्ताशेषदूषणः।
साहित्यदर्पणो नाम ग्रंथः................।।

अर्थात् यह साहित्यदर्पण अलंकारशास्त्र के विशाल वाङ्मय को थोड़े से शब्दों में स्पष्ट कर देने वाला है। इसके अन्दर प्रतिपादित विषय आसानी से हृदयङ्गम हो जाने वाला है और सम्पूर्ण दोषों से रहित है। इसमें कोई संदेह नहीं है कि इस साहित्यदर्पण के अध्ययन से काव्यशास्त्र के सभी अङ्गों का विशद ज्ञान अल्प परिश्रम से ही हो जाता है। यह हो सकता है कि किसी को इसमें प्रौढ़ता के दर्शन न हों, पर इसकी लोकप्रियता असन्दिग्ध है। साहित्यदर्पण की अपनी एक प्रमुखतम विशेषता है कि इसमें काव्य संबंधी सभी विषयों का प्रतिपादन हुआ है। इस साहित्यदर्पण में दस परिच्छेद हैं, जिसमें नाट्यशास्त्र सहित सभी काव्यशास्त्रीय विषयों का विवेचन हुआ है। विश्वनाथ ने अपने इस ग्रंथ के अन्दर अपनी अन्य कृतियों से भी उद्धरण दिए हैं, जिससे उनकी अन्य रचनाओं का ज्ञान होता है। इस ग्रंथ का प्रारम्भ काव्य की परिभाषा **"वाक्यं रसात्मकं काव्यम्"** से होता है। इन्होंने रस को ही काव्य की आत्मा स्वीकार किया है। इस दृष्टि से काव्यशास्त्र के

प्रमुख पांच सम्प्रदायों में से ये **रस सम्प्रदाय** के अन्दर आते हैं। इन्होंने अपने इस ग्रंथ के अन्दर तीन विषयों पर विवेचन किया है–

- काव्य क्या है? काव्य का स्वरूप क्या है? और काव्य की आत्मा क्या है?
- अभिधा, लक्षणा और व्यञ्जना–इन तीनों शब्दशक्तियों का विशद विवेचन किया है। व्यंजना वृत्ति का विस्तृत विवेचन पंचम परिच्छेद में हुआ है।
- रस, ध्वनि, काव्यदोष, काव्यगुण तथा रीति का भिन्न-भिन्न परिच्छेदों में आवश्यक ऊहापोह के साथ व्याख्यान किया है।
- दशम परिच्छेद में केवलमात्र अलङ्कारों का वर्णन है।
- नाट्यशास्त्र के नाट्य संबंधी विषयों का और नायक-नायिका भेद का साङ्गोपाङ्ग वर्णन किया है। इस प्रकार श्रव्यकाव्य और दृश्यकाव्यों के सभी अङ्गउपाङ्गों का वर्णन इसमें एकत्र किया हुआ उपलब्ध होता है।

इस साहित्यदर्पण के अतिरिक्त विश्वनाथ कविराज की जिन अन्य रचनाओं का उल्लेख मिलता है, उनके उद्धरण साहित्यदर्पण में उपलब्ध होते हैं। इन संकेतों से भिन्न उनकी रचनाओं का ज्ञान किसी अन्य प्रमाण से नहीं होता। साहित्यदर्पण के आधार पर जिन कृतियों को विश्वनाथ कविराज द्वारा रचित कहा जा सकता है, वे इस प्रकार है–

1. साहित्यदर्पण के तृतीय परिच्छेद में मुग्धा नायिका के प्रसङ्ग में उदाहरण देते हुए कहा गया है कि **प्रथमावतीर्णमदनविकारा तथा मम प्रभावतीपरिणए।** इससे यह मालूम पड़ता है कि विश्वनाथ कविराज की एक रचना **"प्रभावतीपरिणय"** है। सम्भवतः यह एक नाटिका है। नाटिका होने से ही यह ज्ञात होता है कि यह शृंगारप्रधान रचना है।

इसी **"तृतीय परिच्छेद"** में मध्या नायिका के भेद **प्ररूढयौवना** के उदाहरण में कहा गया है कि **प्ररूढयौवना यथा मम–**

नेत्रे खञ्जनमञ्जने सरसिजप्रत्यर्थि पाणिद्वयम्
वक्षोजौ करिकुम्भविभ्रमकरीमत्युन्नतिं गच्छतः।

कान्तिः काञ्चनचम्पकप्रतिनिधिर्वाणी सुधास्यन्दिनी
स्मेरेन्दीवरदासमोदरवपुस्तस्याः कटाक्षच्छटाः।।

इस उपर्युक्त उद्धरण से केवलमात्र इतना ही ज्ञात होता है कि यह पद्य विश्वनाथ कविराज द्वारा निर्मित है, इससे अधिक कुछ नहीं। सम्भवतः यह उनकी कोई मुक्तक रचना है।

इसी प्रकार **प्रगल्भा धीराधीरा नायिका** के प्रसङ्ग में उद्धृत निम्न पद्य–

यथा मम–

अनलं कृतोऽपि सुन्दर हरसि मनो मे यतः प्रसभम्।
किं पुनरलंकृतस्त्वं सम्प्रति नखरक्षतैस्तस्याः।।

से भी केवल यही प्रतीत होता है कि यह विश्वनाथ कविराज की कृति है।

2. साहित्यदर्पण के तृतीय परिच्छेद में नायिकाओं के 28 अलङ्कारों का उल्लेख किया गया है। इन 28 अलङ्कारों में से सात अयत्नज अलङ्कार भी कहे गए हैं। इन सात अयत्नज अलंकारों में से एक अलंकार **दीप्ति** है। इस **दीप्ति** अलङ्कार का उदाहरण देते हुए कहा गया है कि–

यथा मम चन्द्रकलानामनाटिकायां चन्द्रकलावर्णनम्–

तारुण्यस्य विलासः समधिकलावण्यसम्पदो हासः।
धरणितलस्याभरणं युवजनमनसो वशीकरणम्।।

इस उद्धरण से यह ज्ञात होता है कि विश्वनाथ कविराज ने **"चन्द्रकला"** नाम की एक नाटिका का प्रणयन किया था। नाटिका के श्रृंगाररस प्रधान होने से यह नाटिका भी श्रृंगाररस प्रधान समझनी चाहिए। इससे विश्वनाथ के नायिकाओं के अलङ्कारों के सूक्ष्म ज्ञान का भी पता लगता है।

इसी प्रकार **"तपन अलङ्कार"** के उदाहरण में कहा गया है कि–**यथा मम–**

श्वासान्मुञ्चति भूतले विलुठति त्वन्मार्गमालोकते,
दीर्घं रोदिति विक्षिपत्यत इतः क्षामां भुजावल्लरीम्।
किञ्च प्राणसमानकाङ्क्षितवती स्वप्नेऽपि ते संगमं,
निद्रां वाञ्छति न प्रयच्छति पुनर्दग्धो विधिस्तामपि।।

नायिकाओं की अनुराग चेष्टाओं के उदाहरण के प्रसंग में–**दिङ्मात्रं यथा मम**–

अन्तिकगतमपि मामियमनलोकयतीव हन्त दृष्ट्वाऽपि।
सरसनखक्षतलक्षितमाविष्कुरुते भुजामूलम्।।

नायिकाओं की दूतियों के प्रसङ्ग में **स्वयंदूती** का उदाहरण देते हुए–**स्वयंदूती यथा मम्**–

पन्थिअ पिआसिओ विअ लच्छीअसि जासि ता किगण्णत्तो।
ण मणापि वाओ इध अत्थि घरे घणरसं पिअंताणम्।।

इस उद्धरण से मालूम पड़ता है कि विश्वनाथ कविराज ने प्राकृतभाषा में एक स्वतंत्र पद्य रचना की है।

3. साहित्यदर्पण के तृतीय परिच्छेद में 33 व्यभिचारीभावों के प्रसंग में जड़ता का उदाहरण देते हुए कहा गया है कि–**यथा मम कुवलयाशचरिते प्राकृतकाव्ये**–

णअरिअ तं जुअजुअलं अण्णोण्णं णिहिदसजलमन्थरदिट्ठम्।
आलेक्खओपिअं विअ खणमेत्तं तथ्थ संट्ठिअं मुअसण्णम्।।

उपर्युक्त उद्धरण से प्रतीत होता है कि विश्वनाथ कविराज ने प्राकृतभाषा में भी किसी काव्य की सृष्टि की थी, जिसका नाम **"कुवलयाश्वचरिति"** है। संभवतः यह श्रृंगाररस प्रधान काव्य हो। साहित्यदर्पण के तृतीय परिच्छेद में दस कामदशाओं का वर्णन करते हुए **जड़ता** के उदाहरण में निम्न पद्य उद्धृत किया गया है–

भिसिणीअलसवीए निहिअं सव्वं सुणिच्चलं अङ्गम्।
दीहो णीसासहरो एसो साहेइ जअइन्ति परम्।।
अत्र जड़ता। इदं मम।

यह उद्धरण भी किसी प्राकृत रचना का अंग प्रतीत होता है।

4. साहित्यदर्पण के तृतीय परिच्छेद में **करुणरस** के उदाहरण के रूप में निम्न पद्य दिया गया है–**यथा मम राघवविलासे**–

विपिने क्व जटानिबन्धनं तव चेदं क्व मनोहरं वपुः।
अनयोर्घटना विधेः स्फुटं ननु खङ्गेन शरीषकर्तनम्।।

इस उद्धरण से यह प्रतीत होता है कि विश्वनाथ कविराज ने **राघवविलास** नामक किसी काव्य की रचना की थी। कुछ विद्वान् इस पद्य रचना के आधार पर विश्वनाथ कविराज को वैष्णव स्वीकार करते हैं।

5. षष्ठ परिच्छेद के अन्दर विविध भाषाओं में निर्मित **करम्भक** का उदाहरण देते हुए कहा गया है कि–**"यथा मम-षोडशभाषामयी प्रशस्तिरत्नावली"**। इससे ज्ञात होता है कि विश्वनाथ कविराज ने **"प्रशस्तिरत्नावली"** नाम की रचना की थी, जो सोलह भाषाओं में उपनिबद्ध थी। सम्भवतः इसमें कलिङ्ग नरेश नरसिंह प्रथम और द्वितीय की प्रशस्ति वर्णित है।

6. विश्वनाथ कविराज के पुत्र अनन्तदास ने साहित्यदर्पण की **"लोचन"** नामक अपनी व्याख्या में लिखा है कि–**"यथा मम तातपदानां विजयनरसिंहे"**। इससे यह अनुमित होता है कि संभवतः विश्वनाथ कविराज ने **"विजयनगरसिंह"** नामक काव्य की रचना की थी।

इस प्रकार साहित्यदर्पण में उद्धृत उद्धरणों से, जिनका कि नाम्नोल्लेख हुआ है, प्रतीत होता है कि सम्भवतः विश्वनाथ कविराज ने **(1) प्रभावतीपरिणय (2) चन्द्रकला (3) कुवलशाश्वचरित (4) राघवविलास और (5) प्रशस्तिरत्नावली**– इन पांच काव्यों की रचना की थी। इसमें से प्रथम दो शृंगार प्रधान नाटिकाएं हैं। **कुवलयाश्वचरित** प्राकृतभाषा में निबद्ध काव्य है। **राघवविलास** महाकाव्य है और **प्रशस्तिरत्नावली** सोलह भाषाओं में उपनिबद्ध **करम्भक** है। इन पांच रचनाओं के अतिरिक्त अनन्तदास द्वारा संकेतित **"विजयनरसिंह"** नामक काव्य को ऐतिहासिक काव्य की संज्ञा दी जा सकती है।

इन कृतियों से भिन्न विश्वनाथ कविराज ने काव्यप्रकाश पर टीका भी लिखी है, जिसका नाम **"काव्यप्रकाशदर्पण"** है। साहित्यदर्पण को मिलाकर इस प्रकार विश्वनाथ कविराज की आठ कृतियों का पता मिलता है। इनमें से **साहित्यदर्पण** और **काव्यप्रकाशदर्पण** प्राप्य हैं और शेष अप्राप्य।

❑❑❑

2

साहित्यदर्पण का आकलन तथा काव्य लक्षण की समीक्षा

काव्य सौन्दर्य की परख करने वाले शास्त्र का नाम काव्यशास्त्र है। यह साहित्यशास्त्र का ही दूसरा नाम है। आचार्य कुन्तक ने साहित्य शब्द के यथार्थ का प्रतिपादन करते हुए जहां अपना मत प्रतिपादित किया है कि शब्द और अर्थ के विशिष्ट संबंध को साहित्य कहते हैं, वहां यह भी कहा है कि 'साहित्यशास्त्र' में प्रयुक्त 'साहित्य' शब्द 'काव्य' अर्थ में सीमित हुआ समझना चाहिए। काव्य और साहित्य समानार्थक हैं। काव्य का अर्थ है—कवेः कर्मम्—कवि का कर्म। वर्णना में निपुण कवि का कर्म काव्य होता है। साहित्य का अर्थ है—''सहितयोः शब्दार्थयोः भावः साहित्यम्'' अर्थात् एक साथ सम्मिलित शब्द और अर्थ का भाव साहित्य कहलाता है। इस प्रकार 'साहित्य' शब्द 'सहित' शब्द से व्युत्पन्न है, जिसका अर्थ है परस्पर मिला हुआ। चूंकि सम्पूर्ण साहित्य में शब्द अर्थ की महिमा है इसीलिए काव्य की परिभाषाएं शब्द और अर्थ को ही आधार मानकर की गई हैं। अतः काव्य की शोभाशालिता के प्रति शब्द अर्थ की न्यूनता और आधिक्य से रहित (परस्पर एक दूसरे के साथ स्पर्धा के कारण) अनिवर्चनीय लोकोत्तर मनोहारिणी स्थिति ही ''साहित्य'' है। परिणामतः शब्द और अर्थ समान रूप से सम्पूर्ण गुणों से युक्त दो मित्रों के समान मिले हुए परस्पर एक-दूसरे की शोभा के लिए होते हैं। अतः काव्य में प्रयुक्त शब्द और अर्थ के मध्य एक विशिष्ट प्रकार के अलौकिक सौन्दर्य का संबंध ''साहित्य'' कहलाता है। इसे दूसरे शब्दों में कह सकते हैं—काव्य एक सुन्दर अभिव्यक्ति है और साहित्य एक सुन्दर शब्द और अर्थ का संबंध है। इसकी पुष्टि कुन्तक के शब्दों में—**''विशिष्टमेवेह साहित्यमभिप्रेतम्''** इस प्रकार है।

कालिदास ने शब्द और अर्थ की सम्पृक्तता को रघुवंश के प्रारंभिक श्लोक में इस प्रकार दर्शाया है–

वागर्थाविव सम्पृक्तौ वागर्थप्रतिपत्तये।
जगतः पितरौ वन्दे पार्वती परमेश्वरी।।

काव्य में शब्द और अर्थ परस्पर स्पर्धा कर रमणीय होते हैं। इस प्रकार के काव्य और साहित्य में शब्द एवं अर्थ की मंजुल समन्वयता को कालिदास से लेकर तुलसीदास तक ने लोक व्यापार के रूप में देखा है। शब्द और अर्थ की इस सम्पृक्तता को वैदिक साहित्य में भी विशेष स्थान है। ऋग्वेद के वाक्सूक्त में वागद्वैतवाद का अच्छा प्रतिपादन है। साहित्यशास्त्र पर लिखे हुए 'काव्यालंकार', 'काव्यालंकार सूत्र', 'काव्यादर्श' और 'काव्यप्रकाश' आदि ग्रंथों के नामों को देखकर भी यह स्पष्ट हो जाता है कि कालान्तर में 'साहित्यशास्त्र' को ही 'काव्यशास्त्र' के नाम से जाना जाता है। इस दृष्टि से साहित्य शब्द के वास्तविक अर्थ का परिचायक 'काव्य' को समझना चाहिए।

अलंकार शास्त्र विषयक 'साहित्यदर्पण' ग्रंथ के लेखक आचार्य विश्वनाथ ने अपने को 'श्रीचन्द्रशेखर महाकविचन्द्रसूनुः' कहा है जिससे ज्ञात होता है कि इनके पिता का नाम चन्द्रशेखर था। इनके पितामह का नाम नारायण दास था। ये कलिंग के रहने वाले थे। साहित्यदर्पण के प्रथम परिच्छेद के अंत की पुष्पिका के अनुसार विश्वनाथ ने अपने को 'संधि विग्राहक' और 'अष्टादशभाषावारविलासिनी भुजंग' कहा है। अर्थात् वे किसी राज्य के विदेशमंत्री थे तथा 18 भाषाओं के ज्ञाता थे।

कविराज विश्वनाथ की वर्तमान में उपलब्ध होने वाली मुख्य और प्रसिद्धतम कृति साहित्यदर्पण है। यह 'अलंकार शास्त्र' का ग्रंथ है। अपने गुणों के कारण इसने पर्याप्त प्रतिष्ठा, प्रचार तथा प्रसिद्धि पाई है। अलंकारशास्त्र की परम्परा में साहित्यदर्पण का अपना एक विशिष्ट स्थान है। काव्यप्रकाश के समान इसमें भी दस परिच्छेद हैं और इन परिच्छेदों में प्रायः उसी क्रम से विषय का विवेचन किया गया है, किन्तु इसकी अपनी विशेषता यह है कि इसके छठे परिच्छेद में, जो इसका सबसे बड़ा परिच्छेद है, नाटयशास्त्र संबंधी सम्पूर्ण विषय का समावेश कर दिया गया है, जिससे काव्य और नाट्य संबंधी सम्पूर्ण विषयों का विशद एवं सांगोपांग वर्णन इस अकेले ही ग्रंथ में मिल जाता है, इससे साहित्यशास्त्र का अध्ययन करने

वाले विद्वान् के लिए इसका महत्त्व अधिक बढ़ जाता है। इसकी भाषा सरल, मनोहर और प्राञ्जल है। विषय प्रतिपादन की शैली अनूठी है।

इस प्रकार प्रतिपाद्य विषय की दृष्टि से साहित्यदर्पण का विभाजन दस परिच्छेदों में किया गया है जोकि निम्न प्रकार हैं–

प्रथम परिच्छेद में मङ्गलाचरण के बाद काव्यफलों (प्रयोजनों) का विस्तृत विचार किया गया है। अन्य आचार्यों खासकर मम्मटकृत काव्यप्रकाश के काव्यस्वरूप का खंडन करने के बाद स्वाभिमत काव्यस्वरूप का निरूपण है। दोष एवं गुण का शरीरगत दोष एवं गुण के समान उत्कर्षकत्वापकर्षकत्वादि का विवेचन किया है। इसमें काव्य के प्रयोजन, लक्षणादि प्रस्तुत करते हुए विश्वनाथ ने मम्मट के "तददोषौ शब्दार्थौ" काव्य लक्षण का खंडन करते हुए उसके स्थान पर **"वाक्यं रसात्मकं काव्यम्"** को काव्य का लक्षण स्थापित किया है।

द्वितीय परिच्छेद में वर्ण, पद, वाक्य एवं महावाक्य के स्वरूप का निरूपण करते हुए, संकेतग्रह एवं शब्द की तीन शक्तियों का निरूपण किया गया है। लक्षणा शक्ति का विस्तार के साथ अस्सी भेदों का निरूपण करते हुए यहां तक 'कर्मणि कुशलः' में रूढि लक्षणा मानने वाले मम्मट का खण्डन किया गया है। अभिहितान्वयवादी मीमांसकों द्वारा अभिमत तात्पर्या वृत्ति को काव्य एवं काव्यशास्त्र के संदर्भ में सिद्धान्तित किया गया है। इस प्रकार **द्वितीय परिच्छेद** में वाक्य और पद का लक्षण करने के बाद अभिधा-लक्षणा-व्यंजनादि शब्द शक्तियों का विस्तार के साथ विवेचन किया है।

तृतीय परिच्छेद रसविवेचनात्मक है। रसस्वरूप, रसनिष्पत्ति, रस की अखण्डता, अलौकिकता तथा एकमात्र आनन्दात्मकता आदि का सविस्तार विवेचन किया गया है। रस को रसादि उपलक्षण मानकर रस, भाव, रसाभाव, भावाभास, भावोदय, भावशान्ति, भावसंधि तथा भावबलता आदि विषय विवेचित हैं। रस के औपचारिक भेदों की गणना तथा सोदाहरण उनका प्रतिपादन भी किया गया है।

इसी परिच्छेद के अंतर्गत नायक-भेद, नायिका-भेद, नायक-सहायक, नायिकालङ्कार, विभाव, अनुभाव, व्यभिचारीभाव, स्थायीभाव एवं सात्त्विक भाव का निरूपण है। रसों के भेद एवं उनके उदाहरण दिए गए हैं। इस प्रकार इसमें रस निरूपण के साथ-साथ नायक नायिका भेद का भी निरूपण किया गया है।

चतुर्थ परिच्छेद में आचार्य विश्वनाथ ने मम्मट से अलग हटकर ध्वनिकार का अनुकरण करते हुए काव्य के दो भेद किए हैं–1. ध्वनिकाव्य तथा 2. गुणीभूत व्यङ्ग्यकाव्य। मम्मट ने इसे उत्तम (ध्वनि), मध्य (गुणीभूतव्यङ्ग्य) तथा अवर (अव्यङ्ग्य) इन तीन भेदों में वर्गीकृत किया था, किन्तु अवरकाव्य (अव्यङ्ग्यकाव्य) व्यङ्ग्यार्थ के स्फुट न होने के कारण आचार्य विश्वनाथ को मान्य नहीं है। मम्मट के तृतीय काव्य चित्रकाव्य को विश्वनाथ काव्य नहीं अपितु मात्र चित्र ही मानते हैं।

काव्य के दो भेद करने के बाद ध्वनिभेद तथा गुणीभूतव्यङ्ग्य के भेदों का विस्तार के साथ उदाहरण सहित विवेचन चतुर्थ परिच्छेद में किया गया है।

पंचम परिच्छेद व्यञ्जनानिरूपणात्मक है। इसमें व्यंजना के स्वरूप का विवेचन करने के बाद व्यंजना-विरोधियों के मत का उपस्थापन कर उनका खंडन किया गया है तथा व्यंजना की स्थापना की गयी है। इसमें ध्वनिसिद्धांत के विरोधी समस्त मतों का खंडन करके ध्वनि सिद्धांत का समर्थन बड़ी प्रौढ़ता के साथ किया गया है।

षष्ठ परिच्छेद में काव्य के दृश्य-श्रव्य भेद कर दृश्य काव्य का निरूपण किया गया है। दृश्य काव्य की रूपक संज्ञा तथा रूपक एवं उपरूपक के रूप में भेद कर रूपक के दस भेद एवं उपरूपक के अठारह भेदों का निरूपण है। नाटक के अंतर्गत वृत्तियों, अर्थोपक्षेपकों एवं संधियों का निरूपण है। दसों रूपकों तथा उपरूपकों को उदाहरण के द्वारा स्पष्ट करते हुए श्रव्य काव्य को भी गद्य, पद्य एवं चम्पू–इन तीन रूपों में वर्गीकृत किया गया है। पद्यकाव्य को मुक्तक, युग्मक, खण्डकाव्य एवं महाकाव्य के रूप में विभाजित कर गद्यकाव्य के दो भेदों–कथा एवं आख्यायिका का प्रतिपादन किया गया है। चम्पू भी विरुद एवं करम्भक भेदों से युक्त बतलाया गया है। इसमें नाट्यशास्त्र के क्रमशः दोष, गुण, रीति तथा अलंकारों का प्रतिपादन किया गया है।

सप्तम परिच्छेद दोषनिरूपणात्मक है। दोष सामान्य के स्वरूप-प्रतिपादन के बाद दोषों का विभाग प्रदर्शित किया है। यद्यपि इनके मत में 'रसात्मक वाक्य' काव्य है। वाक्य है–पदसमूह (वाक्यं स्याद्योग्यताऽऽकाङ्क्षाऽऽसत्तियुक्तः पदोच्चयः) एवं वर्णों का समूह पद कहलाता है (वर्णाः पदं प्रयोगार्हानन्वितैकार्थबोधकाः)। तथापि दोष का निरूपण शब्दार्थ का काव्य मानने वाले मम्मट का अनुकरण करता

है। अतः दोष का विभाग शब्द, अर्थ एवं रस दोष के रूप में किया गया है। शब्ददोष को पदगत, वाक्यगत एवं पदांशगत (वर्णगत) रूप में विभाजित किया गया है। इस तरह दोष पांच प्रकार के होते हैं–

- पददोष
- वाक्यदोष
- पदांशदोष
- अर्थदोष
- रसदोष।

दोष-परिहार आदि भी इसी परिच्छेद के विषय हैं।

अष्टम परिच्छेद में गुणनिरूपण है। गुणस्वरूप का प्रतिपादन करके उसके तीन भेद बतलाए गए हैं–माधुर्य्य, ओज तथा प्रसाद। इन गुणों के व्यञ्जक-वर्णादि निरूपण कर प्राचीनों के द्वारा अभिमत दस शब्दगुण एवं दस अर्थगुणों के औचित्य का खंडन किया गया है। यह परिच्छेद पूर्णतः मम्मट के काव्य-प्रकाश का अनुकरण करता है।

नवम परिच्छेद अत्यन्त संक्षिप्त है। इसमें रीति के स्वरूप एवं उसके चार भेदों का प्रतिपादन है। यह परिच्छेद काव्यप्रकाश से बिल्कुल ही भिन्न है।

दशम परिच्छेद में अलंकारों का निरूपण है। प्रथमतः अलंकार के दो भेद हैं–शब्दालङ्कार तथा अर्थालङ्कार। मम्मट के शब्दालङ्कार के लिए पृथक् उल्लास तथा अर्थालङ्कार के लिए पृथक् उल्लास का उपयोग किया है, किन्तु साहित्यदर्पण में शब्दालङ्कार तथा अर्थालङ्कार–दोनों का निरूपण दशम परिच्छेद में ही किया गया है। परिवृत्त्यसहत्व तथा परिवृत्तिसहत्व को आधार मानकर शब्दालङ्कारत्व एवं अर्थालङ्कारत्व को पूर्णतः व्यवस्थित कर श्लेष के शब्दालङ्कारत्व एवं अर्थालङ्कारत्व आदि को निर्धारित किया गया है।

विश्वनाथ ने साहित्यदर्पण में सात शब्दालङ्कारों का निरूपण किया है। इसमें प्रहेलिका के अलंकारत्व का खंडन किया गया है। तदुपरान्त 68 अर्थालङ्कारों का निरूपण किया गया है। रसवदादि को अलंकार मानते हुए संसृष्टि एवं सङ्कार–जो

दो या दो से अधिक अलंकारों के सम्मिश्रण से बनते हैं, का भी प्रतिपादन किया गया है।

विश्वनाथ प्रदत्त काव्य लक्षण समीक्षा

विश्वनाथ सर्वप्रथम मम्मट के काव्य लक्षण का खंडन करना आवश्यक समझते हैं क्योंकि उन्हें मम्मट प्रतिपादित शब्दार्थस्वरूप काव्य की दो अदोषता, सगुणता तथा कहीं-कहीं अनलंकृति स्वीकार नहीं है। उनके मतानुसार सर्वथा निर्दोष काव्य की निरपेक्ष कल्पना ही नहीं की जा सकती। काव्यलक्षण के अंतर्गत मम्मट द्वारा निरूपित 'अदोष' विशेषण विसंगत और चिन्त्य है। उसके कारण अनेक प्रकार की उलझनें तथा शंकाएं उत्पन्न हो जाती हैं। उसके अनुसार यदि यह कहा जाए कि जहां दोष है वहां 'अकाव्य' तथा जिन अंशों में दोष नहीं है, उनमें 'काव्य' मानने से काव्यलक्षण की संगति हो जाती है तो भी उचित नहीं है। यदि उन दोषों को काव्यत्मभूत रस का अपकर्षकारी न माना जाए तो नित्यानित्य दोषों की व्यवस्था भी नहीं हो सकती। काव्य-लक्षण में 'अदोषौ' पद का पूर्ण सन्निवेश काव्य को अत्यन्त विरल तथा निर्विष्य बना सकता है। इन्हीं तर्कों के आधार पर विश्वनाथ ने मम्मट द्वारा काव्यलक्षण प्रयुक्त 'अदोषौ' विशेषण को अनुचित और चिन्त्य सिद्ध किया है।

काव्य के स्वरूप लक्षण में 'अदोष' के स्थान पर 'ईषद्दोष' विशेषण का प्रयोग करते हुए यदि यह कहा जाए कि 'ईषद्दोषौ शब्दार्थौं काव्यम्' काव्य का लक्षण हो सकता है तो भी यह लक्षण उपयुक्त नहीं है। ऐसा मानने पर तो दोषरहित शब्द तथा अर्थ में काव्य का लक्षण घटित ही न होगा। अंगी रस ही काव्य का आत्मतत्त्व है जिसके सम्मुख दोष आदि की स्थिति आनुषंगिकमात्र है। जिस प्रकार कीटानुबिद्ध रत्न दूषित होते हुए भी रत्न ही कहलाता है उसी प्रकार शब्दार्थमयी दोषता के विद्यमान रहने पर भी रसात्मक वाक्य ही काव्य कहा जा सकता है। जिस प्रकार रत्नादि के लक्षण में कीटानुवेध आदि परिहार्य होते हैं, उसी प्रकार काव्यलक्षण में भी दोष की स्थिति भी परिहार्य रहती है। कीड़ों से काटे गए रत्न-रत्न होते भी अपना तारकतम्यपूर्ण उत्कर्षापकर्षत्व रखते हैं, उसी प्रकार श्रुतिदुष्टादि दोषदंशित काव्य भी अपना न्यूनाधिक तारतम्य सिद्ध करते हैं। वस्तुतः रत्नादि में रत्नत्व तथा काव्य में काव्यत्व उसकी चमक-दमक तथा

रसप्रतीति से ही निर्णीत होते हैं अतः कीटदंशित रत्न आदि की भांति दोषयुक्त शब्द तथा अर्थ में भी काव्यत्व का निर्धारण किया जाना चाहिए।

विश्वनाथ को शब्दार्थमय काव्य के लिए प्रयुक्त 'सगुणौ' विशेषण पद भी स्वीकार नहीं है। उन्होंने काव्यप्रकाशकार मम्मट द्वारा निरूपित 'ये रसस्यांगिनो धर्माशौर्यादय इवात्मनः' के अनुसार गुणों को रसधर्म माना है जिन्हें आचार्य मम्मट परम्परा संबंध के कारण शब्द और अर्थ के साथ जोड़ना अनुचित नहीं समझते हैं। विश्वनाथ ने इस मान्यता पर आपत्ति प्रकट की है। उनका तर्क है कि जब मम्मट के काव्यलक्षण के अनुसार शब्द और अर्थ में रस नहीं होता तो उनमें गुणों की स्थिति किस प्रकार संभव है। वस्तुतः अन्वयव्यतिरेक के सहचार से रस में ही गुण रहते हैं जिसे ध्यान में रखते हुए मम्मट ने 'सरसौ' के स्थान पर 'सगुणौ' पद का प्रयोग करना उचित समझा है। शौर्य आदि गुण प्राणियों में ही रहते हैं तो भी लोग 'प्राणिमान्' देश के स्थान पर 'शौर्यादिमान् देश' पद का प्रयोग नहीं करते। यही स्थिति काव्यगत रसों और गुणों की है। माधुर्य आदि गुण रसों के अंगभूत धर्म हैं जिनका अभिव्यंजन शब्दों तथा अर्थों के माध्यम से होने पर भी उन्हें शब्दों और अर्थों के स्वरूप धर्म नहीं कहा जा सकता। ये काव्य में स्वरूप लक्षण का आधान नहीं करते अपितु उसके उत्कर्ष के आधायक तत्त्व होते हैं अतः उनका काव्यलक्षणगत प्रयोग अनुचित है। विश्वनाथ ने शब्द और अर्थ को काव्य का शरीर, रसादि को आत्मा, गुणों को शौर्यादिवत्, दोषों को काणत्वादिवत्, रीतियों को अवयव-संस्थान विशेषतुल्य तथा अलंकारों को कटककुण्डलादिवत् मानते हुए यही सिद्ध किया है कि शब्दार्थ सम्पृक्त काव्य शरीर में माधुर्य आदि गुणों की स्थिति शौर्य आदि गुणों के समान है जो किसी भी रूप में 'शब्दार्थौ' काव्यपद के स्वरूपलक्षण के साथ संयुक्त नहीं किए जा सकते क्योंकि उनका संबंध काव्य के स्वरूपविधान के साथ न होकर उत्कर्ष विधान के साथ होता है।

विश्वनाथ ने माधुर्य आदि गुणों तथा उपमा आदि अलंकारों में काव्य का स्वरूप आधायकत्वं नहीं माना है क्योंकि वे शौर्य आदि गुणों तथा कटककुण्डल आदि अलंकारों की भांति काव्य का उत्कर्षमात्र ही करते हैं। उन्हें काव्यलक्षण के साथ संघटित करना किसी भी रूप में उचित नहीं है। मम्मट ने काव्यलक्षण के अंतर्गत 'अनलंकृती पुनः क्वापि' का जो प्रयोग किया है, वह चिन्त्य है क्योंकि ऐसी शब्दार्थमयी रचनाएं भी काव्य कही जाती हैं जिनमें अलंकारों का सर्वत्रपूर्ण प्रस्फुटन होता है। उनके लिए 'अनलंकृती पुनः क्वापि' पदों का प्रयोग काव्यलक्षण

का दोष ही माना जाएगा। काव्य में अलंकारों की अस्फुटता तथा स्फुटता के दोनों विकल्प विद्यमान रहते हैं जिनके कारण मम्मट का काव्यलक्षण काव्य के स्वरूपाधान के विषय में खरा नहीं उतरता।

विश्वनाथ ने वक्रोक्ति को अलंकार रूप मानते हुए कुंतक के 'वक्रोक्तिः काव्य जीवितम्' सिद्धांत का भी खंडन किया है क्योंकि वक्रोक्ति भी काव्य का स्वरूपविधायक तत्त्व नहीं मानी जा सकती। वह तो एक प्रकार की वैचित्र्यभंगीभणिति है जिससे काव्य का उत्कर्षमात्र प्रदर्शित होता है। उसमें काव्यलक्षण का सन्निवेश करना युक्तिसंगत नहीं है। मम्मट ने काव्यप्रकाश के प्रथम उल्लास के अंतर्गत 'यः कौमारहरः स एव हि वरः' छन्द में अलंकारों की अस्फुटता निर्दिष्ट करते हुए उसे जिन रूप में 'अनलंकृती पुनः क्वापि' का उदाहरण सिद्ध किया है, वह विश्वनाथ को अमान्य है। उनका तो स्पष्ट निर्णय है कि उस उदाहरण में विभावना और विशेषोक्ति मूलक संदेह संकर अलंकार है जिसके कारण उसका काव्यत्व सिद्ध होता है। विश्वनाथ के मतानुसार 'ततदोषौ शब्दार्थौ सगुणावनलंकृती पुनः क्वापि' काव्यलक्षण किसी भी रूप में संग्राह्य नहीं है। उन्होंने अपनी मान्यता के अनुरूप उस विचारधारा का भी खंडन किया है जिसके अनुसार 'दोषरहित, गुणयुक्त तथा अलंकारों से अलंकृत काव्य रचना करने वाला कवि कीर्ति तथा प्रीति प्राप्त करता है।

विश्वनाथ के मतानुसार ध्वनिकार आनंदवर्धन का वह काव्यलक्षण भी युक्ति-संगत नहीं है जिसमें 'काव्यस्यात्माध्वनिः' के दृष्टिकोण से ध्वनि को काव्य की आत्मा माना गया है। विश्वनाथ का प्रश्न है कि जिस ध्वनि को काव्य की आत्मा कहा जाता है वह क्या रसादि ध्वनिमात्र है अथवा उसमें वस्तुध्वनि तथा अलंकार ध्वनि भी सम्मिलित है? यदि तीनों ध्वनियों को काव्य की आत्मा के रूप में प्रतिष्ठित किया जाता है तो प्रहेलिका आदि वस्तुरूप ध्वनि में अतिव्याप्ति हो जाती है। रसादि ध्वनि को काव्य मानने के सिद्धांत से विश्वनाथ सहमत हैं। अभिप्राय यह है कि रसगर्भित व्यंग्य ही काव्य का लक्षण हो सकता है। ऐसा न मानने पर तो 'देवदत्त' गांव जाता है' जैसे वाक्य भी उसके भृत्य के अनुसरण रूप व्यंग्यार्थ में काव्य मान लिए जाएंगे।

विश्वनाथ ने रसात्मक वाक्य को ही काव्य माना है। उन्होंने प्राचीन आचार्यों द्वारा प्रतिपादित काव्य-प्रयोजनों के परिप्रेक्ष्य में काव्य की रस प्रकृति स्वीकार की

है। अग्नि-पुराण में 'वाग्वैदग्धप्रधानेऽपि रस एवात्र जीवितम्' द्वारा रस को काव्य का जीवन स्वीकार किया गया है तो व्यक्ति-विवेककार महिम भट्ट ने 'काव्यस्यात्मनि संज्ञिनि, रसादिरूपे न कस्यचिद्विमतिः' द्वारा काव्य के रससंज्ञक आत्मस्वरूप में किसी का भी विरोध नहीं माना है। ध्वनिकार ने तो स्पष्ट लिखा है कि 'इतिवृत्तमात्र के निर्वाह से कवि आत्मपद की प्राप्ति नहीं कर सकता क्योंकि चरित्रमात्र की सिद्धि तो इतिहास पुराण आदि से ही हो जाती है।' उपर्युक्त सभी उद्धरण काव्य की रसात्मकता सिद्ध करते हैं। विश्वनाथ का कथन है कि श्रेष्ठ काव्य की रसमयता स्वतः सिद्ध है। किसी प्रबंध काव्य के कुछ स्थल नीरस पद्यतुल्य होने पर भी उसके अंगीरस के संसर्ग से सरस और आस्वाद्य बन जाते हैं। नीरस वाक्यों में गुणाभिव्यंजक वर्णों का समुचित प्रयोग, दोषों का अभाव तथा अलंकारों का सद्भाव उन्हें जिस रूप में काव्य व्यवहार प्रदान करता है, उसे रसविशिष्ट काव्य प्रबंध के सादृश्य से लाक्षणिक प्रयोग ही समझना चाहिए।

विश्वनाथ ने वामन प्रतिपादित 'रीतिरात्मा काव्यस्य' सिद्धांत का विरोध किया है। उनका कथन है कि विशिष्ट पदरचना रूप रीति काव्य की आत्मा नहीं मानी जा सकती क्योंकि वह अवयवसंस्थानरूपा होती है। वे आनंदवर्धन के उस सिद्धांत से भी सहमत नहीं हैं जिसमें उन्होंने सहृदयश्लाघ्य अर्थ को काव्य के आत्मतत्त्व के रूप में प्रतिष्ठित करते हुए उसे वाच्य और प्रतीयमान भेदों में विभक्त किया था। विश्वनाथ का कथन है कि जब वाच्य अर्थ को भी काव्य की आत्मा मान लिया जाता है तो उनका पूर्वकथित 'काव्यस्यात्मा ध्वनिः' सिद्धांत उनके स्ववचनविरोध द्वारा खंडित हो जाता है। इस प्रकार विश्वनाथ ने अपने दृष्टिकोण से मम्मट, आनंदवर्धन, कुंतक और वामन आदि आचार्यों के काव्यलक्षणों का खंडन करते हुए अंत में 'वाक्यं रसात्मकं काव्यं' को ही काव्य का उपयुक्त लक्षण माना है।

विश्वनाथ के मतानुसार रस ही काव्य का आत्मतत्त्व और सारस्वरूप है। उसी के कारण काव्य में जीवन का आधान होता है। रस के बिना वाक्य में काव्य की आत्म-चेतना पनप ही नहीं सकती। 'रस्यते इति रसः' अर्थात् जिसका आस्वादन किया जाता है, वह रस है, इस व्युत्पत्ति के अनुसार इस क्षेत्र में भाव, भावाभास और रसाभास आदि सभी रस परिकर समाहित रहते हैं। विश्वनाथ ने संयोग शृंगार, भगवद्विषयक रतिभाव तथा संभोग शृंगार के तिर्यग्विषयक रसाभास के उदाहरण देते हुए उनकी रसपरकता सिद्ध की है। उनके मतानुसार इनसे

सम्बद्ध सभी छंद रसात्मक वाक्य के ही निदर्शन हैं जिनकी रसात्मकता उन्हें काव्य पदवी प्रदान करती है।

विश्वनाथ ने 'दोषास्तस्यापकर्षकाः' द्वारा दोषों का काव्यगत स्थान निरूपित किया है। उनका कथन है कि जिस प्रकार काणत्व और खंजत्व आदि दोष शरीर द्वारा शरीरी (आत्मा) को अपकृष्ट करते हैं उसी प्रकार श्रुतिदुष्ट तथा अपुष्टार्थत्व आदि दोष शब्द और अर्थ द्वारा काव्य के आत्मभूत रसतत्त्व को दूषित करते हैं। मूर्खत्व आदि दोषों से जिस प्रकार हमारी आत्मा अपकृष्ट होती है, उसी प्रकार निर्वेद और आवेग आदि व्यभिचारी भाव अपनी स्वशब्दवाच्यता से काव्यात्मभूत रस के लिए अपकर्षकारी होते हैं।

विश्वनाथ ने गुणों, अलंकारों और रीतियों को काव्य के उत्कर्ष हेतु माना है। उन्होंने गुणों को शौर्यादिवत्, अलंकारों को कटककुण्डलादिवत् तथा रीतियों को अवयव-संस्थान विशेषवत् कहा है। उनका कथन है कि जिस प्रकार शौर्यादिगुणों, कटककुण्डल आदि अलंकारों तथा हस्तचरण आदि अवयवों की स्थिति देह द्वारा देही को उत्कृष्ट बनाती है, उसी प्रकार माधुर्य आदि गुण, यमक और उपमा आदि अलंकार एवं वैदर्भी आदि रीतियां शब्द और अर्थ द्वारा काव्य के आत्मभूत रसतत्त्व को उत्कृष्ट बनाने में हेतु होते हैं। यों तो गुण रस के धर्म हैं, किन्तु लाक्षणिक प्रयोग में वे शब्द और अर्थ द्वारा अभिव्यंजित होते हैं। विश्वनाथ ने साहित्यदर्पण के सप्तम परिच्छेद में काव्य दोषों तथा अष्टम परिच्छेद में काव्य गुणों का निरूपण विस्तारपूर्वक किया है।

भामह से लेकर पंडितराज जगन्नाथ तक सभी विद्वानों के उपलब्ध लक्षण ग्रंथों के आधार पर प्राप्त काव्य लक्षणों से स्पष्ट होता है कि साहित्यशास्त्र के आचार्यों ने काव्य का लक्षण शब्द को, शब्दार्थ को तथा रस और ध्वनि को आधार मानकर तीन प्रकार से किया है। 'साहित्य-दर्पणकार' **आचार्य विश्वनाथ** का काव्य लक्षण **"काव्यं रसात्मकं वाक्यम्"** रस और ध्वनि को आधार मानकर किया गया प्रतीत होता है क्योंकि विश्वनाथ ने रस को काव्य की आत्मा स्वीकार करते हुए रसात्मक वाक्य को काव्य कहा है। इस काव्य की परिभाषा में रहस्यमयी संवदेना छिपी है। विश्वनाथ की काव्य परिभाषा के महत्त्व के रूप में जो बात दिखाई देती है, वह यह है कि इसी परिभाषा के द्वारा 'रसात्मक वाक्य' और

'रसात्मक महाकाव्य' अथवा ''महाकाव्य की रसात्मक एकवाक्यता'' का सिद्धांत सबसे पहले प्रवर्तित हुआ। विश्वनाथ से पूर्ववर्ती सभी अलंकारशास्त्री 'महाकाव्य प्रबंध' की दृष्टि से काव्य लक्षण न कर काव्य वाक्य की दृष्टि से ही काव्य लक्षण किया करते थे। साहित्यदर्पण के प्रथम परिच्देद में ''ननुतर्हि प्रबंधान्तवर्तिनां....'' से ऐसा प्रतीत होता है कि विश्वनाथ ने 'महाकाव्य प्रबंध' के आधार पर काव्य की परिभाषा की तथा अन्य ने 'मुक्तक' की दृष्टि से काव्य की परिभाषा की।

इस प्रकार विश्वनाथ की दृष्टि से 'रस' अर्थात् लोकोत्तर आनन्द जिस वाक्य में प्राप्त हो, उसी को काव्य कहते हैं। 'वाक्यम्' के द्वारा कविता के कलापक्ष और 'रसात्मकम्' के द्वारा भावपक्ष की समानता को स्वीकार करके कविता के दोनों ही पक्षों के अभेद को स्वीकार किया है।

आचार्य विश्वनाथ ने अपने साहित्यदर्पण के प्रथम परिच्छेद में 'काव्य स्वरूप' पर विवेचन करते हुए काव्यप्रकाशकार आचार्य मम्मट के काव्य लक्षण ''तददोषौ शब्दार्थौ सगुणावनलंकृती पुनः क्वापि,'' वक्रोक्तिजीवितकार आचार्य कुन्तक के **''वक्रोक्तिः काव्यजीवितम्'', भोजराज के अदोष गुणवत्काव्यमलंकारैरल कृतम्। रसान्वितं कविः कुर्वन् कीर्तिं प्रीतिं च विन्दति''** का विस्तारपूर्वक खंडन किया है। इसी प्रकार काव्य की आत्मा ध्वनि मानने वाले ध्वनिकार के **''काव्यरस्यात्मा ध्वनिः''** का तथा काव्य की आत्मा रीति को मानने वाले आचार्य वामन के **''रीतिरात्माकाव्यस्य''** काव्य का खंडन किया है।

उपर्युक्त मतों की विस्तृत समीक्षा करते हुए उनका निराकरण करने के उपरान्त अपने सिद्धांत रूप से स्वीकृत काव्य के स्वरूप **''वाक्यं रसात्मकं काव्यम्''** की स्थापना की है जिसका यहां संक्षेप में निम्नानुसार उल्लेख किया जा रहा है–

(क) काव्यप्रकाशकार आचार्य मम्मट के काव्य लक्षण का खंडन

आचार्य मम्मट ने काव्य का लक्षण **''तददोषौ शब्दार्थौ सगुणावनलंकृती पुनः क्वापि''** अर्थात् दोष रहित, गुणसहित और कहीं-कहीं अलंकार शून्य अथवा अस्फुटालंकार वाले शब्द और अर्थ काव्य कहलाते हैं, किया है। इस काव्य लक्षण का विवेचन करते हुए आचार्य विश्वनाथ कहते हैं कि–

1. ''अदोषौ''–यदि दोष से रहित काव्य को ही काव्य माना जाएगा तो–

न्यक्कारो ह्ययमेव ये यदरयस्तत्राप्यसौ तापसः
सोऽप्यत्रैव निहन्ति राक्षसकुलं जीवत्यहो रावणः।
धिग्धिक्छक्रजितं प्रबोधितवता किं कुम्भकर्णेन वा
स्वर्गग्रामटिकाविलुण्ठनवृथोक्छूनैः किमेभिर्भुजैः।।

इस श्लोक के अन्दर दो स्थानों पर **"नयक्कारो ह्ययमेव"** में तथा **"स्वर्गग्रामटिका- विलुण्ठनवृथोच्छूनैः"** में **"विधेयाविमर्श"** दोष है। परिणामतः यह श्लोक काव्य की कोटि में नहीं आ सकता है, जबकि इसको सभी आचार्यों ने ध्वनित्वेन उत्तम काव्य माना है। **विधेयाविमर्श** दोष उसे कहते हैं, जहां विधेय का अप्राधान्यरूप से कथन होता है। **"न्यक्कारो ह्ययमेव"** में **"न्यक्कारः"** विधेय है और **"अयम्"** उद्देश्य है। नियमानुसार उद्देश्य **"अयम्"** को पहले आना चाहिए और **"न्यक्कारः"** को विधेय होने के कारण बाद में आना चाहिए। परन्तु यहां पर रचनावैपरीत्य के कारण अप्राधान्य का पहले निर्देश कर दिया गया है। इसी प्रकार **'स्वर्गग्रामटिकाविलुण्ठनवृथोच्छूनैः"**–में **"वृथा"** पद विधेय है, जो समास में आकर गौण हो गया है। अतः यहां पर भी **"विधेयाविमर्श"** दोष है। सम्प्रति यदि उक्त काव्य के लक्षण **"अदोषौ"** के अनुसार दोषराहित्य को ही काव्य मानेंगे तो यह उक्त पद्य काव्य नहीं होगा, परन्तु इसकी क्योंकि ध्वनित्वेन उत्तमकाव्यता आनन्दवर्धनाचार्य ने अपने ग्रंथ "ध्वन्यालोक" में स्वीकार की है, अतः उक्त काव्य परिभाषा 'अव्याप्ति' दोष से ग्रस्त होने के कारण माननीय नहीं है।

यदि यह कहा जाए कि उक्त पद्य में जितने अंश में **विधेयाविमर्श** दोष है वहां तो उसे **अकाव्य** मान लिया जाए और जितने अंश में ध्वनि है, वहां उसे काव्य मान लिया जाए तो यह भी ठीक नहीं है क्योंकि इस प्रकार दो विरुद्ध अंशों से दोनों तरफ खींचा जाता हुआ काव्य और अकाव्य कुछ भी नहीं रहेगा। और फिर श्रुतिदुष्टत्वादि काव्य के दोष काव्य के किसी एक अंश को दोष से दूषित नहीं करते हैं, अपितु सम्पूर्ण काव्य को ही दूषित करते हैं। इस प्रकार यदि दोष से रहित ही काव्य को काव्य माना जाएगा, तब तो या तो दोषरहित काव्य का उदाहरण मिलेगा ही नहीं या फिर बहुत कम मिलेगा क्योंकि सर्वथा निर्दोष काव्य का मिलना संभव ही नहीं, असंभव है।

यदि सर्वत्र काव्य में दोष संभव है तो **"तददोषौ शब्दार्थौ"** के अन्दर **"अदोषौ'** पद में "नञ्" समास का प्रयोग **"ईषदर्थ"** में मान लेंगे अर्थात्

"ईषद्दोषौ शब्दार्थौ" ऐसी **"अदोषौ"** की व्याख्या कर लेंगे, परिणामतः काव्य लक्षण में **अव्याप्ति दोष** नहीं होगा। ठीक है, यदि **"अदोषौ"** की **"ईषद्दोषौ"** व्याख्या स्वीकार कर लेंगे तब तो इसका अर्थ यह हुआ कि काव्य में थोड़ा न थोड़ा दोष अवश्य होना चाहिए और इस प्रकार फिर सर्वथा निर्दुष्ट काव्य, काव्य नहीं कहलाएगा। यदि काव्य का लक्षण **"सति सम्भवे इषद्दोषौ शब्दार्थौ काव्यम्"** अर्थात् दोषों की संभावना होने पर थोड़े दोष वाले शब्द और अर्थ काव्य होते हैं, बहुत दोष वाले नहीं, मान लें तो यह भी ठीक नहीं है क्योंकि काव्य में वर्तमान श्रुतिदुष्टत्वादि दोष काव्य के काव्यत्व को नष्ट नहीं करते अपितु उसके उत्कर्ष में कुछ न्यूनता ला देते हैं, जिस प्रकार कि रत्न के अन्दर कोई कीड़ा लग जाए तो उससे उस रत्न की रत्नता नष्ट नहीं होती अपितु उस रत्न की उपादेयता में कमी आ जाती है। इस प्रकार यदि शब्दार्थ के अन्दर कोई दोष विद्यमान है, किन्तु उसमें रसानुभूति में किसी प्रकार की बाधा नहीं पड़ती है तो वहां पर काव्यत्व को स्वीकार करने में कोई क्षति नहीं है। परिणामतः **"तददोषौ शब्दार्थौ"** परिभाषा के अनुसार काव्य को **अदोषौ** होना चाहिए; परन्तु क्योंकि निर्दुष्ट काव्य का मिलना संभव नहीं है, अतः यदि रस की अनुभूति में बाधा नहीं पड़ती तो दोष दुष्ट होने पर भी काव्य के अन्दर काव्यत्व माना जाएगा। इस प्रकार उक्त लक्षण में **"अदोषौ"** पद के अन्दर **"अव्याप्तिदोष"** है।

२ण सगुणौ–काव्य की परिभाषा में **"शब्दार्थौ"** का विशेषण **"सगुणौ"** भी उपयुक्त नहीं है क्योंकि गुणों की स्थिति शब्द और अर्थ में न होकर रस में होती है, ऐसा स्वयं आचार्य मम्मट ने काव्यप्रकाश के अष्टम उल्लास के गुण प्रकरण में–

ये रसस्याङ्गिनो धर्माः शौर्यादय इवात्मनः।
उत्कर्षहेतवस्ते स्युरचलस्थितयो गुणाः।।8.66।।

कहकर प्रतिपादन किया है अर्थात् गुण के तीन लक्षण हैं–(1) गुण रस के धर्म हैं, (2) उनकी नित्य स्थिति है और (3) वे रस के उपकारक होते हैं। और यदि यह कहो कि रसाभिव्यञ्जक होने के कारण गौणरूप से **"सगुणौ"** शब्दार्थों का विशेषण हो जाएगा तो यह भी ठीक नहीं है क्योंकि फिर यह प्रश्न पैदा होता है कि शब्द और अर्थ में रस है या नहीं है? यदि नहीं है तो गुणवत्ता भी नहीं है। और यदि रस है तो फिर **"सगुणौ"** के स्थान पर **"रसवन्तौ"** ही कहना चाहिए था, सगुणौ नहीं।

और यदि यह कहो कि "**सगुणौ शब्दार्थौ**" कहने से यह अभिप्राय है कि गुणाभिव्यञ्जक शब्द और अर्थ का काव्य में प्रयोग करना चाहिए तो यह भी ठीक नहीं है क्योंकि गुणाभिव्यञ्जक शब्द और अर्थ काव्य के अन्दर केवल उत्कर्ष के आधायक होते हैं, स्वरूप के नहीं। अतः काव्य की परिभाषा में "**सगुणौ**" विशेषण भी अनुपपन्न है।

3. अनलंकृती पुनः क्वापि–काव्य का पुरुष के रूप में वर्णन करते हुए कहा गया है कि–"**काव्यस्य शब्दार्थौ शरीरम्, रसादिश्चात्मा, गुणाः शौर्यादिवत्, दोषाः काणत्वादिवत्, रीतयोऽवयसवंस्थानविशेषवत्, अलंकाराः कटककुण्डलादिवत्**" इति। अर्थात् काव्य के शब्द और अर्थ शरीर हैं, रस, रसाभास, भाव, भावाभास, भावशान्ति, भावोदय, भावसंधि और भावशबलता आत्मा है, माधुर्य, ओज और प्रसाद-ये तीन गुण शौर्यादि की तरह हैं, श्रुतिदुष्टत्वादि दोष काणत्वादि की तरह हैं, वैदर्भी, गौडी, पाञ्चाली और लाटी–ये चार रीतियां अवयव रचना की तरह हैं और अनुप्रासोपमादि अलंकार कटककुण्डलादि की तरह हैं। इस काव्यपुरुष के रूपक द्वारा काव्य के लक्षण में जो यह "**अनलंकृती पुनः क्वापि**" कहा गया है, उसका भी निराकरण समझना चाहिए। अर्थात् कहने का आशय यह है कि सर्वत्र शब्द और अर्थ अलंकारयुक्त होने चाहिए परन्तु यदि कहीं अस्फुट अलंकार वाले भी शब्द और अर्थ हैं तो वे भी काव्य कहलाते हैं। इस पूर्वोक्त काव्यपुरुष के रूपक में अलंकार कटककुण्डल के समान कहे गए हैं, अतः अलंकारयुक्त शब्द और अर्थ भी काव्य में उत्कर्षमात्र का आधान करने वाले होते हैं, स्वरूप का आधान करने वाले नहीं हैं। अतः काव्य के लक्षण में "**अनलंकृती पुनः क्वापि**" का अलंकारों के स्वरूपाधायक न होने के कारण ग्रहण नहीं करना चाहिए।

(ख) आचार्य कुन्तक के काव्यलक्षण "वक्रोक्तिः काव्यजीवितम्" का खण्डन

आचार्य कुन्तक ने काव्य का लक्षण "**वक्रोक्तिः काव्यजीवितम्**" अर्थात् वक्रोक्ति काव्य का जीवन है, किया है। आचार्य विश्वनाथ कविराज कहते हैं कि उपर्युक्त काव्य पुरुष के वर्णन के द्वारा कुन्तक का यह लक्षण भी निरस्त हुआ समझाना चाहिए क्योंकि **वक्रोक्ति** केवल मात्र एक अलंकार मात्र है, इससे अधिक कुछ नहीं। और अलंकार स्वरूप के आधायक न होकर उत्कर्ष का आधान करने वाले होते हैं। इसका आशय यह हुआ कि आचार्य कुन्तक जहां वक्रोक्ति को काव्य का

जीवनसर्वस्व और प्राणभूत मानते हैं, वहां आचार्य विश्वनाथ वक्रोक्ति को एक अलंकार से अधिक और कुछ नहीं मानते हैं।

(ग) भोजराज के काव्यलक्षण का खण्डन

भोजराज ने अपने ग्रंथ "**सरस्वतीकण्ठाभरण**" में काव्य का लक्षण इस प्रकार किया है–

> **"अदोषं गुणवत्काव्यमलंकारैरलंकृतम्।**
> **रसान्वितं कविः कुर्वन्तीतिं प्रीतिं च विन्दति।। इति।।**

अर्थात् दोष शून्य, सगुण, अलंकारों से अलंकृत और रसयुक्त काव्य को करता हुआ कवि कीर्ति और प्रीति को प्राप्त करता है। भोजराज के किए हुए उक्त काव्य लक्षण का भी खण्डन आचार्य मम्मट के काव्य लक्षण के खण्डन के समान समझना चाहिए। क्योंकि दोष, गुण आदि को का काव्य के स्वरूप में निवेश नहीं हो सकता है।

इस प्रकार उपर्युक्त तीन काव्य लक्षणों का खण्डन करने के उपरान्त आचार्य विश्वनाथ ध्वनि और रीति को काव्य की आत्मा मानने वालों के मत का भी निम्नानुसार खण्डन करते हैं–

1. ध्वनिकार आनन्दवर्धनाचार्य ने "**काव्यस्यात्मा ध्वनिः**" कहकर काव्य की आत्मा ध्वनि को माना है। आचार्य विश्वनाथ का कहना है कि क्या वस्तु, अलंकार और रस-इन तीनों प्रकार की ध्वनि को काव्य की आत्मा मानते हो? अथवा केवल रसादि ध्वनि को ही? इनमें से आचार्य विश्वनाथ रसादि ध्वनि को तो स्वीकार करते हैं, वस्तुध्वनि और अलंकारध्वनि को नहीं। अतः यदि ध्वनिकार रसादि ध्वनि को काव्य की आत्मा मानते हैं तब तो आचार्य विश्वनाथ को कोई आपत्ति नहीं है और यदि वस्तुध्वनि और अलंकारध्वनि को भी काव्य की आत्मा मानते हैं तो विश्वनाथ का कहना है कि इस अवस्था में यहां **अतिव्याप्ति नामक दोष** हो जाएगा, क्योंकि फिर यह लक्षण प्रहेलिकादि में भी चला जाएगा, जहां कि वस्तु ध्वनित होती है। इसी प्रकार आचार्य विश्वनाथ–

> **"श्वश्रूरत्र निमज्जति, अत्राहं दिवस एव प्रविलोकय।**
> **मा पथिक राज्यन्ध, शय्यायां मम निमङ्क्ष्यसि।।**

इत्यादि स्थलों में रसाभास के कारण काव्य मानते हैं। वे इसमें "**अपनी शय्या पर प्रवेशरूप वस्तु को व्यंग्य**" नहीं मानते हैं, जैसा कि दूसरों ने माना है। विश्वनाथ का कहना है कि उक्त पद्य के अन्दर आगन्तुक पथिक के प्रति दूती नायिका का अनुराग प्रतीत होता है, अतः **शृंगाररसाभास** है, वस्तु व्यंग्यता नहीं। यदि वस्तु ध्वनि को काव्य मानने लग जाएंगे तब तो "**देवदत्तो ग्रामं याति**" में भी "**देवदत्त के भृत्य का उसके पीछे जाना**" व्यंग्य होने पर काव्यत्व का प्रसंग होगा जो कि ठीक नहीं है क्योंकि सरस वाक्य को ही काव्य माना गया है, नीरस वाक्य को नहीं। तद्यथा–

"**वाग्वैदग्धप्रधानेऽपि रस एवात्र जीवितम्**।। इति।।

इस प्रकार आचार्य विश्वनाथ रसादिध्वनि को तो काव्य की आत्मा मानते हैं, वस्तु-ध्वनि और अलंकार ध्वनि को नहीं। इसलिए यहां पर रसादिध्वनि से भिन्न ध्वनि का खण्डन समझना चाहिए।

2. अलंकारसूत्र के प्रणेता आचार्य वामन ने **"रीतिरात्मा काव्यस्य"** अर्थात् **"काव्य की आत्मा रीति"** को माना है। आचार्य विश्वनाथ जी का कहना है कि वामन का उक्त कथन ठीक नहीं है क्योंकि "**रीतेः संघटनाविशेषत्वात्**" अर्थात् रीति संघटना विशेष है अर्थात् विशिष्ट प्रकार की रचना रीति कहलाती है। और संघटना शरीर के अंग विन्यास के तुल्य होती है वह आत्मा नहीं हो सकती। आत्मा शरीर से भिन्न होती है। अतः रीति काव्य की आत्मा नहीं है।

इस प्रकार आचार्य विश्वनाथ ने उपर्युक्त पांच मतों का निराकरण करके अपने सिद्धांत पक्ष की स्थापना की है। आचार्य विश्वनाथ कहते हैं कि उपर्युक्त पांच काव्य लक्षणों के सदोष होने के कारण काव्य का स्वरूप अथवा लक्षण **"वाक्यं रसात्मकं काव्यम्"** अर्थात् रसात्मक वाक्य ही काव्य है। कहने का आशय यह है कि जहां प्रधानतया रस का सद्भाव होगा, वहां काव्य कहलाया जाएगा, अन्यत्र नहीं। **"रस्यत इति रसः"** इस व्युतपत्ति के योग से रस, रसाभास, भाव, भावाभास, भाव-शान्ति, भावोदय, भावसंधि और भावशबलता सभी का ग्रहण समझाना चाहिए अर्थात् जहां इनमें से किसी का भी सद्भाव होगा, वहीं काव्यत्व होगा।

□□□

3

लक्षणा तथा व्यंजना शक्ति का प्रयोग

मुख्यार्थबाधे तद्युक्तो ययाऽन्योऽर्थः प्रतीयते।
रूढेः प्रयोजनाद्वासौ लक्षणाशक्तिरर्पिता।।

अर्थात् मुख्यार्थ का बाध होने पर (अर्थात् अभिधा के द्वारा साक्षात् संकेतित अर्थ का काव्य में अभिमत तात्पर्य अर्थ का ज्ञान कराने में अनुपपन्न होने पर) मुख्यार्थ से संबंधित (किन्तु) मुख्यार्थ से भिन्न अर्थ रूढि होने के कारण अथवा प्रयोजन के कारण जिस शक्ति के द्वारा होता है वह अर्पिता = आरोपित अर्थात् अस्वाभाविक अर्थात् काल्पनिक शक्ति लक्षणा कहलाती है।

इस प्रकार लक्षणा की उपपत्ति के लिए चार कारण बताए गए हैं। तद्यथा– (1) मुख्यार्थ का बाध (2) तद्‌योग = मुख्यार्थ के साथ लक्ष्यार्थ का संबंध (3) रूढि या (4) प्रयोजन। इनमें से लक्ष्यार्थ ज्ञान के लिए प्रथम दो का होना तो परम आवश्यक हैं परन्तु अन्तिम दो में से (रूढि अथवा प्रयोजन) किसी एक का ही होना आवश्यक है। इस प्रकार लक्षणा की प्रवृत्ति में तीन ही कारण हुए–(1) मुख्यार्थबाध (2) तद्‌योग = मुख्यार्थ से लक्ष्यार्थ का संबंध और (3) रूढि और प्रयोजन में से कोई एक।

उक्त कारिका के अन्दर **"मुख्यार्थबाधे तद्‌युक्त"** ऐसा कहकर हेतुपूर्वक विशेष अर्थ को प्रतिपादित करने वाली लक्षणा के द्वारा प्रतिपाद्य अर्थ के स्वरूप का निरूपण किया गया है। **"ययाऽन्योऽर्थः प्रतीयते"** इससे लक्षणा के लक्षण को स्पष्ट किया है। **"रूढेः प्रयोजनाद्वा"** इस प्रकार से लक्षणा के दो भेद किए गए– (1) रूढिमूला लक्षणा और (2) प्रयोजनमूला लक्षणा। **"अर्पिता"** कहकर अभिधा शक्ति से लक्षणा की भिन्नता प्रदर्शित की है। **"राजत्युमावल्लभः"** इत्यादि

शाब्दीव्यंजना के लन्दर भी लक्षणा की प्रशक्ति के अति प्रसङ्ग के निवारण के लिए **"मुख्यार्थबाधे"** कहा है क्योंकि यदि मुख्यार्थ से असम्बद्ध अर्थ की उपस्थिति भी लक्षणा से मान ली जाए तब तो "गङ्गायां घोषः" इत्यादि वाक्य में गंगादि पद से यमुनातट आदि भी उपस्थित होने लगेंगे। इसीलिए कहा है कि **"तद्‌युक्तः"** मुख्यार्थ के साथ लक्ष्यार्थ का ज्ञान भी लक्षणा का कारण माना गया है। मुख्यार्थ से संबंधित अन्य अर्थ का ज्ञान इस लक्षणा के द्वारा होता है, ऐसा स्पष्ट करने के लिए **"अन्योऽर्थः"** कहा गया है। **"रूढ़ेः प्रयोजनाद्वा"** के आधार पर लक्षणा दो प्रकार की होती है–

- रूढ़ि लक्षणा
- प्रयोजनवती लक्षणा।

1. रूढि लक्षणा का उदाहरण–"कलिङ्ग साहसिकः" कलिङ्ग देश साहसी है–इस उदाहरण में **"कलिङ्ग"** शब्द अपने "देशविशेषरूप" वाच्य अर्थ में (साहसी अर्थ में) घटित न होता हुआ (क्योंकि कलिङ्ग देश जड़ है और साहसी होना चेतन का धर्म है, अतः कलिङ्ग शब्द अपने वाच्यार्थ में घटित नहीं होता है) कलिङ्ग देश में रहने वाले पुरुषों को लक्षणावृत्ति से लक्षित करता है। कहने का आशय यह है कि उपर्युक्त उदाहरण में **"कलिङ्ग"** शब्द का अपना अर्थ है **"देशविशेष"** और **"साहसिकः"** का अर्थ है **"साहसी"**। परन्तु यह साहस, जो चेतन का धर्म है, जड़ पदार्थ (कलिङ्ग देश) में नहीं रह सकता, अतः देश के वाचक कलिङ्ग शब्द का साहसी के साथ अन्वय घटित नहीं हो सकता। इस प्रकार कलिङ्ग शब्द अपने मुख्यार्थ "देश" अर्थ में बाधित होने के कारण संयोग संबंध से उस देश में रहने वाले पुरुषों का लक्षणा से ज्ञान कराता है और इसका अर्थ होता है **"कलिङ्ग देश में रहने वाले पुरुष साहसी हैं"**। इस लक्ष्यार्थ ज्ञान में रूढ़ि = प्रसिद्धि कारण है। अतः इस उदाहरण में **"रूढि लक्षणा"** है।

2. प्रयोजनवती लक्षणा का उदाहरण–"गङ्गायां घोषः" = गंगा में ग्राम है। इस उदाहरण में गंगा शब्द प्रवाह विशेष रूप अपने वाच्यार्थ ("गङ्गा" शब्द का अपना मुख्यार्थ है "प्रवाह") का ज्ञान कराने में असमर्थ होता हुआ सामीप्य संबंध से अपने संबंधी "तट" अर्थ का ज्ञान कराता है। इस तट अर्थ का ज्ञान कराने में शीतलता और पवित्रता का अतिशय ज्ञान कराना रूप प्रयोजन है। कहने का आशय यह है कि **"गङ्गायां घोषः"** इस वाक्य में गंगा शब्द का मुख्य अर्थ है

"प्रवाह"। इसके ऊपर **'घोषः = ग्राम"** का स्थित होना असंभव है। अतः यह हुआ **मुख्यार्थबाध**। इस प्रकार गंगा शब्द के अपने मुख्य अर्थ "प्रवाह" में अनुपपन्न होने के कारण सामीप्य संबंध से (अर्थात् तद्‌योग अर्थात् गंगा से संबंधित) अपने संबंधी तट पर लक्षणावृत्ति से ज्ञान कराता है। अतः इस उदाहरण में **"प्रयोजनवती लक्षणा"** है।

उपर्युक्त दोनों उदाहरणों में हम जिस शक्ति के द्वारा **"कलिङ्ग"** का अर्थ **"कलिङ्ग देशवासी मनुष्य"** और **"गङ्गायां"** का **"गंगा के तट पर"** समझते है। वह शक्ति **लक्षणा** कही गई है और इसे **"अर्पिता, स्वाभाविकेतरा** तथा **ईश्वरानुद्‌भाविता"** कहा गया है।

काव्यप्रकाशकार आचार्य मम्मट ने रूढिलक्षणा का उदाहरण **"कर्मणि कुशलः"** दिया है, जिसको आचार्य विश्वनाथ ने नहीं माना है।

लक्षणा के भेद

आचार्य विश्वनाथ के अनुसार लक्षणा के प्रमुख भेद निम्नानुसार हैं–

(क) उपादान लक्षणा

आचार्य विश्वनाथ ने इसका लक्षण इस प्रकार बताया है–

"मुख्यार्थस्येतराक्षेपो वाक्यार्थेऽन्वयसिद्धये।
स्वादात्मनोऽप्युपादानादेषोपादानलक्षणा" साहित्यदर्पण 2.6

अर्थात् वाक्य में वाक्य के अन्दर विद्यमान अन्वय की सिद्धि के लिए जिस वृत्ति द्वारा अन्य अर्थ का आक्षेप किया जाता है वहां मुख्यार्थ का भी ग्रहण होने के कारण "उपादान लक्षणा" कहलाती है। उपादान लक्षणा की निरुक्ति दो प्रकार से की जा सकती है–

- मुख्यार्थविषयिणी प्रतीतिरुपादानम्, तद्धेतुर्लक्षणा उपादान लक्षणा।
- उपादीयते स्वार्थो गृह्यतेऽनेनेत्युपादानम् तन्नाम्नी लक्षणा उपादान लक्षणा।

ऊपर लक्षणा के रूढ़ि और प्रयोजन ये दो कारण माने गए हैं। इन्हीं को आधार मानकर उपादान लक्षणा भी दो प्रकार की होती है। तद्यथा–

- रूढ़ि में उपादान लक्षणा
- प्रयोजन में उपादान लक्षणा।

1. रूढ़ि में उपादान लक्षणा का उदाहरण–"श्वेतो धावति" = श्वेत दौड़ रहा है। किसी व्यक्ति ने किसी अवसर पर किसी अन्य व्यक्ति से पूछा है कि **"कौन सा घोड़ा दौड़ रहा है,"** जिसके उत्तर में उसने कहा कि **"श्वेतो धावति"**। इस उदाहरण में श्वेतवर्ण अचेतन होने के कारण दौड़ने की क्रिया में कर्तृत्वेन अन्वित न होते हुए (अर्थात् **"धावति"** क्रिया का कर्ता **"श्वेतः"** नहीं हो सकता, क्योंकि वह अचेतन है। किसी भी क्रिया का कर्त्ता किसी चेतन को ही होना चाहिए जोकि क्रिया कर सके) दौड़ने की क्रिया के कर्तृत्व का ज्ञान कराने के लिए अपने संयोगी **"अश्व"** का आक्षेप कर लेता है (अर्थात् "श्वेत" शब्द समवाय संबंध से श्वेत रंग वाले अश्व का आक्षेप कर लेता है) यहां किसी भी प्रयोजन का अभाव होने के कारण **रूढ़िमूला लक्षणा** है।

2. प्रयोजन में उपादान लक्षणा का उदाहरण–'कुन्ताः प्रविशन्ति' = भाले प्रवेश कर रहे हैं। किसी स्थान पर भाले लेकर सैनिकों के प्रवेश करने पर किसी ने दूसरे से पूछा है कि **कौन आ रहे हैं"**, जिसका उत्तर उसने दिया है– **"कुन्ताः प्रविशन्ति"** इति। इस उदाहरण में कुन्त (भाले) अचेतन होने के कारण प्रवेश करने की क्रिया में कर्तृत्वेन अन्वित न होते हुए (अर्थात् **"प्रविशन्ति"** इस क्रिया का कर्ता **"कुन्त"** नहीं हो सकता क्योंकि वह अचेतन है। किसी भी क्रिया का कर्ता चेतन होना चाहिए जोकि क्रिया कर सके) प्रवेश करने की क्रिया के कर्तृत्व का ज्ञान कराने के लिए अपने संयोगी पुरुष का आक्षेप कर लेता है। अर्थात् "कुन्ताः" शब्द संयोग संबंध से भाले धारण करने वाले पुरुषों का आक्षेप कर लेते हैं। इस उदाहरण में कुन्तों की अतिगहनता को सूचित करना प्रयोजन है, अतः **प्रयोजनमूला लक्षणा** है।

इस उपादान लक्षणा को ही **"अजहत्स्वार्था लक्षणा"** (**"अजहदत्यजन् स्वार्थो मुख्यार्थो यामिति अजहत्स्वार्था"** अर्थात् इसमें स्वार्थ (मुख्यार्थ) का परित्याग नहीं होता है) भी कहते हैं।

(ख) लक्षण लक्षणा

आचार्य विश्वनाथ ने इसका लक्षण इस प्रकार बताया है–

अर्पणं स्वस्य वाक्यार्थे परस्यान्वयसिद्धये।
उपलक्षणहेतुत्वादेषा लक्षण लक्षणा।। साहित्यदर्पण 2.7

अर्थात् वाक्यार्थ में मुख्यार्थ से भिन्न अर्थ की अन्वय सिद्धि के लिए अपने अर्थ का परित्याग जिस वृत्ति के द्वारा होता है अर्थात् जो शब्द अपने मुख्यार्थ को छोड़कर लक्ष्यार्थ का उपलक्षण जिस वृत्ति के द्वारा हो जाता है वह उपलक्षण का हेतु होने के कारण **"लक्षण लक्षणा"** कहलाती है। इसकी व्युत्पत्ति इस प्रकार है– **"लक्ष्यते उपलक्ष्यतेऽनेनेत्युपलक्षणम् तन्नाम्नी लक्षणा लक्षण लक्षणा"** इति।

उपादान लक्षण के समान यह लक्षण लक्षणा भी रूढ़ि और प्रयोजन के भेद से दो प्रकार की होती है। तद्यथा–

- रूढ़ि में लक्षण लक्षणा
- प्रयोजन में लक्षण लक्षणा।

1. रूढ़ि में लक्षण लक्षणा–"कलिङ्ग साहसिकः" = कलिङ्ग साहसी है। यहां पर पुरुष के अन्वय का वाक्यार्थ में अन्वय की सिद्धि के लिए **"कलिङ्ग"** शब्द अपने आप को समर्पित कर देता है अर्थात् पुरुष को बोध कराने के लिए अपने आपको उपयोगी बनाता है। अथवा **"आत्मानम्"** मुख्यार्थम् **"अर्पयति'** = परित्यजति। यह पद अपने मुख्यार्थ का परित्याग कर देता है। प्रयोजन का अभाव होने के कारण रूढ़ि है। अतः **"रूढ़िमूला लक्षण लक्षणा"** है।

2. प्रयोजन में लक्षण लक्षणा–"गङ्गायां घोषः" गङ्गा में घोष है। इस उदाहरण में तट के अन्वय को वाक्यार्थ में अन्वय की सिद्धि के लिए **"गङ्गा"** शब्द अपने आपको समर्पित कर देता है अर्थात् तट का ज्ञान कराने के लिए अपने आपको उपयोगी बनाता है। अथवा "आत्मानम् = स्वार्थम् = मुख्यार्थम्" **अर्पयति** = परित्यजति। इस प्रकार यह पद अपने मुख्यार्थ प्रवाह का परित्याग कर देता है। शैत्य और पावनत्व प्रयोजन हैं। अतः **प्रयोजनवती लक्षण लक्षणा** है।

यही लक्षण लक्षणा "जहत्स्वार्था लक्षणा" (जहत्-त्यजन् स्वार्थो यया सा जहत्स्वार्था) कहलाती है।

उपादान लक्षणा और लक्षण लक्षणा में भेद

उपादान लक्षणा के अन्दर मुख्यार्थ का लक्ष्यार्थ में ग्रहण होता है परन्तु

लक्षण लक्षणा के अन्दर लक्ष्यार्थ की सिद्धि के लिए मुख्यार्थ अपने अर्थ का परित्याग कर देता है।

उपर्युक्त चार प्रकार की लक्षणाएं अर्थात् (1) रूढ़ि उपादान लक्षणा (2) प्रयोजनवती उपादान लक्षणा। (3) रूढ़ि लक्षण लक्षणा और (4) प्रयोजनवती लक्षण लक्षणा, सारोपा और साध्यवसाना भेद से दो-दो प्रकार की होती है। इस प्रकार लक्षणा के आठ भेद हो जाते हैं।

(ग) सारोपा और साध्यवसाना लक्षणा

इनके लक्षण इस प्रकार हैं–

विषयस्यानिगीर्णस्यान्यतादात्म्यप्रतीतिकृत्।
सारोपा स्यान्निगीर्णस्य मता साध्यवसानिका।। साहित्यदर्पण 2.8-9

अर्थात् अनिगीर्ण (अनाच्छादित) स्वरूप विषय (उपमेय) का अन्य (उपमान) के साथ अभेद की प्रतिपत्ति कराने वाली लक्षणा सारोपा (आरोपेण सह वर्तते इति सारोपा) होती है। कहने का आशय यह है कि **"अनिगीर्णस्वरूपस्य पदार्थस्यान्यतादात्म्यप्रतीतिरारोपः"** अर्थात् वाक्य में जिस पदार्थ का स्पष्टया निर्देश किया गया है, जिसका स्वरूप अप्रकृत उपमाभूत चन्द्र आदि (विषयी) से निगीर्ण = छिपा हुआ नहीं है, उसी प्रकृत उपमेय मुखादि (विषय) की अन्य अर्थात् अप्रकृत चन्द्रादि विषयी के साथ तादात्म्य प्रतीति को **"आरोप"** कहते हैं। अथवा **"विषयविषयिणोर्भेदेनोपन्यासोऽत्रारोपार्थः"** और जो आरोप के साथ होती है, वह **"सारोपालक्षणा"** कहलाती है। यह **सारोपा लक्षणा** रूपकालंकार का बीज है और निगीर्ण (आच्छादित) स्वरूप विषय (उपमान) का विषयी के साथ अभेद ज्ञान कराने वाली **"साध्यवसाना लक्षणा"** कहलाती है। कहने का आशय यह है कि **"विषयनिगरणेन विषयिणोऽभेदप्रतीतिरध्य- वसानम्, तेन सह वर्तते इति साध्यवसाना"** अर्थात् विषय का निगरण करके विषयी के साथ अभेद का प्रतिपादन करना **"अध्यवसाय"** कहलाता है, उस अध्यवसाय के साथ जो है, वह **"साध्यवसाना लक्षणा"** कहलाती है।

1. रूढ़ि सारोपा उपादान लक्षणा का उदाहरण–"अश्वः श्वेतो धावति" = श्वेत घोड़ा दौड़ रहा है। यहां पर श्वेत शब्द की श्वेतगुण विशिष्ट में प्रसिद्धि होने के कारण रूढ़ि है। श्वेत गुण अपने रूप को भी लक्ष्यार्थ के साथ

बोधित करता है, अतः **उपादान लक्षणा** है और निगीर्णस्वरूप अवश्व के साथ श्वेत का तादात्म्य प्रतीत होता है, अतः **आरोप** है। इस प्रकार यहां पर **"रूढ़ि सारोपा उपादान लक्षणा"** हुई।

2. प्रयोजनवती सारोपा उपादान लक्षणा का उदाहरण–"एते कुन्ताः प्रविशन्ति" (दुर्गे इति शेषः)। यहां पर सर्वनाम **"एते"** से कुन्तधारी पुरुषों का निर्देश करने के कारण **"आरोप"** है। लक्ष्यार्थ के साथ कुन्तों की भी प्रतीति होती है, अतः **उपादान** है। कुन्तों का अतिगहनत्व सूचित करना **प्रयोजन** है। इस प्रकार यहां पर **"प्रयोजनवती सारोपा उपादान लक्षणा"** है। यहां धार्य-धारक संबंध है। कुन्त धार्य हैं और पुरुष धारक हैं।

3. रूढ़ि सारोपा लक्षण लक्षणा का उदाहरण–"कलिङ्ग पुरुषो युध्यते"। यहां पर **"कलिङ्ग"** शब्द कलिङ्ग देशवासी का उपलक्षण होने से **लक्षण लक्षणा** है। पृथक् निर्दिष्ट पुरुष के साथ अभेद प्रतीति से **सारोपा** है और प्रसिद्धि के कारण **रूढ़ि** है। अतः **"रूढ़ि सारोपा लक्षण लक्षणा"** है। यहां पर पुरुष और कलिङ्ग देश में आधार-आधेयभाव संबंध है। कलिङ्ग देश आधार है और पुरुष आधेय है।

4. प्रयोजनवती सारोपा लक्षण लक्षणा का उदाहरण–"आयुर्धृतम्"। यहां पर यद्यपि घृत आयु का कारण है तथापि कार्यकारणभाव संबंध से आयु का संबंधी घृत यहां आयु के साथ तादात्म्य से प्रतीत होता है, अतः **सारोपा** है। **आयु** शब्द आयु के कारण को उपलक्षितमात्र करता है, अतः **लक्षण लक्षणा** है तथा अन्य वस्तुओं की अपेक्षा विलक्षणता से आयु को उत्पन्न करना **प्रयोजन** है। अतः **"प्रयोजनवती सारोपा लक्षण लक्षणा"** है।

"निगीर्णस्य मता साध्यवसानिका" के अनुसार सम्प्रति **साध्यवसाना लक्षणा** के क्रमशः उदाहरण देते हैं:–

5. रूढ़ि साध्यवसाना उपादान लक्षणा का उदाहरण–"श्वेतो धावति"।

6. प्रयोजनवती साध्यवसाना उपादान लक्षणा का उदाहरण–"कुन्ताः प्रविशन्ति"।

7. रूढ़ि साध्यवसाना लक्षण लक्षणा का उदाहरण–"कलिङ्गः साहसिकः"।

8. प्रयोजनवती साध्यवसाना लक्षण लक्षणा का उदाहरण–"गङ्गायां घोषः"।

उपर्युक्त आठ प्रकार की लक्षणाएं (चार सारोपा और चार साध्यवसाना) **शुद्धा और गौणी** के भेद से पुनः दो प्रकार की होती हैं। इन शुद्धा और गौणी लक्षणाओं में से जो लक्षणा 'सादृश्य के संबंध का कारण नहीं होती हैं वे "शुद्धा" कहलाती हैं और जिनका कारण सादृश से संबंध रखता है, **"गौणी"** (**गुणेभ्यः आगता गौण्यः** इति) कहलाती है"। इस प्रकार लक्षणा के 16 भेद होते हैं। इसी को इस प्रकार कहा गया है–

सादृश्येतरसंबंधाः शुद्धास्ताः सकला अपि।
सादृश्यात्तु मता गौण्यस्तेन षोडशभेदिताः।। साहित्यदर्पण 2.9-10

इनमें से **"शुद्धा लक्षणा"** के पूर्वोक्त **"अश्वः श्वेतो धावति"** इत्यादि उदाहरण हैं। **"गौणी लक्षणा"** के क्रमशः उदाहरण इस प्रकार हैं–

1. रूढ़ि उपादान लक्षणा सारोपा गौणी का उदाहरण–"एतानि तैलानि हेमन्ते सुखानि"। यहां तैल शब्द का शाब्दिक अर्थ है **"तिलों से उत्पन्न तेल"**। परन्तु सादृश्य के कारण सरसों आदि के स्नेह को भी तैल ही कह देते हैं, यद्यपि उनके अन्दर तिलभवत्व का सर्वथा अभाव है। इस उदाहरण में तिलभव स्नेह का परित्याग नहीं हुआ है, अतः यह **गौणी उपादान लक्षणा** है। तैल शब्द की प्रसिद्धि ही इस प्रयोग का कारण है, अतः **रूढ़िमूला लक्षणा** है। **"एतत्"** शब्द के विषय का पृथक् निर्देश है, अतः **सारोपा** है। इस प्रकार यहां **"रूढ़ि उपादान लक्षणा सारोपा गौणी"** है।

2. प्रयोजनवती उपादान लक्षणा सारोपा गौणी का उदाहरण–"एते राजकुमाराः गच्छन्ति"। यहां पर **"एतत्"** शब्द का पृथक् प्रयोग होने के कारण **आरोप** है। राजकुमार के उपादान के साथ-साथ अन्य कुमारों का राजकुमार के साथ आदरणीय होना इस लक्षणा का प्रयोजन है। सादृश्य संबंध इसका प्रयोजक है, अतः **"गौणी"** है। इस प्रकार यह **"प्रयोजनवती उपादान लक्षणा सारोपा गौणी"** लक्षणा है।

3. रूढ़ि उपादान लक्षणा साध्यवसाना गौणी का उदाहरण–"तैलानि हेमन्ते सुखानि" इति।

4. प्रयोजनवती उपादान लक्षणा साध्यवसाना गौणी का उदाहरण– "राजकुमाराः गच्छन्ति" इति (**साध्यवसाना लक्षणा** के उदाहरण के लिए

"एतत्" पद, जो विषय वाचक पृथक्ता की सूचना देता है, निकाल देना चाहिए)।

5. रूढ़ि लक्षण लक्षणा सारोपा गौणी का उदाहरण–"राजा गौडेन्द्रः कण्टकं शोधयति"–गौड देश का राजा क्षुद्र शत्रु को (कण्टकम्) निर्वैर करता है। यहां पर **"कण्टक"** शब्द का अर्थ है कांटा। इसका गौडेन्द्र शब्द के अर्थ (राजा विशेष) के साथ समानाधिकरण्य से संबंध अनुपपन्न है, अतः कण्टक शब्द सादृश्य संबंध से कांटे की तरह दुःख देने वाले क्षुद्र शत्रु का उपलक्षण है, अतः गौणी है। यहां मुख्य अर्थ का उपादान नहीं, अतः **लक्षण लक्षणा** है। **"गौडेन्द्र"** शब्द से विषय का पृथक् निर्देश होने से **आरोप** है। कण्टक शब्द की क्षुद्र शत्रु से प्रसिद्धि होने के कारण **"रूढ़ि"** है। परिणामतः **"रूढ़ि लक्षण लक्षणा सारोपा गौणी" लक्षणा** है।

6. प्रयोजनवती लक्षण लक्षणा सारोपा का उदाहरण–"गौर्वाहीकः" वाहीक गौ है। यहां पर "गौ" शब्द सादृश्य संबंध से वाहीक को लक्षित करता है, अतः गौणी है। अपने मुख्य अर्थ का उपादान न करने से **"लक्षण लक्षणा"** है। वाहीक की अत्यन्त मूर्खता का द्योतन करना **प्रयोजन** है। अनिगीर्ण स्वरूप वाहीक के साथ गौ का तादात्म्य प्रतीत होता है, अतः **आरोप** है। इस प्रकार यहां पर **"प्रयोजनवती लक्षण लक्षणा सारोपा गौणी लक्षणा"** है।

7. रूढ़ि लक्षण लक्षणा साध्यवसाना गौणी का उदाहरण–"राजा कण्टकं शोधयति"। इस उदाहरण में विषयवाचक पद **"गौडेन्द्रः"** के निकाल देने से "साध्यवसाना" का उदाहरण हो जाता है।

8. प्रयोजनवती लक्षण लक्षणा साध्यवसाना गौणी का उदाहरण– "गौर्जल्पति"। यहां गौ शबद मुख्य अभिधा शक्ति के द्वारा बाहीक शब्द के साथ अन्वय को न प्राप्त करता हुआ अज्ञत्वादि सादृश्य संबंध से वाहीक के अर्थ को लक्षणा के द्वारा लक्षित करता है। वाहीक की अज्ञत्वादि का अतिशय द्योतन करना प्रयोजन है। अतः यहां **"प्रयोजनवती लक्षण लक्षणा साध्यवसाना गौणी"** है।

शुद्धा और गौणी लक्षणा में भेद

गौणी लक्षणा गुणों (साधारण धर्म) के योग से (**"वाच्यलक्ष्ययोः सादृश्यात्मकः संबंधः गौणः"**) **"गौणी"** (**गुणेभ्य आगता गौणी**) कहलाती है। कहा भी है

कि–**"लक्ष्यमाणगुणैर्योगाद्वृत्तेरिष्टा तु गौणता"** अर्थात् लक्ष्यमाण (जाड्यमान्ध आदि) गुणों के (वाहीक में रहने रूप) योग से इस लक्षणा वृत्ति की गौणता हो जाती है अर्थात् **"गुणेभ्य आगतत्वाद् गौणी"** लक्षणा कहलाती है। कहने का आशय यह है कि जिन लक्षणाओं में साधारण धर्मों के संबंध से लक्ष्यार्थ की प्रतीति होती है, वे **"गौणी"** कहलाती हैं और जिनमें उपचार (सादृश्य) का मिश्रण नहीं होता, वे **'शुद्धा'** कहलाती है। **उपचार** का लक्षण इस प्रकार है–

"उपचारो हि नामात्यन्तं विशकलितयोः शब्दयोः सादृश्यातिशयमहिम्ना भेदप्रतीति- स्थगनमात्रम्" अर्थात् अत्यन्त निराकांक्ष शब्दों के सादृश्यातिशय के कारण भेद ज्ञान का तिरोधान हो जाना **"उपचार"** कहलाता है। अर्थात् विभिन्न शब्दों के अन्दर सादृश्य की अतिशयता के भेद की प्रतीति का न होना **"उपचार"** है। और इस उपचार (भेद प्रतीति स्थगन) से जो लक्षणा होती है उसे **गौणी लक्षणा** कहते हैं। इसके विपरीत जिनमें उपचार का मिश्रण नहीं होता, वह **"शुद्धा लक्षणा"** कहलाती है। उपचार का मिश्रण और उपचार का अमिश्रण यही इन दोनों लक्षणाओं का भेदक धर्म है अर्थात् उपचार से मिश्रित को **"गौणी"** और उपचार से अमिश्रित को **"शुद्धा"** लक्षणा कहते हैं।

इस प्रकार यहां तक 16 प्रकार की लक्षणाओं का विवेचन किया गया है। इन सोलह प्रकार की लक्षणाओं में से आठ रूढ़ि मूलक हैं और आठ प्रयोजन मूलक। इनमें से आठ प्रयोजन मूलक लक्षणाओं के पुनः प्रयोजन रूप व्यंग्य के गूढ और अगूढ दो प्रकार के होने के कारण प्रत्येक के दो भेद होकर **सोलह भेद** हो जाते हैं। कहा भी है–

व्यंग्यस्य गूढागूढत्वाद् द्विधा स्युः फललक्षणाः।। साहित्यदर्पण 2.10

उपर्युक्त वर्णित प्रयोजनमूलक 16 भेद वाली लक्षणाएं व्यञ्जनागम्य प्रयोजन (फल) के धर्मिगत और धर्ममत होने से प्रत्येक के पुनः दो भेद होकर **बत्तीस प्रकार** की हो जाती हैं।

तद्यथा–**"धर्मिधर्मगतत्वेन फलस्यैता अपि द्विधा"।** साहित्यदर्पण 2.11

इस प्रकार उपर्युक्त लक्षणाएं **चालीस** (रूढ़ि में आठ प्रकार की और प्रयोजन में बत्तीस प्रकार की) प्रकार की हुई हैं। ये चालीस प्रकार की लक्षणाएं पुनः **पदगत** और **वाक्यगत** होकर **अस्सी** प्रकार की हो जाती हैं। इनमें से **पदगत** का उदाहरण

"गङ्गायां घोषः" और **वाक्यगत** का उदाहरण **"उपकृतं बहु तत्र किमुच्यते"** है। इस प्रकार आचार्य विश्वनाथ कविराज ने लक्षणा के **अस्सी भेद** किए हैं। **गौणी सारोपा** लक्षणा सादृश्य हेतुक होती है। इसके अन्दर उपमान और उपमेय के स्पष्ट होने के कारण यह लक्षणा **"रूपकालंकार"** का बीज है। यथा–**"इन्दुर्मुखम्"**। गौणी लक्षणा और रूपकालंकार में यह भेद है कि आरोप्यमाण का पहले निर्देश किया जाए तो **"गौणी लक्षणा"** होती है और यदि बाद में निर्देश किया जाए तो **"रूपकालंकार"** होता है। इसके विपरीत **"साध्यवसाना उपमानतिरोहितोपमेया"** होती है, अतः "अतिशयोक्ति अलंकार" का बीज होती होती है।

आर्थी व्यंजना का सोदाहरण प्रतिपादन

शब्द तीन प्रकार के कहे गए हैं–वाचक, लाक्षणिक और व्यंजक। इनमें से व्यंजनावृत्ति के द्वारा अर्थ का ज्ञान कराने वाला शब्द व्यंजक होता है और इसी व्यंजनावृत्ति के द्वारा बोध्य अर्थ व्यंग्य कहलाता है। इस व्यंजनावृत्ति का स्वरूप इस प्रकार कहा गया है–

विरतास्वभिधाद्यासु ययाऽर्थो बोध्यते परः।
सा वृत्तिर्व्यञ्जना नाम शब्दस्यार्थादिकस्य च।।

अर्थात् अभिधा, लक्षणा और तात्पर्य नामक तीन वृत्तियों के (अभिधाद्यासु) अपने-अपने अर्थ का ज्ञान कराकर विरत हो जाने पर (विरतासु) जिस वृत्ति के द्वारा अन्य (वाच्य, लक्ष्य और तात्पर्य से भिन्न) अर्थ (व्यंग्य) का ज्ञान कराया जाता है, वह शब्द में और अर्थादिक में रहने वाली शक्ति व्यंजना कहलाती है। आचार्य विश्वनाथ आदि कुछ आचार्य तात्पर्य नामक वृत्ति को भी स्वीकार करते हैं, अतः आचार्य विश्वनाथ ने व्यञ्जना के उक्त लक्षण में "अभिधाद्यासु" में बहुवचन का प्रयोग किया है। **"अर्थादिकस्य"** में "आदि" पद से प्रकृति, प्रत्यय और उपसर्गादि का ग्रहण होता है, अर्थात् शब्दनिष्ठ, अर्थनिष्ठ, प्रकृतिनिष्ठ, प्रत्ययनिष्ठ तथा उपसर्गादिनिष्ठ शक्ति व्यंजना कहलाती है। इसी व्यंजनावृत्ति को व्यंजन, ध्वनन, गमन और प्रत्यानन आदि नामों से भी कहा जाता है। इस व्यंजना वृत्ति के द्वारा प्रतिपाद्य अर्थ को **व्यंग्य** कहते हैं। यह व्यंग्यार्थ वाच्यार्थ की तरह नियत नहीं होता है अपितु वक्ता के प्रकरणादि के अनुसार अनियत होता है। तथाहि– "गतोऽस्तमर्कः" का सीधा सा वाच्यार्थ है "सूर्य छिप गया" परन्तु प्रकरणादि के अनुसार वक्ता और श्रोता के अभिप्राय से विभिन्न अर्थ हो जाते हैं। जिस प्रकार

इस वाक्य के अन्दर राजा की सेनापति के प्रति "गतोऽस्तमर्कः" का अर्थ होगा कि "शत्रुओं का आक्रमण का अवसर है", दूरी का अभिसारिका के प्रति कहे गए इसी वाक्य का अर्थ होगा कि 'अभिसरण की तैयारी करो", सखी का वासकसज्जा के प्रति कहने पर "तुम्हारा प्रिय आने वाला है" ऐसा अर्थ होगा, काम करने वाले का अपने साथियों के प्रति कहे गए इसी वाक्य का अर्थ होगा कि "कार्य करना बन्द कर दो", एक भृत्य का किसी धार्मिक के प्रति कहने पर "सायं विधि की तैय्यारी कीजिए"–ऐसा भाव होगा। इस प्रकार एक ही वक्ता के विभिन्न व्यक्तियों के प्रति कहे गए एक ही वाक्य की प्रकरणानुसार अनेक अर्थों की प्रतीति व्यंजना के बल से हो जाया करती है।

व्यंजना के भेद

व्यंजना के लक्षण में आए हुए "शब्दस्यार्थादिकस्य च" से यह प्रतीत होता है कि व्यंजना शब्दमूला अर्थात् शाब्दी और अर्थमूला अर्थात् आर्थी भेद से दो प्रकार की होती है। शाब्दी व्यंजना पुनः दो प्रकार की होती है–"अभिधामूला और लक्षणामूला"। जैसाकि आचार्य विश्वनाथ (साहित्यदर्पण 2.13) ने कहा है– "अभिधालक्षणामूला शब्दस्य व्यंजना द्विधा", इनमें से जो शब्द की अभिधा शक्ति पर आश्रित होती है, वह अभिधामूला व्यंजना और जो शब्द की लक्षणा शक्ति पर आश्रित होती है, वहं लक्षणामूला व्यंजना होती है।

(क) अभिधामूला व्यंजना का उदाहरण

अनेकार्थस्य शब्दस्य संयोगाद्यैर्नियन्त्रिते।
एकत्रार्थेऽन्यधीहेतुर्व्यञ्जना साऽभिधाश्रया।। साहित्यदर्पण 2.14

अर्थात् संयोगादि के द्वारा अनेकार्थक शब्द के एक अर्थ में नियंत्रित हो जाने पर अन्य अर्थ की प्रतीति का कारण जो व्यंजना होती है वह अभिधा शक्ति के आश्रित समझनी चाहिए अर्थात् अभिधामूला व्यंजना कहलाती है। और इसके विपरीत जहां पर संयोगादि नहीं होते हैं वहां जितने अर्थों के विषय में वक्ता का तात्पर्य होता है, उतने ही अर्थ समझने चाहिए।

उक्त लक्षण में "संयोगाद्यैः" में विद्यमान "आद्य" पद से विप्रयोग आदि का ग्रहण होता है, जो इस प्रकार है–

संयोगो विप्रयोगश्च साहचर्य विरोधिता।
अर्थः प्रकरणं लिङ्गं शब्दस्यान्यस्य सन्निधिः।।
सामर्थ्यमौचिती देशः कालो व्यक्तिः स्वरादयः।
शब्दार्थस्यानवच्छेदे विशेषस्मृतिहेतवः।।

1. संयोग से नियंत्रित अर्थ का उदाहरण–"सशंखचक्रो हरिः"–यहां पर "हरि" शब्द के अनेक अर्थ हैं, परन्तु शंख का संबंध केवल विष्णु के साथ ही प्रसिद्ध है, अतः शंख और चक्र के योग से हरि शब्द विष्णु का ही अभिधा से बोधन कराता है।

2. विप्रयोग का उदाहरण–"अशंखचक्रो हरिः"–यहां शंख और चक्र के राहित्य से हरि शब्द विष्णु को ही कहता है, इन्द्रादिक को नहीं।

3. साहचर्य का उदाहरण–"भीमार्जुनौ इति"–यहां "भीम" शब्द के साहचर्य से अर्जुन शब्द पार्थ (पृथापुत्र धनञ्जय) को बोध कराता है, ककुभादि का नहीं।

4. विरोध का उदाहरण–"कर्णार्जुनौ" इति। यहां पर कर्ण शब्द का अर्थ सूतपुत्र महावीर कर्ण है क्योंकि अर्जुन का उसके साथ सतत वैर था, कर्णेन्द्रिय को बताने वाला नहीं।

5. अर्थ का उदाहरण–"स्थाणुं वन्दे" इति। यहां "स्थाणु" शब्द शिव का बोधक है क्योंकि शिवजी की स्तुति ही संसार के आवागमन को नष्ट कर सकती है, शाखा-पल्लवादि से रहित शुष्क तरुकाण्ड नहीं, अन्यथा भवच्छेदरूप प्रयोजन के न होने पर उसकी नियामकता नहीं होगी।

6. प्रकरण का उदाहरण–"सर्वं जानाति देवः" इति। यहां पर "देवः" शब्द का "आप" पुरोवर्ती राजा का ही बोध होता है क्योंकि प्रकरणगत राजा ही प्रकृत है। किसी देवता विशेष का वाचक "देव" शब्द नहीं है।

7. लिङ्ग का उदाहरण–"कुपितो मकरध्वजः" इति। यहां "मकरध्वज" पद कामदेव का ही ज्ञान कराता है, समुद्र का नहीं क्योंकि कोपरूप लिङ्ग किसी चेतन का ही धर्म हो सकता है, अचेतन का नहीं।

8. अन्य शब्दसन्निधि का उदाहरण–"देवः पुरारिः" इति। यहां "देव" शब्द के सान्निध्य से पुरारि शब्द शिव का ही अभिधान करता है, किसी अन्य का नहीं।

9. सामर्थ्य का उदाहरण–"मधुना मत्तः पिकः" इति। यहां पर "मधु" शब्द दैत्य, वसंत, मद्य आदि अनेक अर्थों का बोधक होने पर भी केवल वसन्त के अन्दर ही कोयल को मस्त करने की सामर्थ्य के कारण मधु शब्द वसन्त का ही अभिधान करता है, मद्य विशेष का नहीं।

10. औचिती का उदाहरण–"पातु वो दयितामुखम्" इति। यहां पर 'मुख' शब्द औचित्य के कारण अनुकूलता (साम्मुख्य) का बोधक है, वदन आदि का नहीं, क्योंकि अनुकूलता ही प्रकृतोपयोगी है।

11. देश का उदाहरण–"विभाति गगने चन्द्रः" इति। यहां पर "चन्द्रः" शब्द का अर्थ चन्द्रमा है, कर्पूर आदि नहीं क्योंकि आकाश देश में चन्द्रमा ही रहता है, कर्पूरादि नहीं।

12. काल का उदाहरण–"निशि चित्रभानुः" इति। "चित्रभानुः" पद के बह्नि, सूर्य आदि अनेक अर्थ होने पर भी प्रकृत में चित्रभानु अग्नि का ही वाचक है, सूर्य का नहीं क्योंकि रात्रि में उसका दिखाई देना असंभव है।

13. व्यक्ति का उदाहरण–"भाति रथाङ्गम्" इति। यहां पर रथाङ्ग शब्द नपुंसकलिङ्ग होने के कारण चक्र का बोध कराता है, चक्रवाक का नहीं। चक्रवाक के अर्थ में "रथाङ्ग" शब्द पुंल्लिङ्ग होता है।

14. स्वर का उदाहरण–उदात्त, अनुदात्त, स्वरितरूप "स्वर" भेद में ही विशेष अर्थ की प्रतीति कराने वाले होते हैं, काव्य में नहीं, अतः यहां स्वर का उदाहरण नहीं दिया है।

इस प्रकार अभिधा के द्वारा एक ही अर्थ में नियंत्रित हो जाने पर भी शब्द के अन्य अर्थ के ज्ञान का कारण जो शक्ति है, उसे "अभिधामूला व्यंजना" कहते हैं।

(ख) लक्षणामूला व्यंजना का लक्षण

लक्षणोपास्यते यस्य कृते तत्तु प्रयोजनम्।
यया प्रत्यायते सा स्याद् व्यंजना लक्षणाश्रया।। साहित्यदर्पण 2.15

जिस प्रयोजन के ज्ञान के लिए प्रयोजनवती लक्षणा को शब्दशक्तित्वेन स्वीकार किया जाता है, वह प्रयोजन जिस वृत्ति से बोधित किया जाता है, वह लक्षणामूलक व्यंजना होती है। यद्यथा–"गङ्गाया घोषः" इत्यादि स्थलों में

"गङ्गायाम्" का प्रवाह विशेष रूप मुख्य अर्थ का ज्ञान कराके अभिधा शक्ति के विरत हो जाने पर और तटादिरूप लक्ष्य अर्थ का ज्ञान कराके लक्षणा शक्ति के विरत हो जाने पर जिस शक्ति द्वारा घोष के अन्दर विद्यमान, शीतला और पावनता के आधिक्यरूप प्रयोजन का ज्ञान होता है, वह लक्षणामूला व्यंजना होती है।

लक्षणामूलक व्यंजना के अन्दर उस प्रयोजन का प्रत्यायन कराया जाता है, जिसके कारण लाक्षणिक पद का प्रयोग किया जाता है। वस्तुतः स्थिति यह है कि यदि वक्ता का "गङ्गायां घोषः" कहने का इतना मात्र प्रयोजन है कि वह यह बताना चाहता है कि मेरा ग्राम गङ्गा के किनारे पर है, तब तो वह सीधा "गङ्गातटे घोषः' यही कह सकता था, "गङ्गायां घोषः" कहने की क्या आवश्यकता थी? परन्तु वह चाहता यह है कि सुनने वाला यह भी अनुभव कर ले कि मेरा ग्राम केवल गंगा के किनारे ही नहीं है अपितु गंगा जल के अन्दर जो शीतलता और पावनता है वह मेरे घर में है। बस, इसी शीतत्व और पावनत्वादि के आधिक्य की प्रतीति के लिए ही (यस्य कृते लक्षणा उपास्यते तत्तु प्रयोजनम्) उसने "गङ्गातटे" इस वाचक शब्द का प्रयोग न करके "गङ्गायाम्" इस लाक्षणिक पद का प्रयोग किया है। इस प्रकार लाक्षणिक पदों के प्रयोग में "लक्षणामूला व्यंजना" हुआ करती है। इस शैत्यपावनत्वादि के आधिक्यं की प्रतीति अभिधा हो सकती है। क्योंकि "गङ्गायां घोषः" के अन्दर "गङ्गायाम्" पद का मुख्य अर्थ "गङ्गाप्रवाह में" है। लक्षणा के द्वारा भी इस शैत्यपावनत्वादि के आधिक्य की प्रतीति नहीं हो सकती है क्योंकि ऐसा अर्थ करने पर लक्षणा का लक्षण नहीं घटित हो सकता है। लक्षणा के लिए मुख्यार्थबाध तद्‌योग और रूढिप्रयोजनान्यतरत्व होना चाहिए। लक्षणा के द्वारा शैत्यपावनत्वादि की प्रतीति के लिए "गङ्गायाम्" का मुख्यार्थ "गङ्गातटे" होना चाहिए, जोकि संभव नहीं है। और येन केन प्रकारेण "गङ्गायाम्" का मुख्यार्थ "गङ्गातटे" मान भी लें, तो फिर मुख्यार्थ का बाध नहीं होता, जो लक्षणा का अनिवार्य अङ्ग हैं क्योंकि "गंगा के किनारे" पर तो ग्राम रह ही सकता है। तीर का शैत्यपावनत्वादि के साथ कोई प्रयोजन भी नहीं है। अतः शैत्यपावनत्वादि की प्रतीति के लिए व्यंजना होनी ही चाहिए और यह व्यंजना "लक्षणामूला" होती है।

(ग) आर्थी व्यंजना का लक्षण

वक्तृबोद्धव्यवाक्यानामन्यसंनिधिवाच्ययोः।
प्रस्तावदेशकालानां काकोश्चेष्टादिकस्य च।।
वैशिष्ट्यादन्यमर्थं च या बोधएत्सार्थसम्भवा।। साहित्यदर्पण 2.16-17

अर्थात् वक्ता, बोद्धव्य (जिससे बात कही जाए), वाक्य, अन्य का सन्निधान, वाच्यार्थ, प्रस्ताव (प्रकरण), देश, काल, काकु तथा चेष्टा आदि की विशेषता के कारण जो शब्दशक्ति अन्य का बोधन करती है, वह आर्थी (अर्थमूलक) व्यंजना कहलाती है।

1. इनमें से वक्ता, वाक्य, प्रकरण और देश-काल आदि की विशेषता के कारण उत्पन्न व्यंजना का उदाहरण–

कालो मधुः कुपित एष च पुष्पधन्वा
धीरा वहन्ति रतिखेदहराः समीराः।
केलीवनीयमपि वञ्जुलकुञ्मजञ्जु
दूरे पतिः कथय किं करणीयमद्य।।

इस पद्य में "हे सखि, तू शीघ्र यहां प्रछन्न कामुक को भेज" यह बात व्यंजना के द्वारा सूचित होती है।

2. बोद्धव्य की विशेषता की उदाहरण

निःशेषच्युतचन्दनं स्तनतटं निर्मृष्टरागोऽधरो
नेत्रे दूरमनञ्जने पुलकिता तन्वी तवेयं तनुः।
मिथ्यावादिनि दूति बान्धवजनस्याज्ञातपीडागमे
वापी स्नातुमितो गतासि न पुनस्तस्याधमस्यान्तिकम्।।

में "न पुनस्तस्याधमस्यान्तिकम्" इस अंश के विपरीत लक्षणा के द्वारा "तदन्तिकमेव गतासि" इस प्रकार का अर्थ लक्षित होता है और उसके पास 'रक्तुम्' यह प्रतिपाद्य व्यंग्य दूती के वैशिष्ट्य से ज्ञात होता है।

3. अन्य सन्निधि की विशेषता का उदाहरण

पश्य निश्चलनिष्पदा विसिनीपत्रे राजते बलाका।
निर्मलमरकतभाजनपरिस्थिताशुङ्खशक्तिरिव।।

इस उदाहरण में बलाका के निःष्पन्द एवं निःशङ्क होकर बैठने के कारण विश्वस्तता एवं स्थान की विजनता सूचित होती है। अतः यह संकेत स्थान है। इस बात की व्यंजना की जा रही है। यहां स्थान के निर्जनत्व रूप व्यंग्यार्थ की

विशेषता प्रयोजन है। अर्थात् यह स्थान सर्वथा विश्वसनीय है, मनुष्य के आवागमन से शून्य है, निर्जन है–यह व्यंग्यार्थ प्रयोजन है।

4. काकु की विशेषता का उदाहरण

गुरुपरतंत्रतया बत दूरतरं देशमुद्यतो गन्तुम्।
अलिकुलकोकिलललिते नैष्यति सखि, सुरभिसमयेऽसौ।।

इस उदाहरण में नैष्यति–नहीं आएगा क्या? अपितु "एष्यत्येव"–आएगा ही, यह अर्थ काकु के द्वारा व्यक्त होता है।

5. चेष्टा वैशिष्ट्य की विशेषता की उदाहरण

संकेतकालमनसं विटं ज्ञात्वा विदग्धया।
हसन्नेत्रार्पिताकूतं लीलापद्मं निमीलितम्।।

यहां किसी कामिनी ने कमल बन्द करने की चेष्टा से सायंकाल का समय संकेत का समय है, इस बात की सूचना दी है।

यह आर्थी व्यंजना वाच्य, लक्ष्य और व्यंग्य–इन अर्थों के तीन प्रकार के होने से प्रत्येक तीन प्रकार की अर्थात् वाच्यव्यंजना, लक्ष्यव्यंजना और व्यञ्जनव्यंजना होती हैं। इनमें से वाच्यार्थ व्यंजना का उदाहरण–"कालो मधुः" इत्यादि, लक्ष्यार्थ व्यंजना का उदाहरण–"निःशेषच्युतचन्दनम्" इत्यादि की व्यंजनव्यंजना का उदाहरण–"उ...तणच्चल" इत्यादि है।

आचार्य विश्वनाथ ने अपने साहित्यदर्पण के द्वितीय परिच्छेद के अन्दर "तिस्रः शब्दस्य शक्तयः" कहकर शब्द की अभिधा, लक्षणा और व्यंजना–इन तीन शक्तियों का विस्तृत विवेचन किया है। पुनः पंचम परिच्छेद में "अथ केयमभिनवा व्यंजना नाम वृत्तिः" ऐसी शंका उठाकर व्यंजनावृति की स्थापना की है। इस व्यंजना वृत्ति की आवश्यकता को बताने के लिए कहा है कि–

वृत्तीनां विश्रान्तेरभिधातात्पर्यलक्षणाख्यानाम्।
अङ्गीकार्या तुर्या वृत्तिर्बोधे रसादीनाम्।। साहित्यदर्पण 5.1

अर्थात् अभिधा, तात्पर्य और लक्षणा नामक तीन वृत्तियों के अपने-अपने अर्थ का बोधन करके विरत हो जाने पर रस, रसाभास, भाव, भावाभास, भावसंधि,

भावशबलता, वस्तु और अलंकारादिकों की प्रतीति में चौथी व्यंजना नामक वृत्ति अवश्य स्वीकार करनी चाहिए।

इस व्यंजना वृत्ति की स्थापना के प्रसङ्ग में आचार्य विश्वनाथ ने निम्न विचारधाराओं का खंडन किया है–

1. अभिधावृत्ति के द्वारा रसादि की प्रतीति नहीं हो सकती है।

2. अभिहितान्वयवादी मीमांसकों द्वारा स्वीकृत "तात्पर्य नामक वृत्ति" क्योंकि अपने अन्वय ज्ञान में क्षीण हो जाती है, अतः व्यंग्यार्थ का ज्ञान नहीं करा सकती है।

3. भट्टमतानुयायी भट्टलोल्लटादि "सोऽयमिषोरिव दीर्घदीर्घतरोऽभिधाव्यापारः" के आधार पर अभिधावृत्ति से व्यंग्यार्थ का ज्ञान स्वीकार करते हैं, इसका खंडन किया है।

4. आचार्य धनिक तात्पर्य नामक वृत्ति से व्यंग्यार्थ की प्रतीति स्वीकार करते हैं। उनका कहना है कि–

"तात्पर्यव्यतिरेकाच्च व्यञ्जकत्वस्य न ध्वनिः।
यावत्कार्यप्रसारित्वात्तात्पर्यं न तुलाधृतम्।।"

आचार्य विश्वनाथ ने इस मत को भी स्वीकार नहीं किया है। इस यावत्कार्यप्रसारी तात्पर्यशक्ति" का "शब्दबुद्धिकर्मणां विरम्य व्यापाराभावः" से खंडन किया है।

5. अभिधा और लक्षणा भी रस का बोध नहीं करा सकती हैं। क्योंकि–

प्रागसत्वाद्रसादेर्नो बोधिके लक्षणाभिधे।
किञ्च मुख्यार्थबाधस्य विरहादपि लक्षणा।। साहित्यदर्पण 5.3

अर्थात् शब्द व्यापार से पहले रसादिकों की सत्ता नहीं होती है, अतः लक्षणा और अमिधा रस का ज्ञान कराने में समर्थ नहीं हैं। अभिधा और लक्षणा से उस वस्तु का ज्ञान होता है जो प्रत्यक्षादि प्रमाणों से पहले से विद्यमान हो। गङ्गा और उसका तट पहले से ही विद्यमान है, अतः "गङ्गायां घोषः" में गङ्गा पर अभिधा से प्रवाह को और लक्षणा से तट को बोधित करता है। अविद्यमान वस्तु में लक्षणा

और अभिधा की गति नहीं होती। इसके अतिरिक्त रस के प्रतीति स्थल में मुख्यार्थ बाध भी नहीं होता है, अतः लक्षणा भी रसादि का ज्ञान नहीं करा सकती है। अतः अभिधा और लक्षणा से रसादि का बोध नहीं हो सकता है।

6. श्री शङ्कुक के मत के अनुयायी व्यक्तिविवेककार श्री महिमभट्ट अनुमान (व्याप्तिविशिष्टपक्षधर्मताज्ञान) से व्यंजना से प्रतिपाद्य व्यंग्य अर्थ की प्रतीति को अनुमान के अंतर्गत माना है और व्यंजना शक्ति का खंडन किया है। आचार्य विश्वनाथ ने इस मत का भी खंडन किया है। आचार्य विश्वनाथ कहते हैं कि–

नानुमानं रसादीनां व्यंग्यानां बोधनक्षमम्।
आभासत्वे हेतूनां स्मृतिर्न च रसादिधीः।। साहित्यदर्पण 5.4

अर्थात् अनुमान (व्याप्तिविशिष्टपक्षधर्मताज्ञान अथवा अनुमिति) से रसादि रूप व्यंग्यार्थों का ज्ञान नहीं हो सकता है क्योंकि अनुमान में सत् हेतु चाहिए और व्यंग्यार्थ को अनुमेय सिद्ध करने में जो हेतु दिए जाते हैं वे हेत्वाभास होते हैं तथा रसादिकों का ज्ञान संस्कारजन्य ज्ञानविशेष स्मृति भी नहीं है क्योंकि स्मृति आस्वादस्वरूप नहीं है और आस्वाद से रहित है।

7. भट्टमीमांसक "अर्थापत्ति" नामक पांचवां प्रमाण स्वीकार करते हैं। आचार्य विश्वनाथ ने इस मत का भी यह कहकर खंडन किया है कि "एतेनार्थापत्तिवेद्यत्वमपि व्यंग्यानामपास्तम्" अर्थात् हेत्वाभास अनुमान से व्यंग्यार्थ रसादिकों का अर्थापत्ति प्रमाण से बोधित होना भी खंडित हो गया क्योंकि पूर्व सिद्ध व्याप्ति ज्ञान का आश्रय लेकर ही अर्थापत्ति प्रमाण की प्रवृत्ति होती है। इस प्रकार व्यंग्यार्थ अर्थापत्ति गम्य नहीं है क्योंकि वहां व्यभिचार और संदेह आदि दोषों के कारण व्याप्तिग्रह नहीं हो सकता।

8. रस का ज्ञान सूचन बुद्धि से भी नहीं हो सकता है क्योंकि सूचन बुद्धि भी लौकिक संकेत की अपेक्षा करती है।

इस प्रकार आचार्य विश्वनाथ ने उपर्युक्त मतों का खंडन करके व्यंजनावृत्ति की स्थापना की है। शब्द शक्ति के अंतर्गत व्यंजनावृत्ति का स्थान विशिष्ट कोटि का है। अभिधा आदि वृत्तियों के विरत होने पर जिस वृत्ति द्वारा अन्य अर्थ का बोध होता है उसे व्यंजनावृत्ति कहते हैं। यह वृत्ति शब्द तथा अर्थ में समान भाव से रहती है। विश्वनाथ ने 'शब्द बुद्धि-कर्मणां विरम्य व्यापाराभावः' न्याय से इसका

विवेचन करते हुए लिखा है कि अभिधा, लक्षणा और तात्पर्याख्या वृत्तियों के बोधन व्यापार के क्षीण हो जाने पर जिस वृत्ति से अन्य अर्थ का बोध किया जाता है, उसे व्यंजना वृत्ति कहते हैं। यह वृत्ति प्रकृति और प्रत्यय से लेकर शब्द और अर्थ के विविध व्यापारों में व्यंजित होती है जिसे व्यंजन, ध्वनन, गमन और प्रत्यायन आदि शब्दों से भी व्यवहृत किया जाता है। व्यंजनावृत्ति की विवेचना के अंतर्गत विश्वनाथ ने इस बात का स्पष्ट उल्लेख किया है कि जिस प्रकार शब्द से बोध्य होकर अर्थ व्यंजक होता है, उसी प्रकार शब्द भी अन्य अर्थ का आश्रय लेकर व्यंजक होता है। किसी एक ही शब्द अथवा अर्थ के व्यंजक होने पर दूसरा शब्द अथवा अर्थ उसका सहकारी बनकर उपस्थित हो जाता है। व्यंजक शब्द अर्थ की अपेक्षा करता है तो व्यंजक अर्थ के लिए शब्द अपेक्षणीय है। इस प्रकार एक ही व्यंजकता में दूसरे की सहकारिता स्वतः ही सन्निहित रहती है। यहां इस बात का उल्लेख करना भी आवश्यक है कि अभिधा आदि त्रिविध उपाधियों की विशेषता से शब्द भी वाचक, लक्षक और व्यंजक रूपों में निरूपित किया गया है। अभिधा व्यापार विषयक शब्द 'वाचक' लक्षणा व्यापार विषयक शब्द 'लक्षक' तथा व्यंजना व्यापार वाला शब्द 'व्यंजक' कहलाता है।

❑❑❑

4

आचार्य विश्वनाथ प्रदत्त रस लक्षण

आचार्य विश्वनाथ के अनुसार विभाव, अनुभाव तथा सञ्चारी भावों के द्वारा अभिव्यक्त हुए रति आदि स्थायी-भाव सहृदय सामाजिकों के हृदय में रसता को प्राप्त होते हैं। कहने का तात्पर्य यह है कि यद्यपि अनुकार्य नायकादिकों के हृदय में रत्यादि स्थायीभाव विद्यमान रहते हैं, अतः रसानुभूति भी उन्हीं को होनी चाहिए थी परन्तु पुनरपि काव्यार्थ की भावना से रस की प्रतीति सहृदय सामाजिकों के हृदय में ही होती है, अनुकार्य नायकादिकों के हृदयों में नहीं। इनको विभाव इसलिए कहा जाता है क्योंकि इनसे सामाजिकों के हृदय में विद्यमान रति आदि भाव रसास्वाद की अभिव्यक्ति के योग्य बनाए जाते हैं। इस **विभाव** के दो भेद होते हैंः–(1) आलम्बन विभाव और (2) उद्दीपन विभाव। इन दोनों विभावों में से **आलम्बन विभाव** श्री रामचन्द्र आदि नायक होते हैं क्योंकि उन्हीं का आश्रय लेकर रस की अभिव्यक्ति होती है। कहने का आशय यह है कि रामचन्द्र जी के लिए सीता जी आलम्बन विभाव हैं क्योंकि सीता जी का आश्रय लेकर राम के हृदय में रस का आविर्भाव होता है। इसी प्रकार सीता जी के लिए रामचन्द्र जी आलम्बन विभाव हैं क्योंकि सीता जी के हृदय में राम को आश्रय मानकर ही रस का उद्रेक हो रहा है। अतः राम और सीता दोनों एक-दूसरे के लिए रस अभिव्यक्ति में आलम्बन विभाव कहलाते हैं, अर्थात् राम के लिए सीता और सीता के लिए राम आलम्बन विभाव हैं। इस प्रकार आलम्बन विभाव का लक्षण हुआ– **"रसप्रकृतिभूतरत्याद्याश्रयत्वमालम्बनविभावत्वम्" इति। उद्दीपन विभाव** का लक्षण इस प्रकार किया गया है–

उद्दीपन विभावास्ते रसमुद्दीपयन्ति ये।। साहित्यदर्पण 3.131

अर्थात् जो रस को उद्दीपित अर्थात् अतिशय पुष्टि को ले जाते हैं, वे **"उद्दीपन विभाव"** कहलाते हैं और ये उद्दीपन विभाव आलम्बन नायक, नायिका और प्रतिनायक प्रभृति की चेष्टाएं तथा देश-काल आदि होते हैं।

अनुभाव का लक्षण

उद्‌बुद्धं कारणैः स्वैः स्वैर्बहिर्भावं प्रकाशयन्।
लोके य कार्यरूपः सोऽनुभावः काव्यनाट्‌ययोः।। साहित्यदर्पण 3.132

अर्थात् अपने-अपने कारणों से उद्‌बुद्ध स्थायीभाव को बाहर प्रकाशित करने वाला लोक में जो कार्य कहा जाता है वह काव्य और नाट्‌य के अन्दर पुनः **"अनुभाव"** नाम से कहा जाता है। इस अनुभाव की शाब्दिक व्युतपत्ति इस प्रकार हैः–**"रत्यादीन् स्थायिनः अनुभावयन्ति अनुभवविषयीकुर्वन्तीति अनुभावाः"**। इस प्रकार स्त्रियों के अङ्गज तथा स्वभावज अलंकार एवं सात्विकभाव और रत्यादि से उत्पन्न अन्य चेष्टायें अनुभाव कहलाती हैं।

सञ्चारीभाव का लक्षण

सञ्चारीभाव ही व्यभिचारीभाव के नाम से कहे जाते हैं। इस **व्यभिचारीभाव** का लक्षण इस प्रकार किया गया है–

विशेषादाभिख्यैन चरणाद् व्यभिचारिणः।
स्थायिन्युन्मग्ननिर्मग्नास्त्रयस्त्रिंशच्च तद्विदाः।। साहित्यदर्पण 3.140

अर्थात् विभाव और अनुभाव की अपेक्षा विशेषरूप से आस्वाद की अभिव्यक्ति में अनुकूल होने के कारण रति आदि में रसरूप से उत्पन्न होते हुए रत्यादि स्थायी भाव में आविर्भूत और तिरोभूत होने वाले धर्म **व्यभिचारीभाव** कहे जाते हैं। ये व्यभिचारी भाव संख्या में कम से कम तैतीस माने गए हैं।

स्थायीभाव का लक्षण

अविरुद्धा विरुद्धा वा यं तिरोधातुमक्षमाः।
आस्वादाङ्कुरकन्दोऽसौ भावः स्थायीति सम्मतः।। साहित्यदर्पण 3.174

अर्थात् अविरुद्ध अथवा विरुद्ध भाव जिस भाव को छिपाने में असमर्थ होते हैं तथा जो आस्वादरूप रस के अङ्कुर का मूलभूत है, वह भाव **"स्थायीभाव"** कहलाता है। इन स्थायीभावों के विषय में नाट्‌यशास्त्र में कहा गया है कि–

यथा नराणां नृपतिः शिष्याणां च यथा गुरुः।
एवं हि सर्वभावानां भावः स्थायी महानिह।।

कहने का सार यह है कि जिस प्रकार समान लक्षण वाले और समान अंग-प्रत्यङ्ग वाले होते हुए भी कुछ पुरुष कुल, शील, विद्या, कर्म और शिल्प में विलक्षणता से युक्त हुए राजत्व को प्राप्त करते हैं और कुछ उन्हीं में से मन्दबुद्धि वाले होते हुए अनुचर होते हैं उसी प्रकार विभाव, अनुभाव और सञ्चारीभाव स्थायीभाव का आश्रय लेते हैं। इनमें से गुढाश्रय वाले मुख्यरूपेण स्थायीरूप से स्थामीभाव होते हैं और अन्य भाव गौण होते हैं तथा व्यभिचारीभाव परिजनरूप से होते हैं। ये स्थायीभाव संख्या में साहित्यदर्पणकार की सम्मति में दस हैं। तद्यथा–

रतिर्हासश्च शोकश्च क्रोधोत्साहौ भयं तथा।
जुगुप्सा विस्मयश्चेत्थमष्टौ प्रोक्ताः शमोऽपि च।। साहित्यदर्पण 3.175

अर्थात् रति, हास, शोक, क्रोध, उत्साह, भय, जुगुप्सा और विस्मय–ये आठ स्थायीभाव कहे जाते हैं और शम भी स्थायीभाव होता है। इस प्रकार यहां पर नौ स्थायीभावों का परिगणन किया गया है। वस्तुतः साहित्यदर्पणकार आठ ही स्थायीभावों को मानते हैं और इसी को ध्वनित करने के लिए उन्होंने "**अष्टौ प्रोक्ताः**" ऐसा कारिका में कहा भी है और बाद में "**शमोऽपि च**" कहकर शम को भी स्थायीभाव के रूप में स्वीकार कर लिया है। यहां '**अपि च**" से **वत्सलता** का भी ग्रहण कर लेना चाहिए क्योंकि आगे चलकर कहा गया है कि–

अथ मुनीन्द्रसम्मतो वत्सलः
स्फुटं चमत्कारितया वत्सलं च रसं विदुः।
स्थायी वत्सलतास्नेहः पुत्राद्यालम्बनं मतम्।। साहित्यदर्पण 3.251

इस प्रकार भरतमुनि सम्मत **शम** और **वत्सलता** को स्थायीभावेन साहित्यदर्पणकार ने स्वीकार किया है। परिणामतः यहां साहित्यदर्पण में दस स्थायीभाव माने गए हैं।

इस प्रकार काव्यादि के सुनने अथवा नाटकादि के देखने से आलम्बन-उद्दीपन विभावों, भ्रूविक्षेप, कटाक्षादि अनुभावों और निर्वेद, ग्लानि आदि 33 सञ्चारीभावों के द्वारा अभिव्यक्त होकर सहृदय सामाजिकों के हृदय में स्थित वासनास्वरूप रति,

हास, शोकादिभाव शृंगार, हास्य और करुण आदि रसों के स्वरूप में परिणत हो जाते हैं।

यद्यपि "**विभावा अनुभावाश्च सात्विका व्यभिचारिणः**" इत्यादि प्राचीन कारिकाओं के अन्दर **सात्विकभावों** को भी रसाभिव्यक्ति में कारण माना गया है, तथापि साहित्यदर्पणकार ने "**सात्विकाश्चानुभावरूपत्वान्न पृथगुक्ताः**" अर्थात् स्तम्भ, स्वेदादि आठ सात्विकभाव क्योंकि अनुभावस्वरूप हैं अर्थात् सात्विकभावों का अंतर्भाव अनुभावों के अन्दर हो जाता है, अतः उनका यहां पर पृथक् निर्देश नहीं किया गया है, ऐसा कहकर सात्विकभावों को रसाभिव्यक्ति में अलग से कारण नहीं माना है।

परिणामवादियों के मतानुसार जिस प्रकार दूध, अम्ल आदि खट्टे पदार्थ के योग से दूसरे रूप में परिणत हुआ **"दही"** कहलाता है अथवा जिस प्रकार आमिक्षा, कर्पूर और मरिच आदि के संयोग से दूसरे रूप में परिणत होकर **"प्रपाणक"** कहलाता है, उसी प्रकार रति आदि स्थायीभाव काव्य में वर्णित विभावादिकों के योग से दूसरे रूप में परिणत हुए चिदानन्दस्वरूप रस को प्राप्त होते हैं। जो रति आदि स्थायीभाव को सामाजिक के हृदय में वासनारूप में विद्यमान मानते हैं, उनके मतानुसार रस अभिव्यक्त न होकर ज्ञान का विषय हुआ करता है।

जिस प्रकार दीपक पहले विद्यमान घटादि पदार्थों को प्रकाशित करता है, उस प्रकार से विभावादि रस को अभिव्यक्त नहीं करते हैं। परिणामतः घटादि पदार्थों के समान रस की विभावादियों से पूर्व सत्ता नहीं है। यही बात ध्वन्यालोक के टीकाकार श्रीमदभिनवगुप्तपादाचार्य ने भी कही है–

"रसाः प्रतीयन्त इति त्वोदनं पचतीतिदद्व्यवहारः" इति।

अर्थात् **"रसाः प्रतीयन्ते"** = रस प्रतीत होते हैं यह व्यवहार तो **"आदनं पचति"** = भात पकाते हैं–के समान किया जाता है। कहने का आशय यह है कि व्यवहार में भात को तो पकाते नहीं है, पकाते तो चावलों को हैं, पक जाने के बाद ही उन चावलों की भात संज्ञा होती है, परन्तु पुनरपि **"भात पकाते हैं"** ऐसा व्यवहार किया जाता है। इसी प्रकार **"रसाः प्रतीयन्ते"** = रस प्रतीत होते हैं, यह व्यवहार किया जाता है। इसलिए जिस प्रकार पाक के संबंध से चावल भातत्वेन

व्यवहार किए जाते हैं उसी प्रकार प्रतीति के संबंध से ही रसरूप को प्राप्त सामाजिकों की वासना **"रसत्वेन"** व्यवहृत होती है। जिस प्रकार पकने से पूर्व चावलों की भात संज्ञा नहीं होती है, उसी प्रकार रति आदि की प्रतीति से पूर्व रस संज्ञा नहीं होती है।

इस रस में घटादि की अपेक्षा इतनी और विशेषता है कि यह रस प्रतीति काल में ही रहता है, न प्रतीति से पूर्व और न प्रतीति के पश्चात्, जबकि इसके विपरीत घट प्रतीति से पूर्व भी रहता है और प्रतीति के पश्चात् भी रहता है। इस प्रकार विभाव, अनुभाव और संचारीभावों से अभिव्यक्त सहृदय सामाजिकों के हृदय में अवस्थित रति आदि स्थायीभाव ही रस कहलाता है। परिणामतः स्थायीभाव और रस में तात्विक दृष्टि से कोई भेद नहीं समझना चाहिए क्योंकि एक विशिष्ट प्रक्रिया के माध्यम से यही स्थायीभाव रस नाम से कह दिया जाता है। जिस प्रकार तात्विक दृष्टि से यद्यपि गन्ना और चीनी में कोई भेद नहीं है परन्तु पुनरपि एक विशिष्ट प्रक्रिया के पश्चात् ही गन्ना चीनी नाम से कहा जाता है उससे पूर्व नहीं। जो भेद गन्ना और चीनी में है, वही भेद स्थायीभाव और रस में समझना चाहिए।

संक्षेप में, स्थायीभाव जब विभाव, अनुभाव और संचारी भावों के योग से आस्वादन करने योग्य हो जाता है तब सहृदय प्रेक्षक के हृदय में रसरूप से उसका आस्वादन होता है। स्थायीभाव के अनुभव और उसके रसास्वादन में भेद है। अनुभव में भाव की सुख-दुःख पूर्ण प्रकृति के अनुसार अनुभवकर्त्ता को भी सुख-दुःख होता है परन्तु उसका आस्वादन इनसे रहित होता है। रस की अवस्थिति न नायक में मानी जा सकती है और न नट में क्योंकि रस तो वर्तमान वस्तु है और नायक भूतकाल में था, वर्तमान में नहीं और नट का कार्य नायक आदि के कार्यों का अभिनय के द्वारा अनुकरणमात्र करना है। वह तो केवल विभाव आदि को प्रेक्षक के सामने प्रदर्शित भर कर देता है। रस की अवस्थिति सहृदय प्रेक्षक में होती है और प्रेक्षक में भी केवल स्थायीभाव आदि के ज्ञान मात्र से रस की उत्पत्ति नहीं होती है।

व्यक्तिविवेककार महिम भट्ट ने अनुमिति सिद्धांत का प्रतिपादन करते हुए रसादि पदार्थों का बोध अनुमान द्वारा सिद्ध किया है जिसके लिए व्यंजनावृत्ति अपेक्षणीय नहीं है। विश्वनाथ उनके अभिमत से सहमत नहीं हैं। उनका कथन है कि अनुमान अर्थात् व्याप्ति विशिष्ट पक्षधर्मताज्ञान (अनुमिति) से रसादिरूप

व्यंग्यार्थों का ज्ञान नहीं हो सकता क्योंकि अनुमान में सत् हेतु वांछनीय है जबकि व्यंग्यार्थ को अमुमेय सिद्ध करने में जो हेतु दिए जाते हैं वे सब हेत्वाभास मात्र हैं। हेतुओं के असत् होने के कारण ही रसादि की प्रतीति को स्मृति भी नहीं कह सकते। महिम भट्ट ने रसादि की प्रतीति को जिस रूप में अनुमान में अंतर्भूत कहा है, वह विश्वनाथ को मान्य नहीं है। उनका प्रश्न है कि क्या शब्द अथवा अभिनय में समर्पित विभाव आदि के ज्ञान से अनुमित राम आदि में स्थित राग आदि ज्ञान ही रस है अथवा राम आदि में स्थित राग आदि भावना द्वारा सामाजिकों (भावकों) से भाव्यमान (आस्वाद्यमान) स्वप्रकाशानंदस्वरूप चमत्कार ही रस कहा जा सकता है? प्रथम पक्ष की मान्यता के विषय में विश्वनाथ का उनसे विशेष विरोध नहीं है यद्यपि वे उसमें अपनी ओर से यह बात अवश्य जोड़ देते हैं कि राम आदि के हृदय में स्थित अनुराग आदि का अनुमित ज्ञान रस नहीं होता। दूसरे पक्ष में व्याप्ति ग्रह संभव नहीं है अतः वहां हेत्वाभाव होने के कारण अलौकिक चमत्कार रूप रस अनुमानगम्य नहीं हो सकता। सीता और राम की पारस्परिक चेष्टाओं द्वारा उन आनुमानिक अनुराग रस नहीं होता क्योंकि रस का संबंध अनुमान से न होकर उस विभावन व्यापार से होता है जो सहृदयों के सात्त्विक अंतःकरण में विलक्षण चमत्कार उत्पन्न करने की क्षमता रखता है। वस्तुतः वासना रूप में सहृदयजन स्थित रत्यादि स्थायी भाव ही रस रूप में परिणत होते हैं जिन्हें किसी रूप में अनुमानाश्रित अथवा अनुमानगम्य नहीं कहा जा सकता। रस तो प्रत्यक्ष सिद्ध साक्षात्कारात्मक ज्ञान स्वरूप है जिसे अनुमेय कहना किसी भी रूप में उचित नहीं है।

महिम भट्ट ने विभाव, अनुभाव, सात्त्विक भाव तथा संचार भावों के अभिधान तथा अभिनय में व्याप्ति तथा पक्षधर्मिता द्वारा शृंगार आदि रसों का आविर्भाव सिद्ध किया है। उनका कथन है कि व्यंजनावादी आचार्य रसादि के अभिव्यक्ति पक्ष में जिस सामग्री को कारणस्वरूप मानते हैं वह अनुमिति-पक्ष में रस के अनुमापक रूप में स्वीकार की जा सकती है। इस विषय में विश्वनाथ का अभिमत है कि अनुमानजन्य ज्ञान आस्वाद्य नहीं हो सकता क्योंकि उसमें 'स्व प्रकाशमात्र विश्रांत सान्द्रानंदनिर्भरता' नहीं रहती। विश्वनाथ ने वस्तु और अलंकार रूप व्यंग्यार्थ को भी अनुमानग्राह्य नहीं माना है क्योंकि वाच्य से असम्बद्ध अर्थ की प्रतीति अनुमान द्वारा नहीं हो सकती। उन्होंने महिम भट्ट की भ्रम धार्मिक छंद विषयक व्याख्या को भी अग्राह्य सिद्ध किया है जिसमें अनुमान में ही अर्थ का पर्यवसान माना गया है।

विश्वनाथ का कथन है कि महिम भट्ट ने जिस हेतु द्वारा उपर्युक्त छंद में अनुमान सिद्धि की है वह अनैकांतिक अर्थात् व्यभिचार युक्त है जिसे प्रसिद्ध हेत्वाभास भी कहा जा सकता है। वे निःशेषच्युतचंदनं छंद की उस व्याख्या से भी असहमत हैं जिसमें महिम भट्ट ने कामुक द्वारा दूती का उपभोग अनुमित माना है। उनका कथन है कि महिम भट्ट ने दूती को 'पक्ष' तथा चंदनच्युति आदि को 'साध्य' मानते हुए जिस अनुमान की सिद्धि करनी चाही है, उससे हमारा विरोध नहीं है क्योंकि स्नान आदि से भी चन्दनच्युति संभव है किन्तु सहृदय पक्ष में वैसा अभिप्राय (अर्थात् संभोग के कारण ही दूती की वैसी स्थिति हुई है) अथवा ज्ञान न होने के स्थल में अनैकांतिक दोष हो जाता है क्योंकि शब्द की अनुपस्थिति के कारण व्याप्ति का ऐसा अनुसंधान नहीं हो पाता। इस प्रकार के कविप्रतिभाजात काव्यों का प्रामाण्य आवश्यक न होने से हेतु नहीं संदिग्धासिद्ध होता है अतः व्यंजनावादियों ने 'अधम' पदयुक्त चंदन च्युति आदि पदार्थों को भी व्यंजक अर्थ का प्रतिपादक माना है।

रसस्य स्वरूपं विवेचनीयम्

रसनिष्पत्ति में विभाव, अनुभाव तथा संचारी भावों का संयोग परम अपेक्षणीय है। विभावों को 'विभाव्यन्ते, आस्वादांकुर प्रादुर्भाव-योग्याः क्रियन्ते सामाजिकरत्यादिभावाः एभिः कहा गया है जिसका तात्पर्य यह है कि लोकसंश्रित रत्यादि उद्‌बोधक तत्त्व ही काव्य और नाट्य में विभाव कहे जाते हैं। राम आदि नायकों के हृदय में स्थित रति आदि स्थायी भावों के उद्‌बोधक कारण अथवा प्रादुर्भाव हेतु सीता आदि पात्र जब काव्य विषय बनकर उपस्थित होते हैं तो वे विभाव रूप में प्रतिष्ठित होकर रसास्वाद का अंकुरण करते हैं जिनसे सामाजिक गत रत्यादि भावों का साधारणीकरण होता है। काव्यशास्त्र में उन्हें ही विभाव कहा जाता है। ये आलम्बन और उद्दीपन संज्ञक दो प्रकारों में विभक्त किए गए हैं। इन्हें नायक-नायिका के संदर्भ में अन्योन्याश्रित संबंध से समझा जाना चाहिए। आलम्बन की चेष्टाएं और देशकाल की अनुकूलता 'उद्‌दीपन विभाव' कहलाती हैं जिनसे रस उद्दीप्त होता है। अपने-अपने कारणों से उद्‌बुद्ध रत्यादि भावों को बाह्य जगत् में प्रकाशित करने वाला कार्य व्यापार काव्य तथा नाट्य में 'अनुभाव' कहा जाता है। वह आश्रयगत होता है। स्त्रियों के अंगज और स्वभावज अलंकार अनुभावस्वरूप हैं जिसमें स्तम्भ और स्वेद आदि सात्त्विक भाव और कटाक्ष आदि चेष्टाएं भी सम्मिलित रहती हैं।

सात्त्विक भाव सामाजिकों के अंतःकरण में स्थित रहने वाले प्रकाशनशील धर्म हैं जिनकी उत्पत्ति सत्त्व गुण से होती है। अनुभावों और सात्त्विक भावों का अंतर गौबलीवर्दन्याय से विवेचित किया गया है। सात्त्विक भावों के आठ भेद हैं जिनके नाम स्तम्भ, स्वेद, रोमांच, स्वरभंग, वेपथु (कम्प), वैवर्ण्य, अश्रु और प्रलय हैं। विशेष रूप से सामुख्य के संचरण के कारण रति आदि स्थायी भावों में आविर्भूत तथा तिरोभूत होने वाले भाव व्यभिचारी भाव कहलाते हैं। वे तैंतीस प्रकार के माने गए हैं। विश्वनाथ ने सभी प्रकार के संचारी भावों के उदाहरण तथा लक्षण प्रस्तुत करते हुए उनका स्पष्टीकरण किया है। उन्होंने 'रत्यादयोऽप्यनियते रसे स्युर्व्यभिचारिणः' कारिकांश द्वारा बतलाया है कि उनके द्वारा विवेचित व्यभिचारी भावों के भेद केवल उपलक्षण मात्र हैं क्योंकि सामान्यतः रति आदि स्थायी भाव भी स्वनिर्दिष्ट रस से भिन्न रस में व्यभिचारी भाव हो जाते हैं। शृंगार का रति भाव हास्य रस में व्यभिचारी भाव हो जाता है तो शृंगार और वीर रस में हास, वीर में क्रोध और शांत में जुगुप्सा व्यभिचारी भाव हो जाते हैं। 'रसावस्थः परं भावः स्थायितां प्रतिपद्यते' के अनुसार वही भाव स्थायी भाव कहलाता है जो रसावस्था प्राप्त कर लेता है। स्थायी भाव ही रसानुभूति का मूल तत्त्व है जिसे अविरुद्ध (अनुकूल) और विरुद्ध (प्रतिकूल) भाव तिरोहित नहीं कर पाते। उसकी स्थिति स्रक्सूत्र वृत्ति द्वारा स्पष्ट की गई है। जिस प्रकार पुष्पों की माला में एक ही सूत्र अनुगत होता है, उसी प्रकार अन्य भावों में अनुगत करने वाला स्थायी भाव किसी से तिरोहित नहीं होता अपितु अन्य भावों से पुष्ट होता है। नवसंख्यक रत्यादि स्थायी भावों से नौ रसों का निष्पत्ति होती है। विश्वनाथ ने भावों के अंतर्गत त्रिविध भावों की गणना की है जिनके नाम स्थायी, संचारी और सात्त्विक भाव हैं। ये भाव अनेक अभिनयों से संबंध रखने वाले शृंगार आदि रसों को भावित (ज्ञापित) करते हैं, अतः भाव कहलाते हैं। 'सुखदुःखादिभिर्भा वैर्भावस्तद्भावभावनम्' के अनुसार भाव उन्हें कहते हैं जो सुख और दुःख आदि धर्मों से रति आदि भावों का उद्भाव करते हैं।

विश्वनाथ ने स्थायी भावों की गणना के अनुसार शृंगारादि नवरस माने हैं। उन्होंने 'शृंग' का अर्थ 'मन्मथोद्भेद' अर्थात् कामदेव का आविर्भाव किया है। जिसका आगमन हेतुक (मदनप्राप्तिकारणभूत) रस शृंगार रस कहलाता है। परोढा तथा अनुरागविहीन वेश्या को छोड़कर अन्य सभी नायिकाएं तथा दक्षिण आदि नायक इसके आलम्बन विभाव हैं। चन्द्रोदय, चन्दन भ्रमरगुंजन आदि उसके

उद्दीपन विभाव तथा भ्रूविपेक्ष एवं कटाक्ष आदि उसके अनुभाव हैं। उसके व्यभिचारी भावों में उग्रता, मृत्यु, आलस्य और जुगुप्सा के अतिरिक्त अन्य सभी संचारी भाव रहते हैं। शृंगार का स्थायी भाव 'रति', वर्ण श्याम तथा देवता विष्णु है। विप्रलम्भ और संभोग नामक इसके दो भेद किए जाते हैं। संभोग का अर्थ स्पष्ट है। विप्रलम्भ में यद्यपि रति प्रकृष्ट होती है तथापि वह अभिष्ट नायक तथा नायिका को प्राप्त नहीं करती। पूर्वराग, मान, प्रवास और करुण संज्ञक उसके चार भेद हैं। विप्रलम्भ शृंगार में अभिलाष, चिंता, स्मरण, गुणकथन, उद्वेग, प्रलाप, उन्माद, व्याधि, जड़ता और मरण संज्ञक दस कामदशाएं होती हैं। विश्वनाथ का अभिमत है कि शृंगार रस में पुरुष के अनुराग की पूर्वस्थिति होने पर पहले स्त्री की अनुराग चेष्टाओं का वर्णन करना चाहिए क्योंकि उनके कारण काव्य में अधिक माधुर्य आ सकता है। विश्वनाथ ने नीली, कुसुम्भ तथा मंजिष्ठा नाम से तीन प्रकार के पूर्वराग माने हैं। मान अथवा कोप प्रणयजन्य तथा ईर्ष्याजन्य होते हैं। वस्तुतः प्रेम की गति कुटिल है अतः कभी-कभी बिना कारण भी कोप हो सकता है। विश्वनाथ ने मान अथवा कोप के विविध प्रकारों के उदाहरण प्रस्तुत करते हुए उनका स्पष्टीकरण किया है। उन्होंने साम, भेद, दान, नीति और उपेक्षा आदि उपायों से मानभंग करने की विधियां भी निरूपित की हैं। कार्य, शाप तथा त्वरा के कारण देशान्तर प्रयाण करने का नाम 'प्रवास' है। उसमें भी दसों कामदशाएं होती हैं। करुण विप्रलम्भ शृंगार में पहले तो नायक-नायिका में से किसी एक की मृत्यु के कारण उनका विलाप चित्रित किया जाता है किन्तु तदनंतर मृत व्यक्ति की प्राप्ति भी निर्दिष्ट की जाती है। करुण रस की स्थिति उससे भिन्न है। कादम्बरी में पुण्डरीक तथा महाश्वेता वृत्तांत करुण विप्रलम्भ का उदाहरण कहा जाता है। विश्वनाथ ने करुण विप्रलम्भ तथा करुण रस का अंतर निम्नलिखित कारिका में निरूपित किया है–

शोकस्थायितया भिन्नो विप्रलम्भादयं रसः।
विप्रलम्भे रतिः स्थायी पुनः संभोग हेतुकः।।

विश्वनाथ ने सभी रसों का सामान्य परिचय देते हुए उनके भावों, विभावों, अनुभावों तथा व्यभिचारी भावों का वर्णन किया है। उन्होंने वाणी, आकार, द्वेष तथा चेष्टाओं की विकृति से हास्य रस की उत्पत्ति मानी है। उसका स्थायी भाव हास, वर्ण श्वेत तथा देवता प्रमथ हैं। विकारयुक्त वाणी, आकार तथा चेष्टाओं वाला कोई भी व्यक्ति उसका आलम्बन हो सकता है जिसकी बहुविध चेष्टाएं उद्दीपन विभाव

का काम करती हैं। नेत्र संकोच और मुखविकास आदि उसके अनुभाव तथा निद्रा, आलस्य और अवहित्था आदि उसके व्यभिचार भाव होते हैं। उत्तम जनों का हास्य स्मित और हसित, मध्यम जनों का विहसित और अवहसित तथा अधक जनों का अपहसित और अतिहसित कहलाता है। लटकमेलक आदि प्रहसनों में हास्य रस का सुन्दर परिपोष हुआ है। जिन आलम्बन विभावों का हास किसी ग्रंथ विशेष में निबद्ध नहीं किया गया है, उनकी उपलब्धि विभाव आदि के सामर्थ्य द्वारा की जा सकती है। जहां विभाव आदि रसोपकरण साधारणीकरण व्यापार द्वारा अनुक्त होते हैं वहां पर भी उनकी प्रतीति की जाने पर सहृदय सामाजिक हास्य रस की अनुभूति कर सकते हैं।

इष्टनाश तथा अनिष्ट प्राप्ति से करुण रस उत्पन्न होता है। उसका वर्ण कपोत तथा देवता यमराज है। शोक करुण रस का स्थायी भाव है। शोचनीय विषय-वस्तु तथा व्यक्ति उसके आलम्बन; दाहादि अवस्थाएं उद्दीपन; दैवनिन्दा, भूपतन, कुन्दन, विवर्णता, उच्छ्वास, स्तम्भ और प्रलाप आदि अनुभाव तथा निर्वेद, मोह, अपस्मार, व्याधि, ग्लानि, स्मृति, श्रम, विषाद, जड़ता, उन्माद और चिन्ता आदि उसके व्यभिचारी भाव हैं।

रौद्र रस का स्थायी भाव, क्रोध, वर्ण रक्त, देवता रुद्र, शत्रु आलम्बन, मुष्टि प्रहार, शत्रुनिपातन, छेदन, अवदारण, संग्राम संभ्रम आदि उद्दीपन; भ्रूभंग, ओष्ठनिर्दंश, बाहुस्फोट, तर्जन और आयुध-उत्क्षेपण आदि अनुभाव तथा उग्रता, आवेग, रोमांच, स्वेद, कम्प, मद, मोह और अमर्ष आदि उसके व्यभिचारी भाव हैं। विश्वनाथ ने रौद्र रस तथा युद्ध वीर का अंतर निर्दिष्ट करते हुए केवल इतना ही लिखा है कि क्रोध नामक स्थायी भाव के कारण रौद्र रस में मुख और नेत्र लाल हो जाते हैं जबकि युद्धवीर में उत्साह नामक स्थायी भाव के अनुरूप अनुभावों की अभिव्यक्ति होती है।

वीर रस का स्थायी भाव उत्साह, देवता महेन्द्र और वर्ण हेम (सुवर्ण) है। उसका नायक उत्तम प्रकृति का वीर पुरुष होता है। उसमें विजेतव्य शत्रु उसके आलम्बन, उनकी चेष्टाएं उद्दीपन, सहायान्वेषण आदि अनुभाव; धृति, मति, गर्व, स्मृति, तर्क और रोमांच आदि संचारी भाव होते हैं। उसके प्रमुख चार भेद हैं जिनके नाम दानवीर, धर्मवीर, युद्धवीर और दयावीर हैं। परशुराम, युधिष्ठिर राम तथा जीमूतवाहन जैसे उत्तम वीर उनके आदर्श नायक हैं।

भयानक रस का स्थायी भाव भय, देवता काल तथा वर्ण कृष्ण है। स्त्री और नीच प्रकृति वाले पुरुष उनके आश्रय होते हैं। जिनसे भय उत्पन्न होता हैं, वे उसके आलम्बन तथा उनकी चेष्टाएं उद्दीपन कहलाती हैं। वैवर्ण्य, गद्गद स्वर, मूर्च्छा, स्वेद, रोमांच, कम्पन और दिक्प्रेक्षण इसके अनुभाव हैं। जुगुप्सा, आवेग, संमोह, संत्रास, ग्लानि, दीनता, शंका, अपस्मार और संभ्रम आदि इसके व्याभिचारी भाव कहलाते हैं। वीभत्स रस का स्थायीभाव जुगुप्सा, वर्ण नील तथा देवता महाकाल है। दुर्गन्ध, मांस, रुधिर तथा मेद आदि उसके आलम्बन तथा कृमिपात आदि उसके उद्दीपन हैं। थूकना, मुंह मोड़ना तथा नेत्र संकोचन आदि उसके अनुभाव हैं। मोह, अपस्मार, आवेग, व्याधि और मरण आदि उसके व्यभिचारी भाव हैं। अद्भुत रस का स्थायी भाव विस्मय, देवता गंधर्व तथा वर्ण पीत है। अलौकिक विषयवस्तु उसका आलम्बन तथा उसके गुणों की महिमा आदि उद्दीपन विभाव हैं। स्तम्भ, स्वेद, रोमांच, गद्गद् स्वर, संभ्रम तथा नेत्र विकास आदि उसके अनुभाव हैं। वितर्क, आवेग, संभ्रम तथा हर्ष आदि उसके व्यभिचारी भाव कहलाते हैं।

विश्वनाथ ने वत्सल रस को भरत मुनि सम्मत माना है। जो स्पष्ट रूप से चमत्कारप्राण होता है। उसका स्थायी भाव वात्सल्य स्नेह तथा आलम्बन पुत्र आदि हैं। पुत्र की चेष्टा तथा उसके विद्या शौर्य आदि गुण वत्सल रस के उद्दीपन कहलाते हैं। आलिङ्गन, अंगस्पर्श, शिरश्चुम्बन, प्रेक्षण, पुलक तथा हर्षाश्रुपात आदि उसके अनुभाव हैं। अनिष्टशंका, हर्ष और गर्व आदि उसके संचारी भाव माने जाते हैं। विश्वनाथ ने उसे पद्म वर्ण छवि वाला रस कहा है जिसकी देवता ब्राह्मी आदि सप्त लोकमाताएं हैं।

इस प्रकार रस के स्वरूप का निरूपण करते हुए विश्वनाथ ने निम्नलिखित कारिकाएं प्रस्तुत की हैं–

सत्वोद्रेकादखण्डस्वप्रकाशानन्दचिन्मयः।
वेद्यान्तरस्पर्शशून्यो ब्रह्मास्वादसहोदरः।।
लोकोत्तरचमत्कारप्राणः कैश्चित्प्रमातृभिः।
स्वाकारवदभिन्नत्वेनायमास्वाद्यते रसः।। साहित्यदर्पण 3–2

उपर्युक्त कारिकाओं के अन्दर विद्यमान अखण्डस्वप्रकाशानन्दचिन्मयः, वेद्यान्तरस्पर्शशून्यः तथा लोकोत्तरचमत्कारप्राणः"–इन पदों से रस का स्वरूप बताया गया है। "स्वाकारवदभिन्नत्वेन"–इस पद से रस के आस्वादन का प्रकार

बताया गया है और "कैश्चित्प्रमातृभिः"–पद से रसास्वाद के अधिकारियों का निर्देश किया गया है।

"रजस्तमोभ्यामस्पृष्टं मनः सत्वमिहोच्यते"–इस प्राचीन आचार्यों की उक्ति के अनुसार रजोगुण और तमोगुण–इन दोनों के सम्पर्क से असंस्पृष्ट अंतःकरण इस रस निरूपण के प्रसङ्ग में सत्व कहलाता है। इस प्रकार रजोगुण और तमोगुण के बीजभूत मानसधर्मों को तिरस्कृत करके सत्त्वगुण के उद्रेक से अखण्ड अर्थात् पूर्ण अर्थात् विभाव आदि तथा रति आदि का प्रकाश एवं सुख और चमत्कार–इन सबसे अभिन्न एतदात्मस्वरूप, स्वयं प्रकाशस्वरूप अर्थात् इसका कोई अन्य प्रकाशक नहीं है अर्थात् जिस प्रकार ज्ञान के अनन्तर अपना ज्ञान घटादि को प्रकाशित कर देता है उसी प्रकार रस स्वयं ही अपने आपको प्रकाशित करता है, आनन्दमय और चिन्मय अर्थात् चमत्कारमय, रसास्वाद के समय अन्य श्रेय विषय के सम्पर्क से शून्य अर्थात् जिस समय रसानुभूति हो रही होती है उस समय किसी अन्य श्रेय विषय का ज्ञान नहीं होता है, अतएव ब्रह्मास्वादसहोदर अर्थात् परमात्मा के साक्षात्कार के समान (परमात्मा के ज्ञान के समय केवल ब्रह्ममात्र की अनुभूति होती है किन्तु रस की अनुभूति के समय में विभावादिकों की भी अनुभूति होती है। इसीलिए इस रस को ब्रह्मानन्दसहोदर कहा है, ब्रह्मानन्द नहीं), अलौकिक चमत्कार है प्राण जिसका ऐसा रस कहलाता है।

यह रस "स्वकारवदभिन्नत्वेन"–अपने शरीर की तरह तादात्म्यरूप से आस्वादन किया जाता है। जिस प्रकार आत्मा से भिन्न भी शरीर के विषय में "मैं स्थूल हूं, मैं कृश हूं"–इस प्रकार के उल्लेख से अभेद की प्रतीति होती है उसी प्रकार रस भी नायकादिनिष्ठ होने के कारण "मैं राम सीता विषयक रति वाला हूं" इस प्रकार आत्मनिष्ठ होने के कारण ज्ञाता और ज्ञान के अभेदरूप में आस्वाद किया जाता है। घटादि का ज्ञान होने पर "मैं घड़े को जानता हूं" इस प्रकार का जैसा ज्ञाता और ज्ञान का भेद प्रतीत होता है, वैसा भेद रसानुभूति के अन्दर नहीं होता है। इस अनिर्वचनीय विलक्षण रस का आस्वाद रत्यादि के साथ तादात्म्य से प्रतीति होने वाली वासना के बिना नहीं होता अर्थात् रत्यादि की वासना वाले ही रस का आस्वाद लेते हैं, दूसरे नहीं। और यह वासना, जिससे अनुप्राणित सहृदय सामाजिक रसास्वाद को ग्रहण करते हैं, दो प्रकार की होती है–(1) आधुनिकी अर्थात् इस जन्म के अन्दर निर्मित और (2) प्राक्तनी = प्राचीन अर्थात् पूर्वजन्म में

प्राप्त की हुई। ये दोनों वासनाएं मिलकर ही रसास्वाद के प्रति कारण होती हैं। इस विषय में धर्मदत्त ने कहा भी है–

सवासनानां सभ्यानां रसस्यास्वादनं भवेत्।
निर्वासनास्तु रङ्गान्तकाष्ठकुड्याश्मसंनिभाः।। साहित्यदर्पण तृतीय परिच्छेद

आचार्य विश्वनाथ कविराज ने अपने ग्रंथ साहित्यदर्पण के तृतीय परिच्छेद में रस के प्रकरण में "साधारणीकरण" को स्वीकार किया है और उसकी व्याख्या इस प्रकार की है–

व्यापारोऽस्ति विभावादेर्नाम्ना साधारणी कृतिः।। साहित्यदर्पण 3.9

तत्प्रभावेण यस्यासन्पाथोधिप्लवनादयः।
प्रमाता तदभेदेन स्वात्मानं प्रतिपद्यते।। साहित्यदर्पण 3.10

अर्थात् विभाव (आलम्बन और उद्दीपन), अनुभाव और संचारीभावों का व्यापार है, जो नाम से साधारणीकरण कहलाता है। कहने का आशय यह है कि विभाव, अनुभाव और संचारीभावों के विशिष्ट व्यापार का नाम साधारणीकरण है। वस्तुतः इस साधारणीकरण की प्रक्रिया में होता यह है कि विभावादिकों के विभावन अनुभावन और व्यभिचारण व्यापार नायक और सामाजिकों को अपना साधारण आश्रय बना लेता है। यह साधारणीकरण व्यापार सामाजिक के हृदय के अन्दर रामादि की रति को अपनी रति के रूप में उपस्थित कर देता है और नायक (रामादि) और नायिका (सीतादि) को व्यक्ति विशेष के संबंध से पृथक् करके सामान्य नायक-नायिका के रूप में उपस्थित करता है और सहृदय सामाजिक अपने आपको रामादि समझने लगता है। इस साधारणीकरण के प्रभाव से राम का समुद्र को पार करना अथवा हनुमान का समुद्र को लांघना आदि को सहृदय सामाजिक राम अथवा हनुमान के साथ तादात्म्यभाव से अपने द्वारा ही किए हुए समझने लगता है। जिस प्रकार स्फटिक के पत्थर के ऊपर रखे हुए जपाकुसुम की रागिमा के प्रतिबिम्ब से स्फटिक शिला भी रागयुक्त प्रतीत होती है, उसी प्रकार साधारणीकरण व्यापार से सामाजिक के हृदय में सीतादिकृत रामादि की रत्यादि का ही प्रतिफलन होता है। इस प्रकार नायकादिकों के साथ साधारणीकरण हो जाने के उपरान्त ही सहृदय सामाजिकों को रसास्वाद होता है। इस साधारणीकरण के अवसर पर–

परस्य न परस्येति ममेति न ममेति च।। साहित्यदर्पण 3.12
तादास्वादे विभावादेः परिच्छेदो न विद्यते।

ये आलम्बन और उद्दीपनादि विभाव, अनुभाव और संचारीभाव दूसरे अर्थात् नायक के ही थे, या फिर ये दिखाई देने वाले व्यापार दूसरे के (नायकादि के) नहीं थे, ये अवलोकनादि व्यापार मेरे ही हैं, मेरे नहीं हैं, इस प्रकार संबंध विशेष को स्वीकार करने अथवा स्वीकार न करने रूप ज्ञान नहीं होता है। इस प्रकार इस साधारणीकरण की स्थिति में संबंध विशेष का सर्वथा अभाव हो जाता है। इसी को अनुभवगुप्ताचार्य ने इस प्रकार वर्णित किया है–

"ममैवेते शत्रोरेवैते तटस्थस्यैवेते न ममैवेते न शत्रोरेवैते न तटस्थस्यैवेते इतिसंबंधविशेष- स्वीकारपरिहारनियमानध्यवसायात् साधारण्येन प्रतीतैरभिव्यक्तः सामाजिकानां वासनात्मतया स्थितः स्थायी रत्यादिको नियमप्रमातृगतत्वेन स्थितोऽपि साधारणोपायबलात्.... पानकरसन्याएन चर्व्यमाणः... शृङ्गांर दिको रसः" इति।

अर्थात् ये मेरे हैं, शत्रु के हैं, ये तटस्थ के हैं–इस प्रकार संबंध विशेष को स्वीकार करने के नियम का और ये मेरे नहीं हैं, ये शत्रु के नहीं है, ये तटस्थ के नही हैं– इस प्रकार संबंध विशेष को परिहार करने के नियम के अनध्यवसाय से सीतात्वादि विशेष अंश को छोड़कर कामिनीत्वरूपेण प्रतीयमानरूप से अभिव्यक्त हुआ रत्यादि स्थायीभाव उस-उस प्रेक्षक का आत्मनिष्ठ होता हुआ भी बिभावादि के साधारणीकरण के बल से...पानकरसन्याय से आस्वाद्यमान...शृंगारादिक रस कहा जाता है।

संक्षेप में, यद्यपि राम, सीता तथा चन्द्रोदयादि आलम्बनोद्दीपनविभाव और कटाक्ष, भ्रूविक्षेपादि अनुभव एवं क्रीडादि संचारीभाव लोकप्रिय ही होते हैं तथापि काव्यादि में उपनिबद्ध होने से उनमें "विभावन, अनुभावन और संचारण" अलौकिक व्यापार आ जाता है। इसी का नाम "साधारणीकरण" है। इसी लौकिक व्यापार से युक्त होने के कारण विभावादि अलौकिक कहलाते हैं और सहृदय सामाजिक अपने ही हृदय में वासनारूप में अवस्थित रत्यादि स्थायीभावन का रसास्वाद करता है। इस प्रकार आचार्य विश्वनाथ ने सहृदय सामाजिक के अन्दर रस की अवस्थिति स्वीकार की है।

❑❑❑

5

रसस्य आलौकिकता तथा आनन्दरूपता

विभाव, अनुभाव और संचारीभावों के संयोग से रस की अभिव्यक्ति होती है। यह अभिव्यक्त होने वाला रस–

1. ज्ञाप्य नहीं है क्योंकि जो वस्तु ज्ञाप्य अर्थात् ज्ञान का विषय होती है वह कभी-कभी प्रतीति का विषय नहीं भी हुआ करती है। यथा–छिपा हुआ घट। परन्तु रस के विषय में ऐसा नहीं कहा जा सकता है अर्थात् रस हो और उसकी प्रतीति न हो, ऐसा कभी हो ही नहीं सकता है। परन्तु इसके विपरीत जब रस की सत्ता होती है उसका अनुभव सहृदय सामाजिकों के हृदयों में अवश्य होता है। ऐसा नहीं हो सकता है कि रस तो हो, परन्तु उसका अनुभव न हो। अतः यह रस अपनी सत्ता में कभी व्यभिचरित नहीं होते है, इसलिए ज्ञाप्य नहीं है।

2. रस कार्य नहीं है क्योंकि यह विभावादि समूहालम्बनात्मक है। कहने का आशय यह है कि यह रस अविभाव, अनुभाव और संचारीभव के ज्ञान से उत्पन्न होने वाला नहीं है। यदि रस कार्य होता है तो उसका कारण विभावादि ज्ञान ही होता किन्तु रस की प्रतीति के समय विभावादि की प्रतीति ही नहीं होती है। नियम यह है कि कारण का ज्ञान और उस कारण के कार्य (रस) का ज्ञान एक समय में कभी नहीं होता। चन्दन के स्पर्श का ज्ञान और चंदन स्पर्श से उत्पन्न सुख का ज्ञान एक साथ एक समय में नहीं होता है। विभावादि समूहालम्बनात्मक ज्ञान रूप से ही रस की प्रतीति होती है। अतः विभावादि ज्ञान रस का कारण नहीं है। परिणामतः रस कार्य भी नहीं है।

3. रस नित्य नहीं है क्योंकि यह विभावादि के ज्ञान के पूर्व होने वाले संवेदन से रहित है। यदि रस नित्य होता तो विभावादिकों के ज्ञान से पूर्व भी

रहता, परन्तु ऐसा नहीं है, अतः नित्य नहीं है। इस रस का ज्ञान तो सहृदय सामाजिक को अभिनय के देखने के समय ही होता है। नित्य वस्तु सार्वकालिक हुआ करती है। अतः आत्मा और आकाश के समान यह रस नित्य नहीं है। ऐसा नहीं होता कि नित्य वस्तु अपने ज्ञान के समय में ही रहती हो और अन्य समय में न रहती हो, परन्तु रस ऐसा नहीं है। वह तो केवल ज्ञान काल में ही रहता है, अन्य काल में नहीं। परिणामतः रस नित्य नहीं है।

4. रस भविष्यत्काल में होने वाला भी नहीं कहा जा सकता क्योंकि वह साक्षात् आनन्दघन और प्रकाशस्वरूप है। यदि रस भविष्यकाल में होता तो वर्तमान में अनुभव में कैसे आता। कल होने वाली वस्तु आज नहीं दीखा करती। अतः उस भविष्यत् नहीं है।

5. रस वर्तमानकालिक भी नहीं है क्योंकि यह न तो कार्य है और न ही ज्ञाप्य है। अपितु इसके विपरीत यह रस कार्य और ज्ञाप्य दोनों से विलक्षण है। आशय यह है कि वर्तमानकालिक होने के लिए या तो घट की तरह कार्य होना चाहिए और फिर आकाश की तरह ज्ञाप्य होना चाहिए। इस रस में ये दोनों ही नहीं है। नियम यह होता है कि जो कार्य होता है वह ज्ञाप्य भी होता है और वर्तमानकालिक भी होगा। रस क्योंकि कार्य और ज्ञाप्य नहीं हैं, अतः वर्तमानकालिक भी नहीं है।

6. रस निर्विकल्पक ज्ञान का विषय भी नहीं है, इसके अन्दर दो कारण निम्नलिखित हैं–

- **विभावादिपरामर्शविषयत्वात्**–अर्थात् निर्विकल्पक ("निर्गतो विकल्पः–विभिन्नकल्पः विशिष्टप्रकार इत्यर्थः यस्मिन् तादृशं निरवच्छिन्नमित्यर्थः संबंधानवगाहीति यावत्") ज्ञान में ज्ञाता, ज्ञान और ज्ञेय = इस संबंध का ज्ञान नहीं होता है जबकि रस के अन्दर विभावादिकों का परामर्श अर्थात् विशिष्ट–वैशिष्ट्य संबंध होता है।

- **परमानन्दमयत्वेन स्फुटं संवेद्यत्वात्**–निर्विकल्पक ज्ञान निष्प्रकारक होता है। उसमें किसी धर्म का प्रकारता रूप से भान नहीं होता परन्तु रस में सहृदय सामाजिकों को रस के परमानन्द होने के कारण स्फुट प्रतीति होती है। अत रस निर्विकल्पक ज्ञान का विषयक नहीं है।

7. रस सविकल्पक ज्ञान का विषय भी नहीं है क्योंकि यह वचन प्रयोग की योग्यता से रहित है। अर्थात् रस को शब्द से नहीं कह सकते, वह अनिर्वचनीय है, जबकि सविकल्पक ज्ञान के विषयीभूत सभी घट-पट आदि शब्द के द्वारा प्रकाशित किए जा सकते हैं। रस क्योंकि व्यंग्य है अतः वाचक और लक्षक शब्दों के द्वारा प्रयोग के योग्य नहीं है। इसके विपरीत जो वाचक और लक्षक शब्दों के प्रयोगार्ह होगा वह सविकल्पक ज्ञान का विषय होगा। रस ऐसा नहीं है, अतः वह सविकल्पक ज्ञान का विषय भी नहीं है।

8. रस परोक्ष-अतीन्द्रिय नहीं है क्योंक उसका साक्षात् अनुभव होता है, साक्षात्कार होता है।

9. रस प्रत्यय भी नहीं है क्योंकि वह काव्यार्थ के सूचक शब्दों से उत्पन्न होता है अर्थात् रस काव्य से उत्पन्न विभावादि ज्ञान से उत्पन्न होता है। यहां रस की प्रत्यक्षानुभव से विलक्षणता सिद्ध हो गई है, प्रत्यक्ष से भिन्नता नहीं, क्योंकि यदि प्रत्यक्ष से भिन्नता सिद्ध करते तो वह वदतोव्याघात दोष होता। इस प्रकार रस प्रत्यक्ष नहीं है।

इस प्रकार रस के विषय में उपर्युक्त नौ सामान्य धर्मों का निराकरण करने के उपरान्त इसके वास्तविक स्वरूप का प्रतिपादन करते हैं–

"तस्मादलौकिकः सत्यं वेद्यः सहृदयैरयम्"।

इस प्रकार सहृदय सामाजिकों के द्वारा संवेद्य यह रस अलौकिक ही (सत्यम्) है चूंकि रस अनित्य, अलौकिक और सहृदयसंवेद्य है। विश्वनाथ ने रस की नित्यता का भी खंडन किया है। रस नित्य नहीं है क्योंकि विभाव आदि के ज्ञान से पूर्व उसका संवेदन नहीं होता। वह प्राक् अभाव का अप्रतियोगी है। उसकी नित्यता तो तभी मानी जा सकती है जब उसे विभाव आदि के ज्ञान से पूर्व ज्ञेय समझा जाए। अप्रतीति काल में रस का अस्तित्व ही नहीं होता जिससे उसकी नित्यता खंडित होती है। रस ज्ञान काल में ही रहता है। वह आकाशतुल्य नित्य वस्तु नहीं होता। प्रत्यक्षतः आनंदमय और प्रकाशस्वरूप होने के कारण वह भविष्यत्काल का भी विषय नहीं है उसे वर्तमान पदार्थ भी नहीं कहा जा सकता क्योंकि वह कार्य और ज्ञाप्य नहीं होता। वह निर्विकल्पक ज्ञान का भी विषय नहीं कहा जा सकता क्योंकि निर्विकल्पक ज्ञान तो निष्प्रकारक होता है जबकि रस

सहृदयों के लिए विभाव आदि का परामर्श विषय हो वह सविकल्पक ज्ञानरूप भी नहीं है क्योंकि सविकल्पक ज्ञान से ज्ञेय पदार्थ में वचन प्रयोग की योग्यता होती है जबकि रस में शब्द प्रयोग की योग्यता अपेक्षणीय नहीं है। वह घट और पट आदि पदार्थों की भांति वाच्य न होकर व्यंग्य होता है। अभिप्राय यह है कि रस तत्त्व कार्य ज्ञाप्य आदि धर्मों से परे रहने वाला एक ऐसा अश्रुत और अदृष्ट धर्म है जिसका सम्पूर्ण विवेचन करना असंभव है। विश्वनाथ ने उसे साक्षात्कार स्वरूप कहा है क्योंकि शब्दोद्भूत होने के कारण वह परोक्ष रूप नहीं है। इस प्रकार अनेक रूपों और प्रकारों में विवेच्यमान होकर भी रस 'अनिर्वचीय' है जिसकी गरिमा का विचार करते हुए आचार्य विश्वनाथ ने उसे अलौकिक और सहृदयसंवेद्य कहना ही उचित समझा है।

रसस्य आनन्दरूपता

आचार्य विश्वनाथ रसवाद के प्रबल समर्थक हैं। उन्होंने रस को काव्य का आत्मतत्व और अंगी पक्ष माना है। रसात्मकता के कारण ही वाक्यपद काव्यसंज्ञा का अधिकारी होता है। उन्होंने गुण, अलंकार और रीति आदि काव्यतत्त्वों को रसाभिमुख दृष्टिकोण से ही ग्राह्य समझ है। उनका रस विवेचन संस्कृत काव्यशास्त्र में अपना अद्वितीय स्थान रखता है। रस का स्वरूप-लक्षण निर्धारित करते हुए उन्होंने लिखा है कि विभाव, अनुभाव और संचारी भाव से अभिव्यक्त रत्यादि स्थायी भाव ही सहृदय जनों के चित्त में रस-रूप में परिणत होता है। उनके द्वारा प्रतिपादित रस की परिभाषा में स्तंभ और स्वेद आदि अष्टविध सात्त्विक भावों का उल्लेख नहीं हुआ, जिसका तात्पर्य यह है कि वे अनुभावों में अंतर्भूत रहते हैं। उन्होंने 'व्यक्त' पद का अर्थ दध्यादिन्याएन रूपान्तरपरिणतो व्यक्तीकृत एवं रसो न तु दीपेन घट इव पूर्वसिद्धो व्यज्यते' किया है जिसका अभिप्राय यह है कि जिस प्रकार दूध ही दूसरे रूप में परिणत होकर दही बन जाता है, उसी प्रकार रति आदि स्थायी भाव ही दूसरे रूप में परिणत होकर रस कहलाने लगते हैं। उन्होंने रस का व्यक्तीकरण पूर्वसिद्ध रूप में नहीं माना है जिसका अभिप्राय यह है कि जिस प्रकार पूर्वसिद्ध घट दीपक से प्रकाशित होता है, उस प्रकार रस अपनी प्रतीति के पूर्व प्रकाशित सिद्ध रूप में व्यक्त नहीं होता। इसी प्रसंग में उन्होंने लोचनकार अभिनवगुप्त का वह उद्धरण प्रस्तुत किया है जिसमें, 'रसाः प्रतीयन्ते इति त्वोदनं पचतीतिवद् व्यवहारः' का उल्लेख हुआ है। विश्वनाथ ने उसकी व्याख्या करते हुए

लिखा है कि जिस प्रकार पाकक्रिया के पश्चात् ही तण्डुल (चावल) 'ओदन' पद से व्यवहार्य होते हैं किन्तु उसके पूर्व भी 'ओदनं पचति' (भात पकाया जा रहा है) जैसे औपचारिक प्रयोग किए जाते हैं। उसी प्रकार ज्ञानरूप में स्थिर रहने वाला रस भी जब विभावादि की व्यंजना द्वारा रस रूप में परिणत हो जाता है तो उसके अनंतर ही वह रस पद से व्यवहार्य होता है। वस्तुतः प्रतीति के पूर्व उसकी कोई सत्ता नहीं होती। 'रसाः प्रतीयन्ते' का उपचार द्वारा वही तात्पर्य है जो 'ओदनं पचति' जैसे लाक्षणिक प्रयोगों से लक्षित होता है।

यहां इस बात का उल्लेख करना आवश्यक है कि रति आदि स्थायी भाव श्रृंगार आदि रसों में स्थायित्व की प्राप्ति करते हुए रस रूप में परिणत होते हैं किन्तु अन्य रसों में उनका स्थायित्व नहीं रहता। हास तथा क्रोध हास्य तथा रौद्र रूप के स्थायी भाव हैं किन्तु श्रृंगार और वीर रस में वे स्थायी न होकर व्यभिचारी भाव मात्र होते हैं। 'रसावस्थः परंभावः स्थायितां प्रतिपद्यते' के अनुसार रसावस्था को प्राप्त होने वाला भाव ही स्थायी भाव होता है।

रसास्वादन के रूप-प्रकार

विश्वनाथ ने रस के स्वरूप कथन के पश्चात् उसके आस्वादन प्रकार की विवेचना की है जिसके अनुसार रस सत्त्वोद्रेक के कारण अखण्ड, स्वप्रकाश, आनंदमय, ज्ञानस्वरूप, वेद्यांतरस्पर्श शून्य, ब्रह्मानंद सहोदर, लोकोत्तर चमत्कार प्राण तथा कतिपय प्रमाताओं द्वारा स्वाकारवदभिन्नत्व (अर्थात् अपने आकार के समान अभिन्न) रूप से आस्वाद्य होता है।

रस की आस्वाद्यता में 'सत्वोद्रेक' पद का विशेष महत्त्व है। 'रजस्तमोभ्यामस्पृष्टं मनः सत्त्वमिहोच्यते' के अनुसार रजोगुण तथा तमोगुण के अस्पृष्ट मनः 'सत्त्व' कहालाता है। वह हमें घट और पट आदि बाह्य पदार्थों से विमुख करने वाला धर्म है जिसका उद्रेक होने पर हमारे अंतःकरण की राजसिक तथा तामसिक मनोवृत्तियां पराभूत हो जाती हैं। विश्वनाथ के अनुसार तदनुरूप अलौकिक काव्यार्थों का परिशीलन ही उसका हेतु है। उनका कथन है कि रस अखंड है क्योंकि वह आलंबन और उद्दीपन विभावों तथा रत्यादि स्थायी भावों का प्रकाश होने के साथ-साथ आनंदमय और चमत्कारस्वरूप है। उसकी चमत्कृति चित्तविस्ताररूपिणी है जिसे 'विस्मय' का पर्याय भी कहा जा सकता है। चित्त विस्तार में आनन्दोत्पत्ति का भाव निहित है। उसकी स्वप्रकाशता तथा चिन्मयता उसे ब्रह्मानंदसहोदरता

प्रदान करने वाली है। अपनी अलौकिकता तथा निरपेक्षता के कारण वह वेद्यान्तरस्पर्श शून्य कहलाता है। उसका स्वाकारवदभिन्नत्व तो केवल प्रमाताओं की अनुभूति का विषय है। विश्वनाथ ने उसकी आस्वाद्यता तथा चर्व्यमाणता के प्रसंग में जिन-जिन विशेषण पदों का प्रयोग किया है वे रसास्वाद के रहस्यबोधविषयक ऐसे उपनिषद सूत्र हैं जिनका अंतर्भाष्य तथा विश्लेषण करने से 'रसो वै सः का तात्त्विक' ज्ञान किया जा सकता है।

रसास्वाद के प्रसंग में 'लोकोत्तर चमत्कार प्राण' विशेषण अत्यन्त सार्थक और प्रयोजनीय है। उसकी व्याख्या भिन्न-भिन्न दृष्टियों से की गयी है। विश्वनाथ ने अपने प्रपितामाह की सहृदय गोष्ठी के कवि पंडित श्री नारायण का अभिमत व्यक्त करते हुए लिखा है कि उनकी मान्यता के अनुरूप चमत्कार ही रस में सारतत्त्व है जिसका अनुभव सर्वत्र किया जाता है। अपने चमत्कार प्राण-तत्त्व की महत्ता और गरिमा के कारण यदि सर्वत्र अद्भुत रस का वर्चस्व स्वीकार किया जाए तो भी इस मंतव्य में कोई अत्युक्ति नहीं समझी जानी चाहिए। विश्वनाथ ने उन प्रमाताओं को अत्यंत पुण्यशाली माना है जो अपने प्राक्तन संस्कारों के कारण श्रृंगार आदि रसों की परम्परा का साक्षात्कार उसी प्रकार करते हैं जिस प्रकार योगिजन स्वप्रकाशनंदचिद्रूपता के बल पर शुद्ध ब्रह्म का साक्षात्कार करते हैं।

'रस' आस्वादस्वरूप है

रसमर्मज्ञ आचार्यों ने विभावरूप काव्यार्थ के परिशीलन से समुद्भूत आत्मानंद को 'स्वाद' कहा है जिसके अनुसार रस ही आस्वादस्वरूप है। व्यावहारित जगत् में 'रसः स्वाद्यते' अर्थात् रस का आस्वादन किया जाता है जैसे काल्पनिक भेद 'राहोः शिरः;' की भांति केवल औपचारिक प्रयोग हैं। 'कर्मकर्तरि, कर्मवत्कर्मणातुल्यक्रियः' सूत्र के अनुसार 'ओदनः पच्यते' जैसे वाक्यों के अर्थज्ञान की तरह 'रसः स्वाद्यते' की भी अर्थप्रतीति करना उचित है जिसका तात्पर्यार्थ केवल इतना ही है कि रस स्वयमेव आस्वादित होता है। 'रस्यमानतामात्रसारत्वात् प्रकाशशरीरादनन्य एव हि रसः' का भी यही अभिप्राय है कि रस में रस्यमानता अर्थात् आस्वाद्यमानता मात्र सार होने से रस ज्ञानस्वरूप है जिसे उसके स्वप्रकाश से किसी भी प्रकार में भिन्न नहीं कहा जा सकता।

रस को जिस रूप में प्रकाश शरीर से अनन्य कहा जाता है उसके प्रति यह शंका उत्पन्न हो सकती है कि अपनी ज्ञानस्वरूपिणी अनन्यता के कारण जब वह

अज्ञेय-सा हो जाता है तो उसकी प्रतीति किस रूप में की जा सकती है? वह प्रतीति घटादिवत् ज्ञेय नहीं हो सकती। क्योंकि उसमें ज्ञाता ज्ञान और श्रेय का अभेद-सा रहता है। रस प्रतीति तथा रस को ज्ञानस्वरूप मानने पर दोनों में प्रकार भेद सिद्ध करना कठिन है। विश्वनाथ ने उपर्युक्त शंका के परिप्रेक्ष्य में विवेचन करते हुए लिखा है कि यों तो रसव्यंजना अथवा रस प्रतीति रस से भिन्न नहीं है फिर भी घट और प्रदीप के समान व्यंग्यरूप रस तथा व्यंजक रूप व्यंजना में पार्थक्य होता ही है। रस की व्यंग्यता का विवेचन करते हुए आचार्य अभिनवगुप्त ने लिखा है कि 'स्वादन' नामक व्यापार कारक-हेतु के व्यापार 'कृति' तथा ज्ञापक-हेतु के व्यापार 'प्राप्ति' से सर्वथा भिन्न और विलक्षण है जिसके द्वारा हमें रस प्रतीति होती है। उसे रसन, आस्वादन तथा चमत्करण आदि नामों से भी अभिहित किया जाता है। वस्तुतः रस प्रतीति व्यंजना व्यापार द्वारा संभव है। अतः अभिनवगुप्त ने उसे अभिधा, लक्षणा अथवा तात्पर्यवृत्ति से भिन्न मानते हुए रस की व्यंग्यता सिद्ध की है।

करुण रस का रहस्य

विश्वनाथ ने रस को आनंदमय माना है किन्तु उसके प्रति विरोधी दृष्टिकोण रखने वाले उपचयवादी आचार्य करुण आदि रसों की दुःखमयता प्रतिपादित करते हैं। इस विषय में विश्वनाथ का कथन है कि अन्य रसों की भांति करुण, वीभत्स तथा भयानक आदि रस भी परम सुख के ही उत्पादक हैं जिनकी सिद्धि में सदृश्यों का अनुभव ही प्रमाण माना जाता है। यदि करुणादि रसों में दुःख होता तो उनका आस्वादन करने के लिए कोई तत्पर नहीं होता। भला ऐसा कौन सहृदय होगा जो दुख प्राप्ति हेतु करुणादि रसों के आस्वादन में आग्रहपूर्वक प्रवृत्त होगा? रामायण आदि करुण रस प्रधान प्रबंधों के पारायण में काव्यरसिकों की जो अभिरुचि प्रदर्शित होती है उसका कारण उनकी आह्लादजनकता ही है। लोक संश्रय के रूप में शोक और हर्ष आदि के हेतुभूत रामवनवास आदि घटनाचक्रम लौकिक शोक अथवा हर्ष के उत्पादक हो सकते हैं किन्तु ज्यों ही उनका काव्यसंश्रय होता है, वे राम आदि विभावों में अलौकिक विभावन व्यापार वृत्ति पाकर कारण शब्दवाच्यता का परित्याग कर देते हैं। यह एक विचित्र किन्तु अनुभूत तथ्य है कि लौकिक शोक और हर्ष आदि कारणों से काव्यगत शोक और हर्ष आदि का रूप भिन्न होता है। सच तो यह है कि जिस प्रकार सुरत-व्यापार अथवा रति क्रीडा में दंतघात, नखक्षत तथा केश ग्रहण आदि क्रीडा कौतुक मधुर वेदनाओं का भार सहेजकर भी संयोगरत व्यक्तियों के लिए सुखदायक ही होते हैं,

उसी प्रकार करुण-काव्यसमर्पित विभावों, अनुभावों और संचारी भावों का लोकोत्तर काव्यार्थ सहृदय जनों के लिए प्रीतिप्रद माना जाता है। विश्वनाथ ने यही धारणा "काव्ये पुनः सर्वेभ्यो विभावादिभ्यः सुखमेव जायते इति नियमान्न कश्चिद्दोषः' की शब्दावली में व्यक्त की है।

प्रश्न होता है कि जब काव्यसमर्पित विभावादि रसावयव सुख के ही उत्पादक हेतु हैं तो हरिश्चन्द्र तथा युधिष्ठिर आदि कथानायकों के काव्यनाट्यगत करुण चरित्र सहृदय जनों के लिए अश्रुपात आदि दुःखमूलक भाव क्यों उत्पन्न करते हैं? इसका उत्तर देते हुए विश्वनाथ ने लिखा है कि वे अश्रुपात दुःखजनक न होकर चित्तद्रुति के ही परिणाम हैं जिनका रसास्वाद करने के लिए जन्मजन्मान्तर की वासना अथवा संस्कार विशेषता परम वांछनीय है। रसास्वाद के लिए अधुनातनी तथा पुरातनी इत्यादि वासना का संयोग अपेक्षित है। यदि इस जन्म का संस्कार विशेषमयी वासना को ही इस निष्पत्ति का कारण माना जाए तो वैदिक मतानुयायी प्राचीन मीमांसकों का सिद्धांत खंडित हो जाएगा। क्योंकि वे रसोद्बोधन के लिए प्राक्तनी वासना को ही प्रमाण मानते हैं। वस्तुतः प्राक्तनी वासना के साथ-साथ अधुनातनी वासना भी रस निष्पत्ति के लिए अपेक्षणीय है। क्योंकि रसानुभूति की बेल में दोनों का समन्वय प्रदर्शित होता है। सहृदयों का वासनावासित हृदय ही रसानुभूति का आश्रय होता है अन्यथा वासनाविहीन व्यक्तियों अथवा सामाजिकों के लिए रंगशाला के अभिनय आधार अथवा विभावादिजन्य काव्यार्थ काव्यभित्ति एवं पाषाणतुल्य प्रतीत होने लगेंगे।

साधारणीकरण की उपयोगिता

आचार्य विश्वनाथ भी रसास्वादान की प्रक्रिया में साधारणीकरण व्यापार की महत्ता और अनिवार्यता स्वीकार करते हैं क्योंकि उसी के कारण सहृदय सामाजिक रसानुभूति का आस्वाद ले पाते हैं। वस्तुतः इसी का पर्याय विभावन-व्यापार है जिसका संबंध काव्यगत विभावों, अनुभावों और संचारीभावों से होता है। इसकी चमत्कृति लोकोत्तर तथा अद्वितीय कही जा सकती है जिसके कारण सहृदयों का रसाविष्ट अंतःकरण रामादि अनुकार्यों के समुद्रलंघन आदि असाधारण कार्यों के प्रति अपनी अभेद भावना समायोजित करता हुआ उत्साह जैसे भावों की रस चर्वणा में आनंदमग्न हो जाता है। उस स्थिति में उनका उत्साह रामादि के उत्साह के साथ एकरूपता ग्रहण कर लेता है।

साधारणीकरण के कारण काव्यरसिकजन रत्यादि स्थायी भावों की प्रतीति आत्मगत रूप में नहीं करते अपितु उन्हें विभावादिवत् ग्रहण करते हैं। सामाजिकों का स्वरतिप्रकाशन यदि व्रीड़ा तथा आतंक आदि भावों का जनक हो सकता है तो उसकी परगत प्रतीति रसास्वाद का अवसर ही नहीं आने देती। विभावादि के साधारणीकरण द्वारा जिस काव्यार्थ की प्रतीति होती है वह हमें अपने तथा पराए के संबंध-विशेषों से ऊपर उठाकर ऐसी स्थिति में रख देती है जहां संबंध के स्वीकार तथा परिहार के लिए किसी भी प्रकार की गुंजाइश नहीं रहती। साधारणीकरण के कारण ही हमारे लौकिक भाव अलौकिक बन जाते हैं जिनका विभाजन व्यापार काव्यार्थबोध के लिए दूषण न होकर भूषण ही सिद्ध होता है। विभावों की अलौकिकता अनुभावों तथा संचारी भावों से भी सम्बद्ध रहती है जो क्रमशः कारण, कार्य तथा सहकारिता के रूप में संयुक्त होकर रसोद्बोधन कराती है। इन तीनों का समष्टि भाव ही रस परिणामी होता है जो प्रपाणक-रस के समान सहृदयों द्वारा आस्वाद्यमान होकर रस रूप में परिणत हो जाता है। विश्वनाथ ने प्रपाणक रस तथा काव्य रस को समानधर्मी माना है जिसकी व्याख्या करते हुए यह कहा जा सकता है कि जिस प्रकार शर्करा, मिर्च तथा अन्य पदार्थों के सम्मिश्रण से शर्वत आदि प्रपाणक रस बनाए जाते हैं जिनका आस्वाद उन पृथक्-पृथक् पदार्थों से भिन्न तथा अपूर्व होता है, उसी प्रकार विभावों, अनुभावों तथा संचारीभावों के संयोग अथवा मिश्रण से जिस रस की निष्पत्ति होती है, वह निश्चय ही उनसे भिन्न, अपूर्व तथा विलक्षण कही जा सकती है।

अनुक्त का आक्षेप

रसनिष्पत्ति के लिए विभाव, अनुभाव और संचारी भाव आवश्यक उपकरण हैं जिनके संयोग से स्थायी भाव रस रूप में परिणत हो जाता है। काव्य रचना में ऐसे स्थल भी आते हैं जहां तीनों का पूर्ण संयोग नहीं हो पाता तो भी उससे रसप्रतीति की संभावना बनी रहती है। इसका कारण यह है कि विभाव आदि में एक अथवा दो के न रहने पर भी अर्थात् अनुभावों अथवा संचारी भावों की पूर्णता के बिना भी अनुक्त अन्यतर का शीघ्रमेव आक्षेप कर लिया जाता है। वह आक्षेप प्रकरण आदि की प्रतिपाद्यता में संभव है जिसमें व्यंजनावृत्ति का सहयोग अपेक्षित है। विश्वनाथ ने अनुक्त के आक्षेप में मालविकाग्निमित्र नाटक का वह प्रकरण उल्लिखित किया है जिसमें राजा अग्निमित्र नृत्यारम्भ के समय मालविका का रूपवर्णन करता हुआ उसे अनेक भावभंगिमाओं में उत्प्रेक्षित करता है। उस चित्रण

में मालविका आलम्बन विभाव के रूप में प्रस्तुत है जिसमें औत्सुक्य आदि संचारी भावों तथा नेत्रविस्फार आदि अनुभावों का निरूपण न होने पर भी विभावगत वैशिष्ट्य अथवा औचित्य के कारण उनका आक्षेप कर लिया जाता है। यह आक्षेप रसप्रतीति की पूर्ण दशा समायोजित कर लेता है।

रस अनुकार्यगत नहीं होता

विश्वनाथ ने भट्ट लोल्लट प्रतिपादित अनुकार्यगत रसप्रतीति का सिद्धांत खंडित किया है। उनका कथन है कि राम आदि अनुकार्यों में सीता आदि विभावों के दर्शन से उत्पन्न होने वाली रति की उद्भावना परिमित, लौकिक तथा नाट्य और काव्यवर्ती नटकर्मों और श्रवणों तक ही प्रतिबंधित रहती है जबकि रसप्रतीति इन तीनों धर्मों से पृथक् भिन्न तथा विलक्षण होती है। रस को अनुकार्यगत मानने से तीन परिणाम निकलते हैं–(1) रस का आविर्भाव मूल पात्रों में होता है जिनका क्षेत्र अत्यन्त संकीर्ण और परिमित है। (2) वह सर्वथा लौकिक अर्थात् लोकमान्य संभव भावरूप है। (3) वह दृश्यकाव्य के प्रेक्षण तथा श्रव्यकाव्य के श्रवण आदि से प्रतिबंधित तथा बंधित होता है। स्पष्ट कि उपर्युक्त तीनों परिणाम इस दशा में घटित नहीं होते क्योंकि रस तत्त्व न तो केवल अनुकार्यों में ही रहता है और न वह लोकमात्र संभूत भावों का ही प्रतिपादक है। वह तो निरंतराय है क्योंकि वह नाट्य तथा श्रव्यकाव्य सम्बद्ध दर्शन तथा श्रवण से बाधित नहीं होता। उसे अनुकार्यगत मानना युक्तिसंगत नहीं है क्योंकि उसका प्रत्यक्ष संबंध सहृदय सामाजिकों के सत्त्वोद्रेक से होता है।

रस अनुकर्तागत भी नहीं है

विश्वनाथ ने शंकुक के रस विषयक अनुमितिवाद का भी खंडन किया है, उनका कथन है कि रस को अनुकर्तृगत अथवा नटनिष्ठ नहीं माना जा सकता। सच तो यह है कि नट अथवा नर्तक अपने शिक्षाभ्यास आदि उपायों से राम आदि अनुकार्यों के रूप का अभिनय अथवा अनुकरण मात्र करता है, अतः वह रस का आस्वादयिता नहीं माना जा सकता। यदि नट अथवा अनुकर्ता काव्यार्थभावना के पर्यालोचन से सहृदय सामाजिक का स्थानापन्न हो जाता है तो वह भी रस का आस्वादक अथवा अनुभाविता कहा जा सकता है। इस दृष्टि से भी रस का सामाजिकनिष्ठ पक्ष प्रमाणित होता है।

रस ज्ञाप्य नहीं है

रस ज्ञाप्य नहीं है क्योंकि वह अपने अस्तित्व में सामाजिकों की प्रतीति में व्यामिचरित नहीं होता। उसे स्वभिन्नप्रत्यक्ष विषयक नहीं कहा जा सकता क्योंकि वह आत्मसद् भाव में निहित रहता है। वह तो साक्षात्कार दशा में ही आविर्भूत होता है अतः उसे घटादिरूप प्रतीतितुल्य ज्ञाप्य नहीं कहा जा सकता। घर आदि पदार्थ दीपक आदि से प्रकाशित होने के कारण ज्ञाप्य कहलाते हैं जबकि अंधकार आदि के कारण उनकी सत्ता ज्ञाप्य नहीं होती। रस के विषय में इस प्रकार की 'ज्ञाप्ति' संभव नहीं है क्योंकि प्रतीति के बिना उसकी सत्ता ही नहीं रहती। रस की स्वप्रकाशता ज्ञापित करने के लिए किसी अन्य ज्ञान की आवश्यकता ही नहीं है।

वह कार्य भी नहीं है

रस कार्य भी नहीं है क्योंकि वह विभाव, अनुभाव, संचारी भाव तथा रत्यादि स्थायी भावों का समूहालम्बनात्मक रूप है। उसे विभावादि ज्ञान जन्य भी नहीं कहा जा सकता। यदि वह कार्य होता तो विभावादि का ज्ञान उसका कारणरूप होता। रस प्रतीति के समय विभाव आदि कारण प्रतीत नहीं होते क्योंकि इसकी उत्पत्ति उनके अनंतर ही होती है। कारण और कार्य का ज्ञान एक ही समय में नहीं देखा जाता। उदाहरणार्थ कारणरूप चंदन स्पर्श का ज्ञान तथा तज्जन्य कार्यरूप सुख का ज्ञान एक ही समय में संभव नहीं है। विभावादि समूहालम्बनात्मक होकर ही रस की प्रतीति कराते हैं अतः उनका ज्ञान रस का कारण नहीं होता। इस प्रकार रस कार्य नहीं है।

रस की सत्ता के प्रमाण

रस का अस्तित्व उसकी चर्वणा अथवा आस्वाद्यता से प्रमाणीकृत है। उसे विद्वानों ने चर्वणा से अभिन्न माना है। 'चर्वणा', 'आस्वादन' और 'स्वाद' एकार्थवाची शब्द हैं। उनका लक्षण 'स्वादः काव्यार्थसंभेदादात्मानंदसमुद्भवः' किया गया है जिसका अर्थ यह है कि काव्यार्थों के संवेद (अभिधेय ज्ञान) से प्राप्त आत्मानंद के उद्भव का नाम ही स्वाद है। यहां एक यह प्रश्न उपस्थित होता है कि जब रस कार्य नहीं है तो भरत मुनि ने रससूत्र में विभाव, अनुभाव और व्यभिचारी भावों से उसकी उत्पत्ति क्यों मानी है? इसका उत्तर देते हुए विश्वनाथ ने लिखा है कि रसास्वाद की उत्पत्ति में रस की उत्पत्ति का कथन उपचारमात्र है।

यद्यपि रस से भिन्न न होने के कारण उसकी चर्वणा भी कार्य नहीं है तथापि उसके यदाकदा आविर्भाव तथा तिरोभाव के विचार से उसका कार्यत्व गौण वृत्ति अथवा उपचार से मान लिया जाता है। विश्वनाथ ने रस की अवाच्यता तथा अलक्ष्यता का विशेष विवेचन व्यंजनावृत्ति के निरूपक पंचम परिच्छेद में किया है।

रस की स्वप्रकाशता और अखंडता

विश्वनाथ ने रस की स्वप्रकाशता तथा अखंडता भी निरूपित की है। उन्होंने रत्यादि ज्ञान के तादात्म्य से रस का स्वप्रकाशत्व तथा अखंडत्व सिद्ध किया है। उनका कथन है कि रति और विभाव आदि भावसमूह यदि ज्ञानस्वरूप से भिन्न हों तो रस की स्वप्रकाशता निष्पादित नहीं की जा सकती। वस्तुतः रत्यादि भाव और विभाव प्रकाश शरीर से पृथक नहीं होते अतः उन दोनों में तादात्म्य ही माना जाता है। रस से उसकी चर्वणा पृथक् नहीं होती अतः वह न तो कार्यरूपा ही है और न तज्जन्या ही कही जा सकती है। यदि उन दोनों में कदाचित् कार्यरूपता का आरोप भी कर लिया जाता है तो दोनों के तादात्म्य में अनादि वासना के परिणामस्वरूप रत्यादि स्थायी भावों में भी लक्षणावृत्ति द्वारा विभावादि कार्यों के माध्यम से चर्वणा का ही व्यवहार मानना चाहिए। वस्तुतः रस आत्मस्वरूप से अभिन्न होता हुआ भी प्रमाता (सामाजिक) द्वारा वासना (संस्कार विशेष) से उपस्थापित रत्यादि के तादात्म्य (अभेद) से गृहीत होता है, अतः उसका ज्ञान के साथ तादात्म्य होने से वह अखंड ही कहलाता है। सच तो यह है कि रति आदि स्थायी भाव पहले एक एकशः प्रतीयमान होते हैं किन्तु शनैः-शनैः वे सभी एकरूप होकर चिद्भाव को प्राप्त करते हुए रसरूप में परिवर्तित हो जाते हैं।

❑❑❑

6

शान्तरसस्य स्वरूपं

विश्वनाथ ने शांत रस की स्वतंत्र स्थिति का भी निरूपण किया है। उसका स्थायी भाव 'शम' तथा उत्तम प्रकृति वाला व्यक्ति उसका आश्रय होता है। उसकी कांति कुन्द तथा इन्दु तुल्य श्वेत तथा देवता श्रीनारायण हैं। अनित्य वस्तु की निःसारता तथा परमात्मा का स्वरूप उसके आलम्बन विभाव हैं। पवित्र आश्रम, विष्णुक्षेत्र, प्रयागादि तीर्थ, नैमिषारण्य आदि रम्य कानन, महापुरुषों का सत्संग आदि उनके उद्दीपन विभाव हैं। रोमांच आदि इसके अनुभाव तथा निर्वेद, हर्ष, स्मरण, मति और भूतदया उसके व्यभिचारी भाव कहलाते हैं। इस रस की पुष्टि महाभारत आदि महाकाव्यों से की जा सकती है। विश्वनाथ ने 'निरहंकाररूपत्वात् दयावीरादिरेषनो' द्वारा शांत रस को दयावीर आदि के अंतर्भूत नहीं माना है क्योंकि वह अहंकार रहित होता है। दयावीर का उत्तम आदर्श नागानंद नाटक का नायक जीमूतवाहन है जो पहले मलयवती में अनुरक्त होता है और अंत में विद्याधरों का चक्रवर्तित्व प्राप्त करता है। उसके चरित्र में अहंकार निवृत्ति नहीं मिलती अतः उसे शांत रस का आश्रय नहीं माना जा सकता। धर्मवीर युधिष्ठिर का धर्मविषयक अनुराग तथा अंत में उनके द्वारा भारत साम्राज्य की प्राप्ति भी उन्हें शांत रस से भिन्न सिद्ध करते हैं। शांत रस तो सभी दृष्टियों से अहंकार प्रशमित होता है अतः उसमें दयावीर तथा धर्मवीर का अंतर्भाव करना युक्तिसंगत नहीं है।

शांत रस के विरोधी आचार्यों ने उसकी अनुपपत्ति के विषय में यह तर्क दिया है कि जिसमें दुःख, सुख, चिन्ता, राग, द्वेष तथा किसी प्रकार की कामना नहीं होती, वह सभी भावों अथवा पदार्थों में अपनी तुल्य प्रतीति के कारण भरत मुनि आदि मुनीन्द्रों द्वारा न जाने क्यों शांत रस के रूप में प्रतिष्ठित किया गया है। इन आचार्यों के मतानुसार शांत रस की मोक्षावस्था में आत्मस्वरूप का प्रादुर्भाव

होने से किसी भी प्रकार के संचारी भाव नहीं बनते अतः उनकी अभावमयी स्थिति के कारण शांत रस का अस्तित्व ही सिद्ध नहीं होता। आचार्य विश्वनाथ उपर्युक्त धारणा से सहमत नहीं हैं। उन्होंने शांत रस का अस्तित्व निरूपित करते हुए लिखा है कि संसार में ऐसे समाधियुक्त योगी भी होते हैं जो सांसारिक स्थिति में योगवियुक्त होकर भी योगी ही रहते हैं। श्रीमद्भगवद्गीता में ऐसे व्यक्तियों में विदेहराज जनक आदि की गणना की गई है जो आसक्ति रहित कर्म द्वारा परम सिद्धि प्राप्त कर सके थे। विश्वनाथ ने ऐसे व्यक्तियों को युक्तवियुक्त दशा में अवस्थित मानकर उनमें शम नामक स्थायीभाव की सत्ता सिद्ध की है। उनका कथन है कि शम भाव ही शांत रस का जनक है जिसमें तदनुरूप संचारी भावों की संसिद्धि का अवकाश रहने के कारण उसके विभाव तथा अनुभाव आदि भी कल्पित किए जा सकते हैं। वस्तुतः उनकी स्थिति में विरोध की किंचित्मात्र भी संभावना नहीं है क्योंकि शांत रस में जिस सुख का अभाव कहा जाता है, वह पारमार्थिक सुख न होकर विषयजन्य सुख ही समझा जाना चाहिए। कामसुख तथा दिव्य महत्सुख तो तृष्णाक्षय रूप सुख का षोडशांश भी नहीं पा सकते अतः उस पारमार्थिक सुख का अधिष्ठान होने के कारण शांत रस की विशिष्ट कोटि सिद्ध होती है जिसकी अहंकारविहीन प्रकृति होने के कारण उसका अंतर्भाव दयावीर आदि में नहीं किया जा सकता।

शान्त इति। शान्तो रसः शमः पूर्वप्रदर्शितस्वरूपः स्थायीभावो यस्य सः, अतश्चोत्तमा प्रकृतिः स्थायिभावाधारो यस्य स, उत्तमपात्रवृत्तिस्थायिभावक इत्यर्थः। कुन्दोमाध्यं पुष्पविशेष इन्दुश्चन्द्रस्तयोरिव सुन्दरा मनोहरा छाया कान्तिर्यस्य सः अतिधवलवर्ण इत्यर्थः। 'छाया सूर्यप्रभा कान्तिः प्रतिबिम्बमनातपः' इत्यमरः। 'शुक्लो रक्तस्तथा पीत इदानीं कृष्णतां गतः इति श्रीमद्भागवतोक्त्या सत्ययुगे महाविष्णोरपि शुभ्ररूपत्वादिति भावः। यद्वा–'तत्र सत्त्वं निर्मलत्वात्प्रकाशक' मिति गीतोक्त्या शमजनकसत्त्वगुणस्य शभ्रवर्णत्वात् स्फटिकवत्प्रकाशकत्वाच्च शमस्यापि शुभ्रवर्णत्वमित्याशयो ज्ञेयः। नारा आपः अयनं स्थानं यस्य स नारायणः श्रिया महालक्ष्म्या सहितो नारायणो महाविष्णुरेव दैवतं देवता अस्येति सः, शमस्य सत्त्वगुणोत्पत्तेः सत्त्वस्य च नारायणाश्रितत्वादित्यभिप्रायः। अनित्यत्वम् अवश्यविनाशित्वम् आदिपदाच्चरमे आत्मनोऽहितकारित्वादिकञ्च तेन कारणेन या शेषाणां समग्राणां वस्तुनां वित्तपुत्रादिपदार्थानां निःसारता निस्तत्त्वता, परमात्मस्वरूपं वा तस्य शान्तस्य आलम्बनमिष्यते। पुण्याश्रमश्चित्रकूटादि हरिक्षेत्रं श्रीक्षेत्रादि तीर्थं

प्रयागादि रम्यवनं नैमिषारण्यादि, आदिपदात् वैद्यनाथादयः, तथा महापुरुषसङ्गः आद्यपदात् मोक्षशास्त्रश्रवणमननादयश्च तस्य शान्तरसस्य उद्दीपननिरूपिणः। रोमाञ्चः आद्यपदात् दयासंन्यस्तादयश्च अनुभावाः। तथा निर्वेदः, हर्ष, स्मरणं, मतिः, भूतेषु सर्वजन्तुषु दया तज्जनिका धृतिः व्यभिचारिगणे दयाया अंतर्भावाभावात् दयापदेन धृतिग्रहणम्, आदिपदादौत्सुक्यादयश्चव्यभिचारिणः स्युः। अत्र प्रायः–'रोमाञ्चाद्यानुभावास्तु तथा स्युर्व्यभिचारिणः। निर्वेदहर्षस्मरणमतिभूतदयादयः।।'

अत्र आद्यपदेनामोदोन्मादादीनां परिग्रहः, आदिपदेन धैर्यादीनाञ्च परिग्रहो बोध्यः। भूतदया च दैव्यविशेषरूपत्वाद्भावः। यदाह–'भूतदया चैतन्यविशेष एव परदुःखेन परोपचिकीर्षया वा स्वदुःखेन स्वानौजस्यस्य दयात्वेन क्रोडी-करणात्' इति। तथा च-शमस्थायिभावकः अनित्यत्वाद्यालम्बनकः, पुण्याश्रमाद्युद्दीपितः रोमाञ्चाद्यनुभावितः निर्वेदादिसञ्चारितश्शान्तो रसः।

अत्र समस्तसुखहेतूपक्षेपणात् लब्धाशेषवस्तुनिःसारता आलम्बन विभावः, नागरैक्तरुपेण दर्शनानि उद्दीपन विभावाः, भिक्षावलुण्ठनाशंसालभ्यौ रोमाञ्चहर्षौ अनुभावव्यभिचारिणौ वक्तुर्भिक्षोः शमः स्थायीभावः। एष समुदायः सामाजिकेषु शान्तरसतया परिणमति। बाहुल्येनास्य परिपुष्टिस्तु महाभारतशान्तिपर्वादाविति दर्शयति–पुष्टिस्त्विति। नन्वत्रापि प्राणिदयायां धर्मादौ चोत्साहस्य विद्यमानत्वात् तादृशोत्साहस्यैव स्थायिभावाऽभ्युपगमत्वेनायमपि दयावीरादावेवान्तर्भवतीति अलमतिरिक्तशान्तरसकल्पनएत्यत आह–अस्येति।

निरहङ्कारेति। अस्मिन् शमे उत्पन्ने शामिनो निरहङ्काररूपत्वात् 'अहमिदं विधास्यामि' 'एतानि वस्तूनि मम' इत्याकारकसर्वाहङ्काररहितत्वात् एष शान्तत्वेना-भिलषितो रसो नो दयावीरादि न दयावीराद्यन्तर्गतो भवितुमर्हति 'अभावे नह्यनो नापी'त्यमरः, आदिपदात् धर्मवीरदेवताविषयरतिप्रभृतीनां परिग्रहः। इदमत्रानुसन्धेयन्– अहंकारसंवलितो दयादिरेव दयावीरादेः प्रयोजकः, निहङ्कारत्वे तु शान्तरस इति वैचित्र्यविशेषाद्भेदाभ्युपगम इति। नागानन्दादौ नागानन्दं नाम श्रीहर्षप्रणीतं तदादौ दयावीरप्रधाने नागानन्दाख्यनाटकादावित्यर्थः। आदिपदेन धर्मवीरादेः, द्वितीयादिपदेन धर्मराजयुधिष्ठिरादेः तृतीयादिपदेन राज्यप्राप्तयादेः तुरीयादिपदेन वैर्यपकारादेः, पञ्चमादिपदेन च भारतसम्राज्यादेः परिग्रहः। जीमूतवाहनश्चनागानन्दनाटकस्य नायकः। मलयवती चैतस्यैव नाटकस्य नायिका। अहङ्कारस्य उपशमो निवृत्तिर्नदृश्यते तथासति अनुरागाद्यसम्भवः स्यात्। सर्वप्रकारेणाहङ्कारप्रशमैकरूषत्वात् सर्वप्रकाराहङ्कार-

निवृत्तिलक्षणत्वात्। तत्र दयावीरादौ। ततश्चैतादृशविशेषावधारणाञ्च। अपास्तं खण्डितं ज्ञातव्यम्।

शान्तस्य कथमपि रसत्वं न स्यादित्याक्षिपति–नन्विति। यत्र रसे स्थायिभावाश्रयस्य शमिनो न दुःखम्, तच्चात्मनः प्रतिकूलतया वेदनीयम्, न सुखं तदप्यात्मनोऽनुकूलतया वेदनीयम्, न चिन्ता, न द्वेषो रिपूणामपचिकीर्षा रागो मित्राणामुपचिकीर्षा, इच्छा वैषयिकसुखदुपाएच्छा न च काचिदपि सर्वेषुलोष्टाश्मकाञ्चनादिषु भावेषु पदार्थेषु सत्सु रागद्वेषशून्एन समं तुल्यं प्रमाणं ज्ञानं यत्र सः स शान्तो रसो मुनीन्द्रैर्भरतप्रभृतिभिः कथितः। 'अत्र शमप्रधानः' इति पाठोऽपि कस्यचित्सम्मतः। तत्र शम एव स्थायितया प्रधानं तत्र स इति विग्रहो बोध्यः।

इत्येवं प्रकारेण निदर्शितस्वरूपयेत्यर्थः। शान्तस्य शमगुणस्य। आत्मस्वरूपोत्पत्तिलक्षणायां जीवस्य परमात्मस्वरूपत्वप्राप्तिदृशायां परमात्मनि लयप्राप्तिरूपायामिति यावत्। तत्र मुक्तिदशायाम्। सञ्चार्यादीनामित्यादिपदेन आलम्बनोद्दीपनानु भावानां परिग्रहः। एवञ्च परिपोषकादीनामसमत्त्वेन पुष्टयसम्भवात् शममात्रस्य कथं शान्तरसत्वमित्याशङ्कितुराशयः। न चान्यस्थलादाविवात्राप्याक्षेपेण आलम्बनादीनापलम्भः स्यादेवेति वाच्यम्, मुक्तिदशायां शमिनोऽहङ्कारस्यासत्त्वेन आलम्बनादीनामोक्षेपस्यैवाशक्यत्वात्, अतः एव च कतिपये शान्तस्य रसत्मेव न स्वीकुर्वन्तीत्यवधेयम्।

तत्र विषएभ्यः, परावृत्य साक्षात्कर्त्तव्ये ब्रह्मणि निधाय वर्त्तमानश्चिन्तासन्तानवान् युक्तः, यस्य च योगधर्मसहकृतेन मनसा जिज्ञासितवस्तुसाक्षात्कारो जायते यश्च भूतेन्द्रियजयीरणिमाद्याः कार्यसिद्धीर्दूरश्रवणाद्याश्चेन्द्रियसिद्धीरासादितवान् स समाधिव्युत्थितो वियुक्तः। यस्य योगजधर्मसहकृतानि बहिरिन्द्रियाणि स्वे स्वे विषए महत्त्वसन्निकर्षादिसहकारनिरपेक्षाणि वर्त्तन्ते, एवं यथा–राजर्षिजनकः। तद्दशायां तदवस्थायां पुरुषस्थ यः शमः अवस्थितो वर्त्तते स एव तादृशशम् एव स्थायिभावो यतो रसताम् एति लभते तत्तस्मादस्मिन् शान्तरसे सञ्चार्यदिः, आदिपदादालम्बनोद्दीपनानुभावानाञ्चापि स्थितिश्च न विरुद्धा प्रतिकूला पुरुषस्य तस्मिन् कालेऽपि संसारासक्तिमत्त्वेन निर्वेददादीनामपि भवितुं शक्यत्वादिति समाधातुराशयः।

ननु पूर्वं 'शमो निरहीहावस्थायाम्' इत्यादिना भवद्भिः सुखरूपत्वं शमस्य प्रतिपादितम् 'न यत्र दुःखम्' इत्यनेन सुखाभावस्य प्रतिपादनं कृतं ततश्च परस्परं विरोध आपद्यत इत्यत आह–यश्चेति। अस्मिन् 'न यत्र दुःखम्' इत्यादिश्लोके। तस्य सुखशब्दस्य। वैषयिकसुखपरत्वादिति। तेन शान्तस्य वैषयिकसुखभिन्नं

तृष्णाक्षयाधीनं सुखं विद्यत एवेत्युक्तम्। एवञ्च 'न यत्र दुःखं न सुखम्' इत्यादिना कामिनीसम्भोगादिजनितसुखाभाव उक्तो नः पुनर्ब्रह्मसुखाभावोऽपीति न परस्परविरोध इत्यवधेयम्। शमे ब्रह्मानन्दप्राप्तेर्बीजप्रदर्शनाह—उक्तं हीति।

लोके अमुष्मिंल्लोक यच्च कामसुखम् कामिनीसम्भोगादिवैषयिकसुखम्, यच्च दिव्यं पारलौकिकं यागादिक्रियया स्वर्गीयं महत्सुखं लोके महासुखत्वेन ख्यातं सुखम्, एते कामसुखदिव्यसुखे तृष्णाया ऐहिकामुष्मिकभोगविषयाया अभिलाषायाः क्षयम् एकान्ततोऽपनोदनं तस्य सुखमानन्दवल्लयादिषु ब्रह्मानुभवजन्य आनन्दस्तस्य तथोक्तस्य सुखस्य शमसुखस्य षोडशीं कलामपि षोडशांशभागपरिमाणमपि नार्हतः।

इत्युक्तदिशा परमात्मसाक्षात्कारानन्तर एवेति तस्मिन् सति ऐहिकञ्चामुष्मिकञ्च सर्वं सुखं वैरस्यमावहति, अत्र परश्शता आनन्दश्रुतयएव प्रमाणम्। शान्तरसस्य दयावीरादावन्तर्भावस्तु कथमपि भवत्येव नहि, प्रत्युत तत्पात्राणामहङ्कारसामान्याभावे दयावीरादिरसा एव शान्तरसेऽन्तर्भावं प्राप्स्यन्तीत्यत आह—सर्वाकारमिति। पुरुषाश्चेद्यदि सर्वं देहेन्द्रियादि आकार आश्रयो यस्य तत्तथोक्तं सर्वप्रकारमित्यर्थः। एतेनाहङ्कार-सामान्याभावो व्यज्यते। अहङ्कारोऽभिमानः स च देहेन्द्रिययोरहमित्यारोपः। देहादि-संबंधिनि पुत्रादौ ममेत्यारोपश्च। तद्रहितत्वं तद्भावं व्रजन्ति दयावीरादिनायका इति शेषः। तदा तयीयदयोत्साहघटिता दयावीरादयो रसा एव अन्न शान्तरसे अंतर्भावमर्हन्ति। यदि दयावीरादिनायका देहेन्द्रियादिविषयकाभिमानशून्या भवन्ति तदा दयावीरादयो रसाः शान्तस्वरूपा भवन्तीति भावार्थः। एवञ्च शान्तो नामातिरिक्तो रसोऽङ्गीकार्य एवेति निर्विवादोऽयं विषयः।

आदिशब्दोपादानप्रयोजनमुपपादयति—आदिशब्दादिति। अनुपदोक्तं 'निरहङ्कार-रूपत्वाद्दयावीरादिरेष नो' इति कारिकास्थादिपदादित्यर्थः। प्रभृतिग्रहणेन गुरु-विप्र-मुनि-राज-विषया रतिभावा अत्र गृह्यन्त इति बोध्यम्। तत्र शान्तरसान्तर्भूषु दयावीरादिषु मध्ये देवताविषया रतिर्यथेति। शान्तरसस्यान्त-भूतदेवताविषया रतिर्यथेत्यर्थः। मुक्तिदशयां शिवभक्तस्य कस्यचिदुक्तिरियम्। एतेन असीवरणयोर्मध्ये वाराणसीक्षेत्रमित्युच्यते अतस्तद्बाह्यस्य तत्त्वाभावो ज्ञेयः। सुरः धुन्याः गङ्गायाः रोधसि तीरे पुलिने वा वसन् कौपीनं चीरं गुह्यं वा वसानः परिदधानः शिरस्थञ्जलिपुटं निदधानः स्थाप्यमानश्च सन्नहम्, अये (प्रेम्णामंत्रणे इदम्) 'अये अयि चानुनए' इति गोपालः, गौरीनाथ पार्वतीवल्लभ! हे त्रिपुरहर त्रिपुराणां स्थूलसूक्ष्मकारणभेदात् त्रिप्रकाराणां-देहानां वा हरस्तत्सम्बुद्धो तथोक्त! शम्भो त्रिनयन विरूपाक्ष!

सूर्यचन्द्रानलात्मकलोचनत्रयशालिन्नत्यर्थः, प्रसीद इति क्रोशन् उच्चैरुच्चारयन् निमिषमिव तत्परिमितसमयमिव दिवसान् नेष्यामि यापयिष्यामि।

अत्र कौपीनपरिधानेच्छया अहङ्कारनिवृत्तिः प्रतीयते। एवञ्च कौपीनादिविशेषणैः सुखादिराहित्यप्राप्तया सर्वाहङ्काराहित्यलाभाद् देवविषयरतेरपि शान्तरसत्वप्राप्तिः। एतेन 'सञ्चार्यादिभिरपुष्टतया न शान्तो रसः, किन्तु शिवविषयं रतिमात्रं भावशबदवाच्यम्' इत्युक्तिः परास्ता। शिखरिणीच्छन्दस्तल्लक्षणन्तूक्तं प्राक्–

सुरस्त्रोतस्विन्याः पुलिनमधितिष्ठन्नयनयो
र्विधायान्तर्मुद्रामथ सपदि विद्राव्य विषयान्।
विधूतान्ध्वान्तो मधुरमधुरायां चिति कदा
निमग्नः स्यां कस्याञ्चन नवनभस्याम्बुदरुचि।।

इत्यादौ देवताविषया रतिरहङ्कारपुरस्कृतेति न तत्र शान्तरसंव्यवहर्त्तुशक्येति विभावनीयम्।

□□□

7

विश्वनाथानुसारेन काव्यस्वरूपं विवेचना

रसात्मकं वाक्यं काव्यमित्यन्वयः। रसपदेनासंलक्ष्यक्रमभेदानां सर्वेक्षां परिग्रहः। तथा च व्यञ्जकतासंबंधेन रसादिमद्वाक्यत्वं काव्यत्वमिति काव्यसामान्यलक्षणम्। एवञ्च सति-दोषगुणालङ्काराणां सदसद्भावयोरौदासीन्यात् 'न्यक्कारो ह्ययमेव मे यदरयः' इति पद्येऽसंलक्ष्यक्रमात्मकनिर्वेदाख्यसञ्चारिभावस्य विद्यमानत्वात् 'यः कौमारहरः' इति पद्येऽपि शृङ्गारस्य विद्यमानत्वात् 'अत्ता एत्थ' इत्यत्र तु रसाभासवत्त्वाच्च नाव्याप्तिः। 'देवदत्तो ग्रामं याति' इति वाक्ये च रसाद्यभावान्नातिव्यातिरिति भावः।

अथ प्रसङ्गात् 'शब्द एव काव्यमि'ति मत्वा कृतानि चिरन्तनाचार्याणां काव्यलक्षणानि प्रदर्श्यन्ते। तत्र काव्यादर्शे दण्डिना काव्यदीपिकायां कान्तिचन्द्रेण च 'इष्टार्थव्यवच्छिन्ना पदावलिः' इति काव्यलक्षणं कृतम्। एवं शौद्धोदनिना अलंकारशेखरे तद्वृत्तिकारकेशवमिश्रेण च 'काव्यं रसादिमद्वाक्यं श्रुतं सुखविशेषकृत्' इति, भोजेन सरस्वतीकण्ठाभरणे 'निर्दोषं गुणवत्काव्यमलङ्कारैरलङ्कृतम्। रसात्मकं कविः कुर्वन् कीर्त्तिं प्रीतिञ्च विन्दति।। इति जयदेवेन चन्द्रालोके–'निर्दोषा लक्षणवती सरीतिर्गुण-गुम्फिता। सालङ्काररसानेकवृत्तिर्वाक् काव्यनामभाक्।।' इति, पण्डितराजजगन्नाथेन 'रमणीयार्थप्रतिपादकः शब्दः काव्यम्' इत्येवंप्रकारेण काव्यलक्षणानि कृतानि।

अथ ये च शब्दे चार्थे चोभयत्र काव्यत्वमभ्युपगच्छन्ति, तेषां नामानि प्रदर्श्यन्ते–तत्र भामहोद्भटरुद्रटा-नन्दवर्धनाचार्याः 'शब्दार्थौ सहितौ काव्यम्' इति। एवं काव्यालङ्कारे वामनेन–काव्यशब्दोऽयं गुणालङ्कारसंस्कृतयोः शब्दार्थयोर्वर्त्तत' इति। कुन्तकेन वक्रोक्तिजीविते–'शब्दार्थौ सहितौ वक्रकविव्यापारशालिनि। बन्धे व्यवस्थितौ काव्यं तद्विदाह्लादकारिण।।' इति। वाग्भटेन–'साधु शब्दार्थसन्दर्भं गुणालङ्कारभूषितम्। स्फुटरीतिरसोपेतं काव्यं कुर्वीत कीर्त्तये। इति। विद्याधरेणैकावल्याम्–शब्दार्थौ वपुरस्य

शब्दार्थवपुस्तावत्काव्यम्। विद्यानाथेन प्रतापरुद्रीये–'गुणालङ्कारसहितौ शब्दार्थौ दोषवर्जितौ। गद्यपद्योभयमयं काव्यं काव्यविदो विदुः।' अच्युतराएण साहित्यसारे– 'तत्र निर्दोषशब्दार्थगुणवत्त्वे सति स्फुटम्। गद्यादिबन्धरूपत्वं काव्यसामान्यलक्षणम्।' क्षेमेन्द्रेण कविकण्ठाभरणे–काव्यं विशिष्टशब्दार्थसाहित्यसदलङ्कृति' इति। न्यायवागीशेनालङ्कारचन्द्रिकायाम्–'गुणालङ्कारसंयुक्तौ शब्दार्थौ रसभावगौ। नित्यदोषेविनिर्मुक्तौ काव्यमित्यभिधीयते।।' इत्येवंप्रकारेण लक्षणानि कृतानि तथा मम्मटादिमतं तु 'तददोषौ शब्दार्थौ सगुणावनलङ्कृती पुनः क्वापि' इत्यादिना स्वयं ग्रंथकृतैव प्रदर्शितम्। इत्थञ्चोभयमतप्रदर्शने कतरद् युक्तमिति चिकित्सायां 'शब्दार्थौ काव्यम्' इत्येव निर्दुष्टमिति समालोचयन्ति।

'वाक्यं रसात्मकं काव्यम्' इत्यादिकाव्यलक्षणञ्चिन्त्यम्–वस्त्वलङ्कारप्रधानानां काव्यानामकाव्यत्वापत्तेः। न चेष्टापत्तिः, महाकविसम्प्रदायस्याकुलीभावप्रसङ्गात्। लक्ष्यानुसारेण हि लक्षणव्यवस्था, न तु वैपरीत्येन। वर्णितानि च महाकविभिर्जलप्रवाहवेगनिपनोत्पतनभ्रमणानि, कविबालादिविलसितानि च। न च तत्रापि यथा कथञ्चित्परम्परया रसस्पर्शोऽस्त्येवेति वाच्यम्, ईदृशरसस्पर्शस्य 'गौश्चलति, 'मृगो धावति' इत्यादावतिप्रसक्तत्वेनाप्रयोजकत्वात्, रस्यत इति योगस्य तु तदाभासादिमात्र एवाभ्युपगमात्। एवञ्च प्रकाशोक्तं काव्यलक्षणमेव ज्यायः। अपि च ये केचन 'शब्दः काव्यम्' इति पक्षमेवाङ्गीकुर्वन्ति तन्न समीचीनम्, अस्वादव्यञ्जकत्वस्योभयत्राऽप्यविशेषात् 'काव्यं पठितम्', 'काव्यं श्रुतम्', 'काव्यं बुद्धम्, इत्युभयविधव्यवहारदर्शनाच्च काव्यपदप्रवृत्तिनिमित्तं व्यासज्यवृत्ति। अत एव वेदत्वादेरुभयवृत्तित्वप्रतिपादकं 'तदधीते तद्वेद इति सूत्रस्थं 'किमर्थमुभावप्यर्थौ निर्दिश्येते, न योऽधौते वेत्त्यप्यसौ। यस्तु वेत्त्यधीतेऽप्यसौ, नेतरयोरावश्यकः समावेशः। भवति हि कश्चित्संपाठं पठति न वेत्ति, तथा कश्चिद्वेत्ति न च संपाठं पठति। इति महाभाष्यं सङ्गच्छते। लक्षणयाऽन्यतरस्मिन्नपि तत्त्वात् 'एको द्वौः इतिवन्न तदापत्तिः। आस्वादोद्बोधकत्वमेव काव्यत्वप्रयोजकम्, तच्च शब्देऽर्थे चाविशिष्टम्। तत्रापि रसोद्बोधकत्वाङ्गीकारात्। अर्थेऽपि दृश्यकाव्य इव काव्यत्वम्। कविकर्मत्वव्यवहारस्तु तत्प्रकाश्यत्वाद्भाक्तः। शब्दनित्यत्ववादिमते तु शब्दरूपेऽपि काव्ये कविकर्मत्वव्यवहारो भक्तिः। अतएव 'शब्ददर्दुरं करोति' इति पाणिनिसूत्रं सङ्गच्छते, अन्यथा नित्यत्वसिद्धांतो व्याकुप्येतेति भावुकाः समालोचयन्ति।

लक्षणघटकरसस्वरूपस्याकाङ्क्षायामाह–रसस्वरूपमिति। रसात्मकमित्यस्वार्थं स्फोरयति–रस एवेति। रस एव न तु ध्वनिकाराद्युक्तो वाच्योऽर्थो न वा वस्त्वलङ्काररूपो प्रतीयमानोऽर्थ इत्यर्थः। आत्मा साररूपतया निरतिशयानन्दस्वभावाद्

गुणादिर्वापेक्षया श्रेष्ठरूपतया जीवनाधायकः उपादेयताप्रयोजको यस्य तत् रसात्मकमिति शेषः। तेन रसेन विना तस्य वाक्यस्य काव्यत्वानङ्गीकारात् 'वाग्वैदग्ध्यप्रधानेऽपि रस एवात्र जीवितम्' इत्यादियुक्तियुक्तभगवद्वादराय-णोक्तेरिति शेषः। एवञ्च चिरन्तनमतमेव मम सम्मतमिति भावः।

ननु यदि 'रसात्मकवाक्यमेव काव्यमि'त्यभ्युपेयते तदा भावाद्यात्मक-वाक्येष्वव्याप्तिस्ते षामपि चिरन्तनैः काव्यत्वाभ्युपगमादित्यत आह-रस्यत इति। रस्यते आस्वाद्यते इति रसः, 'रस-आस्वादनस्नेहनयोः' इत्यस्माद्धातोः 'भावे' इति घञ् 'एरच् इत्यच् प्रत्ययो वा, इतिव्युत्पत्तियोगादवयवार्थानुसारेणास्वादविषय त्वलाभादित्यर्थः। आस्वादश्च काव्यार्थसम्भेदादात्मानन्दसमुद्भव इत्युक्तप्रकारः, तत्कर्मत्वं रसादीनामुपचारात्, 'कर्मकर्त्तरि वा प्रयोग इति वक्ष्यते। भावः, तदाभासाः रसाभासा भावाभासाश्च, आदिशब्दाद् भावस्य शान्तिरुदयः संधिः शबलता च गृह्यन्ते, तेषां भावादीनामप्यास्वाद-विषयत्वादिति भावः। एवञ्च 'यस्यालीयत' इत्यादिवक्ष्यमाणपद्येषु न प्रकृतकाव्यलक्षणम-व्याप्तामित्यवधेयम्।

अमरुशतककाव्ये प्रथमावतीर्णमदनविकारमुग्धावर्णनपरं पद्यमिदं–शून्यमिति। बाला नवविवाहिता वधूः, वासगृहं केलिभवनं शून्यं सखीजनादिरहितं विलोक्य शून्यत्वेनावगतमपि निश्चलसखीसत्त्वाशङ्कया विशेषेण दृष्ट्वा, शनैर्मन्दं निःशब्दं च यथा स्यात्तथा, अन्यथा वलयादिक्कणने पतिनिद्राभङ्गः स्यादिपि भावः, शयनात् शय्यातः, किञ्चित् अपरकाएन न तु सर्वतः, पतिनिद्राभङ्गेऽपि पार्श्वपरिवर्त्तनेन समाधातुं शक्यत्वादिति भावः, उत्थाय उत्थिता भूत्वा, निद्राव्याजं प्रियाया अनुरागकार्य-परीक्षार्थं छलनिद्राम्, उपागतस्याश्रितस्य पत्युः न तु प्रियस्य, अपूर्वसमागमेनानुद्भिन्न-रसत्वाद् मुखं वदनं सुचिरं दीर्घकालं यावद् बुद्धिवैभवमिति तात्पर्यम्, निर्वर्ण्य अनुरागातिशयात् निद्रानिश्चयार्थं च सम्यक् परीक्ष्येत्यर्थः, विस्रब्धं विश्वासयुक्तं यथा स्यात्तथा, एतावताऽप्यभङ्गेन निद्रायां वास्तविकत्वभ्रमादिति भावः, परिचुब्य परितः कपोलयोर्लोचनप्रान्तयोश्च चुम्बनं विधाय, गण्डस्थलीं पत्युस्तं कपोलदेशं जातपुलकाम् आत्मनश्चुम्बनादुत्फुल्लरोमाङ्कितम्, पुलकस्य सर्वाङ्गीणत्वेऽपि गण्डस्थल एव दर्शनात् गण्डस्थलोक्तिः, गणस्य स्थलीत्वेन पुलकस्याङ्कक्तरता, आलोक्य अवलोक्य, लज्जया त्रपया नम्रमुखी नतानना स्थिताः सतात्यर्थः, हसता हास विदधता, तत्र सर्वं रहस्यमवगतमथवा पूर्वं मत्प्रार्थनयाऽपि न प्रवृत्ताऽसि सम्प्रति कथमिति वा ब्याजनिद्राफलं त्वरितमेव लब्धमिति वा हासः, प्रियेण तेन स्वामिना, चिरं लज्जापगमसम्भोग-स्वकारपर्यन्तमिति तात्पर्यम्, चुम्बितेतिसंबंधः।

भावोदाहरणं प्रदर्शयितुमाह—भाव इति। महापात्रराघवानन्दसान्धिविग्रहिकोऽस्य पूर्व जो वंशधरः। महापात्र इति राजदत्तोपाधिः, महामंत्री इत्यपि। सान्धिविग्रहिक-पदस्योपाधिविशेषणत्वेन विशेष्यत्वविवक्षया 'केशवमिश्र' इत्यादौ मिश्रादिपदवत्परनिपात इति बोध्यम्।

यस्येति। अत्र भगवतो दशावतारवर्णनम्। यस्य नारायणस्य मत्स्यावतारे शल्कसीम्नि शरीरचर्म्मैकभागे जलधिः समुद्रः अलीयत अयुज्यत, समुद्रस्य तन्मात्रसंबंधात्। यस्य नारायणस्य कूर्मावतारे पृष्ठे जगन्मण्डलम् अलीयत लग्नमभवत्, तत्रैव जगतोऽवस्थानात्। यस्य वराहावतारे दंष्ट्रायां दशनमण्डले धरणी पृथिवी अलीयत लघुवस्तुवदवातिष्ठत्, समुद्रनिमग्नाया धरण्या दंष्ट्रयोत्तो- लितत्वात्। एतेन शल्कसीमपृष्ठदशनानामत्यधिकविशालत्वं ध्वनितम्। यस्य नरसिंहावतारे नखे करजे दितिसुताधीशो दैत्यपतिर्हिरण्यकशिपुः अलीयत लयं प्राप्नोत्, नखेनैव व्यापादित्वात्। यस्य वामनावतारे पदे चरणे रोदसी द्यावापृथिव्यौ अलीयेतां लीने अभवताम्, पद्धयामेव द्यावापृथिव्योर्व्याप्तत्वात्। इह 'अलीयत' इत्यस्य वचनविपरिणामेन संबंधः। यस्य परशुरामावतारे क्षत्रगणः क्षत्रियवर्गः अलीयत मलयमगच्छत्, कोपेनैव विनाशितत्वात्। यस्य रामावतारे शरे बाणे दशमुखो रावणः अलीयत लयं प्राप्नोत्, शरेणैव विध्वंसितत्वात्, यस्य बलरामावतारे पाणौ हस्ते प्रलम्बासुर एतन्नामदैत्यः अलीयत लयमलभत, हस्तेनैव व्यापादित्वात्। यस्य बौद्धावतारे ध्याने विश्वं जगत् अलीयत लीनमभवत्, ध्यानेन गोचरीकृतत्वात्। यस्य च भगवतः कल्किनामावतारे असौ तरवारौ अधार्मिककुलं म्लेच्छसमूहः अलीयत लयमलमत तन्मात्रेण विध्वंसितत्वात्। इह कल्क्यवतारस्य भविष्यत्त्वेऽपि 'धाता यथापूर्वमकल्पयत् इत्यादिश्रुतेः पूर्वकल्पाभिप्राएणातीतप्रयोगः। कस्मैचिद् विशेषतः प्रदर्शयितुमसम्भवत्वादनिर्वचनीयाय अस्मै नारायणाय पुरुषाएत्यर्थः, नमोऽस्त्विति शेषः। दशावतारस्यान्यत्र वर्णनं त्वेवम्—'मत्स्यः कूर्मो वराहश्च नरसिंहोऽथ वामनः। रामो रामश्च बौद्धः कल्की च ते दश।।' इति।

इह कीदृशो भाव इत्यत आह—अत्रेति। अस्मिन्नुदाहृते पद्ये, भगवान् नारायण एव विषयो यस्याः सा तथोक्ता रतिरनुरागो भावः भावपदवाच्यः। तथा च भगवानालम्बनम्, तस्यालौकिकचारित्र्य- मुद्दीपनम्, तेन च स्वात्मापकर्षनिवेदनमनुभावः, तदभिव्यङ्ग्याः स्मृतिहर्षादयः सञ्चारिणो भावाश्च, तदिति प्रतीयमाना भगवद्विषया रतिः सहृदयानां चेतसि कमपि चमत्कारं भावयतीति भावपदव्यपदेश्याऽसौ (रतिः) काव्यत्वबीजम्। अस्यापि लक्षणं प्रतिपादयिष्यते। इदं मध्यमकाव्यमिति केचित्।

रसाभासोदाहरणदानायाह—रसाभासो यथेति। मध्विति। कालिदासीय-कुमारसम्भवे तृतीयसर्गे वसन्तवर्णनमिदम्। द्वौ रफौ रेफयुक्तौ अवयवौ यस्य स द्विरेफो भ्रमरशब्दः, 'शब्दधर्मेणाऽप्यर्थस्य व्यपदेश' इत्युक्तेः लक्षणया भ्रमरशब्दवाच्यो भ्रमररूपोऽर्थो ज्ञेयः। स्वां प्रियां भ्रमरीम् अनुवर्त्तमानः पक्षवायुना शुश्रूपमाणः सन्, कुसुमं पुष्पमेव एकं पात्रं भाजनं तत्र, मधु तत्कुसुमरसं पपौ। कृष्णसारो मृगविशेषश्च शृङ्गेण विपाणेन स्पर्शेन आत्मनः स्पर्शजन्यसुखेन निमीलिते सङ्कुचिते अक्षिणी नयने यया ता मृगीं त्वां प्रियां हरिणीम् अकण्डूयत गात्रकण्डूयनेन सेवितवानित्यर्थः।

नन्वत्र सम्भोगशृङ्गारस्य विद्यमानत्वाद्रसाभासः कथमित्यत आह—हि तथा हि तिर्यग्विषयत्वात् मानवेतरप्राणिगतत्वात्। रसाभासः रसस्य न्यग्भावित्येन स्फुरणम्। अन्यद्भावाभावासादि एवमूह्यमिव्यर्थः। अन्यदीयवचसा परिचयते जाते सति आश्रयणीयव्यक्तौ यथा दोषगुणादीनां जिज्ञासा भवति तथैव काव्यस्वरूपेऽवगते स्वभावत एव तद्गतदोषगुणादीनां जिज्ञासा समुत्पद्यते, एवञ्च तेषाममि प्रतिपादयितव्ये प्रथमं दोषावलम्बनेनैव काव्यप्रकाशलक्षणस्य निराकृत्वात् श्रोतुरपि तत्रैवादौ जिज्ञासोदयात् तामेव जिज्ञासामाह—दोषाः पुनरिति। दोषाः किंस्वरूपाः किमाकारेण सन्तः काव्ये वर्त्तन्ते येषां सद्भावेन काव्यत्वं खंडितमित्यर्थः।

दोषा इति। तस्य काव्यस्येत्यर्थः, सर्वनामतत्पदस्य पूर्वपरामर्शित्वात्, पूर्वं तु 'वाक्यं रसात्मकं काव्यम्' इति काव्यस्य विधेयत्वेनाभिहितत्वाच्च। एतच्च वृत्तिकारोऽपि 'काव्यस्यापकर्षका उच्यन्ते' इत्यनेन स्वयमेवानुपदमुक्तवान्। यथा च दोषास्तस्य काव्यस्य अपकर्षका रसाद्यपकर्षोत्पादनद्वारा अपकर्षोत्पादकाः सन्तो वर्त्तन्त इत्यर्थः।

कारिकोक्तमर्थं युक्तया व्याचष्टे—श्रुतीति। काणत्वखञ्जवादयः शरीरधर्मा इति साक्षात्संबंधेनात्मा-नमपकर्षयितुमपसमर्था भवन्ति, अतस्ते यथा शरीरद्वारेण स्वाश्रयाश्रि-तत्वरूपपरम्परासंबंधेना-त्मानमपकर्षयन्ति तथा काव्यस्य शरीरभूतयोः शब्दार्थयोर्थे धर्माः श्रुतिदुष्टत्वादयस्ते साक्षात्संबंधेन त्सादीनपकर्षयितुमसमर्था भवन्त्यपि शब्दार्थद्वारेण स्वाश्रयाश्रितत्वरूपपरम्परासंबंधेन रसादीनपकर्षयन्ति। अपि च यथात्मगता मूर्खत्वादयः साक्षाद्वृत्तितावच्छेदकसमवायसंबंधेनैवात्मानमपकर्षयन्ति, तथा रसादिगता व्यभिचारिभावादेः स्वशब्दवाच्यत्वादयो दोषाः साक्षाद्वृत्तितावच्छेदकस्यरूपसंबंधेनैव रसादीनप- कर्षयन्तीतितात्पर्यम्। रसमपकर्षयन्तो रसस्य न्यूनत्वं बोधयन्तः। तथा सति रसस्योत्कर्षेण काव्यस्योत्कर्षः, रसस्यापकर्षेण च काव्यस्य चापकर्ष इति फलितम्।

एषामिति। 'इदमस्तु सन्निकृष्टं समीपतरवर्त्ति चैतदो रूपम्। अदसस्तु विप्रकृष्टं तदिति परोक्षे विजानीयात्।' इत्युक्तिदिशा एषामित्यस्य दोषाणामित्यर्थः। काव्ये दोषजिज्ञासानिवृत्त्यनन्तरं श्रोतुर्गुणाद्यवसितिप्रकारजिज्ञासामाह–गुणादय इति। गुणादयः काव्ये किंस्वरूपाः किमाकारेण सन्तो विद्यन्त इति पूर्ववद्विवरणम्। उत्कर्षहेतव इति। इहापि तस्येत्यनुपङ्गः। तथा च तस्य काव्यस्य उत्कर्षहेतवः उत्कृष्टजनका इत्यर्थः।

शौर्यं नामात्मगतः शत्रुविजयाद्युयोगः, आदिपदेन सत्साहसादीनां परिग्रहः। इहापि पूर्ववदेवार्थो गवेषणीयः। ननु निरलङ्कारकाव्यापेक्षयालङ्काराणामिव निर्गुणकाव्यापेक्षया गुणनां काव्योत्कर्षकत्वं नोपपद्यते, निर्गुणत्वस्य नीरसत्वमनियतया नरीसस्य काव्यत्वास्वीकारेणैव निर्गुणस्य काव्यत्वास्त्रीकारादित्याशएनाशङ्कते– इह यद्यपीत्यादिना। समाधत्ते–तथापीति। उपचर्यते लक्ष्यते। तथा चात्र गुणपदं गुणाभिव्यञ्जकशब्दार्थपरम्। अतश्च गुणशब्दौपचारिकत्वाङ्गकाराञ्च शब्दाः शब्दार्थाः। एवञ्च गुणाभिव्यञ्जक-शब्दार्थरहितमपि व्यङ्ग्यं सम्भवति तदपेक्षया गुणाभिव्यञ्जकशब्दार्थयोः काव्योत्कर्षकत्व-मुपपन्नमित्याशयः। प्रागेवोक्तं सगुणत्वविशेषणखण्डनावसरे 'गुणाभिव्यञ्जकशब्दार्थ-वत्त्वस्यापि काव्ये उत्कर्षमात्राधायकत्वम्' इत्यनेनेत्यर्थः।

विश्वनाथानुसारेण वीरस्थ विवेचना

उत्तमा धीरोदात्तरूपा प्रकृतिर्नायको यस्य स उत्कृष्टजननिष्ठ इति यावत् अथवा उत्तमा चमत्कारातिशयाधायकतया रसान्तरादुत्कृष्टा प्रकृतिः स्वभावो यस्य स वीरो रसः, 'प्रकृतिर्गुणसाम्ये स्यादमात्यादिस्वभावयोः। योनौ लिङ्गे पौरवर्गे, इति मेदिनी, उत्साहः प्राग्दूशितस्वरूपः स्थायीभावो यस्य सः। महेन्द्रो देवो अधिपतिः दैवतम् अधिष्ठात्री देवता अस्येति महेन्द्रदैवतः महेन्द्रस्य समग्रवीराधिपतित्वादिति भावः। अत एवायं वीरो रसो हेमवर्णः सुवर्णवर्णः 'हिरण्यं हेम हाटकम्' इत्यमरः, समुदाहृतः। तद्वर्णत्वमेय महेन्द्रस्यापीत्याशयः। विजेतव्यादयः पदार्था आलम्बन विभावा मताः। तत्र युद्धवीरे विजेतव्यः प्रतिपक्षी दानवीरे सम्प्रदानविप्रादिः, धर्मवीरे धर्मः, दयावीरे दुःस्थितादिश्चालम्वनविभाव इति सरलार्थः। विजेतव्यादीनां प्रतिपक्षिप्रभृतीनां चेष्टाद्या द्वेषकारादिक्रिया–आद्यपदेन दाने सत्त्वाध्यवसायादेः धर्मे धर्मशास्त्रध्ययनादेः दीनस्य कातरोवत्यादेः परिग्रहः, तस्य वीररसस्य उद्दीपन विभावाः। तत्र वीरे-सहायान्वेषणादयः, सहायः सहकारी स च युद्धे सैन्यं दाने वित्तं धर्मे द्रव्यमंत्रादि दयायां त्यागादि, आदिपदात् युद्धवीरे सहायान्वेषणभेदप्रयोगादयः,

दानवीरे त्यक्तवित्तसंग्रहादयः, धर्मवीरे यागानुष्टानादयः, दयावीरे च शान्तिवचनादयः अनुभावाः स्युः। तत्र रोमाश्चस्तज्जनको हर्षः रोमाञ्चस्य सञ्चारिभावत्वाभावात्तजनकहर्षे लक्षणा बोध्या। स च वीरश्चेत्यर्थः। दान-धर्म-युद्धैस्तत्तदाख्यैस्त्रिभिर्भेदैः दयया तदाख्येन च भेदेन समन्वितो युक्तः सन् चतुर्धा चतुर्विधः स्यात्। अत्र चतुर्धेत्युक्तिस्त्वभ्युच्चयवादः। शृङ्गारस्येव बहवो वीररसस्य प्रकाराः निरूपयितुं शक्यन्ते—तथाहि अग्रे पतिपादयिष्यमास्य 'राज्यं च वसु देहश्र' इत्यस्योत्तरार्द्धे 'ते यथेष्टं विप्लवन्तां.मा भूत्सत्यस्य विप्लवः' इत्यस्य विपर्य्यासेन पद्यान्तरतां पापिते सत्यवीरस्यापि सम्भवात्। न च सत्यस्यापि धर्मान्तर्गततया धर्मवीररस एव तद्वीरस्या प्यन्तर्भाव इति वाच्यम्, तथा सति दानदययोरपि तदन्तर्गततया तद्वीरयोरपि धर्मवीरात् पृथग्गणनानौचित्यात्। एवं पाण्डित्यवीरोऽपि प्रतीयते यथा—

'अपि.वक्ति गिरां पतिः स्वयं यदि तासामधिदेवतापि वा।
अयमस्मि पुरोहियाननस्मरणोल्लङ्घितवाङ्मयामबुधिः।।'

अत्र वाचस्पत्याद्यालम्बनः सभादिदर्शनोद्दीपितो निखिलविद्वत्तिरस्कारानुभावितो गर्वेण सञ्चारिणा- पोषित उत्साहो वक्तुः प्रतीयते। तत्र दानवीरमुदाहर्त्तुमाह—तत्रेति।

उदाहरणं दर्शयति—तत्रेति। प्रदर्शितचतुर्विधेषु दानवीरो दानवीररसघटक-दानोत्साहाश्रयः। अनएव दिशा धर्मवीरादिष्वपि वक्ष्यमाणेषु ज्ञातव्यम् त्याग इति। यं च तृतीयचरणः, समस्तपद्यञ्चेदृशम्—

'उत्पत्तिर्जमदनितः स भगवान् देवः पिनाकी गुरु-
वीर्यं यत्तु न तद्गिरां पथिः ननु व्यक्तं हि तत्कर्मभिः।
त्यागः सप्तसमुद्रमुद्रितमहीनिर्व्याजदानावधिः
सत्यब्रह्मतपोनिधेर्भगवतः किं वा न लोकोत्तरम्।।' इति।

इदं हि महावीरचरिते द्वितीयाऽङ्के रामस्य परशुरामप्रशंसनपरम्। जगदग्नित उत्पत्तिः, भगवान् देवः स प्रसिद्धः पिनाकी महेशः गुरुर्ज्ञानदाता एतस्य यत्तु वीर्यं पराक्रमं तद्गिरां पथि वचनमार्गे न विद्यत इति शेषः, अतिशयत्वात्प्रवक्तुमशवमित्याशयः। तद्वीर्यं कर्मभिः त्रिःसप्तकृत्वराजन्यवर्गनिधनादिभिः व्यक्तं संसारे प्रसिद्धम्। सप्तभिः समुद्रैरर्णवैः वेष्टिता या मही भूतस्यानिर्व्याजं निरुपाधि यद्दानं तदेवावधिः सीमा यस्य स तथोक्तस्त्यागसामर्थ्यम्। अत एव सत्यं यथार्थव्यवहारः ब्रह्माणि वेदाः

तपांसि विविधतपस्याश्च तेषां निधेराश्रयस्य भगवतः अस्य जामदग्न्यस्य किं वा कर्म न लोकोत्तरं सर्वातिशयम्, अपि तु सर्वमेवेत्यभिप्रायः।

अत्र दानवीररसत्वं योजयितुमाह–अब परशुरामस्येति। त्यागेदाने 'त्यागो विहाषितं दानम्' इत्यमरः, सम्प्रदानभूतैरित्यादिषु साक्षादप्रतिपादितैरपि यथासम्भवं प्रतीतिलभ्यैरिति विशेषणं ज्ञेयम्। सत्त्वस्य गुणविशेषस्य अध्यवसाय उद्रेकः आदिपदात् दानस्य प्ररोचनादयश्च तैस्तथोक्तैः, विभावितो विशेषेणकथितः। त्यागादिभिरित्यत्रादिपदात् त्योग कर्त्तव्यानां सङ्कल्पदक्षिणादेः परिग्रहः। अनुभावितः सामाजिकानामनुभवविषयीकृतः। उत्साहः स्थायिभावों दानवीरतां दानवीररसत्वं भजते प्राप्नोति। इदं दानवीरमुदाहृत्य धर्मवीरमुदाहरति–धर्मवीर इति।

राज्यञ्चेति। कस्मिन्नपि नाटके पद्यमिदमिति केचित्। राज्यम्, वसु वित्तम्, देहो वपुः, भार्य्या द्रौपदी स्त्री ये च भ्रातरो भीमसेनादयस्तेषां सुता आत्मजाः किं बहुना लोके 'लोकस्तु भुवने जने' इत्यमरः, यञ्च उद्यानादिकं ममायत्तम् मदधीनम् 'अधीनो निघ्न आयत्त' इत्यमरः। विद्यते तद्राज्यादि सर्वमेव मया धर्माय धर्महेतवे सदा उद्यतं सर्वदा त्यागादावुपयुक्तम्। अत्र वक्तुर्युधिष्ठिरस्य वैदिककर्मण्युत्साहः स्थायीभावः धर्म आलम्बन विभावः 'स्वर्गकामो यजेत्' 'धर्मान्न प्रमदितव्यम्' इत्यादिस्वर्गजनकतादिश्रुतिरुद्दीपनविभावः, एतादृशोक्तिरनुभावः हर्षधृत्यादयश्च व्यभिचारिभावः, अङ्गाङ्गिभावं प्राप्तैः समुदयैरास्वाद्यमानः सामाजिकानां धर्मवीररसतामापद्यते।

भो लङ्केश्वेरेति। बालरामयणे दशाननं प्रति श्रीरामचन्द्रस्योक्तिरियम्। भो लङ्केश्वर रावण! जनकजा मिथिलेशसुता मम प्राणवल्लभा सीता दीयताम् मह्यमिति शेषः; रामो रामनाम्ना ख्यातो वालिहन्ता स्वयंयाचते त्वामिति शेषः, न पुनर्दूतादिना, येनाविश्वासो भवेदिति भावः। अयं ते तव को नु मतिविभ्रमः बुद्धिभ्रमः। नयं नीतिं स्मर बलवद्विरोधिता दुरन्ता भवतीति नीतिं विचिन्तयेत्यर्थः। अद्यापि मया ते किञ्चिदपि राज्यपुत्रादिनाशो न कृतं विहितम्, तथापि मया मह सन्धेरुपायः कोऽपि न कृत्यर्थः। चेद् यदि एवं जनकजां न दास्यसीति शेषः, तदा खरदूषणन्निशिरसां पूर्वनिषूदिततत्तद्दैत्यानां कण्ठासृजा काण्ठच्छेदसमये तदीयरुधिरेण पङ्किलःपंकयुक्तः शोभित इत्यर्थः, धनुषो ज्याबन्धुबन्धूकृतः गुणयोजितः रिपुहननान्मम मित्रीकृत इत्यर्थः, एष पत्री शरो न सहिप्यते एव न क्षमिष्यते एव, यद्यप्यात्मनोऽसहनरूप-धर्मस्तथापि पत्रिण्यारोपेण रिपुहनने तस्य प्रधानोपायात्वं सूचितम्। अत्र रावण

आलम्बन विभावः, तत्कर्त्तृकसीतापहरणमुद्दीपनविभावः, एतादृशोक्तिरनुभावः, सहिष्यते 'इति गम्यगर्वादपश्च सञ्चारिभावा एवं परस्परमिलितः समुदाएरास्याद्यमानः श्रीरामस्यः युद्धोत्साहः स्थायीभावः सामाजिकानां युद्धवीररसतामापद्यते।

नागानन्दनाटके गरुडेन भक्ष्यमाणं नागं परित्रातुं तद्भक्षणायात्मदेहार्पितवतस्तद्भक्षितबहुमांसस्य जीमूतवाहनस्यातृप्तं गरुडं प्रत्युक्तिरियम्। हे गरुमन् वैनतेय? शिरामुखैः तव चञ्चुग्रहारेण नाडीच्छेदैः 'नाडी तु धमनी शिरा' इत्यमरः, रक्तं शोणितं स्यन्दत एव निर्गच्छत्येव तथा अद्यापि अधुनापि मम 'जीमूतवाहनस्ये' ति शेषः, देहे मांसमस्ति। तवापि तावत् तृप्तिं मन्मांसखादनेन क्षुन्निवृस्या सन्तोषं न पश्यामि नावलोकयामि। एवं सति स्वं कथं भक्षणान्मम मांसादनाद्विरतोऽसि। अयं च गरुडः श्येनरूपधारी शक्रो ज्ञेयस्तमुद्दिश्य गरुत्मन्निति सम्बोधनम्। अत्रेन्द्रवज्रोपेन्द्रवज्रयोरूपजातिच्छन्दस्तल्लक्षणं चोक्तं प्राक्। अत्र नाग आलम्बन विभावः, तस्य कातरोक्तिरुद्दीपनविभावः, एतादृशोक्तिरनुभावः, धृत्यादयश्त्यभिचारिभावाः, एभिः परस्परमिलितैः समुदाएरास्वाद्यमानाः, जीमूतवाहनस्य कपोतरूप- धारिधर्मात्मकपर-दुःखप्रहरणोत्साहः स्थायीभावः सामाजिकानां रसतामापद्यते। दानवीर इव धर्मवीरादिप्वपि विभावाद्यूह्यमिति दर्शयतुमाह-एष्विति। एषु धर्मवीरादिष्वित्यर्थः। पूर्वोदाहरणवत् दानवीरोदाहरणवत्, ऊह्या ऊहनीयाः।

वाक्यस्वरूपं प्रतिपादनीयम

पदानामुच्चयः पदोच्चयः पदसमूह इत्यर्थः, पदं तु वक्ष्यमाणलक्षणकमेव। समूहत्वञ्चानेकत्वम्, अनेकत्यं तु एकभिन्नत्वम्। तेन घटो वर्त्तत इत्यादौ पदद्वयस्यानेकपदत्वान्नाव्याप्तिः। योग्यतादीनां लक्षणं तु स्वयमेव वृत्तौ मूलकृता प्रतिपादयिष्यते। तथा च योग्यताकांक्षासत्तिमत्वे सत्यनेकपदत्वं वाक्यत्वमिति पर्यवसितम्। 'शून्यं वासगृहं विलोक्य' इत्याद्यंशेऽतिव्याप्तिवारणाय 'घटो वर्त्तत' इत्यादौ चाव्याप्तिवारणाय पर्यवसितान्वयत्वे सतीति विशेषणीयम्। एवञ्च सति पर्यवसितान्वयत्वे सति योग्यताकाङ्क्षा-सत्तिमदनेकपदत्वं वाक्यमिति लक्षणं बोध्यम्।

योग्यतां विवृणोति—योग्यतेति। पदार्थानाम् अभिधादिद्वारा पदप्रतिपाद्यानामर्थानामित्यर्थः। इह बहुवचनमविवक्षितम्, तेन 'घटोऽस्ती 'त्यादौ नाव्याप्तिः। परस्परसंबंधे विवक्षितपरस्परान्वयबोधे, हेतुविशेष इति शेषः, बाधस्य विपरीतवुद्धेरभावः, प्रतिबन्धकाभाव इत्यर्थः। तथा च पदार्थानां परस्परान्वयबोधे हेतुभूतो विपरीतबुद्धेरभावो (प्रतिबन्धकाभावः) 'योग्यतेति तात्पर्यम्। प्रत्यक्षादिकारणी-भूतबाधाभाववारणाय

भूतान्तविशेषणोपादनम्। एवञ्च 'पयसा सिञ्चति' इत्यत्र सेचनक्रियायां पयःकरण-कत्वरूपसंबंध विषए पयसि सेचनकार्यकत्वसंबंधविषए च 'सेकः पयःकरणकत्वा-भायवान्' इत्यादि विपरीतबुद्धेरभावाद्भवति लक्षणसमन्वयः। वह्निना सिञ्चतीत्यादौ तु सेचनक्रियायां वह्निकरणकत्वसंबंधविषए 'सेको वह्निकरणकत्वाभाववान्' इत्यादि विपरीतबुद्धेः सत्वाद् योग्यताया अभावेन न भवति वाक्यत्वम्। एषा च योग्यता प्रमारूपैव ग्राह्या, अन्यथा तथाविधभ्रमभाजि श्रोतरि सति 'पयसा सिञ्चति' इति वाक्यं न स्यात्।

वाक्यलक्षणे योग्यताया निवेशे किं 'फलमिति जिज्ञासायामाह–पदोच्चयस्येति। एतदभावेऽपि योग्यताया अभावेऽपि, पदोच्चयस्य वाक्यत्वे वाक्यत्वस्वीकारे सतीति शेषः, 'वह्निना सिञ्चति' इत्यपि वाक्यं स्यात् आकांक्षासत्त्योर्योग्यताभ्रमेणान्वयपर्यवसानस्य विद्यमानत्वेनातिव्याप्तिः स्यादित्याशयः। नन्वत्र कथमाकाङ्क्षेति चेत्? कारणस्य कार्यनिरूपितत्वनियमात् कार्यव्यतिरेकेणनुपपत्त्या सेकरूपे कार्ए आकाङ्क्षाया अवश्यं विद्यमानत्वात्।

आकाङ्क्षां लक्षयितुमुत्थापयति–आकांङ्क्षेति। प्रतीतेः पदजन्यपदार्थोपस्थितेः पर्यवसानस्य अन्वयबोधजनकत्वेनाभिलापारहितस्य विरहः अभाव आकाङ्क्षेत्यर्थः।

ननु भावरूपाया आकाङ्क्षाया अभावरूपत्वेन प्रतिपादनेऽनुभवविरोधो भवेदाकाङ्क्षा-पदस्यापि तादृशार्थबोधकत्वे लक्षणापत्तिश्चेत्यत आह–स चेति। स च प्रतीतिपर्यवसान विरहश्च श्रेतुः तत्तत्पदश्रवणकर्त्तुः जिज्ञासारूपः अन्वयिपदान्तरबोधेच्छास्वभाव। 'अभाव-विरहात्मत्वं वस्तुनः। प्रतियोणिता' इत्युदयनाचार्योक्तदिशा अभावाभावः प्रतियोगिस्वरूप एव न त्वतिरिक्तः। पूर्वमाकाङ्क्षाया अभावरूपत्वेन निरूपणम्, साम्प्रतन्तु भावरूपत्वेन निरूपणान्नोक्तदोष इत्यभिप्रायः। एवञ्च श्रोतुर्यत्किञ्चित्पद-श्रवणानन्तरमेव तदन्वयिपदान्तरस्य पुनः श्रवणेच्छा आकाङ्क्षेति फलितोऽर्थः। वर्तते च 'पयसा सिञ्चति' इत्यादौ श्रोतुः पयसेति पद्श्रवणानन्तरमेव 'सिञ्चति' इति पदान्तरस्य साध्यत्वेन श्रवणेच्छा तथा 'सिञ्चति' इति पद्श्रवणानन्तरमपि पयसेति पदान्तरस्य च साधकत्वेन भवति श्रवणेच्छेति लक्षणसमन्वयः।

आकाङ्क्षाया व्यावृत्तिमाह–निराकाङ्क्षस्पेति। निराकाङ्क्षस्य आकाङ्क्षाशून्यस्य पदोच्चयस्य वाक्यत्वे वाक्यत्वाभ्युगमे च सतीति शेषः। गौरश्वः पुरुषो हस्तीत्यादिपदानामपि वाक्यत्वं स्यात्, एवञ्चातिव्याप्तिः स्यादिति भावः तथा चात्र गवाद्यर्थबोधक-सुबन्तपदश्रवणानन्तरमश्वादिपदान्तरश्रवणेच्छाविरहस्य स्वतः

सिद्धत्वादाकाङ्क्षाशून्यत्वम्। न चात्र योग्यता नास्तीति वाच्यम्, परस्परविजातीयत्वबोधे बाधस्या (विपरीतबुद्धेर) भावाद् योग्यताया विद्यमानत्वात्। ननु तथाप्यासत्तिः कथमिति चेन्न, पदार्थोपस्थित्य-व्यवधानरूपासत्तेः सुप्रतीतेः।

आसत्तिं विवृणोति—आसत्तिरिति। बुद्धेः पदार्थोपस्थितेरविच्छेदोऽव्यवधानम्, अव्यवहितपदार्थो-पस्थितिरित्यर्थः। व्यवधानञ्च कालबाहुल्येन प्रकृतानुपयोगिपदार्थो-पस्थित्या च सम्भवति। तथा च कालबाहुल्यादिव्यवधानशून्यतया अन्वयिपदार्थानामुप-स्थितिरासत्तिरित्यर्थः। एवञ्च 'पयसा सिञ्चति' इत्यादौ तादृशपदार्थोपस्थितिसत्त्वाल्लक्षण-समन्वयः।

आसत्तिनिवेशस्य व्यावृत्तिमाह—बुद्धीति। वाक्यत्वे वाक्यत्वाङ्गीकारे कृते सतीति शेषः। उच्चरितस्य मुखात्स्वयमेवोक्तस्य। देवदत्तशब्दस्य देवदत्तकर्तृकत्व-बोधकस्वन्त-देवदत्तपदस्य, दिनान्तरोच्चरितेन अन्यदिवसोक्तेन। दिनान्तरेत्यत्यन्त-व्यवहितक्षणोपलक्षणम्। सङ्गतिर्वाक्यव्यवहारोपयोगिमेलनम्, एवञ्चातिव्याप्तिरित भावः। इह कालबाहुल्येन व्यवधानं दर्शितम्। प्रकृतानुपयोगिपदार्थोपस्थित्या च यथा—'गिरिर्भुक्तमग्निमान् देवदत्तेने'ति। इह 'गिरिरग्निमान्' देवदत्तेने'ति वाक्यार्थद्वयं प्रकृतम्। तत्र प्रथमवाक्यार्थे प्रकृतानुपयोगिन्या भुक्तमिति पदार्थोपस्थित्या व्यवधानम्। द्वितीयावाक्यार्थेऽप्यभ्रिमामिति प्रकृतानुपयोगिन्या पदार्थोपस्थित्या व्यवधानम्। एवञ्चैतयोरासत्तेरभावान्नैव वाक्यत्वमित्याशयः। प्रकृतोपयोगिन्या पदार्थोपस्थित्वा व्यवधाने त्वासत्तिरस्त्येव यथा—'देवदत्तो ग्रामं गच्छति' इति। अत्र ग्रामपदार्थोपस्थित्या व्यवधानेऽपि देवदत्तपदस्य गच्छ्तीत्यने-नासत्तिरव्याहतैव, तस्याः प्रकृतोपयोगित्वात्। एवञ्चात्र वाक्यत्वं स्फुटमेव विद्यते।

ननु निरुक्ताकाङ्क्षायाः श्रोतुर्जिज्ञासारूपत्वेनेच्छारूपत्वात् समवायसंबंधेनात्मनिष्ठत्वं योग्यतायाश्च वृत्तितावच्छेदकसंबंधेन पदार्थनिष्टत्वमेव सिद्धं न पुनः पदोच्चयनिष्ठत्वम्, तत्कथं मूलकृता तयोः पदोच्चयधर्मत्वमुक्तमित्थत आह—अत्रेति। आत्मा च अर्थश्च तयोर्धर्मत्वेऽपि तन्निष्टत्वेऽपि, पदोच्चयधर्मत्वं पदसमूहनिष्ठत्वम्, उपचारादुपचाराङ्गीकारा दङ्गीकृतमित्यर्थः। तथा च आकाङ्क्षाया उत्थापकत्वनिवर्त्तक-त्वान्यतरसंबंधेन पदोच्चयनिष्ठत्वं योग्यतायाश्च स्वाश्रयोपस्थापकत्वसंबंधेन पदोच्चयनिष्ठत्वमित्यभिप्रायः। स्वपदेनाकाङ्क्षा ग्राह्या। आसत्तेः पुनर्विषयतासंबंधेन पदोच्चयनिष्ठत्वं स्वत एवेत्यत आसत्तिपदं नोपात्तमित्यवधेयम्।

वाक्यनिरूपणानन्तरं तत्साजात्येन महावाक्यस्थाप्याकाङ्क्षोदयात्तदपि निरूपयति— वाक्योच्च इति। इहाप्युच्चयपदं समूहपरम्, समूहत्वञ्च प्राग्वदेवानेकत्वमित्यवगन्तव्यम्। ननु वाक्योच्चयमात्रस्य योग्यताद्यभावेऽपि महावाक्यत्वाभ्युपगमे 'बधिरो बभूव देवदत्तः, स शास्त्रं शृणोति' इत्येतयोर्थोग्यतारहितयोः 'घटं करोति, शय्यायां शेते' इत्येतयोर्निराकाङ्क्षयोः 'चक्षुषा गृह्यताम्, नदी प्रवहति' इति भिन्नदिनोच्चरितयोरासत्ति-रहितयोरपि वाक्ययोस्तादृशानेकविधवाक्यानाञ्च महावाक्यत्वं स्यादित्यत आह— योग्यतेत्यादि। इह 'एव' शब्दः 'शङ्खः पाण्डुर एव' इत्यादिवदयोगव्यवच्छेदे ज्ञेयः। तथा चेहापि 'वाक्योच्चय' इत्यस्य विशेषणत्वेन योग्यताकाङ्क्षासत्तियुक्त इत्यनुकृष्यत इत्याशयः। एवञ्च योग्यताकाङ्क्षासत्तिमत्वे सति वाक्योच्चयत्वं महावाक्यत्वमिति लक्षणं फलितमृ तथा च सति पूर्वोदाहृतेषु नातिव्याप्तिरिति भावः। 'चक्षुषा गृह्यताम्, नदी प्रवहति' इत्याद्योरव्यवधानेनोच्चरितयोर्वाक्ययोर्योग्यता- काङ्क्षासत्तिमत्त्वान्महावाक्यत्वं विद्यत एवेति भवति लक्षणसमन्वयः।

महावाक्यस्यैव वाक्यत्वे प्राचीनसम्मतिं दर्शयितुमाह—उक्तञ्चेति। यद्वा लक्षणं तदेव सम्यग् यदव्याप्त्यतिव्याप्त्यसम्भवदोषरहितम्, प्रकृते च 'वाक्योच्चय' इत्यस्यापि पदोच्चय इतिवद्विशेषणत्वेन आकाङ्क्षायुक्तत्वनिवेशे स्वं स्वमर्थ प्रत्याय्य विश्रान्तमुपगतानां वाक्यानां वाक्यान्तरेषु आकाङ्क्षारहितत्वेन महावाक्यत्वं न स्यात्तथा च सति महावाक्यलक्षणस्या सम्भवदोष आपततीत्य आह—उक्तङ्गिति। स्वार्थबोधेन तत्तद्वाक्यार्थज्ञापनेन हेतुना समाप्तानां स्वमर्थं प्रत्याय्य निराकाङ्क्षीभूतानां पुनरङ्गात्वव्यपेक्षया गुणप्रधानभावात् पुनरप्याकाङ्क्षोत्थितेन हेतुना संहत्य एकार्थप्रतिपादकत्वेन मिलित्वा विद्यमानानां वाक्यानाम् एकवाक्यत्वं महावाक्यत्वेनाभिलषितमेकवाक्यत्वं जायत इत्यर्थः। अर्थानामेकत्रीभवतां तद्बोधकवाक्यानामप्येकत्रीभवनमिति भावः। एवञ्च 'देवदत्तो विद्यालयं गतवान्, गत्वा च तत्र यथाविहितं शास्त्रमधीतवान्, तज्ज्ञानेन च ग्रामीणान् शिक्षितवान्' इत्यादौ वाक्यानां परस्पराकाङ्क्षायुक्ततयैकत्रीभवनाद्भवत्येक-महावाक्यत्वम्।

वाक्यमहावाक्ययोरुदाहरणं प्रदशैयिनुमाह—तत्रेति। तत्र तयोर्वाक्यमहावाक्ययोर्मध्य इत्यर्थः। रघुवंशादीति। आदिपदेन 'नाथ ! मयूरो नृत्यति तुरगाननवक्षसः कुतो नृत्यम्' इत्यादेः सङ्ग्रहः।

अथ वाक्यं प्रतिपाद्य तत्स्वरूपगतं पदमुपोद्धातसङ्गत्या प्रतिपादयितुमाकाङ्क्षां निरूपयति—पदोच्चय इत्यादि। उक्तमिति। 'वाक्यं स्याद्योग्यताकाङ्क्षा' इत्यादिनेति शेषः।

वर्णा इति। अनन्वितम् एकमर्थं बोधयन्तीति तेऽनन्वितैकार्थबोधकाः। प्रयोगार्हाश्च तेऽनन्वितैकार्थबोधकाश्चेति। पश्चात्कर्मधारयः। प्रयोगार्हत्वं नाम वाक्यान्तर्निवेशयोग्यत्वम्, तच्च क्वचित्सुवाख्यातान्यतरत्वेन क्वचिल्लुगन्तत्वेन च ग्राह्यम्। अनन्वितत्वं तु अपर्यवसितान्वयत्वम्। इदन्त्वर्थविशेषणम्। वर्णाः स्वर-व्यञ्जनरूपाः। एवञ्च प्रयोगयोग्यत्वे सति अनन्वितान्वयैकार्थबोधकवर्णत्वं पदत्वमिति लक्षणम्।

उदाहरणं दर्शयति—यथेति। घट इत्यानुपूर्वीमन्तो वर्णाः सुबन्तत्वेन प्रयोगार्हास्तथा अनन्वितस्य कम्बुग्रीवादिमद्रूपस्थैकार्थस्य बोधकाश्चेति लक्षणसमन्वयः। एत्रञ्चात्र पदत्वं विद्यत एवेति भावः।

प्रयोगार्हेत्यादीनां यथाक्रमं व्यावृत्तिं दर्शयितुमाह—प्रयोगार्हेति। प्रातिपदिकस्य विभक्तिरहितनाम्नः, केवलस्य तस्याप्रयोगात्। एतन्निर्विभक्तयन्तधातोरप्युपलक्षणम्, तस्यापि केवलस्याप्रयोगात्। तदुक्तंभगवता भाष्यकृता पतञ्जलिना 'न केवला प्रकृतिः प्रयोक्तव्या नापि केवलप्रत्ययः' इतिं व्यवच्छेदो व्यावृत्तिः क्रियत इत्यर्थः। प्रयोगार्हत्वं च क्वचिल्लुगन्तत्वेनापीत्यनुपदमेवोक्तम्, तेन 'वाक्' इत्यादौ नाव्याप्तिः। इत्थमन्यत्राऽप्यनुसन्धेयम्।

अनेति। वाक्यस्य महावाक्यस्य च समुदायस्य प्रयोगार्हत्वं विद्यत एव विशिष्टैकार्थबोधकत्वमपि विद्यत एव, एवञ्च सति तत्र वाक्ये महावाक्ये च पदत्वप्रसक्तिः स्यादतोऽनन्वितेतिविशेषणेन तयोर्व्यवच्छेदः क्रियत इत्यर्थः। तयोरन्वितार्थबोधकत्वादित्यभिप्रायः।

एकेति। साकाङ्क्षाणि आकाङ्क्षामात्रविशिष्टानि, अयोग्यानि अनासन्नानि चेत्यर्थः, यानि अनेकानि पदानि वाक्यानि च तेषामिति विग्रहः। तथा च आकाङ्क्षामात्रविशिष्टा-नामयोग्यानामनासन्नानाञ्चानेक-पदानामनेकवाक्यानाञ्चान्वितार्थबोधकत्वाभावात् पदत्वप्रसक्तौ तद्वारणाथैकेति भावः। वस्तुतस्तु—अत्र अपर्यवसितान्वयत्वप्रकाशनाय साकोङ्केति विशेषणम्। तथा च 'शून्यं वासगृहं विलोक्य' इत्यादिपद्यांशस्थानां पदानां समुदायस्य प्रयोगार्हत्वात् साकाङ्क्षत्वेनापर्यवसितान्वयत्वादर्थबोधकत्वाच्च पदत्वप्रसञ्जने एकेति विशेषणेन व्यवच्छेदो भवति, प्रत्येकेनैवार्थबोधने समुदायस्य बह्वर्थबोधक-त्वादित्यभिप्रायः।

□□□

8

साहित्यदर्पण - प्रथमः परिच्छेदः (व्याख्या भाग) कुछ अंश

ग्रंथारम्भे निर्विघ्नेन प्रारिप्सितपरिसमाप्तिकामो वाङ्मयाधिकृततया वाग्देवतायाः सांमुख्माधत्ते–

हिन्दी अनुवाद–ग्रंथ के आरम्भ में निर्विघ्न अभीष्ट काव्य की समाप्ति की इच्छा से ग्रंथकार सम्पूर्ण वाङ्मय की (अर्थात् 18 विद्याओं, काव्यकलाओं तथा कामशास्त्रादि) अधिष्ठात्री होने के कारण सरस्वती को (अपनी) आराधना के द्वारा अपने अनुकूल बनाते हैं।

संस्कृत व्याख्या–प्रारिप्सितस्य निर्विघ्नपरिसमाप्तिकामो मङ्गलमाचरेदिति शिष्टाचारः। तच्चेष्टदेवतानमस्काररूपं शिष्टेषु प्रसिद्धम्। तच्चात्र वाग्देवतानमस्काररूपं चिकीर्षितग्रंथस्य काव्यलक्षणग्रंथत्वेन ताद्रुप्यात्। न च किरणावल्यादौ तदभावेऽपि समाप्तिदर्शनात्कादम्बर्यादौ तद्बाहुल्यादपि समाप्त्यदर्शनान्मङ्गलाचारस्य ग्रंथपरिसमाप्तौ न हेतुत्वमिति वाच्यम्; आद्ये संस्काररूपस्य तस्य सत्त्वादन्त्ये तदपेक्षया विघ्नस्य बाहुल्यात्सामान्यतो मङ्गलाचारयुक्तस्यैव निर्विघ्नपरिसमाप्तिदर्शनाच्च। आरम्भः प्रथमवर्णविन्यासावसरे लक्षणयां तदव्यवहितपूर्ववतीक्षणः। तत्राद्यकृतिरूपस्यारम्भपदघटितस्य मुख्यार्थस्य बाधितत्वान्मङ्गलारम्भयोरव्यवधानेन बोधावताररूपस्य प्रयोजनस्य सत्त्वमिति प्राचां मतम्। एतन्मते मङ्गलाचारस्य न ग्रंथाङ्गत्वमपितु आद्यकृतेरव्यवहितपूर्ववर्तित्वमात्रम्। नव्यमते तु आरम्भ आद्योच्चारणं, तस्मिन् कर्तव्ये सतीति।

टिप्पणी–श्री विश्वनाथ कविराज सरस्वती की आराधना के द्वारा अपने ग्रंथ की सफल समाप्ति के अभिप्राय से मंगलाचरण की सार्थकता को प्रकट करने के लिए स्वयं अवतरणिका देते हैं। किसी कार्य की निर्विघ्न समाप्ति के लिए विघ्नों को नष्ट करने वाले मंगलाचरण का होना अत्यन्त आवश्यक है और क्योंकि सम्पूर्ण वाङ्मय की अधिष्ठात्री भगवती सरस्वती हैं, अतः मंगलाचरण के रूप में उनकी स्तुति करना सर्वथा वाञ्छनीय है।

शरदिन्दुसुन्दररुचिश्चेतसि सा मे गिरां देवी।
अपहृत्य तमः सन्ततमर्थानखिलान्प्रकाशयतु।।1।।
अस्य ग्रंथस्य काव्याङ्गतया काव्यफलैरेव फलवत्त्वमिति काव्यफलान्याह–

अन्वय–शरदिन्दुसुन्दररुचिः सा गिरां देवी मे चेतसि तमः अपहृत्य अखिलान् अर्थान् सन्ततं प्रकाशयतु।

हिन्दी अनुवाद–शरद्कालीन चन्द्रमा के समान सुन्दर कान्तिवाली श्रुतिशास्त्र आगमादि प्रसिद्ध वह भगवती सरस्वती मेरे हृदय में विद्यमान अज्ञानान्धकार को नष्ट करके सम्पूर्ण अर्थों को अर्थात् वाच्य, लक्ष्य, तात्पर्य और व्यङ्ग्यरूप अर्थों को सर्वथा प्रकाशित करे।

इस प्रक्रम्यमाण ग्रंथ की काव्य के फल को सिद्ध करने में अप्रधान कारण होने के कारण काव्य के फलों से ही (अर्थात् अन्य काव्यों के अध्ययन से जो फल होते हैं, इसके भी वे ही प्रधान फल हैं) इसकी भी फलवत्ता है अतः काव्यफलों का वर्णन किया जाता है।

संस्कृत व्याख्या–अत्र शरदिति पदेन चन्द्रमसो निरावृतत्वमाह्लादकत्वञ्च बोध्यते। शरदिन्दोरपि सुन्दररुच्यैव पुनः सादृश्ये देव्या निर्मलत्वं प्रसन्नत्वञ्च भासते। यथा हि शरदिन्दुर्घनान्धकारं विनाश्य सर्वानपि घटपटादिरूपपदार्थान्प्रकाशयति तथैव देवी सरस्वती (दुर्गा वा) नितान्तमज्ञानं दूरीकृत्य सर्वानेव वाच्यलक्ष्यव्यङ्ग्यादीनर्थान् बुद्धिविषयीकरोतु इति कारिकाशयः। चन्द्रापेक्षया खेरन्धकारव्यपगमत्वे प्रबलतरेऽपि सूर्यस्य सन्तापकरत्वाद् देव्याः सदा शान्तिदायिनीत्वाच्चन्द्रेण सह तस्यास्तुलनाऽत्र कृता साधर्म्यवशात्। तत्रापि चन्द्रो हि बाह्यान्धकारमपनीय दर्शनकालपर्यन्तमेव घटपटादिबाह्यपदार्थान् प्रकाशयति, यदा देवी तु चेतसोऽन्धकारव्यपगमेन सदा वाच्यादीनर्थान् प्रकाशयतीति उपमानापेक्षयोप-मेयस्याधिक्यकथनाद् व्यतिरेकालङ्कारो

व्यङ्ग्यः। प्रयोजनमनुद्दिश्य न मन्दोऽपि प्रवर्त्तते किमुत प्रेक्षावानिति प्रवृत्तए ग्रंथस्य प्रयोजने वक्तव्ये ग्रन्यस्य काव्यपरीक्षाशास्त्रत्वेन अङ्गिनः फलेनैवाङ्गस्य फलवत्ता इति न्यायात्काव्यफलप्रतिपादककारिकावतारणाय भूमिकामाबध्नाति।

सर्वोऽपि जनः प्रयोजनमुद्दिश्यैव कस्मिन्नपि काए प्रवर्तते इति ग्रंथादौ तस्य प्रयोजनमपि वक्तव्यं भवति। ग्रंथोऽयं काव्यपरीक्षाशास्त्रसम्बद्ध इत्यस्य काव्याङ्गत्वं सिद्ध्यति। काव्यं हि वृक्षस्थानीयं ग्रंथोऽयं तदवयवरूप इति काव्यसाध्यैरेवास्य फलयुक्तत्वमिति काव्यफलानि निरूपयतीत्याशयः।

टिप्पणी–(1) यहां पर "**काव्यफलैः**" इसके अन्दर "**धान्एन धनवान्**" की तरह अभेद में तृतीया है अर्थात् जिस प्रकार धान्य के कारण से ही कोई धनी कहलाता है उसी प्रकार काव्य के फल के कारण से ही इसका फलवत्व है। इस प्रकार काव्यफल अङ्गी हुआ और यह काव्य उसका अङ्ग। अतः इस अङ्ग साफल्य के कारण अङ्गी (काव्यफल) की सफलता है। जिस प्रकार दशपौर्णमासादिक यज्ञों के प्रयाजादिक यज्ञ अंग होते हैं और दशपौर्णमासादिक यज्ञों के फल से ही उनकी फलवत्ता है इसी प्रकार यह ग्रंथ भी काव्य का अङ्ग है और काव्य के फल की सफलता के साथ इसका भी साफल्य है। यद्यपि इस ग्रंथ के अध्ययन से अलंकारों का ज्ञान, गुण-दोष का परिचय और ध्वन्यादिकों की विवेचना भी फल अवश्य है पर वह गौण है प्रधान फल (चतर्वर्ग) को ही इसका फल कहते हैं।

(2) इस प्रकार ग्रंथ निर्माण के लिए हृदय का अज्ञान, भावों को प्रकट करने का असामार्थ्य तथा पदार्थों की अप्रकटता–ये तीनों दोष दूर करने आवश्यक हैं। अतः ग्रंथकार ने इन तीनों दोषों को दूर करने के लिए सरस्वती से प्रार्थना की है।

(3) इसी प्रकार "**सा**" इस पद से सरस्वती का श्रवण, "**चेतसि वर्तमाना**" इस पद से मनन और ध्यान–इस तीन प्रकार की सरस्वती की आराधना की ओर संकेत किया है।

चतुर्वर्गफलप्राप्तिः सुखादल्पधियामपि।
काव्यादेव यतस्तेन तत्स्वरूपं निरूप्यते।। 2।।

चतुर्वर्गफलप्राप्तिर्हि काव्यतो 'रामादिवत्प्रवर्तितव्यं न रावणादिवदि' त्यादिकृत्या- कृत्यप्रवृत्तिनिवृत्त्युपदेशद्वारेण सुप्रतीतैव।

अन्वयः–यतः अल्पधियाम् अपि सुखात् चतुर्वर्गफलप्राप्तिः काव्यात् एव, तेन तत्स्वरूपं निरूप्यते।

हिन्दी अनुवाद–काव्य-फल प्रदर्शन के साथ ही काव्य के स्वरूप का निरूपण किया जाता है–चतुर्वर्गेति–

प्रथम अर्थ–(1) सुकुमार मति वालों को और परिणत बुद्धिवालों को अनायास ही चतुर्वर्ग (धर्म, अर्थ, काम और मोक्ष) इन चार फलों की प्राप्ति क्योंकि काव्य से ही–वेदादिशास्त्रों से नहीं हो सकती है, अतः उस काव्य के स्वरूप का निरूपण किया जाता है।

द्वितीय अर्थ–(2) इस अर्थ के अन्दर "यतः" "काव्यात्" का विशेषण होगा और अर्थ इस प्रकार से होगा–

जिस काव्य से सुकुमार मति वालों को अनायास ही चतुर्वर्ग फल की प्राप्ति होती है उस काव्य के स्वरूप का निरूपण किया जाता है।

काव्य से चतुर्वर्ग की प्राप्ति, रामादि की तरह (माता-पिता की आज्ञादि के परिपालन में) प्रवृत्त होना चाहिए, रावणादि की तरह (परदाराओं के हरण में) प्रवृत्त नहीं होना चाहिए इत्यादि रीति से विहित और अविहित कर्मों में प्रवृत्ति और निवृत्ति उपदेश के द्वारा सुप्रसिद्ध ही है।

संस्कृत व्याख्या–येऽपि मन्दमतयस्तेऽपि काव्याभ्यासेनानायासादेव धर्मार्थकाममोक्षरूपसाध्यलाभं विदधातुं प्रभवन्ति इति काव्यस्य धर्मार्थकाममोक्षुलप्राप्तिर्हि प्रयोजनम्, अतः काव्यस्य सप्रयोजनतवात् किं तत्काव्यमित्यत्र विचार्यते इति कारिकाशयः। काव्यात्कथं चतुर्वगंफलप्राप्तिरित्यपेक्षायामुच्यते–काव्याद्धि यथा रामादिभिर्महापुरुषैराचरितं गुरुजनाज्ञापालनमर्यादापालनसज्जनरक्षणदुष्टनिग्रहादिकं कर्म तथाविधकृत्येषु प्रवर्तितव्यं, रावणादिभिर्यथाऽऽचरितं पारदारिकपरपीडनादिकं कर्म ततो निवर्तितव्यमिति कृत्ये प्रवृत्तेरकृत्ये निवृत्तेश्चोपदेशेन चतुर्वर्गलप्राप्तिर्भवतीति सुप्रसिद्धैव। तत्प्रतिपादनाय नैव यत्नविशेष आवश्यक इति। स्थूणानिखननन्याएनोक्तार्थ द्रढयितुं प्राचामनुमतिमुपस्थापयति–उक्तमित्यादिना।

टिप्पणीः–यहां प्राचीन सम्मत नीरस काव्य का निरूपण नहीं किया जाएगा, क्योंकि वे चतुर्वर्ग के साधन नहीं होते। यही इस अर्थ का वैशिष्ट्य है। काव्य के

द्वारा विहित कर्मों का परिज्ञान होता है, परिज्ञान होने से उसमें प्रवृत्ति होती है, प्रवृत्ति होने से कार्य की निष्पत्ति होती है। इस प्रकार सर्वप्रथम धर्म, तदनन्तर अर्थ और काम की प्राप्ति होती है तथा विहित कर्मों के अन्दर कर्मफल का त्याग करने से अपवर्ग की भी प्राप्ति हो सकती है क्योंकि "**युक्तः कर्मफलत्यागात् शान्ति प्राप्नोति नैष्ठिकीम्**"। इस प्रकार परम्परया काव्य से धर्म, अर्थ, काम और मोक्ष की प्राप्ति सम्भव है।

उक्तञ्च (भामहेन)–
'धर्मार्थकाममोक्षेषु वैचक्षण्यं कलासु च।
करोति कीर्तिं प्रीतिञ्च साधुकाव्यनिषेवणम्'।। इति।

हिन्दी अनुवाद–और (भामह ने) कहा भी है–सुन्दर काव्यों के करने और उनके ज्ञान से धर्मार्थ काम मोक्ष के विषय में (लक्षणा के द्वारा धर्मार्थ काम मोक्ष के उपायों में विशिष्ट ज्ञान) और नृत्यगीतादि चौंसठ कलाओं में निपुणता प्राप्त होती है एवं संसार में कीर्ति और प्रीति होती है।

संस्कृत व्याख्या–भामहो हि आद्यकाव्यशास्त्रप्रणेता काव्यालङ्कारग्रंथकृत्। उक्तमिति काव्यालङ्कारे तत्प्रणेत्रा भामहेन कथितमपीति भावः। साधुकाव्यनिषेवणं धर्मार्थकाममोक्षेषु कलासु न वैचक्षण्यं कीर्तिं प्रीर्तिं च करोति इत्यन्वयः। सम्यक्प्रणीतं सत् च कविकृतिः श्रवणाद्यनुष्ठानं सम्यगिवहितं काव्यालोचनम् शास्त्रोक्ताचरणं यागाद्यनुष्ठानादिकम् धर्माविरोधेन वृत्तिविषयः धर्माविरुद्धभोगः विषयत्यागेनात्मनो मुक्तिस्तेषु नृत्यगीतादिचतुः षटिकला विषए अपि नैपुण्यम्, धर्मस्य विशिष्टज्ञानं यथा रामादीनामाचरणात्, अर्थस्य यथा अजादिराज्ञामाचरणात्, कामस्य विशिष्टज्ञानं यथा वसन्तादिवर्णनात्, मोक्षस्य विशिष्टज्ञानं यथा विरक्तस्य रघोराचरणात् कलादीनां तत्तत्प्रसङ्गतः यशः आनन्दञ्च विदधाति इति।

सत्काव्याभ्यासो हि धर्मादिषु कलाविषए च विशिष्टज्ञानं यशः आनन्दातिरेकञ्च विदधातीति भावः। तेषु हि धर्मार्थकाममोक्षेषु वैचक्षण्यं पाठकसम्बद्धं यशः कविसम्बद्धम् आनन्दातिरेकस्तु कविपाठकोभयगत इति बोध्यम्। कविर्हि स्वानुभूतविवक्षितविषयप्रकटने महान्तमानन्दमनुभवति, अन्यथा हि काव्यस्य प्रणयमेव न स्यात्। पाठकोऽपि काव्यपठनसमये सद्य एवं परनिर्वृतिं लभतेऽन्यथा तत्पठनश्रवणादौ प्रवर्तनमेव न स्यात्। काव्यस्य साधुत्वञ्च दोषशून्यत्वे सति गुणालङ्कारशालित्वे सति रभसमनुगृहीतत्वमेव श्लोकश्छन्दः।

टिप्पणी—कहा भी गया है—अच्छे काव्य की सेवा धर्म, अर्थ, काम एवं मोक्ष तथा कलाओं में विशिष्ट ज्ञान, कीर्ति एवं आनन्द देता है।

किञ्च काव्याद्धर्मप्राप्तिर्भगवन्नारायणचरणारविन्दस्तवादिना, 'एकः शब्दः सुप्रयुक्तः सम्यग्ज्ञातः स्वर्गे लोके कामधुग्भवति' इत्यादिवेदवाक्येभ्यश्च सुप्रसिद्धैव। अर्थप्राप्तिश्च प्रत्यक्षसिद्धा। कामप्राप्तिश्चार्थद्वारैव। मोक्षप्राप्तिश्चैतज्जन्यधर्मफलाननुसंधानात्, मोक्षोपयोगिवाक्ये व्युत्पत्त्याधायकत्वाच्य।

चतर्वर्गप्राप्तिर्हि वेदशास्त्रेभ्यो नीरसतया दुःखादेव परिणतबुद्धीनामेव जायते। परमानन्दसंदोहजनकतया सुखादेव सुकुमारबुद्धीनामपि पुनः काव्यादेव।

हिन्दी अनुवाद—अतः कहते हैं कि—काव्य से धर्म की प्राप्ति भगवान् नारायण के चरणारविन्द की स्तुति के द्वारा, (सुप्रसिद्ध ही है अर्थात् जिस प्रकार भगवान् नारायण की प्राप्ति उनके चरण कमलों की स्तुति के द्वारा सुलभ है उसी प्रकार काव्य से धर्म की प्राप्ति भी सुप्रसिद्ध है। इस प्रकार धर्म प्राप्ति के अन्दर काव्य साक्षात् कारण है। तथा), "एकः शब्दः सुप्रयुक्तः सभ्यग्ज्ञातः स्वर्गे लोके कामधुग्भवति" अर्थात् एक भी शब्द यदि सुप्रयुक्त हो अर्थात् रस का व्यञ्जक बनाकर अच्छी प्रकार से रचित हो, अथवा सम्यक् रीति से ज्ञात हो तो परलोक में और इस लोक में सम्पूर्ण कामनाओं को पूर्ण करने वाला होता है।" इत्यादि वेदवाक्यों से भी सुप्रसिद्ध ही है (अर्थात् काव्य से धर्म की प्राप्ति सुलभ है। इससे यह स्पष्ट प्रतीत होता है कि काव्यों की रचना और उनका अनुशीलन दोनों से ही धर्म की प्राप्ति होती है। दोनों ही कामधुक् हैं और वेदशास्त्र सम्मत है)। और (काव्यों का निर्माण करने वालों को) धन की प्राप्ति होती है यह तो प्रत्यक्ष सिद्ध है। (हम देखते ही हैं कि काव्यकारों को धन मिलता है,) और अर्थ के द्वारा काम की प्राप्ति होती है। [क्योंकि—"धर्मादर्थस्ततः कामः कामात् सुख समुन्नतिः" इति।] एवं काव्य से उत्पन्न धर्मफल का त्याग कर देने से तथा मोक्ष के उपयोगी वाक्य में (उपनिषदादि) दृढ़तर ज्ञान को उत्पन्न करने के कारण भी काव्य से मोक्ष प्राप्ति हो सकती है। अर्थात् काव्य के अध्ययन से मोक्ष के हेतु जो उपनिषद् आदि हैं उनमें प्रगति हो जाती है, उनको हृदयंगम करने में सहायता मिलती है अतः इस प्रकार परम्परा से काव्य मोक्ष का कारण हुआ।

नीरस होने के कारण वेदों (ऋक्, यजुः, साम और अथर्व) और शास्त्रों से (मीमांसादि शास्त्र) चतुर्वर्ग की प्राप्ति (धर्मार्थ काम, मोक्ष) बड़े दुःख से ही परिपक्व

बुद्धिवालों को ही होती है—सुकुमारमति वालों को तो दुःख से भी नहीं होती है। अतः परमानन्द की परम्परा को उत्पन्न करने वाला होने के कारण सुकुमारमति वालों को भी—परिपक्व बुद्धिवालों का तो कहना ही क्या—सुखपूर्वक ही चतुर्वर्ग की प्राप्ति काव्य से ही होती है।

संस्कृत व्याख्या—यतः कविकृतेः, तदभ्यासादिति पुण्यलाभः, भगवन्नारायण-चरणारविन्दस्तवादिना— भगवांश्चासौ विष्णुः तस्य पादपद्मयोः, स्तुतिः, तदादिना कर्मणा।

एकोऽपि सार्थकवर्णसमूहः शब्दशुद्धिपूर्वकं स्थाने प्रयुक्तः, प्रकृतिप्रत्यय-विवेचनपूर्वकं ज्ञानविषयीकृतः नाके इहलोके च इच्छापूरकः सम्पद्यते। एवमादि-श्रुतिवाक्येभ्यः अपि सुविदिता नैतत्प्रतिपादनाय प्रयत्नविशेष आवश्यक इति। अर्थस्य धनस्य वृत्तेश्च लाभः अपि प्रत्यक्षं ज्ञाता यथा काव्यप्रणयनाच्छ्रीहर्षादिर्धावकादीनां धनप्राप्तिः कामस्य भोगस्य सिद्धिः अपि अर्थमाध्यमेन, एव धनव्ययेन भोगो लभ्यते। किन्तु धर्मार्थाविरोधेन भोगः कर्तव्यः तदुपदेशस्तु काव्यादेवेति। मोक्षस्य मुक्तेः लाभः अपि सत्काव्याभ्यासोत्पन्नः पुण्यं तस्य साध्यस्य अनपेक्षवाणत्, निष्कामकर्माश्रयणादिति धर्मस्य यदर्थकामसम्पादनहेतुत्वं तदभिलाषाविचाराभावादिति 'भुक्त्वा कर्मफलासङ्ग' नित्यतृप्तो निराश्रयः' इत्याद्युक्तेः। मोक्षाय मुक्तये उपयोगि यद् वचनं 'तरति लोकमात्मवित्' इत्यादिकं उपनिषदादिवाक्ये इत्याशयः। पदपदार्थसंबंधबोधकत्वेन विशिष्टानसाधकत्वात्, च इति समुच्चये न केवलं काव्यस्योपनिषदादिव्युत्पत्त्याधायकमात्रं तेनास्य मोक्षं प्रति न प्रत्यक्षसाधकतेति वाच्यम्; तस्य स्वातन्त्र्येणापि रामायणादिकाव्यानुष्ठनेनापि मोक्षलाभ दर्शनात्। न च 'काव्यालापांश्च वर्जयेत्' इति कथनमाश्रित्य काव्यस्य न मोक्षसाधकत्वमिति वाच्यम्; तत्र शृङ्गारमात्रप्रधानस्य केवलस्य निषेधात्।

कारिकागतं सुखादित्यादिपदं वितृणोति—चतवर्गेत्यादिना। चतुर्वर्ग एव साध्यं, तस्य लाभः, हि इत्यवधारणे, ऋग्यजुः सामाथर्वाख्याः साङ्गाः मीमांसादीनि, तेभ्यः, तेषां रसशून्यतया आयासात्, एवेति सुखव्यवच्छेदो न तु काव्यादिवानायासादित्याशयः। प्रौढमतीनाम्, एवेति सुकुमारमतीनां व्यवच्छेदः, सम्पद्यते। वेदादिशास्त्रेभ्यश्च-तुर्वर्गफलप्राप्तिस्तु भवति किन्तु तेषां नीरसतया प्रौढमतीनामपि दुःखादेव सा सम्पद्यते सुकुमारमतीनां तु सा तेभ्यो दुःखादेवापि न भवतीत्याशयः। परमानन्दसन्दोहजनकतया अत्यन्तः सुखं, तस्य विगलितवेद्यान्तरसन्ततिः तस्य

समुत्पादकतया अनयासात् हि, एवकारो दुःखव्यवच्छेदकोऽत्र कोमलबुद्धीनाम् च, किं पुनः परिणतबुद्धीनामिति, पुनः सरसवाक्यात्, एवेति वेदादिशास्त्रव्यवच्छेदकः, तेनोभयोः परिणतसुकुमारमत्योरेव काव्ये प्रवृत्तिरित्त।

टिप्पणी–इस प्रकार चतुर्वर्ग की प्राप्ति में काव्य धर्म और अर्थ के प्रति तो साक्षात् कारण है और काम तथा मोक्ष के प्रति परम्पराया कारण है।

यहां "**एव**" शब्द ने दो काम किए–एक तो वेदशास्त्रादिकों से परिपक्व बुद्धिवालों को ही चतुर्वर्ग की प्राप्ति संभव थी और वह भी बड़े कष्ट से इसका निराकरण किया और दूसरा काव्य से तो सुकुमार मति बालकों को भी अनायास ही चतुर्वर्ग की प्राप्ति सम्भव है, इसकी स्थापना की। इस प्रकार रसानुभूति के लिए भी निर्मित काव्य जहां कृत्य और अकृत्य का ज्ञान कराता है, वहां चतुर्वर्ग की भी प्राप्ति कराता है।

ननु तर्हि परिणतबुद्धिभिः सत्सु वेदशास्त्रेषु किमिति काव्ये यत्नः करणीय इत्यपि न वक्तव्यम्। कटुकौषधोपशमनीयस्य रोगस्य सितशर्करोपशमनीयत्वे कस्य वा रोगिणः सितशर्कराप्रवृत्तिः साधीयसी न स्यात्?

किञ्च काव्यस्योपादेयत्वमग्निपुराणेऽप्युक्तम्–

'नरत्वं दुर्लभं लोके विद्या तत्र सुदुर्लभा।
कवित्वं दुर्लभं तत्र शक्तिस्तत्र सुदुर्लभा।।' इति।

हिन्दी अनुवाद–अच्छा तो फिर परिपक्व बुद्धि वाले वेदशास्त्रों के विद्यमान रहने पर काव्यों के विषय में क्यों प्रयत्न करें? ऐसी शङ्का नहीं करनी चाहिए। (क्योंकि) कड़वी औषधि से शान्त होने वाले रोग के मीठी शर्करा से शान्त होने पर किस रोगी की मीठी शर्करा के विषय में प्रवृत्ति नहीं होगी अर्थात् सभी की होगी। तथा काव्य की उपादेयता तो अग्निपुराण में भी (336 वें अध्याय में) कही गई है–

इस संसार में सर्वप्रथम तो मानव जन्म दुर्लभ है (क्योंकि 80 लाख योनियों में भ्रमण करने के उपरान्त यह जन्म प्राप्त होता है) और इस मानव जन्म में विद्या अत्यन्त कठिनता से प्राप्त होने वाली है, उसमें भी अर्थात् विद्या ज्ञान होने पर भी कवित्व अर्थात् काव्य की रचना करना दुर्लभ है, (यदि कोई विद्वान् एक या दो श्लोक बना भी ले तो) उसमें (भी) काव्य निर्माण की शक्ति तो अत्यन्त ही दुष्प्राप्य है।

संस्कृत व्याख्या–ननु प्रेक्षावन्तो हि चतुर्वर्गार्थ वेदादीननादृत्य कथं पौरुषेयवाक्ये काव्ये प्रवर्तन्तामित्यभिप्राएणाह–नन्वित्यादि। ननु इति जिज्ञासायाम् यदि तथा प्रौढमतिभिः, येषां वेदादौ गतिरस्ति तैरिति, वेदमीमांसादिषु, स्थितेषु, अनाप्तवाक्य-भूतकविकृतौ, तस्य पौरुषेयत्वात्, किमर्थम्, प्रयासः, विधेयः इत्थम् च नैव कथनीयम्। तत्र प्रवृत्तौ हेतुमाह कटुकौषधिशमनीयस्य तिक्तकषाया-दीनामप्युपलक्षणं, यथा काकेभ्यो दधि रक्ष्यतामित्यादौ काकशब्दो दध्युपधातकः प्राण्युपलक्षकः, कटुकोषध्या तिक्तभेषजनिवारणीयः तस्य रुजः सितशर्करोपशमनीयत्वे–सितशर्करया निवारणीयतवे कस्यैव, वा इति पक्षान्तरे रोगग्रस्तस्य, सितशर्कराप्रवृत्तिः स्वादुसितायां चेष्टा, संलग्नता ग्रहणयोग्यतरा नैव सम्पद्येत।

यद्यपि चतुर्वर्गफलप्राप्तिर्हि वेदमीमांसादिभ्योऽपि भवति किन्तु तेषां नीरसत्वात्तत्र प्रौढमतय एव प्रवेशं लभन्ते, तद्विपरीतं काव्यस्य सरसत्वेन लोकोत्तरानन्ददायितया कोमलमतीनामपि स्वल्पायासादेव सा सिध्यति किमुत प्रौढमतीनाम्। यदि तथा तदा काव्यं हि सुकुमारमतीनामेव विषयः स्यात्प्रौढमतीनां तु वेदादिशास्त्राणि सन्त्येवेत्युच्यते चेन्नः, काव्याद्धि सा स्वल्पायासादेव सम्पद्यते सति स्वल्पायाससाधने को नाम कष्टसाध्यसाधनं प्रयुञ्जीत। यदि हि तिक्तभेषजनिवारणीयो रोगः स्वादुसितया प्रशम्येत् सदा को नाम स्वादुसितायां न प्रवर्तेति।

एवं काव्यस्य युक्तिसिद्धामुपादेयतां प्रदर्श्य वाचनिकामपि प्रदर्शयति–किञ्चेत्यादिना। यतः कविकृतेः ग्राह्यत्वम् अग्निपुराणे च प्रतिपादितम्। अस्मिन लोके नरत्वं दुर्लभम्, तत्र विद्या सुदुर्लभा, तत्र कवित्वं दुर्लभम्, तत्र शक्तिः सुदुर्लभा इत्यन्वयः। प्रथमतस्तु जगत्यस्मिन् मनुष्यजन्म एव दुर्लभं, चतुरशीतिलक्षयोनिषु परिभ्रमन् महता पुण्येनैव तस्या लाभात्; नरत्वलाभेऽपि शास्त्रबोधो दुर्लभः। नैव सर्वे मनुष्याः शास्त्रज्ञानं लभन्ते, तत्तु जन्मान्तरसुकृतातिशयादेव प्राप्यते। विद्यालाभेऽपि काव्यकर्तृत्वं सुदुर्लभं, नैव सर्वे विद्यावन्तः काव्यं प्रणेतुं प्रभवन्ति, तत्तु जन्ममान्तरसुकृतौघपरिपाकादेव सम्भवति। कवित्वलाभेऽपि शक्तिः सुद्रुष्प्राप्या, नैव सर्वे कवयः शक्तिमन्तो भवन्ति, सा तु निरतिशयसुकृतौघ- परिपाकादेव लभ्या।

टिप्पणी–इस लोक में प्रथम तो मनुष्य योनि में जन्म ले पाना ही दुर्लभ है, उसमें भी विद्या दुर्लभ है, विद्या प्राप्त होने पर भी कवित्व दुर्लभ है और कवित्व वालों में भी शक्ति तो एकदम दुर्लभ है।

"त्रिवर्गसाधनं नाट्यम्" इति च। विष्णुपुराणेऽपि–

'काव्यालापाश्च ये केचिद्गीतकान्यखिलानि च।
शब्दमूर्तिधरस्यैते विष्णोरंशा महात्मनः।।' इति।

तेन हेतुना तस्य काव्यस्य स्वरूपं निरूप्यते।

एतेनाभिधेयं च प्रदर्शितम्।

तत्किं स्वरूपं तावत्काव्यमित्यपेक्षायां कञ्चिदाह–'तददोषौ शब्दार्थौ सगुणावनलंकृती पुनः क्वापि' इति।

एतच्चिन्त्यम्।

तथाहि–यदि दोषरहितस्यैव काव्यत्वाङ्गीकारस्तदा–

'न्यक्कारो ह्ययमेव मे यदरयस्तत्राऽप्यसौ तापसः।
सोऽप्यत्रैव निहन्ति राक्षसकुलं जीवत्यहो रावणः।
धिग्धिवछक्रजितं प्रबोधिवता किं कुम्भकर्णेन वा
स्वर्गग्रामटिकाविलुण्ठनवृथोच्छूनैः किमेभिर्भुजैः।।' इति।।

अस्य श्लोकस्य विधेयाविमर्शदोषदुष्टतया काव्यत्वं न स्यात्। प्रत्युत ध्वनि (स) त्वेनोत्तकाव्यताऽस्याङ्गीकृता, तस्मादव्याप्तिर्लक्षणदोषः।

हिन्दी अनुवाद–नाट्य अर्थात् दृश्य काव्य त्रिवर्ग (धर्म, अर्थ और काम) का साधन है–यह भी अग्निपुराण में कहा है। विष्णुपुराण में भी लिखा है कि–

जो कोई भी काव्य साहित्य और जो भी समस्त गीतिकाएं हैं। ये सब शब्द रूप मूर्त्ति को धारण करने वाले महात्मा विष्णु भगवान के अंश हैं।

इस कारण से अर्थात् चतुर्वर्ग के साधन होने से उस काव्य के स्वरूप का निरूपण किया जाता है। इससे अभिधेय भी बतलाया गया है।

इस ग्रंथ का काव्य का स्वरूप विषय है, उसके साथ प्रतिपाद्य-प्रतिपादक भाव संबंध है, चतुर्वर्ग फलप्राप्ति रूप प्रयोजन है और विषय का जिज्ञासु अधिकारी है। इस प्रकार इसका अनुबन्धचतुष्टय बतलाया गया है।

तो काव्य का स्वरूप क्या है? इस आकाङ्क्षा में किसी (काव्यप्रकाशकार) ने कहा है–

'दोष से रहित गुण से विशिष्ट फिर कहीं अलंकार से मंडित न भी रहे ऐसे शब्द एवं अर्थ काव्य है'।

यह लक्षण दोषपूर्ण है। जैसे कि यदि दोषरहित का ही काव्यत्व स्वीकार किया जाए तो–

यही मेरा तिरस्कार है जोकि मेरे भी शत्रु हैं, उनमें भी यह तपस्वी; वह भी यही है (कोई दूर नहीं), राक्षसवंश को ही निःशेष नष्ट कर रहा है–यह सबसे बड़ा आश्चर्य है कि रावण जीवित है। इन्द्र को जीतने वाले मेघनाद को धिक्कार है, जगाए गए कुम्भकर्ण से क्या लाभ हुआ? स्वर्ग को छोटे गांव की तरह पूरे लूट पाने से व्यर्थ में सूजे हुए इन हाथों से ही क्या हुआ?

इस पद्य का अविमृष्टविधेयांश दोष से दुष्ट होने से काव्यत्व ही न होगा। इसके विपरीत ध्वनि के होने से इसकी उत्तमकाव्यता स्वीकार की गयी है। इस कारण अव्याप्ति लक्षणदोष है।

विधेय अंश को गौण बनाना अविमृष्टविधेयांश है। यहां 'मेरे भी शत्रु हैं' यह उद्देश्यवाचक है और 'यही मेरा तिरस्कार है' यह विधेयवाचक है। यहां उद्देश्य को पीछे और विधेय को बाद में रखा गया है। यह वाक्यगत विधेयाविमर्श दोष है। इसी तरह हाथों का सूजना उद्देश्य है और व्यर्थ विधेय है। यहां भी उद्देश्य को विधेय के बाद रखा गया है। अतः पदगत विधेयाविमर्श दोष है। फिर भी इसकी उत्तम-काव्यता सभी ने मान ली है। इस कारण इस काव्यलक्षण में अव्याप्ति दोष है। लक्ष्य में पूरा घटित न हो पाना अव्याप्ति है।

संस्कृत व्याख्या–नरत्वमित्यादिना कवित्वशक्तेर्धर्मजन्यत्वं प्रतिपादितं किन्तु काव्यस्य चतुर्वर्गसाधनत्वं तु नैतेन सिद्धमित्यत आह–त्रिवर्गसाधनमित्यादिना। नाटकादि 'तौर्यत्रिकं नृत्यगीतवाद्यं नाटयमिदं स्मृतम्' इत्युक्तमभिनेयप्रधानं रूपकम्, त्रिवर्ग-साधनम् धर्मार्थकामाः, तस्य साधनं प्राप्त्युपायः। नाटकादेर्लोकानां चित्ताकर्षकतया तस्य दर्शनश्रवणादिभिर्धर्मस्ततोऽर्थस्ततः काम इति। समानन्याएन पदेनानेन श्रव्यकाव्यस्यापि सङ्ग्रहः। तज्जन्यधर्मस्याननुसन्धानेनास्य मोक्षसाधनत्वमपि।

काव्यस्य चतुर्वर्गसाधनत्वे विष्णुपुराणमपि प्रमाणयति—काव्येत्यादिना। ये केचित् काव्यालापाः च अखिलानि गीतकानि च एते शब्दमूर्तिधरस्य महात्मनः विष्णोः अंशाः इत्यन्वयः। दृश्यश्रव्यरूपाः रसाभिव्यञ्जकाः शब्दार्थाः एवम् समस्तानि गीतादीनि अपि सर्वे शब्दरूपशरीरधारिणः शब्दब्रह्मणः, 'अनादिनिधनं ब्रह्म शब्द-तत्त्वं यदक्षरम्। विवर्ततेऽर्थभावेन प्रक्रिया जगतो यतः'। इत्युक्तस्य महत्त्वविशिष्टस्य नारायणस्य अवयवा इति। सर्वेऽपि कविपाठकैरुच्चार्यमाणा रसव्यञ्जकाः शब्दार्थाः श्रव्यदृश्योभयकाव्यरूपाः समग्राणि च गीतानि शब्दब्रह्मणो नारायणस्यावयवास्तेन तेषां दर्शनश्रवणादिभिरुपासनया चतुर्वर्गप्राप्तिर्भवतीत्याशयः। एतेन त्रिवर्गसाधनं नाटयमिति काव्यस्य त्रिवर्गसाधनत्वं न तु मोक्षस्येति कथनमपास्तं, विष्णोरंशभूतस्य काव्यस्य तदवतारस्य रामादेरिव सर्वविधसाध्यसाधनार्हत्वं स्पष्टमेवेति। काव्यस्य चतुर्वर्गसाधनत्वेन कारणेन तस्य काव्यस्य स्वयं लक्ष्यपदार्थः, रूप्यते लक्ष्यतेऽनेनेति स्वरूपं लक्षणम् प्रतिपाद्यते। चतुर्वर्गेत्यादिग्रंथेन काव्यस्वरूपादि विवेचनीयविषयो ग्रंथस्य चकारात्प्रयोजनसंबंधाकारिणश्च निर्दिष्टम्। ग्रंथस्य हि तत्र प्रवृत्त्युत्पादनाय अभिधेयसंबंधप्रयोजनाधिकारिरूपमनुबन्धचतुष्टयं वाच्यम्।

तत्र काव्यलक्षणशब्दार्थकाव्यरसध्वनिदोषगुणरीत्यलङ्कारादयो विवेच्यविषयाः तैः सहास्य प्रतिपाद्यप्रतिपादकभावः संबंधश्चतुर्वर्गफलप्राप्तिरूपोऽर्थः (प्रयोजनम्) अधीतकाव्यकोशादिः किन्त्वनधीतालङ्कारशास्त्रोऽधिकारीति यद्वा ग्रंथस्य प्रयोजनञ्चतुर्वर्गफलप्राप्तिस्तया सह काव्यस्य जन्यजनकरूपः परम्परासंबंधः एतज्जिज्ञासुरधिकारी काव्यस्वरूपादि अभिधेयमिति।

इत्थं ग्रंथस्यानुबन्धचतुष्टयमुक्त्वा सम्प्रति काव्यलक्षणं दिदर्शयिषुः प्राचीनकाव्यलक्षणेषु प्रमेयविरोधं दर्शयन्नाह ततः प्रथमम् किं लक्षणम् काव्यपदबोध्यम् इत्यथम् आकाङ्क्षायाम् कोऽप्येकः, उपेक्षार्थ वचनमिदं काव्यप्रकाशकारिकाकृत् कथयति। तदुद्धरति—तदित्यादिना। दोषरहितौ गुणविशिष्टौ एवमेव कुत्रचित् अलंकाररहितौ प्रायः सालङ्कारौ विनिगमनाविरहेणोपस्थापकत्वसंबंधेनार्थविशिष्टः शब्दः, उपस्थाप्यत्वसंबंधेन शब्दविशिष्टश्चार्थः।

अत्र शब्दार्थौ इत्यस्य केचित् शब्दो वार्थो वेति विगृह्य निर्दोषो गुणविशिष्टः प्रायः सालङ्कारः शब्दो वाऽर्थो वा काव्यं न तु तदुभयं मिलितमास्वाद-व्यञ्जकतयोभयत्राप्यविशेषात् काव्यं श्रुतं काव्यं ज्ञातमित्युभयविधव्यवहारदर्शनाच्चेति व्याख्यान्ति। परे तन्न मन्यन्ते। तन्मते शब्दश्चार्थश्चेत्यस्य विग्रहः।

शब्दार्थान्यतरत्काव्यमित्यर्थस्य शब्दार्थौ काव्यमित्यत उपलब्धेरसम्भवः। तेन शब्दोऽर्थश्च तदुभयं मिलितमेव काव्यम्। शब्दं विना काव्यत्वासम्भवेन शब्दप्रत्ययकालेऽर्थप्रत्यय-स्याप्यावश्यकत्वान्न कश्चिद् विरोधः। तेन शब्दार्थत्वमेव काव्यत्वम्।

काव्यप्रकाशकृतसम्मतकाव्यलक्षणदूषणायारभते–एतदित्यादिना। तद दोषावित्यादिकाव्यलक्षणम् दूष्यम् कथं तद्दूष्यमित्यपेक्षायामाह–तथाहीत्यादिना। तथाहि, यदि, दोषरहितस्य श्रुतिकट्वादयः, तैः शून्यस्य न तु सदोषस्य कविकृतित्वम् तर्हि, अस्य श्लोकस्य इत्याद्युत्तरेण संबंधः। उक्तलक्षणेऽव्याप्तिदोषमुद्भावयितुं लक्ष्यं प्रदर्शयति–न्यक्कार इत्यादिना। मे हि अयम् एव न्यक्कारः यद् अरयः अत्र अपि असौ तापसः सः अपि अत्र एव राक्षसकुलं निहन्ति, अहो रावणः जीवति शक्रजितं धिक् धिक् वा प्रबोधितवता कुम्भकर्णेन किं स्वर्गग्रामटिकाविलुण्ठनवृथोच्छूनैः एभिः किम् इत्यन्वयः। मम् लोकरावणस्य निश्चयेन एषः, एव तिरस्कारः यतः शत्रवः, सन्ति इति शेषः। अरिषु च प्रधानभूतः तपस्वी अरिभूतस्तपस्वी च लङ्कायाम् न तु दूरे राक्षसवंशम् निःशेषेण व्यापादयति। आश्चर्यम् जगद्विजेता तदाख्यो राक्षसेश्वरः उच्छ्वसिति इन्द्रजितं मेघनादम् शतशो धिक्काराः, यद्धि स तापसमप्येकं जेतुं नाशकत्। प्रयत्नातिशएनोत्थापितेन, तदाख्येन वीरेण किं फलम्। क्षुद्रो ग्रामो ग्रामटिका, क्षुद्रार्थे ग्रामशब्दात् टिकन्; स्वर्गाख्या ग्रामटिका स्वर्गग्रामटिका, तस्या विशेषेण विधूननं तेन व्यर्थमेव स्फीतैः सन्निकृष्टस्थितैः हस्तैः किं फलमर्थात् न किमपि प्रयोजनमिति।

प्रथमतस्तु निर्जिताखिललोकस्य मेऽयमेव महाननादरो यन्मे शत्रवः सन्ति नारिः नारी वा। मे हि शत्रोः सद्भाव एव तिरस्कारस्तत्रापि एको वा द्वौ वा स्यातां न तथाश्चर्यमपि तु बहुसङ्ख्याकाः सन्ति। अरिष्वपि कश्चिद्वीरो भूपतिः स्यात्तत्प्रधानश्चेत् न तथाऽनादरः स्यात्किन्तु वनेचरो वराकस्तपस्वी इति मेऽपरस्तिरस्कारः। सोऽपि दूरे काननादौ स्याच्चेन्न तथा परिभवो भवेत्किन्तु स लङ्कायां मत्समक्षमेव तिष्ठतीति मे तृतीयोऽनादरः। सोऽप्यत्र केवलं तिष्ठेन्न तथा तिरस्कारो भवेत्किन्तु विक्रमयतीति मेऽपरस्तिरस्कारः। विक्रमेऽपि यदि स एकं द्वौ वा राक्षसौ निहन्यान्न तथा परिभवो भवेत्किन्तु राक्षसानां कुलमेव निश्शेषेण हन्तीति मेऽन्यस्तिरस्कारः। तथाभूते सत्यपि राक्षसेन्द्रो रावणो जीवतीति महदाश्चर्यम्। रणमुखे शक्रमपि जित्वा प्राप्तख्यातिं मेघनादमपि धिक्कारा यो हि पापसम्येकं जेतुं नाशकत्। महता प्रयत्नेनोत्थापितः कुम्भकर्णोऽपि न कस्मैचिदपि फलायाभवत् अथवा किमन्एषां गर्हणैः विशालमपि स्वर्ग क्षुद्रग्रामवत्सर्वतो विधूननेन व्यर्थमेव स्फीतैः मे एभिर्वाहुभिरेव किं फलं सज्जातं

येभ्यो हि तापसोऽप्येको नैव पराजितोऽभवदिति। हनूमन्नाटकगतमिदं पद्यं लङ्कायां रामविक्रमेण निर्विण्णस्य रावणस्योक्तिरूपम्। न्यक्कार इत्यादेः पूर्वोक्तस्य पद्यस्य विधेयाविमर्शदोषदुष्टतया प्रधानांशस्य प्राधान्एन ग्रहणमविमृष्टविधेयांश इति काव्यदूषणं तेन समाक्रान्ततया काव्यलक्षणसम्मतम् नैव स्यात्। अदोषौ इति पूर्वोक्तलक्षणे यदुक्तं तदनुसारेपात्र काव्यलक्षणं न घटतेऽस्याविमृष्टविधेयांशदोषदुष्टत्वादिति। स च–'विधेयस्यांशस्य विमर्शाभावेन गुणीभूतत्वमविमृष्टविधेयांशत्वम्' 'उद्देश्यविधेययोः पौर्वापर्यभावो नियन्त्रितः' इति लक्षणः। प्रकृते विधेयाविमर्शत्वं यथा 'न्यक्कारो ह्ययमेव मे यदरयः' इत्यत्र वाक्यद्वयस्य विपरीतक्रमेणोपन्यासाद् वाक्यगतोऽविमृष्ट-विधेयांशदोषः। निर्दुष्टं तु 'मे यदरयः अय मेव न्यक्कारः' इत्येवं स्यात्। वृथोच्छूनैरित्यत्र भुजानामुच्छूनतया वृथात्वं विधेयं यद्धि समासे गुणीभावादनु-वाद्यप्रतीतिकृदिति पदगतोऽविमृष्टविधेयांशः। तत्रेष्टापत्तौ दोषमाह–प्रत्युतेत्यादि। एतद्विपरीतम् ध्वनिसत्त्वेन श्लोकस्य 'इदमुत्तममतिशयिनि व्यङ्ग्ये वाच्याद् ध्वनिर्बुधैः कथितः' इति लक्षितमुत्तमकाव्यत्वम् पूर्वाचार्एः स्वीकृतेति। प्रकृते तु अरयः इति बहुवचनेन प्रचुरसङ्ख्याकाः शत्रव इति तापस इत्येकवचस्य न तु कोऽपि विक्रान्त इति असौ इत्यनेन विशेषहीनदशा अत्रेवेत्यस्य मत्समक्षमेवेति निहन्ति इत्येतस्य समूलं हिनस्तीति जीवतीत्येतस्य उच्छ्वसितीति अहो इत्यस्य महदाश्चर्यमिति ग्रामटिका इत्येतस्य टिकन्प्रत्ययस्य क्षुद्र इति विलुण्ठन इत्यत्र व्युपसर्गस्य सर्वत इति। भुजैरित्यत्रत्य बहुवचनेन चेति प्राचुर्येण ध्वनित्वम्। तत्कारणात् लक्ष्यैकदेशावृत्तित्वम् लक्षणत्वाप्रयोजनस्वरूपो दोष इति। सर्वथा दोषरहितस्यैव काव्यत्वेऽविमृष्टविधेयांशदोषसद्भावेन न्यक्कार इति श्लोकस्य काव्यत्वं न स्यात्तथेष्टापत्तौ पूर्वाचार्एः श्लोकस्यास्य ध्वनिसद्भावेनोत्तमकाव्यता स्वीकृताऽस्ति। तेनास्य काव्यत्वं नैवापाकर्तुं शक्यते। अतोऽदोषौ शब्दार्थौ काव्यमिति लक्षणे लक्ष्यैकदेशागमकत्वेना-व्याप्तिदोषः। लक्षणं हि व्यतिरेकिहेतुवचनं येनाव्याप्त्यव्याप्त्यसम्भवेति दोषत्रयशून्एन भाव्यम्। ग्रंथे हि दोषसामान्याभावो लक्षणघटक इति तदभिप्रायमुन्नीयेदमुक्तम्। लक्षणकृतस्तु शब्दबोध विघटकदोषसामान्याभाव एवाशयः अदोषावित्यस्य। अन्यथा स एव काकुसहकृतध्वन्युदाहरणाय प्रस्तुतं 'तथाभूतां दृष्ट्वा नृपसदसि पाञ्चालतनयाम्' इत्यादिपद्यं न्यूनपदत्वदोषनिमित्तम् उदाहरेत्। एवमेव स रौद्ररसोदाहरणाय प्रस्तुतं 'कृतमनुमतं दृष्टं वा यैरिदं गुरुपातकम्' इति पद्यं पुनरुक्तदोषत्वे प्रस्तौति।

टिप्पणी–"स्वर्गग्रामटिकाविलुण्ठनवृथोच्छनैः" यहां पर "वृथा" पद विधेय है और वह समास में आकर गौण हो गया है। अतः यहां पर भी "विधेयाविमर्श दोष"

है। इस प्रकार इस पद्य के अन्दर विधेयाविमर्श दोष होने के कारण काव्यत्व नहीं है। इसके विपरीत ''ध्वनित्वेन'' इस पद्य की उत्तम काव्यता (ध्वन्यालोक में आनन्दवर्धनाचार्य ने) स्वीकार की है। इस कारण (उक्त दोष के होने पर भी) काव्यत्व स्वीकरण से (''तददोषौ'' इस काव्य की परिभाषा में) ''अव्याप्ति दोष'' है।

इस प्रकार यहां पर कई स्थलों पर सुबादिकों की स्फुट व्यंग्यता है। तथाहि–

(1) **''मे यदरयः''** यहां पर ''अस्मत्'' (मेरे) शब्द के कथन से मेरे शत्रुओं का होना किसी भी अवस्था में संभव नहीं है–यह व्यङ्ग्य होता है।

(2) **''अरयः''** यह बहुवचनान्त शब्द–पहले तो मेरे शत्रु ही नहीं है और फिर एक दो नहीं, हजारों मेरे शत्रु हैं–यह अत्यन्त अनुचित है, ऐसा व्यक्त होता है।

(3) **''तत्राप्यसौ तापसः''** यहां तपः शब्द से परे मत्वर्थीय अण् प्रत्यय से पौरुषराहित्य अभिव्यक्त होता है। ''तत्रापि'' इससे शत्रु सद्भाव में असंभवनीयता सूचित होती है।

(4) **''अत्रैव''** से जहां मैं बैठा हुआ हूं वही स्थान राम की हनन क्रिया का आधार है, ऐसा प्रतीत होता है।

(5) **''निहन्ति''** से सर्वथा निर्मूल हनन सूचित होता है।

(6) **''जीवति''** इसमें वर्तमानकालिक प्रयोग होने से यह व्यङ्ग्य होता है कि मैं तो अभी जीवित हूं और वह मेरे जीवित ही राक्षसकुल का निर्मूल नाश कर रहा है।

(7) **''रावणः''** यह पद ''लोकान् रावयति दुःखाकृत्य रोदयति'' देवासुरादि समस्त त्रैलोक्य को रुलाने वाला, इस यौगिक अर्थ को छोड़कर अब विपरीत अर्थ की सूचना देता है।

(8) **''शक्रजितम्''** इसके द्वारा इन्द्र को जीतने वाले मेघनाद के शौर्य के प्रति अनास्था सूचित होती है।

(9) **''स्वर्गग्रामटिका''** इससे स्वर्ग विजय से उत्पन्न अपने पौरुष का स्मरण नितान्त अयुक्त है ऐसा व्यक्त होता है।

(10) **''वृथा''** इस पद से रावण के अपने पौरुष की निन्दा व्यक्त होती है।

इस प्रकार "इदमुत्तममतिशायिनि व्यंगए वाच्यात् ध्वनिर्बुधैः कथितः" इस लक्षण के अनुसार अतिशय व्यंग्य के प्रतीत होने पर वाच्यातिशायी चमत्कार दिखाई पड़ता है, अतः इस पद्य का उत्तम काव्यत्व ठीक ही है, काव्य हीनता नहीं।

ननु कश्चिदेवांशोऽत्र दुष्टो न पुनः सर्वोऽपीति चेत्, तर्हि यत्रांशे दोषः सोऽकाव्यत्वप्रयोजकः, यत्र ध्वनिः स उत्तमकाव्यत्वप्रयोजक इत्यंशाभ्यामुभयत आकृष्यमाणमिदं काव्यमकाव्यं वा किमपि न स्यात्।

न च कश्चिदेवांशं काव्यस्य दूषयन्तः श्रुतिदुष्टादयो दोषाः, किं तर्हि सर्वमेव काव्यम्। तथाहि–काव्यात्मभूतस्य रसस्यानपकर्षकत्वे तेषां दोषत्वमपि नाङ्गीक्रियते। अन्यथा नित्यदोषानित्यदोषत्वव्यवस्थाऽपि न स्यात्। यदुक्तं ध्वनिकृता–

हिन्दी अनुवाद–इस पद्य में कोई एक अंश ही तो दुष्ट है, न कि सभी (तो फिर इसमें लक्षण की अव्याप्ति कैसे मानी जाए)–ऐसा कहा जाए तो जिस अंश में दोष है, वह अकाव्यत्व का प्रयोजक होगा और जहां ध्वनि है, वह उत्तम काव्यत्व का प्रयोजक होगा। इस प्रकार दो अंशों से दोनों ओर खींचा गया। यह पद्य काव्य एवं अकाव्य कुछ भी नहीं होगा।

श्रुतिकटु आदि दोष काव्य के किसी एक अंश को ही दूषित नहीं करते हैं, अपितु वे तो काव्य के सम्पूर्ण अंश को ही दूषित करते हैं। जैसेकि काव्य के आत्मभूत रस के विघातक न होने पर उन दोषों का दोषत्व भी माना नहीं जाता। ऐसा न होने पर दोषों की नित्य होने एवं अनित्य होने की व्यवस्था भी नहीं बन पाएगी। जैसे कि ध्वनिकार (आनन्दवर्धनाचार्य) ने कहा है–

संस्कृत व्याख्या–अविमृष्टविधेयांशस्यांशिकत्वेन तद्दुष्टस्यैव न भवतु काव्यं निर्दुष्टांशस्य तु काव्यत्वं स्यादेवेति कथमेतादृशस्थलेऽव्याप्तिदोष इत्याशङ्कां परिहरति। ननु श्लोकेऽस्मिन् अल्पः न तु सर्वः भागः दोषयुक्त नैव भूयः समग्रः, अपि इत्यर्थं कथ्यते। यथा 'न्यक्कारो ह्ययमेवे'त्यत्र 'वृथोच्छूनैरि'त्येतावानेवांशो विधेयाविमर्शतया दुष्टो न तु सर्व इति चेदिति, तदा यस्मिन् अवयवे यथा अनन्तरोक्तपद्ये वृथोच्छूनैरित्येतावति तावानंशः काव्यलक्षणनिघातकः यस्मिन्नशे व्यङ्ग्यार्थप्राधान्यं तावानंशः काव्यप्रकर्षनिर्वाहकः इत्थं दुष्टनिर्दुष्टाभ्याम् भागाभ्याम् द्वयोर्दिशोः व्यावर्त्यमानम् न्यक्कार इत्यादिपद्यम्, काव्यम् पक्षान्तरे, अकाव्यम् एकतरदपि, न स्यात्। यदि हि

दुष्टमंशं परिहाय शेषस्य काव्यत्वे कथमव्याप्तिदोष इति चेदुच्यते तथा सति दुष्टनिर्दुष्टाभ्यामंशाभ्यामुभयत्र व्यावर्त्यमानमिदं काव्यमकाव्यं वा किमपि न स्यादिति।

यत्रैकस्यैव पदस्य विषस्य तथात्वे विरुद्धधर्मयोगः स्यात् यत्र दुष्टस्याकाव्यत्वं निर्दुष्टस्य काव्यत्वमिति द्वयोः कथं विरोध इत्यपेक्षायामाह नैव हि श्रुतिकटुप्रभृतयः काव्यत्वविघातकाः, काव्यस्य कमप्येकमेव भागम् दुष्टतां नयन्तः भवन्ति इति। तदा ते दोषाः कतमं भागं दूषयन्तीति चेदुच्यते। समग्रम् हि काव्यम् इति। समस्तयैव काव्यस्य दूषणे युक्तिमाह यथा काव्यस्वरूपस्य शृङ्गारादेः अपकर्षकर्तृत्वाभावे सति दोषाणाम् दूषणभावः च नैव स्वीक्रियते। रसापकर्षत्वे सत्येव दोषाणां दोषत्वमभ्युपगम्यते नान्यथेति भावः। कथमित्याह अतथामते, नित्यदोषानित्यदोषात्वव्यवस्था–नित्यदोषत्वमयं नित्यदोषः, अनित्यदोषत्वमयमनित्यदोष इति मर्यादा; नित्यदोषा हि च्युतसंस्कारादयस्तेषां समस्तरसापकर्षकत्वात् श्रुतिकटुप्रभृतयो दोषा अनित्यास्तेषां शृङ्गारादिरसमात्रापकर्षकत्वात् च नैव स्यात् इति। एकतस्तु एकदेशगतोऽपि दोषः सर्वमेव काव्यं दूषयति, अपरतो रसापकर्षकत्वे सत्येव दोषाणां दोषत्वमभ्युपगम्यते न तूपस्थितिमात्रेण। तथा सत्येव दोषाणां नित्यानित्यत्वं सम्भवति। सर्वरसापकर्षकत्वं नित्यदोषत्वं यथा च्युतसंस्कृतिप्रभृतीनां तद्विपरीतं रसविशेषापकर्षकत्वमनित्यत्वं तेषां यथा श्रुतिकटुप्रभृतीनां शृङ्गारादौ दोषत्वं वीररौद्रादौ तु नेति। उक्तार्थे शिष्टसम्मतिप्रदर्शनायारभते ध्वनिव्याख्यात्रा आनन्दवर्धनाचार्यण यथा कथितम्।

टिप्पणी–"एव" शब्द दूसरे रसों का व्यवच्छेदक है, अतः रौद्र, वीरादि रसों में श्रुतिकटुत्वादिक वक्ता के उद्धत होने के कारण दोष न होकर गुण ही होंगे। यहां पर शृंगार शब्द कोमल रसों का उपलक्षण है, अतः शान्त तथा करुणादि रसों में भी ये दोष हेय होंगे।

'श्रुतिदुष्टादयो दोषा अनित्या ये च दर्शिताः।
ध्वन्यात्मन्एव शृङ्गारे ते हेया इत्युदाहृताः'।। इति।।

किञ्च एवं काव्यं प्रविरलविषयं निर्विषयं वा स्यात्, सर्वथा निर्दोषस्यैकान्तमसंभवात्।

नन्वीषदर्थे नञः प्रयोग इति चेत्तर्हि 'ईषद्दोषौ शब्दार्थौ काव्यम्' इत्युक्तै निर्दोषयोः काव्यत्वं न स्यात्। सति संभवे 'ईषद्दोषौ' इति चेत्, एतदपि काव्यलक्षणे न वाच्यम्, रत्नादिलक्षणे कीटानुवेधादिपरिहारवत्। नहि

कीटानुवेधादयो रत्नस्य रत्नत्वं व्याहन्तुमीशाः किन्तूपादेयतारतम्यमेव कर्तुम्। तद्वदत्र श्रुतिदुष्टादयोऽपि काव्यस्य। उक्तं च–

'कीटानुविद्धरत्नादिसाधारण्येन काव्यता।
दुष्टेष्वपि मता यत्र रसाद्यनुगमः स्फुटः।।' इति।।

हिन्दी अनुवाद–श्रुतिकटु आदि जो अनित्य दोष दर्शाये गए हैं, वे ध्वनिस्वरूप होने के कारण काव्य की आत्मा बने शृङ्गार रस में ही त्याज्य कहे गए हैं (न कि शृङ्गार से भिन्न रस में अथवा शृङ्गार में भी जो वाच्य है अथवा गुणीभूत हुआ है, उसमें भी)। (अतः दोष के होने मात्र से अकाव्यत्व नहीं होता। इस कारण भी लक्षण में 'दोष रहित' पद उपयुक्त नहीं।)

(सदोष को काव्य न मानने से) इस प्रकार (निर्दोष को ही काव्य मानने से) काव्य का लक्षण स्वल्पलक्ष्य वाला अथवा लक्ष्य से रहित हो जाएगा (अर्थात् या तो दोष रहित काव्य का उदाहरण बहुत कम मिलेगा या फिर मिलेगा ही नहीं) क्योंकि सर्वथा निर्दोष काव्य का मिलना अत्यन्त असंभव है।

(प्रश्न) नन्विति–(और यदि सभी जगह दोष संभव है तो) ''तददोषौ शब्दार्थौ'' के अन्दर ''अदोषौ'' पद में ''नञ्'' समास का प्रयोग ईषदर्थ में मानेंगे। (उत्तर) (यदि ऐसा मानोगे) तो ''ईषद् दोषौ शब्दार्थौ काव्यम्'' यह काव्य का लक्षण करने पर (इसका अर्थ यह है कि थोड़े दोष से युक्त शब्द और अर्थ काव्य कहलाते हैं। इसके अनुसार काव्य में थोड़ा सा दोष रहना ही चाहिए) सर्वथा निर्दोष शब्दार्थ की काव्यता नहीं होगी। (यदि काव्य का लक्षण) ''सति संभवे ईषद्दोषौ शब्दार्थौ काव्यम्'' यह कर दें तो, (अर्थात् दोषों की संभावना होने पर थोड़े दोष वाले शब्द और अर्थ काव्य होते हैं–बहुत दोष वाले नहीं) ऐसा भी काव्य के लक्षण में नहीं करना चाहिए, रत्नादि के लक्षण में कीटानुवेध आदि के परिहार की तरह। कीटानुवेधादि रत्न की रत्नता को नष्ट करने में समर्थ नहीं हैं (अर्थात् यदि रत्न के अन्दर कोई कीड़ा लग जावे तो उस रत्न की रत्नता नष्ट नहीं होती, वहां रत्न की संज्ञा तो रहेगी) अपितु रत्न की उपादेयता में तारतम्य करने में ही समर्थ हैं। उसी प्रकार काव्य में वर्तमान भी श्रुतिदुष्टादि दोष काव्य का (काव्यत्व नष्ट नहीं कर सकते अपितु काव्य के उत्कर्ष में कुछ न्यूनता ही कर सकते हैं।)। कहा भी है कि–

कीट से क्षत रत्नादि के समान दोष रहने पर भी यदि काव्य में रसादि की अनुभूति सुव्यक्त है तो काव्यत्व माना जाता है।

संस्कृत व्याख्या–श्रुतिदुष्टादयः ये च अनित्याः दोषाः दर्शिताः ते ध्वन्यात्मनि शृङ्गारे एव हेयाः इति उदाहृताः इत्यन्वयः। श्रुतिकटुप्रभृतयः ये कतिपयमात्ररसापकर्षकाः आस्वादविधातकाः हि उपस्थापिताः सन्ति। तादृशाः दोषाः ध्वनिस्वरूपत्वेन काव्यात्मभूते रतिस्थायिभावात्मकरसे अनेन शृङ्गारेतररसानां शृङ्गारस्यापि गुणीभूतस्य व्यवच्छेदः त्याज्याः इत्थम् कथिता इति। ये खलु श्रुतिदुष्टादयोऽनित्या दोषास्तेऽति ध्वनिस्वरूपत्वेन काव्यात्मभूते शृङ्गारे एव त्याज्या न तु शृङ्गारव्यतिरेकिणि रसे शृङ्गारे वापि वाच्ये गुणीभूते वेति। तेनैव तेषामनित्यत्वं सर्वरसविघातकत्वाभावात्तेषामिति। तेन हि समाने हि श्लोके दुष्टस्याकाव्यत्वमंदुष्टस्य काव्यत्वमिति वक्तुं न युज्यते। न दोषमात्रोपस्थित्याऽकाव्यत्वं भवत्येवेति।

यदि हि सदोषवाक्यानां ध्वनिसत्त्वेऽपि-काव्यता नाङ्गीक्रियते तदा कथमुक्ताया अव्याप्तेरवसर इत्यत आह यदि हि सदोषस्य ध्वनिसद्भावेऽपि काव्यता नाङ्गीक्रियते तदा इत्थम् काव्यम् नितान्तस्वल्पक्षेत्रम् अथवा विषयरहितम् स्यात्। तत्र युक्तिमाह– सर्वतोभावेन दोषरहितस्य अत्यन्तम् असत्त्वात्। यदि हि लक्षणेऽदोषाविति पठित्वा सदोषस्य ध्वनिसद्भावेऽपि काव्यत्वं न समर्थ्यते सदा सर्वतोभावेन निर्दोषस्य काव्यस्यासम्भवेन काव्यं हि स्वल्पविषयं विषयरहितं वा स्यात्। तेन तथाकथने न केवलमव्याप्तिदोषोऽपितु असम्भवदोषोऽपि तत्रापतति इति।

यदि सर्वत्रैव दोषः सम्भवति सदा अदोषावित्यत्र नञः ईषदर्थ गृह्यतामित्याशङ्क्य समाधत्ते नञः तत्सादृश्यतदभावतदन्यत्वतदल्पताऽप्राशस्त्यविरोधेति षडर्थेषु पूर्वव्याख्यातो भिन्ने स्वल्पार्थे 'अनुदरा कन्या' इत्यत्रवत् अदोषौ अल्पदोषयुक्तावित्यर्थे नञ्शब्दस्य व्यवहारः इत्थम् चेत् तदा किञ्चिद्दोषयुक्तो, शब्दार्थौ, काव्यम् इत्थम् कथिते दोषरहितयोः शब्दार्थयोः काव्यभावः नैव स्यात्। यदि हि अदोषावित्येतस्य नञोऽभावार्थस्थाने किञ्चिदर्थो गृह्यते तदा ईषद्दोषौ शब्दार्थौ काव्यमिति लक्षणं स्याद्यतो हि दोषरहितयोः शब्दार्थयोः काव्यत्वमेव न स्यादिति। उक्ताव्याप्तिपरिहाराय पुनः शङ्कते–सतीत्यादिना। यत्र सम्भवस्तत्र किञ्चिद्दोषयुक्तौ, स्फुटदोषरहिते कदाचिदीषद्दोषस्य सम्भवे इत्थम् चेत्। एतदित्यादिना सति सम्भवे किञ्चिद्दोषयुक्तौ इति च काव्यस्वरूपावधरकवाक्ये नैव कथनीयम्। दृष्टान्तत्वेन वाच्यत्वं प्रतिपादयति– रत्नेत्यादिना। वैदूर्यादि, आदिसदात्सुवर्णादीनि स्वरूपे, कीटानुवेधादिपरिहारवत्–

कीटेन दंशनम्, आदिपदान्मालिन्यादीनां ग्रहणम् तेषां उपेक्षा तद्वत् यथा हि कीटदंशनमालिन्यादिभिः रत्नादीनां रत्नत्वं न परिहीयतेऽपितु यथावत्तिष्ठति तथैव सत्यपि दोषे शब्दार्थयोः काव्यत्वं तिष्ठत्येवेति। यथा वा महामूल्यतैजसत्वं रत्नत्वमिति रत्नलक्षणं क्रियते न वच तत्र कीटानुवेधादिरहित्वे सतीति विशेषणं युज्यते तथैव काव्यस्यापि गुणालङ्कारविशिष्टशब्दार्थत्वं काव्यत्वमिति लक्षणमुच्यते न तु दोषाभाववत्त्वे सतीति विशेषणमपि। नैव निश्चयेन कीटदंष्टत्वमालिन्यादयो दोषाः, रत्नस्य रत्नसद्भावं अपाकर्तुम् समर्थाः तद्विपरीतम्, उपादेयतारतम्यम् उत्कर्षः तस्य वैषम्यम् हि विदधातुम् ईशा इति। तथैव प्रसङ्गेऽस्मिन् काव्ये दार्ष्टान्तिके, काव्यस्य श्रुतिकटुप्रभृतयो दोषाः च यथा हि कीटानुवेधादयो रत्नस्य ग्राह्यतावैषम्यं कर्तुं समर्था न तु रत्नस्य रत्नत्वव्याहननाय तथैव श्रुतिकटुप्रभृतयो दोषा अपि काव्यस्य काव्यत्वं व्याहन्तुं नैव समर्थाः कामं ते तस्योपादेयन्यूनाधिक्यं कुर्वन्त्विति भावः। उक्तमर्थं प्राचां मतेन द्रढयितुमुपक्रमते कथितं शिष्टैरिति अपि पूर्वाचार्एरपि तथैवोक्तमित्याशयः। यत्र स्फुटः रसाद्यनुगमः तत्र दुष्टेषु अपि कीटानुविद्धरत्नादिसाधारण्येन काव्यता मता इत्यन्वयः। यस्यां कृतौ सहृयैरास्वाद्यः व्यक्त इति, रसाद्यनुगमः शृङ्गारादयः, आदिपदाद्भावरसभावाभासादयः, अनुस्यूतत्वम् तथाविधेषु, सदोषेषु च काव्येषु कीटानुविद्धरत्नादिसाधारण्येन—कीटेन दष्टं यद्रत्नादि साम्येन काव्यलक्षणोपेतधर्मः सम्मतेति।

यथा कीटदष्टेष्वपि रत्नेषु रत्नत्वमव्याहतं तिष्ठति तत्सामान्एन दोषयुक्तेष्वपि काव्येषु काव्यत्वमव्याहतत्वेन तिष्ठत्येव यदि तत्र रसाद्यनुस्यूतत्वं सहृदयास्वाद्यत्वेन-व्यक्तमित्याशयः। तेन काव्यलक्षणेऽदोषाविति पदमव्याप्त्यसम्भवादिदोषदुष्टत्वाद-नुपादेयमिति पिण्डितोऽर्थः।

टिप्पणी—अतः यह निष्कर्ष निकला कि यदि शब्दार्थ के अन्दर दोष विद्यमान हो, किन्तु उससे रसानुभूति में किसी प्रकार की बाधा नहीं पड़ती तो उन शब्दार्थ में काव्यत्व स्वीकार किया जाएगा। इस प्रकार ''तददोषौ शब्दार्थौ'' इस काव्य की परिभाषा के अन्दर ''अव्याप्ति नामक दोष'' आता है। क्योंकि परिभाषा के अनुसार शब्दार्थ को ''अदोषौ'' (दोष रहित) होना चाहिए, परन्तु क्योंकि निर्दोष शब्दार्थ का मिलना असंभव या प्रविरल विषय है अतः यदि रस की अनुभूति में बाधा नहीं पड़ती तो दोषदुष्ट होने पर भी काव्यत्व माना जाएगा। इस प्रकार उक्त लक्षण में ''अदोषौ'' के अन्दर ''अव्याप्ति'' दोष है।

किञ्च। शब्दार्थयोः सगुणत्वविशेषणमनुपपन्नम्। गुणानां रसैकधर्मत्वस्य 'ये रसस्याङ्गिनो धर्माः शौर्यादय इवात्मनः' इत्यादिना तेनैव प्रतिपादितत्वात्। 'रसाभिव्यञ्जकत्वेनोपचारत उपपद्यत इति चेत? तथाऽप्ययुक्तम्। तथाहि-तयोः काव्यस्वरूपेणाभिमतयोः शब्दार्थयो रसोऽस्ति, न वा? नास्ति चेत्, गुणवत्त्वमपि नास्ति, गुणानां तदन्वयव्यतिरेकानुविधायित्वात्। अस्ति चेत्? कथं नोक्तं रसवन्ताविति विशेषणम्। गुणवत्त्वान्यथानुपपत्त्यैतल्लभ्यत इति चेत्? तर्हि सरसावित्येव वक्तुं युक्तम्, न सगुणाविति। नहि प्राणिमन्तो देशा इति केनाऽप्युच्यते। ननु 'शब्दार्थौ सगुणौ' इत्यनेन गुणाभिव्यञ्जकौ शब्दार्थौ काव्ये प्रयोज्यावित्यभिप्राय इति चेत्? न, गुणाभिव्यञ्जकशब्दार्थवत्त्वस्य काव्ये उत्कर्षमात्राधायकत्वम्, न तु स्वरूपाधायकत्वम्।

हिन्दी अनुवाद–और, शब्द और अर्थ का सगुणत्व विशेषण भी ठीक नहीं है (अर्थात् ''शब्दाथौ'' का विशेषण ''सगुणौ'' उपयुक्त नहीं है क्योंकि गुणों की अवस्थिति शब्द और अर्थ में नहीं होती अपितु) गुणों की रसैकधर्मता का–

''ये रसस्याङ्गिनो धर्माः शौर्यादय इवात्मानः।
उत्कर्षहेतवस्ते स्युरचलस्थितयो गुणाः।।

इत्यादि के द्वारा काव्यप्रकाशकार द्वारा ही प्रतिपादित होने के कारण। (इससे स्पष्ट है कि गुण रसों में निवास करते हैं, शब्द और अर्थ में नहीं) (और यदि यह कहो कि शब्द और अर्थ) रस के अभिव्यंजक होने के कारण उपचारतः (गौण रूप) से शब्द और अर्थ का ''सगुणौ'' विशेषण हो सकता है? तो यह भी उपयुक्त नहीं है क्योंकि–(यह बताओ कि) काव्य स्वरूप से अभिमत उन शब्द और अर्थ में रस है या नहीं? यदि रस नहीं है, तो गुणवत्ता भी नहीं है, (क्योंकि) गुणों का रसों के प्रति अन्वय और व्यतिरेकी भाव होता है अर्थात् यदि रस हैं तो गुण भी होते हैं और यदि रस न हों तो गुण भी नहीं रहते हैं। यदि कहो कि है? तो फिर ''शब्दार्थौ'' का विशेषण ''रसवन्तौ'' क्यों नहीं कहा? यदि कहो कि गुणों के बिना रस की स्थिति ही नहीं है (अतः रसवन्तौ यह विशेषण) ''सगुणौ'' कहने से ही गृहीत हो जाएगा? इस दशा में भी ''सरसौ'' यह विशेषण कहना ठीक है ''सगुणौ'' नहीं। क्योंकि ''प्राणिमान देश'' हैं ऐसा कहने के स्थान पर ''शौर्यवान देश'' है ऐसा कोई भी नहीं कहता है। (यद्यपि बिना प्राणी के शौर्य नहीं रहता है)। ''ननु इति''–यदि ऐसा कहो कि ''शब्दार्थौ सगुणौ'' इससे गुणाभिव्यंजक शब्दों

और अर्थों का काव्य में प्रयोग करना चाहिए ऐसा अभिप्राय है तो यह भी ठीक नहीं क्योंकि गुणभिव्यंजक शब्द और अर्थ काव्य के अन्दर केवल उत्कर्ष का आधान करते हैं, स्वरूप के आधायक नहीं होते।

संस्कृत व्याख्या—यतः काव्यशरीरभूतयोस्तयोः सगुणौ इति विशेषणपदम् अनुपयुक्तम्। तस्य तथाऽनुपपन्नत्वे हेतुमाह—गुणानामित्यादिना माधुर्यादिकाव्यसम्बद्ध-गुणानां रसस्य रसादेरेके मुख्या धर्मास्तत्स्वरूपभूतास्तेषां भावस्तत्त्वं तस्य ये जीवात्मनः, शौर्यादयः आदिपदात्क्रौर्यादयस्ते यथा प्रधानभूतस्य शृङ्गारादेः साक्षात्संबंधेन संबंधिनः इत्यादिकथनेन लक्षणकृता नान्एन साधितत्वात्। विवरणं तु यथा—'ये रसस्याङ्गिनो धर्माः शौर्यादय इवात्मनः। उत्कर्षहेतवस्तु स्युरचलस्थितयो गुणाः'।। इति शौर्यादयो ह्यात्मन एव गुणा न तु शरीरस्य तथैव हि माधुर्यादयो गुणा रसस्यैव न तु वर्णानामिति तस्याशयः।

सगुणत्वविशेषणसमर्थनपक्षं पुनरुद्भाव्य दूषयति—रसेत्यादिना। शब्दार्थयोः रसाभिव्यञ्जकत्वेन— शृङ्गारादीनाम् अभिव्यञ्जकत्वरूपेण परम्परासंबंधेन शब्दार्थयोः सगुणत्वविशेषणमुपपन्नं भतीति; शब्दार्थौ हि प्राचीनोक्तरीत्या निर्मितौ रसाभिव्यञ्जकौ भवतोऽप्यनुमतौ। तेन रसादिरूपव्यङ्ग्यरूपाणामपि माधुर्यादीनां व्यञ्जकरूपशब्दार्थत्वे-नोपचारः, तदाह स एव—'गुणवृत्त्या पुनस्तेषां स्थितिः शब्दार्थयोर्मता' इति लोचनकृतः। इत्थमुच्यते चेत् उपचारतः च गुणानां शब्दार्थवृत्तिरनुपपन्नेति। यतः काव्यविग्रहत्वेन गृहीतयोः सहितभावेन स्थितयोः वाचकवाच्ययोः, रसः शृङ्गारादिः विद्यते शब्दार्थयोः रस इति चेत् तयोः गुणयुक्तत्वम्, च नैव वर्तते। रसहीनयोर्गुणवत्त्वाभावे हेतुमाह—गुणानामित्यादिना माधुर्यादीनाम् तदन्वयव्यतिरेकानुविधायित्वात् रसस्य सत्सत्त्वे तत्सत्त्वमन्वयस्तदभावे तदभावो व्यतिरेकस्तयोः, अनुसारित्वात्। रूपे सति गुणस्य रसभावे सति गुणाभावस्यावश्यं सत्त्वादिति। एतेन शब्दचित्रे चातिव्याप्तिः स्यात्। स्वसम्मतं प्रथमपक्षमाह रसो विद्यते चेच्छब्दार्थयोः, इति चेत् कस्माद्धेतोः नैव कथितं सगुणावित्येतस्य स्थाने सरसौ इत्थं विशेषाधायकपदम्। न च रसगुणयोः समनियतत्वादेकतरोक्तौ प्रकृतनिर्वाह इति वाच्यं, माधुर्यादित्रितयसाधारणस्य गुणत्वस्यैकत्वाभावादननुगमनस्य सम्भवात्। रसवन्तौ इत्युक्ते तु भावादिसाधारणस्या खण्डस्यास्वादविषयताविशेषस्य रसत्वस्वीकारन्नाननुगम इति तर्कवागीशाः। ननु गुणपदेन लक्षणया रसोपस्थितिरित्याशएनाऽऽह—गुणवत्त्वेति। गुणवत्त्वाऽन्यथानुपपत्त्या—गुणसहितत्वस्य रसव्यतिरेकेण उपपत्त्यभावेन रसवन्तौ इति प्राप्यते। इत्थं चेत् तदा सरसौ इत्थम् न तु सगुणाविति कथयितुं साम्प्रतम्, न नैव, सगुणौ इति। उक्तं

निदर्शनमुखेन समर्थयति नैव निश्चयेन जीवधारियुक्ताः जनपदाः इत्थं कथनीये शौर्यक्रौर्यादिगुणयुक्ताः देशाः इत्थं जनेन अपि कथ्यते, शौर्यादिधर्माणां प्राण्यवस्थानत्वेऽपि न कोऽपि प्राणिमन्त इति वक्तव्ये शौर्यादिमन्त इति न कोऽपि वक्ति तथैव माधुर्यादीनां रसावस्थानत्वेऽपि सगुणावित्यस्य रसवन्तावित्याशयं न कोऽपि गृह्णातीति।

मा भूद् दृष्टान्ते लक्षणा रूढि प्रयोजनाभावात्किन्तु प्रकृते तु गुणाभिव्यञ्जक-शब्दार्थप्रयोगोप-देशरूपप्रयोगजनस्य सत्त्वात्कथं न लक्षणेति पूर्वपक्षमुद्भाव्य दूषयति। ननु लक्षणगतेन 'शब्दार्थौ सगुणौ' इत्थम् कथनेन गुणा भिव्यञ्जकौ माधुर्यादीनाम्, अभिव्यंजनकर्तारौ शब्दाथौ काव्ये व्यवहर्तयौ इत्थम् आशयः, तेन प्रयोजनोपस्थित्या लक्षणया सगुणौ इत्यस्य रसवन्तौ इत्याशयः इत्थं कथ्यते चेत् तन्नैवोपयुक्तम्। तत्र हेतुमाह कविकृतौ गुणाभिव्यञ्जकशबदार्थवत्त्वस्य माधुर्यादयः, तेषामभिव्यञ्जकौ यौ शब्दाथौ तद्युक्त्वस्य उत्कर्षमात्राधानकर्तृत्वं नैव हि लक्षणप्रयोजकत्वमिति।

उक्तं हि–'काव्यस्य शब्दार्थौ शरीरम्, रसादिश्चात्मा, गुणाः शौर्यादिवत्, दोषाः काणत्वादिवत्, रीतयोऽवयवसंस्थानविशेषवत्, अलंकाराः कटककुण्डलादिवत्' इति।

एतेन 'अनलङ्कृती पुनः क्वापि, इति यदुक्तम्, तदपि परास्तम्। अस्यार्थःसर्वत्र सालङ्कारौ क्वचित्त्वस्फुटलंकारावपि शब्दार्थौ काव्यमिति। तत्र सालङ्कारशब्दार्थयोरपि काव्ये उत्कर्षाधायकत्वात्।

एतेन 'वक्रोक्तिः काव्यजीवितम्' इति वक्रोक्तिजीवितकारोक्तमपि परास्तम्। वक्रोक्तेरलङ्काररूपत्वात्।

यच्च क्वचिदस्फुटलंकारत्वे उदाहृतम्–

यः कौमारहरः स एव हि बरस्ता एव चत्रक्षपा-
स्ते चोन्मीलितमालतीसुरभयः प्रौढ़ाः कदम्बानिलाः।
सा चैवास्मि तथापि तत्र सुरतव्यापारलीलाविधौ
रेवारोधसि वेतसीतरुतले चेतः समुत्कण्ठते।। इति ।।

हिन्दी अनुवाद–(इसीलिए) कहा भी है–(यहां पर काव्यपुरुष का वर्णन करते हैं) ''काव्य के शब्द और अर्थ शरीर हैं, रसादि आत्मा है (आदि पद से रसाभास, भाव, भावाभास, भावशान्ति, भावोदय, भावसंधि, भावशवल आदि का भी

ग्रहण होता है), गुण (माधुर्य, ओज और प्रमाद—से तीन गुण) शौर्यादि की तरह हैं, दोष (श्रुतिदुष्टत्वादि दोष) काणत्वादि की तरह हैं, रीतियां (वैदर्भी, गौडी, पाञ्चाली और लाटी—ये चार रीतियां) अवयव रचना की तरह, (और) अलंकार (अनुप्रासोपमादि) कटककुण्डलादि की तरह हैं।" (कहने का आशय यह है कि जिस प्रकार पुरुषों में शरीर, आत्मा, गुण, दोष, अवयव और अलंकारादि होते हैं उसी प्रकार काव्य के अन्दर भी होते हैं)।

एतेनेति—इससे काव्यपुरुष के रूपक द्वारा—"अनलङ्कृती पुनः क्वापि" यह जो काव्य लक्षण में कहा है उसका भी निराकरण हो गया। अस्य हि अर्थः इति—इस (उक्त अंश) का यह अर्थ है कि—सर्वत्र शब्द और अर्थ अलंकार युक्त होने चाहिए (परन्तु) कहीं कहीं तो अस्फुट अलंकार वाले शब्द और अर्थ भी काव्य होते हैं। पूर्वोक्त रूप में (क्योंकि अलंकार कटककुण्डल की तरह बताए हैं अतः) अलंकार युक्त शब्दार्थ भी काव्य में उत्कर्षमात्र का आधान करने वाले होते हैं (स्वरूप का आधान करने वाले नहीं)।

एतेनेति—इसी से (उक्त हेतु से ही) "वक्रोक्तिः काव्यजीवितम्" (वक्रोक्ति ही काव्य का जीवन है—यह काव्य लक्षण भी) इस प्रकार वक्रोक्तिजीवितकार (आचार्य कुन्तक) का कथन भी निरस्त हो गया, क्योंकि वक्रोक्ति के एक अलंकारमात्र होने से। (और अलंकार स्वरूप के आधायक न होकर केवल उत्कर्ष को पैदा करने वाले होते हैं)।

और जो कहीं पर अस्फुटालंकार के विषय में (निम्न) उदाहरण किया है—"(यः कौमारहरः" यह भी विचारणीय है)। यः कौमारहर इति—(शैशवावस्था में रेवा के तट पर वेतस कुंज में विहार कर चुकी नायिका की पुनः उसी स्थान के प्रति उक्ति है) जो कुमारभाव को हरण करने वाला है (विवाह द्वारा दूर करता है) वही तो (अभिमत) वर है, वे ही (जिन रात्रियों से पहले रतिक्रीड़ा की थी) चैत्र मास की रात्रियां हैं (वासन्ती निशाए हैं), विकसित मालती पुष्प से सुरभित वही प्रौढ़ (प्रशस्त गति वाली) कदम्ब वन की वायुयें हैं (चैत्र मास में उन्हीं के होने से), मैं भी वहीं हूं (तात्पर्य यह है कि सब वस्तुयें पहली की ही तरह हैं, कोई चीज नवीन नहीं है, उसी प्रकार की सामग्री विद्यमान है) तथापि वहीं रेवा नदी के किनारे वेतस के कुंज में रति क्रीड़ा सम्पादन के लिए चित्त उत्कण्ठित हो रहा है।

संस्कृत व्याख्या–उक्तं कथितं पूर्वाचार्एः एव कविकृतः अर्थावबोधकवर्णसङ्घातः शब्दः शब्दबोध्योऽर्थस्तौ विग्रहः, रसादिः शृङ्गारादयः, आदिपदाद्भावादयः आत्मा माधुर्यादयो धर्माः शूरता, आदिपदात्क्रौर्यादीनां ग्रहणम्, वाक्यपदार्थगतदोषाः श्रुतिकटुप्रभृतयः अक्षिविकृतिः, आदिपदात् खञ्जत्वादीनां ग्रहणम्, वैदर्भीप्रभृतिरीतयः, अवयवसंस्थानविशेषवत् अङ्गानि तेषां विन्यासस्तद्विशेषवत् काव्यशोभाकर्तारो धर्मा अनुप्रासोपमादयः बहुभूषणं कर्णभूषणे, आदिपदात् कण्ठभूषणादीनां ग्रहणं तद्वत् इति यथा हि शरीरस्य जीवात्मा शौर्यादयस्तद्धर्माः काणत्वादयः शरीरशोभाविधातक धर्माः अङ्गानि शरीरसङ्घटनं कटककुण्डलादीनि शरीरशोभाधायकानि तथैव काव्यस्य हि शब्दार्थौ शरीरं रसादिरात्मा माधुर्यादय आत्मनो धर्मा उत्कर्षाधायकाः श्रुति कटुप्रभृतयो दोषाः काव्यशरीरशोभाविधातकधर्माः रीतयोऽङ्गसंस्थानम् अलंकारा अनुप्रासोपमादयः काव्यशरीरशोभाधायकधर्मा इति। एतेन गुणानामात्मनो धर्मत्वमुक्तं न तु स्वरूपं तत्तु रसादिरेवेति काव्यलक्षणे सगुणाविति वक्तुमयुक्तमिति।

इत्थं लक्षणगतं 'सगुणौ'' इति पदं दूषयित्वा तत्रत्यम् 'अनलङ्कृती पुनः क्वाऽपि' इति पदं पर्यालोचयितुमुपक्रमते 'अनन्तरोक्तेन अलंकाराः कटककुण्डलादिवत्' इति कथनेन, तेषां काव्यस्य शोभामात्राधायकत्वात्, अनलङ्कृती पुनः क्वाऽपि क्वचित्तु, भूयः अलंकाररहितौ च, शब्दार्थौ काव्यम् इत्थम् यदेव कथितं तथाकथनम् च निराकृतम्। तदेवोपपादयति–'अनलङ्कृती पुनः क्वापि' इति कथनस्य अभिप्रायः प्राएण अलंकारविशिष्टौ यत्र कुत्र तु अतथाव्यक्तालङ्कारौ च शब्दार्थौ काव्यम् इति तद् दूषयति। सर्वत्र सालङ्कारौ इति पक्षे अलंकारमण्डितवाचकवाच्ययोः च कविकृतौ प्रकर्षमात्राधानकारकत्वात् यतो ह्यलङ्काराः काव्य-शरीरशोभामात्राधायका न तु स्वरूपनिर्णायकास्तेन लक्षणे सालङ्कारौ इति पदमति जनुपयुक्तमित्याशयः। जयदेवस्तु निरलङ्कारयोः काव्यत्वस्वीकार-मनुष्णानलस्वीकारवन्मन्यते। अलंकारसम्बद्धत्वात्प्रसङ्गे-ऽस्मिन् कुन्तकसम्मतलक्षणमपि खण्डयति–अलङ्कृतीनां सर्वासां काव्यस्य शोभामात्राधायकत्वं न तु स्वरूपावधारकत्वमिति प्रतिपादनेन, वक्रोक्तिः काव्यजीवितं–चमत्कृतिविशिष्ट (विचित्र) कथनं काव्यस्य स्वरूपाधायकत्वेन जीवनस्थानीयम् इत्थम् वक्रोक्तिजीवितकारोक्तम्–वक्रोक्तिजीवितं प्रणयतीति, वक्रोक्तिजीवितकारः कुन्तकाचार्यः प्रतिपादितं काव्यलक्षणम् च प्रत्याख्यातम्। तत्र हेतुमाह–विचित्रभणितेः अलङ्कृतिस्वरूपत्वात्। यतो हि वक्रोक्तिरलङ्कृतिष्वन्यतमा, सा च केवलं काव्यस्य शोभामात्राधायिका, न तु स्वरूपावधारिकेति 'वक्रौक्तिः काव्यजीवितम्'

इति कुन्तकप्रतिपादितं काव्यलक्षणमपि निरस्तरमितति। यदेव हि कुत्रचित्तु सुस्पष्टलंकारविहरे निदर्शितम्। अस्य 'एतच्चिन्त्यमि' त्यनेनान्वयः।

पद्यमिदं शीलाभट्टारिकाप्रणीतमिति शाङ्र्गरधरपद्धतौ समुद्धृतम्। अस्य प्रसङ्गमादाय पण्डिता नैकमत्यं भजन्ते। तत्र काचिन्नायिका रेवारोधसि कृतसङ्केता परपुरुषरतिमपह्नुवाना वयस्यां प्रत्याहेति बालचित्तानुरञ्जनीकाराः। स्वाधीनपतिकाया उक्तिरियमिति बालबोधिनीकाराः। एषा बाल्य एव क्वचित्कुलशीलादिगुणगणोल्बणे यूनि निगूढनिर्व्यूढाभिलाषायाः पश्चादाचारसंरक्षणार्थमज्ञानादिकनीत्या मातापितृभ्यां तेनैव पाणिं ग्राहितायाः कुटुम्बिनीपदमधिवसन्त्याः प्रियसखीसङ्कथायां प्राचीनवासना-वशंवदायाः कस्याश्चिदुक्तिरिति साहित्यचूडामणिकाराः। अशेषभुक्तानामपि वरोपकरणा-दीनामत्यन्तप्रियत्वेन क्षणमप्यपरित्याज्यत्वं सूचयन्ती काचित्स्वकीया सखीमाहेति सुधासागरकाराः। काचिद्रवातीरे परपुंसा कृतसङ्केता तद्रतिं गोपयती सखीमाहेति कमलाकर्याम्। स्वाधीनपतिका काचिदसकृदुपभुक्तेष्वपि वरोपकरणादिषूत्कटासक्त्या तेषामत्यन्तोपादेयतां सूचयन्ती सखीमाहेति उद्द्योतकाराः। वयमपि अपरिणीतावस्थायामेव रेवातीरे कृतसुरतायाः पश्चात्तेनैव परिणीतायाः कस्याश्चित्सखीं प्रत्युक्तिरियमिति ब्रूमः। यः कौमारहरः स एव वरः, हि ता एव चैत्रक्षपाः ते उन्मीलितमालतीसुरभयः प्रौढ़ाः कदम्बालिनाः च सा च एव अस्मि तथापि सुरतव्यापारलीलाविधौ तत्र रेवारोधसि वेतसीतरुतले चेतः समुत्कण्ठते इत्यन्वयः। य एव कुमार्या भावः कौमारं अपनीतवानिति कौमारहरः प्रथमसम्भोगेनेति, सः नान्यः परिणेता, सम्प्रति पतिः; यो हि प्रथमसम्भोगेन कुमारीत्वमपहृतवान् स एव पतिः प्रेयानिति। परिणयात्प्रागेव गूढसंबंधेन परस्परानुरागो व्यज्यते। यासु तत्र तदा विहृतं, नान्याः मधुरात्रयः, विहारयोग्याश्चेति त एव, परिचिता एवेति, उन्मीलितमालतीसुरभयः विकसिता वासन्तिकलता, जातिरित्यपि 'वसन्ते सर्वाणि पुष्पाणि वर्ण्यन्ते' इति कविसम्प्रदायात् तत्सम्पर्केण सुगन्धिताः रत्युद्दीपनसमर्थाः कदम्बवनसञ्चारिणो वायवः वान्तीति। या तत्र तथा विहृतवती सा नान्या अहमिति शेषः। तादृशसुरतसामग्रीसत्त्वेऽपि, सुरतव्यापारलीलाविधौ सम्भोगः अभ्यासः क्रीडा तस्या प्रयोगे पूर्वानुभूते नर्मदातटवर्तिप्रदेशे वेतसलतामण्डपे चित्तं समुत्सुकं भवति इति।

यो हित नर्मदातटवर्तिनि वेतसलतामण्डपे मां सुरतं प्रत्युन्मुखीकृत्य मे कुमारीत्वं हृतवान् स एव प्रेयान् पतिः यासु आवां तत्र निगूढं विहृतवन्तौ ता एव मधुरात्रयः सम्प्रति सन्ति। तदा यथागुणा वायवो वान्ति स्म सम्प्रतियपि त एव विकसितमालतीसम्पर्कसुवासिता रत्युद्दीपकाः कदम्बवनसञ्चारिणो वायवो वान्ति।

अहमपि सैवास्मि या तदा तत्र तेन विहृतवती। एवमनुभूतसकलसामग्रीसत्त्वेऽपि रतिक्रीडाप्रयोगे तस्मिन्नेव नर्मदापुलिनवर्तिवेतसलतामण्डपे एव चित्तं समुत्सुकं भवतीत्याशयः।

टिप्पणी–विभावना का लक्षण–"विभावना विना हेतुं कार्योत्पत्तिरूपा"– विना ही कारण के यदि कार्य निष्पन्न हो जावे तो विभावनालंकार होता है।

विशेषोक्ति का लक्षणः–"सति हेतौ फलाभावरूपा विशेषोक्तिः"–कारण विद्यमान होने पर भी यदि कार्य की उत्पत्ति न हो तो विशेषोक्ति अलंकार होता है।

सन्देहासंकरालंकार का लक्षणः–जहां अनेक अलंकारों का संदेह हो, लक्षण तो कई अलंकारों के मिलते हों परन्तु विनिश्चायक लक्षण किसी का न हो, वहां तन्मूलक संदेहसंकरालंकार कहलाता है।

"यः कौमरहरः" इस पद्य के अन्दर विभावना और विशेषोक्ति दोनों ही अलंकारों की उपलब्धि होती है क्योंकि उत्कण्ठा के कारणभूत पति आदि का अभाव होते हुए भी उत्कण्ठा रूप कार्य का कथन किया गया है, अतः विभावनालंकार है, और उत्कण्ठा के अभाव के कारण पति आदि के होने पर भी फलरूप उत्कण्ठा के अभाव का कथन न करने से विशेषोक्ति है। इस प्रकार दोनों के लक्षण मिलते हैं किन्तु किसी का विनिश्चायक हेतु नहीं है, अतः विभावना-विशेषोक्तिमूलक सन्देहसंकरालंकार सुस्पष्ट है।

एतच्चिन्त्यम्। अत्र हि विभावनाविशेषोक्तिमूलस्य संदेहसङ्करालङ्कारस्य स्फुटत्वम्।

एतेन–

'अदोषं गुणवत्काव्यमलङ्कारैरलङ्कृतम्।
रसान्वितं कविः कुर्वन् कीर्तिं प्रीतिं च विन्दति।।'

इत्यादीनामपि काव्यलक्षणत्वमपास्तम्।

हिन्दी अनुवाद–यह विचारणीय (खण्डन योग्य) है। यहां तो विभावना एवं विशेषोक्ति से बना संदेहसङ्कर अलंकार स्पष्ट है। (कारण के बिना ही कार्य का होना विभावना है और कारण होने पर भी कार्य न होना विशेषोक्ति है। यहां सब कुछ यथावत् होने के कारण बिना कारण ही उत्कण्ठा का होना विभावना है और

उत्कण्ठा के अभाव के पर्याप्त कारण होने पर भी उसका विद्यमान होना विशेषोक्ति है, किन्तु उत्कण्ठा न होने के कारण वर आदि की उपभुक्तता है और उनके रहने पर भी अनुत्कण्ठा का अभाव उत्कण्ठा के रूप में निर्दिष्ट है, न कि अनुत्कण्ठा के अभाव के रूप में। इस कारण विभावना अस्फुट है। इसी तरह उत्कण्ठा का कारण वर आदि की अतत्ता (वही न होना) है। यद्यपि उसका अभाव कहा गया है, किन्तु अतत्ता के अभाव के रूप में नहीं अपितु तत्ता रूप से ही। अतः विशेषोक्ति भी अस्फुट है। फिर भी दोनों से बने संदेहसङ्कर तो स्पष्ट है। अतः यहां अलंकार अस्फुट नहीं किन्तु स्फुट है।) कई समालोचक इससे सहमत नहीं हैं। स्फुटत्व एवं अस्फुटत्व प्रतीयमानत्व एवं अप्रतीयमानत्व से ही होते हैं और यहां कारणाभाव एवं फलाभाव के वाचक के नञ् के अभाव से उसकी कल्पना में विलम्ब होने के कारण विभावना एवं विशेषोक्ति दोनों अस्फुट हैं और उससे बना सङ्कर अलंकार भी अस्फुट है। अतः यह आलोचना ठीक नहीं है।

इससे—दोषरहित गुणों से युक्त अलंकारों से अलङ्कृत रस से युकत काव्य को करने वाला कवि कीर्ति एवं आनन्द को प्राप्त कर लेता है।

इत्यादियों के काव्यलक्षण भी निराकृत हो गए। क्योंकि दोषगुणादिकों का स्वरूप में निवेश नहीं हो सकता।

संस्कृत व्याख्या—अत्र स्फुटलंकाराभाव इति दूष्यम् अत्रेत्यादिना काव्येऽस्मिन् निश्चयेन विभावनाविशेषोक्तिमूलस्य विना हेतुं कार्योत्पत्तिः हेतौ सत्यपि कार्याभावस्तौ योनिः यस्य तस्य सन्देहसङ्करालङ्कारस्य सन्देहविषयत्वेन, सङ्करोऽलङ्कारस्तस्य; उत्कण्ठाया वरोपकरणाद्यभावरूपकारणं विनाऽपि उत्कण्ठारूपकार्यवर्णनमितीयं विभावना किंवा उत्कण्ठाभावस्य कारणसत्त्वे तस्या कथनमिति विशेषोक्तिरिति संदेहात्सन्देहसङ्करालङ्कारोऽत्रेति स्पष्टत्वम्।

अयमाशयः—काव्यप्रकाशकृत काव्यलक्षणगतम् 'अनलङ्कृती पुनः क्वाऽपि' इत्यंशं सर्वत्र सालङ्कारौ क्वचित्तु स्फुटलंकारविरहेऽपि न काव्यत्वहानिरिति व्याख्यानाय तदर्थम् 'यः कौमारहरः' इति पद्यमुद्राहृत्य अत्र न कश्चित्स्फुटोऽलङ्कारो रसस्य प्राधान्यान्नालङ्कारतेति निर्दिष्टतम्। तच्च प्रकृतग्रंथकृतो नाभीष्टम् तदनुसारेण पद्येऽस्मिन् विभावनाविशेषोक्तिमूलः सन्देहसङ्करालङ्कारः स्फुटः। यत्र हेतुं विनैव कार्योत्पत्तिरुच्यते तत्र विभावना भवति तत्र च कारणे सत्यपि कार्याभावस्तत्र विशेषोक्तिः। प्रकृते तु उत्कण्ठारूपकार्यस्य वरसङ्गमाभावादिकारणाभावेऽपि

समुत्पत्तेर्विभावना वरसङ्गमादिकारणे सत्यमपि उत्कण्ठाऽभावरूपकार्यस्यानुत्पत्ते-र्विशेषोक्तिस्तदुभयारब्धसन्देहे सङ्करालङ्कारस्य स्फुटत्वान्नात्रालङ्कारस्यास्फुटत्वमिति। लक्षणकृदाशएन तु ये हि समुत्कण्ठाकारणानि प्रियसङ्गमाभावदयस्तदभावेऽप्यत्रो-त्कण्ठोत्पनेति तदभावश्च तद्विरोधिप्रियसङ्गमसद्भावमुखेनोपनिबद्ध इति विभावनाऽस्फुटा। कारणानामसद्भावमुखेन वर्णितं स्यात्तदैव तस्याः स्फुटत्वं भवेत्। एवमेव प्रियसङ्गमादयो हि समुत्कण्ठाभावस्य कारणानि। सत्स्वपि तेषु उत्कण्ठाभावो नोत्पन्न इत्युत्कण्ठोत्पत्तिमुखेन वर्णितत्वाद्विशेषोक्तिरस्फुटा। यदि हि धृतिर्नोत्पन्नेत्युच्येत तदा हि कार्यानुत्पत्तेः स्फुटतयोक्तत्वाद्विशेषोक्तिः स्फुटा स्यात्। किन्तु विरुद्धरूपोत्कण्ठोत्पत्तिमुखेन धृत्यनुत्पत्तेर्वर्णनात्सा अस्फुटेति। एवं तयोरस्फुटलंकारविरह इति। ग्रंथकृदाशएन तु विभावनाविशेषोक्त्योरस्फुटत्वेऽपि तुदभयारब्धसन्देहे सङ्करालङ्कारस्य स्फुटत्वान्नात्र स्फुटलंकारविरहः। संसृष्टिसङ्करावपि लौकिकमुकुटाद्यलङ्कारमिश्रणेनैव पृथगलङ्कारत्वे-नाभ्युपगतौ। समालोचकानुसारेण दूषणमिदं न रुचिरम्। यथा हि शीघ्रप्रतीयमानत्वं स्फुटत्वं तद्विपरीतत्वमस्फुटत्वम्। अत्र कारणाभावफलाभावयोर्वाचकस्य नञोऽभावेन तत्कल्पनाया विलम्बेनास्फुटत्वात्तन्मूलसङ्करस्याऽप्य- स्फुटत्वमेवेति। प्रदीपकारा अपि— अत्र रूपकादीनामसम्भव एव। अस्मीत्यस्य विभक्तिपरिणामादस्तु दीपकमिति चेन्न अस्मीत्यस्याहमर्थकाव्ययत्वात्। अत्रास्मि करोमीतिवत्। क्रियापदत्वेऽपि न दीपकत्वं तदन्वयिनां सर्वेषामेव प्राकरणिकत्वाद् दीपकस्य तु प्राकरणिकाप्राकरणिकविषयत्वात्। सादृश्यप्रतीतेश्च न तुल्ययोगिता। समुच्चयोऽपि लक्ष्यमाणलक्षणो न सम्भवत्येव। अतादृशश्च न चारुत्वहेतुः। विशेषोक्तिविभावने विद्यमानेऽपि न स्फुटे। कथमिति चेदित्थम्—विशेषोक्तिस्तावत्कारणसत्त्वेऽपि कार्याभाववचनम्। अत्र चानुत्कण्ठा-कारणवरोपकरणयोरुपभुक्तता। तत्सत्त्वे सत्यप्यनुत्कण्ठाभाव उत्कण्ठारूसो निर्दिष्ट एव तथापि नानुत्कण्ठाभावत्वेन किन्तूत्कण्ठात्वेनैव। तस्मादस्फुटत्वमस्याः। यदि चेतो नोत्कण्ठितं नेत्यभिधीयेत तदा स्फुटत्वं भवेत्। एवं कारणाभावेऽपि कार्योत्पत्तिवचनं विशेषोक्तिः। अत्र चोत्कण्ठाकारणं वरोपकरणयोरतत्ता। तदभावश्च यद्यप्ययुक्त एव तथाऽपि नात्तताविरहत्वेन किन्तु तत्तारूपेणैव। अभावाभावस्य तत्त्वात्। अतोऽस्या अप्यस्फुटत्वमेव। न च स एवेत्येवकारेणातत्ताभावप्रतीतेरतत्त्वाभावत्वेन प्रतीतौ कथमस्फुटत्वमिति वाच्यं विशेषणसङ्गतेन एवकारेण विशेष्ये विशेषणायोगस्य व्यवच्छेदो हि प्रत्याय्यते न तु विशेषणभावाभाव एवाऽऽहत्येति वदन्ति।

काव्यस्य हि षड्भेदा अलंकारमाश्रित्य सरसं स्फुटलंकारसहितं सरसमस्फुटलंकारसहितं सरसमलङ्कारशून्यम्, एवमेव नीरसं स्फुटलंकारसहितं

नीरसमस्फुटलंकारसहितं नरसमलङ्कारशून्यञ्चेति। तत्र मम्मटाचार्यमते प्रथमद्वितीय-चतुर्थपञ्चमानां काव्यत्वं प्रदीपकारमते आदितश्चतुर्णामेव। केषाञ्चिन्मते तु प्रथमद्वितीय-चतुर्थानामेव तत्। वस्तुतस्तु अलंकारशून्यस्य न कोऽपि काव्यत्वं स्वीकरोति। काव्यलक्षणे 'क्वापि' इत्येतस्य एतावानेवाशयो यत्क्वचित्स्फुटलंकारविरहेऽपि न काव्यत्वहानिरिति। तादृशमस्फुटत्वञ्च रसस्य प्राधान्यादेव भवतीति। सर्वथाऽलङ्काररहित्यं न तस्याप्यभीष्टम्। अलंकारस्य काव्यलक्षणे सन्निवेशः प्रायः सर्वेषामेवाभीष्टः। उक्तमेव 'न कान्तमपि निर्भूषं विभाति वनितामुखम्' इति। एतेन काव्यप्रकाश-सम्मतकाव्यलक्षणगतविशेषणपदसन्दूषणेन। खण्डनाय भोजदेवसम्मतकाव्यलक्षणं सप्रयोजनमुद्धरति अदोषमित्यादिना। अदोषं गुणवत् अलंकारैः अलङ्कृतं रसान्वितं काव्यं (तत्) कुर्वन् कविः कीर्ति प्रीतिं च विन्दति इत्यन्वयः। अदोषं रसास्वाद-विघातकाश्च्युतसंस्कृतिप्रभृत्यः, यस्मिंस्तत्, गुणवत् काव्योत्कर्षहेतवो माधुर्यादयः, सन्त्यस्मिन्निति नित्ययोगे मतुप् काव्यशोभाधायकैः- रनुप्रासोपमादिभिः मण्डितम् काव्यात्मभूताः शृङ्गारादयः, रसपदेनात्र भावादीनामपि ग्रहणं युक्तं काव्यसंज्ञितं भवति। तादृशं काव्यं प्रणयन् काव्यकारः यशः परमानन्दञ्च लभते इति। दोषरहितं गुणविशिष्टमलङ्कारमण्डितं रसाप्लावितं वाक्यं काव्यं भवति येन कर्ता यशः आनन्दञ्च प्राप्नोतीत्याशयः। एतत्कोटीनामन्एषाम् च; यथा

'निर्दोषा लक्षणवती सरीतिर्गुणभूषणा।
सालङ्काररसानेकवृत्तिर्वाक् काव्यनामभाक्'।। इति ।।

काव्यस्वरूपम् निराकृतमिति।

टिप्पणी—यहां काव्यप्रकाश सम्मत काव्यलक्षण का यथोचित निरूपण किया गया है।

यत्तु ध्वनिकारेणोक्तम्—'काव्यस्यात्मा ध्वनिः'—इति तत्किं वस्त्वलङ्काररसादि-लक्षणस्त्रिरूपो ध्वनिः काव्यस्यात्मा, उत रसादिरूपमात्रो वा? नाद्यः, प्रहेलिकादावतिव्याप्तेः। द्वितीयश्चेदोमिति ब्रूमः। ननु यदि रसादिरूपमात्रो ध्वनिः काव्यस्यात्मा, तदा—

अत्ता एत्थ णिमज्जइ एत्थ अहं दिअसअं पलोएहि।
मा पहिअ रत्तिअंधिअ सेज्जाए मह णिमज्जहिसि।।

हिन्दी अनुवाद–जो कि ध्वनिकार (आनन्दवर्धनाचार्य) ने कहा है–'काव्य की आत्मा ध्वनि है', उसमें क्या वस्तु, अलंकार एवं रसादि रूप तीनों ध्वनियां काव्य की आत्मा है अथवा केवल रसादि रूप ध्वनि ही काव्य की आत्मा है? पहली अर्थात् वस्तु एवं अलंकार रूप ध्वनि काव्य की आत्मा नहीं बन सकती, क्योंकि वैसा मानने पर काव्य-लक्षण की प्रहेलिका आदि में अतिव्याप्ति होती है। (किसी दूसरे अर्थ को व्यक्त कर अपने अभीष्ट अर्थ को छुपाकर कहे जाने वाले वाक्य प्रहेलिका है। जैसे तरुणी से गले में आलिङ्गन किया गया एवं उसके नितम्ब में आश्रित कौन ऐसा है, जोकि गुरुजन के निकट में भी बराबर चिल्लाता है। इसका अपना अर्थ है–आधा पानी वाला घड़ा। लक्ष्य से बाहर भी लक्षण का जाना अतिव्याप्ति है।) यदि दूसरा अर्थात् रसादि ध्वनि काव्य की आत्मा है तो हम भी उसे स्वीकार करेंगे। यदि रसादि रूप ध्वनि को ही काव्य की आत्मान मानी जाए तो–

हे रात के अंधे बटोही! आंखे खोलकर दिन में ही ठीक से देख लो। मेरी सास यहां सोती है (गहरी नींद में सोती है) और मैं यहां। तुम कहीं रात में दोनों के खाट में गिर न पड़ो।

संस्कृत व्याख्या–यदेव हि ध्वनिविवेचकेन आनन्दवर्धनाचार्एण कथितम्, काव्य-स्यात्मा ध्वनिः–काव्यस्य कविकृतेः प्राणतत्त्वं व्यङ्ग्यार्थः, न तु ध्वनिकाव्यं काव्यस्यैव काव्यात्मकतासम्भवात् इति। तत्र किम् इति प्रश्ने, वस्त्वलङ्काररसादिलक्षणः अर्थमात्रं कविप्रौढोक्तिसिद्धिकविनिबद्धवक्तृप्रौढोक्तिसिद्धस्वतःसम्भवीति त्रिरूपम् उपमादिः शृङ्गारादिः, आदिपदाद्भावादयोऽपि तल्लक्षणस्तत्स्वरूपः वस्तुव्यङ्ग्यालङ्कारव्यङ्ग्य-रसादिव्यङ्ग्यस्वरूपः त्रिप्रकारः व्यङ्ग्यार्थः प्रतीयमानरूपः कविकृतेः प्राणतत्त्वम्, उत इति वितर्के रसरसाभासभावतदाभासाद्यसंलक्ष्यक्रमव्यङ्ग्यरूपः एव, वा इति पक्षान्तरे। तत्र स्वमतमाह–वस्त्वलङ्काररसादिस्वरूपो ध्वनिः नैव काव्यस्यात्मेति। तत्र हेतुमाह–व्यङ्गयार्थविशिष्टो नीरसो वाक्यविशेषः, अत्र किञ्चिदूनजलघटरूपं वस्तु व्यङ्ग्यम्। क्रियागुप्तिर्यथा–'सन्ध्यावन्दनवेलायां तडागान्ते द्विजोत्तमैः' इति। अत्र द्विजोत्तम एेः इति इणो लङि मध्यमपुरुषैकवचनरूपम्। एतादृशवाक्ये वस्तुरूपध्वनिसत्त्वेऽपि तथाविधार्थस्य रसपरिपन्थित्वेन तदभावान्न काव्यत्वम्। अत्र अतिप्रसक्तेः लक्ष्यवृत्तित्वे सत्यलक्ष्यवृत्तित्त्वमतिव्याप्तिरिति तल्लक्षणात् रसादिरूपः चेत् साधु इत्थं कथयामः। यदि हि रसादिध्वनेरेव काव्यात्मेति तत्तु वयमपि स्वीकुर्मः इति। उक्तं द्रढयितुमाशङ्कते–यदि रसभावादिस्वरूपमात्रो न तु वस्त्वलङ्काररूपोऽपि व्यङ्ग्यार्थः कविकृतेः प्राणतत्त्वम् तदवस्थायाम् अस्य इत्यादावित्यनेनान्यः।

अत्ता (श्वश्रूः) एत्थ (अत्र) णिमज्जइ (निमज्जति) अहं (अहम्) एत्थ (अत्र) दिअसअं (दिवसकम्) पलोएहि (प्रलोकय) हे रत्तिअंधिअ (रात्र्यन्धक) पहिअ (पथिक!) मह (आवयोः मम वा) सेज्जाए (शय्यायाम्) मा (मा) णिमज्जहिसि (निमङ्क्ष्यसि) इत्यन्वयः। पतिजननी अस्मिन् स्थले, गाढं स्वपिति अनेन तस्याः प्रगाढनिद्रावस्थाऽतोऽकिञ्चिज्ज्ञात्त्वं व्यज्यते। मन्दभाग्या अस्मिन् स्थले स्वपितीति शेषः। अत्र क्रियापदाभावो हि स्वपन्त्यपि जाग्रत्येव तिष्ठामीति व्यनक्ति। दिवा एव सम्यक् पश्य तैमिरिक! पान्थ! श्वश्रूस्नुषयोः, अनेन गृहे तृतीयजनाभावीऽत एव निःशङ्कं, सुरतावसरो व्यज्यते। पर्यङ्के नैव पतसि इति।

कस्याश्चित्प्रोषितपतिकायाः केनचिदन्एन सह रन्तुमुद्यतायाः परकीयाया उक्तिरियम्। अत्र निषेधरूपार्थस्य शय्यायामावयोर्मा निमङ्क्ष्यसीत्यस्य मुख्यार्थ-बाधाभावेऽपि कुलटावचनेन शय्यायां निःशङ्कं रन्तुं समागच्छेति विधिरूपं व्यङ्ग्यम्।

टिप्पणी—किसी पथिक के प्रति किसी नायिका की उक्ति है। मेरी शय्या पर प्रविष्ट तुझको यदि सास किसी प्रकार जान जावे तो "मैं रात्र्यन्ध हूं अतः अपनी शय्या को नहीं देख पाया" इस गोपन के उपाय को बतलाने के लिए "रात्र्यन्धक" इस पद को प्रयुक्त किया है, ऐसा कुछ कहते हैं।

इत्यादौ वस्तुमात्रस्य व्यङ्ग्यत्वे कथं काव्यव्यवहार इति चेत्? न,—अत्रापि रसाभासवत्तएवेति ब्रूमः, अन्यथा 'देवदत्तो ग्रामं याति' इति वाक्ये तद्भृत्यस्य तदनुसरणरूपव्यङ्ग्यावगतेरपि काव्यत्वं स्यात्। अस्त्विति चेत्? न, रसवत एव काव्यत्वाङ्गीकारात्।

काव्यस्य प्रयोजनं हि रसास्वादमुखपिण्डदानद्वारा वेदशास्त्रविमुखानां सुकुमारमतीनां राजपुत्रादीनां विनेयानां 'रामादिवत्प्रवर्तितव्यं न रावणादिवत्' इत्यादिकृत्याकृत्यप्रवृत्तिनिवृत्त्युपदेश इति चिरन्तनैरप्युक्तत्वात्। तथा चाग्नेयपुराणेऽप्युक्तम्—"वाग्वैदग्ध्यप्रधानेऽपि रस एवात्र जीवितम्' इति।

हिन्दी अनुवाद—इत्यादि में वस्तुमात्र का व्यङ्ग्य होने से काव्य का व्यवहार कैसे होता है? यदि ऐसा कहा जाए तो वह ठीक नहीं है, क्योंकि यहां भी रसाभाव के होने से भी काव्य का व्यवहार हुआ है—ऐसा हम कहते हैं। (अनुचित रूप से रस का उद्बोधन रसाभाव है और यहां उपपति के साथ रति का वर्णन होने से अनुचित है।) बिना रस के सम्पर्क से ही काव्य माना जाए तो 'देवदत्त गांव जाता

है' इत्यादि वाक्य में उसके नौकर का उसका अनुगमन रूप व्यङ्ग्य के अवबोध को भी काव्य मानना पड़ेगा (क्योंकि यह भी वस्तुध्वनि तो है ही), हो तो हो, ऐसा कहना भी ठीक नहीं, क्योंकि रस से युक्त वाक्य ही काव्य माना गया है।

काव्य का प्रयोजन (फल) तो रस के आस्वाद रूप लोभद्रव्य देकर वेद-शास्त्र आदि में विमुख बने कोमल बुद्धि वाले कर्तव्य-अकर्तव्य का उपदेश देने योग्य राजपुत्र आदि का 'राम आदि जैसे व्यवहार करना चाहिए न कि रावण आदि की तरह इत्यादि कृत्य में प्रवृत्ति एवं अकर्तव्य से निवृत्ति का उपदेश ही है, ऐसा प्राचीन आचार्यों ने भी कहा है। वैसे ही अग्निपुराण में भी कहा है—'अलंकार आदि की प्रधानता रहने पर भी रस ही काव्य का जीवन है।'

संस्कृत व्याख्या—इत्यादिवाक्ये विधिरूपार्थमात्रस्य प्रतीतौ केन प्रकारेण काव्यत्वेन ग्रहणम् इत्थमाशङ्क्यते, चेत् न तदुपयुक्तम्। प्रत्याख्याने हेतुमाह—अत्रेत्यादिना। अत्ता एत्थ इत्यादौ, अपि च, न केवलं वस्तुध्वनिनित्वेनाषितु रसाभासवत्तया अनौचित्यप्रवर्तितो रसः, 'रसभावतदाभासा अचौचित्यप्रवर्तिताः' इति कथनात् तद्विशिष्टतया अत्र तूपनायकविषयत्वाद्रसाभासः। न तु वस्तुध्वनिमात्रेणास्य काव्य-व्यवहारः इति कथयामः। रसाभासोऽव शृङ्गाराभासः व्यङ्ग्यान्तरसत्त्वेऽपि रसपर्यवसाने एव काव्यत्वं तथात्वाभावेऽपि काव्यत्वस्वीकारे त्वतिव्याप्तिरित्याह—वस्तुमात्रस्य व्यङ्ग्यत्वेऽपि काव्यत्वस्वीकारे, देवदत्तो ग्रामं याति—तादाख्यः कश्चित्पुरुषः ग्रामं गच्छति इत्यादौ वाक्ये, तद्भृत्यस्य—तस्य देवदत्तस्य सेवकस्य, तदनुसरण-रूपव्यङ्ग्यावगतेः देवदत्तस्य पश्चाद्गमनं, तद्रूपं यद् प्रतीयमानत्वं तस्य अवबोधस्य च काव्यव्यवहारः सम्भवेदिति। तत्रेष्टापत्तिमाशङ्क्य खण्डयति—अस्त्वित्यादिना। तादृशस्यापि वाक्यस्य काव्यत्वं भवतु इत्थं कथ्यते चेत् तन्नेवोपयुक्तम्। प्रत्याख्याने हेतुमाह—रसवत इत्यादिना। सरसस्य हि न तु नीरसस्येति काव्यत्वस्वीकारात्।

रसवत एव काव्यत्वस्वीकारे बीजमाह—काव्यस्येत्यादिना। कविकृतेः फलं निश्चयेन, रसास्वादमुखपिण्डदानद्वारा शृङ्गारादेः अनुभवः स एव लोभद्रव्यं, तद्दानद्वारा, सुखेति पाठे—स एव आनन्दः तस्य समूहः सन्तानस्तद्दानद्वारेति, वेदशास्त्रविमुखानां—आम्नायः मीमांसादि आपाततोऽतिकठिनतया पराङ्मुखानां कृत्याकृत्योपदेशयोग्यानां सुकोमलबुद्धीनां राजपुत्रादीनां यथा रामादिभिर्महापुरुषैराचरितं तथैव व्यवहर्तव्यं नैव यथा रावणादिभिराचरितं परस्त्रीहरणपरपीडनादिकं तथा इत्यादि कृत्ये अकृत्यान्निवृत्ति-स्तुदुपदेशः इत्थं प्राचीनैराचाएंः च कथिंतत्वात्।

वेदा हि शब्दप्रधाना दुरूहाः पुराणानि अर्थप्रधानानि आयासबहुलानि। तेन तत्र विमुख भवन्त्येव सुकोमलमतयः। तेषां तु गुणीभूताशब्दार्थेषु रसास्वादप्रधानेषु काव्येषुतु सुखेन प्रवेशः सम्भवति। तत्र तु रसास्वादसुखपूर्वकमेव कृत्याकृत्यशिक्षेति काव्यस्योपादेयतेति। उक्तमेव–'स्वादुकाव्यरसोन्निमश्रं वाक्यर्थमुपभुज्यते। प्रथमालीढमधवः पिबन्ति कटुकौषधम्' इति। नीरसवाक्यस्य काव्यत्वस्वीकारे तु उक्तार्थविरोध इत्याशयः।

उक्तार्थे आर्षमतं प्रमाणयति एवमेव तदाख्येऽष्टादशमहापुराणेष्वेकतमे च कथितम्। अलंकारप्रधाने च काव्य प्राणतत्त्वं तु शृङ्गारादिः नान्य इति। यद्यपि काव्येऽलङ्कारादीनां प्राधान्यं तथा तस्य आत्मा तु रस एवेति।

टिप्पणी–यहां व्यक्ति विवेककार के पक्ष को स्पष्ट किया गया है।

व्यक्तिविवेककारेणाऽप्युक्तम्–

'काव्यस्यात्मनि अङ्गिनि, रसादिरूपे न कस्यचिद्विमतिः'। इति।

ध्वनिकारेणाऽप्युक्तम्–

'नहि कबेरितिवृत्तमात्रनिर्वाहेणात्मपदलाभः, इतिहासादेरेव तत्सिद्धेः'। इत्यादि।

ननु तर्हि प्रबंधान्तर्वर्तिनां केषाञ्चिन्नीरसानां पद्यानां काव्यत्वं न स्यादिति चेन्न। रसवत्पद्यान्तर्गतनीरसपदानामिव पद्यरसेन, प्रबंधरसेनैव तेषां रसवत्ताङ्गीकारात्। यत्तु नीरसेष्वपि गुणाभिव्यञ्जकर्णसद्भावाद् दोषाभावादलङ्कारसद्भावाच्च काव्यव्यवहारः स रसादिमत्काव्यबन्धसाम्याद् गौण एव।

हिन्दी अनुवाद–व्यक्तिविवेककार ने भी कहा है–काव्य के अङ्गी बने रसादि रूप आत्मा में किसी का भी विरोध नहीं है।

ध्वनिकार ने भी कहा है–'इतिवृत्त (कथानक) मात्र के निर्वाह से कवि को कवित्व पद का लाभ नहीं होता, कथानक की सिद्धि तो इतिहास आदि से ही हो जाती है'। इत्यादि।

'यदि रस से युक्त वाक्य को ही काव्य माना जाए तो प्रबंध के अंतर्गत कुछ नीरस पद्यों का काव्यत्व नहीं होगा'–ऐसा कहना कठिन नहीं, क्योंकि सरस पद्य के

अंतर्गत नीरस पदों की जैसे पद्य के रस से सरसता होती है, वैसे ही प्रबंध के रस से ही उनकी रसवत्ता होती है। जोकि नीरस पद्यों में गुण के अभिव्यंजक वर्णों के रहने से दोष के न रहने से अलंकार के होने से भी काव्यव्यवहार होता है। वह रसादि युक्त काव्य-प्रबंध के सादृश्य से गौण (अमुख्य) ही है (सही अर्थ में काव्यत्व उसमें नहीं है।)

संस्कृत व्याख्या—व्यक्तिविवेकाख्यग्रंथकृता महिमभट्टेन च कथितम् कविकृतेः आत्मभूते अत एव अलंकाराद्यपेक्षया प्रधानेः, सङ्गिनि इति पाठे—अवश्यं स्थायिनि शृङ्गारादयः, आदिपदाद्भावादयोऽपि तद्रूपे नैव कस्याऽपि सहृदस्य असम्मतिरिति काव्यात्मत्वस्वीकारे सर्वेषामेव सहृदयानां स्वरस इत्याशयः। उक्तार्थे ध्वनिकारमपि प्रमाणयति ध्वनिविवेचनेकानन्दवर्धनेन च कथितम् नैव निश्चयेन काव्यकर्तुः वर्णितार्थमात्रनिरूपणेन कवित्वपदोपलब्धिः, न हि कविसंबंधिप्रबंधत्वेनैव काव्यशब्दप्रयोग इति कथमित्यपेक्षायामुच्यते—इति महाभारतादेः, हि तस्येतिवृत्तनिर्वाहस्य सिद्धलर्भात् इत्यादि। रसवत एव काव्यत्वस्वीकारेऽव्याप्तिमाशङ्कते ननु यदि रसवद्वाक्यमात्रस्य काव्यत्वं स्वीक्रियते न नीरसस्य तदा संदर्भान्तर्गतानां कतिपयेषाम् वस्त्वलङ्कारप्रधानानां श्लोकानाम् अत्र पद्यपदेन गद्यस्यापि ग्रहणं, काव्यस्य गद्यपद्यमिश्रत्वेन स्वीकारात्। यथा रघुवंशे—'वैवस्वतो मनुर्माम माननीयो मनीषिणाम्'। यथा वा मेघदूते—'जातं वंशे भुवनविदिते पुष्करावर्तकानाम्' यथा वा कुमारसम्भवे—'अस्त्युत्तरस्यां दिशि देवतात्मा हिमालयो नाम नगाधिराजः' इत्यादि काव्यव्यवहारः नैव स्यात् इति चेत्। प्रबंधान्तर्गतनीरसपदानां न काव्यत्वमिति न। तत्र हेतुमाह—रसवदित्यादिना। रसवत्पद्यान्तर्गतनीरसपदानाम्—रसवद्रसयुक्तं यत्पद्यं शलेककस्तदन्तर्गतानि तदन्तर्वर्तीनि यानि पदानि, तेषाम् पद्यसंबंधरसेन; यथा 'कश्चित्कान्ताविरहगुरुणा...' इत्यादौ मेघदूतान्तर्गतपद्ये नीरस्य वसतिमित्यादिपदस्य, सन्दार्भसम्बद्धरसेन हि प्रबंधान्तर्गतनीरसपद्यानां सरसत्वस्वीकारात्। ननु नीरसेष्वपि केषुचित्प्रबंधेषु रीत्यादिमहिम्ना काव्यत्वं यद् व्यवह्रियते इत्याशङ्क्य तदपनुदति—यदित्यादिना। एव रसाभिव्यञ्जकत्वशून्एषु; यथा—'सकृत्कुन्कपातेन पतत्यार्यः पतन्नपि तथा पतति मूर्खस्य मृत्पिण्डपतनं यथा' इत्यादिषु माधुर्यादयः द्योतकाः ये वर्णास्तेषां उपस्थित्या। रसास्वादविघातकाश्च्युतसंस्कृतिप्रभृतयः अनुपस्थितेः अलंकारसद्भावात् काव्यशोभाधायकधर्मा अनुप्रासोपमादयः तेषां उपस्थितेः चकारः समुच्चयार्थकः काव्यत्वस्वीकारः तादृशकाव्यव्यवहारस्तत्र, रसादिमत्काव्यबन्धसाम्यात् रसभावादियुक्त काव्यसंदर्भः सादृश्याद्धेतोः अमुख्यः न तु मुख्य इति तत्र रसादिमत्त्वाभावात् इति।

यत्तु वामनेनोक्तम्–'रीतिरात्मा काव्यस्य' इति, तन्न; रीतेः संघटनाविशेषत्वात्। संघटनायाश्चावयवसंस्थानरूपत्वात्, आत्मनश्च तद्भिन्नत्वात्।

यच्च ध्वनिकारेणोक्तम्–

'अर्थः सहृदयश्लाघ्यः काव्यात्मा यो व्यवस्थितः।
वाच्यप्रतीयमानाख्यो तस्य भेदावूभौ स्मृतौ।।' इति।।

अत्र वाच्यात्मत्वं "काव्यस्यात्मा ध्वनिः" इति स्ववचनविरोधादेवापास्तम्।

हिन्दी अनुवाद–और जो वामन (अलंकारसूत्रकार आचार्य वामन) ने कहा है–"रीतिरात्मा काव्यस्य"–"काव्य की आत्मा रीति है" (वैदर्भी आदि रीति), वह ठीक नहीं है क्योंकि रीति के संघटना (रचना) विशेष होने के कारण। और रचना विशेष के (काव्य शरीर के) अवयवों (शब्द और अर्थों) की समुचित स्थानों में स्थिति होने के कारण और वह रचना विशेष (आत्मा नहीं हो सकती क्योंकि) काव्यात्मा से भिन्न होती है।

और जो ध्वनिकार ने कहा है (यहां पर ध्वनिकार का उल्लेख करके उसके मत का खंडन करते हैं) कि–सहृदय सामाजिकों के द्वारा प्रशंसनीय जो अर्थ काव्य की आत्मा व्यवस्थित की गई है (अर्थ) के वाच्य और प्रतीयमान (अभिधेय और व्यंग्य नामक) दो भेद कहे गए हैं (अर्थात् उसके दो भेद होते हैं–(1) वाच्य और (2) प्रतीयमान।)

इस कारिका में वाच्यार्थ को काव्य की आत्मा बताया गया है (अतः उनका कथन) 'काव्यस्यात्मा ध्वनिः–यह स्ववचन विरोध के कारण ही निरस्त हो गया।

संस्कृत व्याख्या–यदेव हि तदाख्येन काव्यालङ्कारसूत्राख्यग्रंथकृताऽऽचार्एण कथितम् कविकृतेः स्वरूपं पदसङ्घटना इति काव्यस्यातक रीतिरिति कथनं नैवोपयुक्तं तत्र हेतुमाह–रीतेरित्यादिना। विशिष्टपदरचनायाः, गुणाभिव्यञ्जकपद-विन्यासरूपत्वात्। रीतेः सङ्घटनाविशेषरूपत्वेऽपि तस्याः काव्यात्मत्वे का हानिरित्य-पेक्षायामाह–सङ्घटनाया इत्यादिना। पदविन्यासविशेषस्य अपि अङ्गविन्यासरूपत्वात् आत्मतत्त्वस्य तु तदतिरिक्तत्वात्। यथा हि शरीर-सम्बद्धाङ्गसन्निवेशस्य आत्मनश्च भिन्नता तथैव काव्यशरीरस्य रीतिरवयव (पद) विन्यास प्रकार आत्मा तु तदतिरिक्तः (रसः) एवेति सारम्।

अथ च ध्वनिकारसम्मतत्वेन गृहीतं मतमपि खण्डयितुमुपक्रमते यदेव हि ध्वनिविवेचकेन- आनन्दवर्धनाचार्एण कथितम् तदुद्धरति–अर्थ इत्यादिना सहृदयश्लाघ्यः यः अर्थः काव्यात्मा इति व्यवस्थितः तस्य वाच्यप्रतीयमानाख्यौ उभौ भेदौ स्मृतौ इत्यन्वयः। रसिकप्रशंसनीयः य एव अर्थः काव्यस्य आत्मा जीवतत्वम् इति प्रतिपादितः काव्यार्थस्य अर्थसामान्यस्येति वाच्यप्रतीयमानाख्यौ अभिधेयः व्यङ्ग्यस्वरूपः तादृशसंज्ञकौ द्वौ प्रकारौ कथिताविति। सहृदयबोध्योऽर्थः काव्यस्यात्मा देहस्य जीव इव अर्थो हि द्विविधः–वाच्यप्रतीयमानभेदात्। अस्यामुक्तौ अभिधेयार्थस्य काव्यात्मत्वम् व्यङ्ग्यार्थः काव्यस्यात्मा इत्थम् निजकथनविरोधात् हि खण्डितमिति।

एकतस्तु काव्यस्यात्मा ध्वनिरिति प्रतीयमानार्थभूतध्वनेः काव्यात्मत्वं स्वीकृतं तनैव पुनः काव्यात्मभूतसहृदयश्लाध्यार्थस्य वाच्यप्रतीयमानभेदेन द्वौ प्रकारावुक्तौ। यदि हि वाच्यार्थस्य काव्यात्मत्वं स्वीक्रियते तदा काव्यस्यात्मा ध्वनिरिति कथनेन विरोधात्तत्स्वयमेव खंडितमिति। वस्तुतस्तु खंडनमिदं न रुचिरम्। अत्र हि प्रतीयमानार्थभूमिकारूपेण अर्थमात्रस्य द्वौ भेदावुक्तौ न तु काव्यस्य द्वावात्मानाविति। उक्तमेव लोचने–'अत एवार्थ इत्येकतयोपक्रम्य सहृदयश्लाघ्य इति विशेषणद्वारा हेतुमभिधायापोद्धारणदृशा तस्य भेदावंशावित्युक्तं न तु द्वावप्यत्मानौ काव्यस्य' इति।

टिप्पणी–ध्वनिकार ने एक स्थान पर "काव्यस्यात्मा ध्वनिः" ऐसा कहा है और इस कारिका में अर्थ के दो भेद-वाच्य और प्रतीयमान-मानकर काव्य की आत्मा वाच्यार्थ मान लिया गया, अतः स्ववचन विरोध है। इस प्रकार उनकी अपनी मान्यता "काव्यस्यात्मा ध्वनिः" का स्वतः खंडन हो जाता है।

तत्किं पुनः काव्यमित्युच्यते–

वाक्यं रसात्मकं काव्यं....

रसस्वरूपं निरूपयिष्यामः। रस एवात्मा साररूपतया जीवनाधायको यस्य। तेन विना तस्य काव्यत्वाभावस्य प्रतिपादित्वात्। 'रस्यत इति रसः' इति व्युत्पत्तियोगाद् भावतदाभासादयोऽपि गृह्यन्ते। तत्र रसो यथा।

शून्यं वासगृहं विलोक्य शयनादुत्थाय किञ्चिच्छनै-
र्निद्राव्याजमुपागतस्य सुचिरं निर्वर्ण्य पत्युर्मुखम्।
विश्रब्धं परिचुम्ब्य जातपुलकामालोक्य गण्डस्थलीं
लज्जानम्रमुखी प्रियेण हसता बाला चिरं चुम्बिता।।

हिन्दी अनुवाद—यदि प्राचीन लक्षण दोषरहित नहीं है तो फिर काव्य का लक्षण क्या है? इस पर कहते हैं—

रस से युक्त वाक्य ही काव्य है।

रस के स्वरूप का निरूपण किया जाएगा। रसात्मक का अर्थ है—रस ही आत्मासार रूप से जीवन का आधान करने वाला है जिसका ऐसा, क्योंकि उसके (रस) के बिना वाक्य (काव्य) में काव्यत्व का अभाव प्रतिपादित है। 'रस्यते' अर्थात् जिसका आस्वादन होता है। वह रस है, इस व्युत्पत्ति के होने से रस बाद से भाव, रसाभास, भावाभास, भावशान्ति, भावोदय, भावशबलता आदि का भी ग्रहण होता है। उसमें रस जैसे—

नवविवाहिता नवयौवना ने शयनागार को सखी जनों से रहित होने से शून्य देखकर शय्या से धीरे से थोड़ा-सा शरीर के ऊपरी भाग से उठकर नींद के बहाने से लेटे हुए पति के मुख को देर तक नीहार कर (उसको नींद में देखकर) आश्वस्त होकर चुम्बन कर लिया। चुम्बनजन्य आनन्द से पति के कपोलों को रोमाञ्चित देखकर लाज से मुख को झुकाई हुई वह हंसते हुए प्रिय के द्वारा बहुत देर तक चूमी गई।

संस्कृत व्याख्या—यदि प्राचीनलक्षणानि दोष्युक्तानि तदा किं स्वरूपम्, किं लक्षणमिति, काव्यम् इत्यपेक्षायाम् कथ्यत श‍ृङ्गारादिः, अनेन भावादयोऽपि गृह्यन्ते स्वरूपं, प्राणतत्त्वं, तस्य तत्तादृशं, सार्थकपदसमूहः काव्यनामभाक् इति श‍ृङ्गरादेः लक्षणं वक्ष्यामः रसात्मकमिति। श‍ृङ्गारादिः एव न तु वस्त्वलङ्कारादिः, आत्मा मुख्यवस्तुत्वेन आनन्दसान्द्रत्वेन श्रेष्ठस्वभावतया प्राणतत्त्वं यस्य तथेति रसेन विना काव्यस्य काव्यताराहित्यस्य निरूपितत्वात् न हि रसं विना वाक्यस्य काव्यत्वं सिध्यति इति सिद्धांतत्वेन सर्वैः स्वीकृतत्वात्। रस्यत आस्वाद्यत इति रसः प्रकृतिप्रत्ययविवेचनस्य संबंधात् भाव-रसाभास-भावाभास-भावोदय-भावशान्ति-भावशबलताद्याः, गृह्यन्ते। तत्ररतिर्देवादिविषया व्यभिचारी तथाञ्जितो भावः अनौचित्यप्रवर्तिताः रसा भावाश्च परिगण्यन्ते।

वाक्यं रसात्मकं काव्यमिति यदुक्तं तदुदाहरणायोपक्रमते तेषु रसभावतदाभासादिषु मध्ये श‍ृङ्गाराख्यः, तस्य रसान्तरेभ्यो मुख्यत्वात्तत्रापि सम्भोगाख्यस्तस्य अन्यावान्तर-भेदापेक्षया मुख्यत्वात्प्रथमं निर्देशः। बाला वासगृहं शून्यं विलोक्य शनैः शयनात् किञ्चित् उत्थाय निद्राव्याजम् उपागतस्य पत्युः मुखं सुचिरं निर्वर्ण्य विश्रब्धं

परिचुम्ब्य जातपुलकां गण्डस्थलीम् आलोक्य लज्जानम्रमुखी बाला हसता प्रियेण चिरं चुम्बिता इत्यन्वयः।

प्रथमावतीर्णयौवना, अत्र तु प्रकरणवशान्नवपरिणीता वधूरिति शयनकक्षं विविक्तं निर्गतसखीजनं विभाव्य वलयादिक्वणनेन पतिनिद्राभङ्गो मा भूदिति मन्दं शय्यातः स्वल्पमेव अपरकाएन न तु सर्वतः प्रियजागरणेऽपि पार्श्वपरिवर्तनादिना द्रुतं संवरणाय आश्लेषवियोगेन रसभङ्गभिया च उत्थिता भूत्वा छलनिद्रां, प्रियायाश्चेष्टा-दिपरीक्षणाय समाश्रितस्य न तु वस्तुतो निद्रितस्य परिणेतुर्न तु प्रियस्य, नायिकायाः स्वीयात्वात् वदनं दीर्घकालं वस्तुतो निद्रितोऽयं न वेति परीक्षार्थमनुरागातिशयाच्च विशेषेण परीक्ष्य निद्रानिश्चयेन निःशङ्कं यथेच्छं आस्वाद्य तेन विश्रब्धचुम्बनेन पत्युः उत्फुल्लरोमाञ्चाङ्कितां कपोलौ दृष्ट्वा, गण्डयोः स्थलीत्वेन पुलकस्याङ्कुरता, पुलकोद्गमस्य सर्वाङ्गीणत्वेऽपि शयनकाले कपोलयोरनावृतत्वात्तत्रैव तद्दर्शनसम्भवात्। जागरितोऽयं न तु निद्राण इति ज्ञात्वा स्वचेष्टा–लज्जानम्रमुखी अनेन मच्चेष्टितं ज्ञातमिति त्रपया आनतं वदनं यस्याः सा तादृशावस्थां प्राप्ता सती नवयौवनाऽपूर्व-समागमेनानुद्भिन्नरसा पूर्वं मत्प्रार्थनाऽनादृतवती सम्प्रति तु स्वयमेव प्रवृत्तेति प्रियारब्धानुरागजन्यानन्दातिरेकेण च हासं कुर्वता वल्लभेन पत्येति यथेच्छं प्रियाया अपि अनुरागस्य ज्ञानात् आस्वादितेति।

अत्र हि सम्भोगशृङ्गारो रसः सहृदयसंवेद्यत्वेन स्फुटः। स्वीया स्वाधीनपतिका नायिका अनुकूलो नायको नायिकाहृदयस्थिता रतिः स्थायिभावः नायक आलम्बन-विभावः विविक्तशयनकक्षाद्युपनविभावः उत्सुकता चपलता शङ्का-लज्जाद्याः सञ्चारिभावाः। एवमेव नायकनिष्ठा रतिः स्थायीभावः, नायिकाऽऽलम्बनं विजनशयनकक्षाद्युद्दीपनं नायिकाकृतचुम्बनाद्यनुभावः हर्षहासौत्सुक्याद्याः सञ्चारिभावाः। एभिर्विभावाद्यैः साधारण्येन व्यक्तः सामाजिकरतिभावः सम्भोगशृङ्गाररसतां प्राप्तः। तत्र निद्राया हि व्याजलब्धतया न सञ्चारित्वम्। तत्र विलोकनेन शङ्का उत्थानेन चपलता उत्थानस्य शनैस्त्वेन त्रासः चिरनिर्वर्णनेन सुप्तो न वेति ससन्देही वितर्कः विश्रब्धमिति निद्रानिश्चयज्ञानेन हर्षः परितश्चुम्बनेनौत्सुक्यमालोकनेन चापल्यं मुखनएन लज्जा च नायिकागताः सञ्चारिणः। व्याजनिद्राश्रयेण धृतिः चिरपरिचुम्बनेनौत्सुक्यं हर्षश्च नायकगताः सञ्चारिणः इति लोचने स्पष्टम्।

टिप्पणी–उपर्युक्त चार आलंकारिकों के काव्य लक्षणों में दोष प्रदर्शन के साथ उन लक्षणों का खंडन करके साहित्यदर्पणकार ने स्वयं अपना काव्य का लक्षण

"वाक्यं रसात्मकम् काव्यम्" कहा है—इस पर कुछ का मत है कि "रसात्मक वाक्य ही काव्य है" इस लक्षण के द्वारा जहां सब प्रकार से प्रधानतया रस का सद्भाव होगा, वही काव्य कहलाया जाएगा, दूसरे नहीं, इस प्रकार से तो जिन वाक्यों के अन्दर ध्वनि, गुण और अलंकारों की प्रधानता होगी और रसवत्ता के प्राधान्य का अभाव होगा वे काव्यत्व की कोटि में नहीं आ सकेंगे और उनका अकाव्यत्व स्वीकार करना इष्ट नहीं है क्योंकि उनको अकाव्य मानने पर तो ध्वनिप्रधान, और अलंकारप्रधान कविता के निर्माण में निपुण कवियों के अन्दर घबराहट पैदा हो जाएगी। क्योंकि सामान्यतः नियम यह है कि सर्वत्र ही सबसे प्रथम लक्ष्य का निर्देश किया जाता है, बाद में लक्षण का। यदि लक्ष्य लक्षण का अनुयायी हो जाएगा तो उसके (लक्ष्य के) स्वरूप का व्याघात होगा। ऐसा मानकर ही काव्य स्वरूप के मर्मज्ञ कवि सम्प्रदाय ने नग, नद और भूधर आदिकों के नीरस स्वभाव को भी काव्य रूप से वर्णन करते हुए उनकी काव्यता स्वीकार की है। इस विषय में सहृदयों का हृदय ही प्रमाण है।

इस श्लोक के अन्दर "शय्यायाः किंचित् उत्थाय" शय्या से थोड़ा उठकर— इसलिए कहा गया है कि यदि उसका पति जाग जाए तो वह अपने उठने को छिपा सके, और "शनैः उत्थाय" इसलिए कहा है कि कहीं उस नायिका के अपनी चारपाई से उठने के कारण उसका पति जाग न जावे, "विस्रब्धं" से यह भाव निकलता है कि उसका पति खूब प्रगाढ़ निद्रा में सोया हुआ है।

अत्र हि संभोगशृङ्गाराख्यो रसः।

भावो यथा महापात्रराघवानन्दसान्धिविग्रहिकाणाम्

यस्यालीयत शल्कसीम्नि जलधिः पृष्ठे जगन्मण्डलं
दष्ट्रायां धरणी, नखे दितिसुताधीशः, पदे रोदसी।
क्रोधे क्षत्त्रगणः, शरे दशमुखः, पाणौ प्रलम्बासुरो,
ध्याने विश्वमसावधार्मिकुलं, कस्मैचिदस्मै नमः।।

अत्र भगवद्विषया रतिर्भावः।

हिन्दी अनुवाद—यहां "सम्भोशृङ्गार" नामक रस है।

महापात्र राघवानन्द, जो सान्धि विग्रहिक है, उनके द्वारा बनाया हुआ भाव का उदाहरण देते हैं।

जिसके (विष्णु के) मत्स्यत्वक् के एक भाग में समुद्र समा गया (इससे मीनावतार का वर्णन किया है; मत्स्य का विशाल शरीर समुद्र में नहीं समा सका अपितु वह समुद्र ही मत्स्य के एक भाग में विलीन हो गया), जिसकी पीठ पर समस्त भूमण्डल आ गया (इससे कूर्मावतार का वर्णन किया है, यद्यपि कूर्मावतार मन्दराचल को धारण करने में ही प्रसिद्ध है, तथापि जिसने पृष्ठ पर संसार को धारण किया है वह कूर्म इससे भिन्न नहीं है), जिसकी दाढ़ में पृथ्वी (इससे वराहावतार), नख में दैत्यों का सम्राट् हिरण्यकश्यपु (इससे नृसिंहावतार का वर्णन किया है, नृंसिहावतार में नखों द्वारा हिरण्यकश्यपु को विदीर्ण किया था, ऐसा प्रसिद्ध है), पैरों में द्यावापृथिवी (इससे वामनावतार का वर्णन किया है, तीन कदम पृथ्वी का ग्रहण करते हुए भगवान् वामन ने अपने कदमों से सारी पृथ्वी को नाप लिया था, ऐसा प्रसिद्ध है), क्रोध में क्षत्रियों का समुदाय (इससे भार्गवावतार का वर्णन किया है; पिता की हत्या हैहयवंशीय क्षत्रियों ने की थी अतः क्रोधित परशुराम ने उनका समूल वंश नाश कर दिया, ऐसा प्रसिद्ध है), बाण में दस मुख वाला रावण (इससे रामावतार को सूचित किया है, राम ने अपने बाणों से रावण को नष्ट कर दिया, ऐसा प्रसिद्ध है), हाथ में प्रलम्बासुर (इससे बलरामावतार को सूचित किया है, मल्लयुद्ध में बलराम ने हाथ के प्रहार से प्रलम्ब को मार गिराया, ऐसा प्रसिद्ध है), ध्यान में सारा संसार (इससे बौद्धावतार को कहा हैं, हिंसा न हो, अतः व्यापार शून्य होकर भगवान् बुद्ध ध्यानस्थ हो गए, ऐसा प्रसिद्ध है) और खड्ग में अधर्मी कुल का विलय हो गया (इससे कल्की अवतार को कहा है; कलिकाल में म्लेच्छों का खड्ग से मारता हुआ घूमेगा, ऐसा प्रसिद्ध है), (ऐसे) अनिर्वचनीय स्वरूप वाले उस (देव के लिए) के लिए नमस्कार हो।

संस्कृत व्याख्या–काव्येऽस्मिन् परस्पररतिसम्भोगशृङ्गारः, रसः इति। रसस्य च वाच्यत्वाभावेन विभावादिव्यक्तत्वाद्ध्वनित्वं काव्यस्योत्तमता च 'इदमुत्तममतिशायिनि व्यङ्ग्ये वाच्याद् ध्वनिर्बुधैः कथितः' इति कथनात्। ननु रसभावादीनां स्वशब्दवाच्यता रसदोष उक्तः, अत्र तु हासलज्जादेः स्वशब्दवाच्यतयाऽस्य रसदोषदुष्टत्वेन कथं काव्यतेति न वाच्यं हासलज्जादेः रसोद्बोधेऽकिञ्चित्करत्वादत्र। अत्र तु नायकगतरोमोद्गमत्वं नायिकागतमुखनमनमेव रसोद्बोधे हेतुरिति।

रतिर्देवादिविषया इति प्रोक्तः, यथा इति निदर्शने, महापात्रराघवानन्दसान्धि-विग्रहकाणां ब्राह्मणविशेष इति चन्द्रकलाकाराः, स चासौ तदाख्यः कश्चिद्विपश्चित्, स एव सान्धिविग्रहिकः पणबन्धः तद्भङ्गादिविरोधः, तत्र नियुक्तः; बहुवचनमादरार्थम्।

उदाहरणं प्रस्तौति यस्य शक्सीम्नि जलधिः अलीयत पृष्ठे जगन्मण्डलम् अलीयत दंष्ट्रायां धरणी अलीयत नखे दितिसुताधीशः अलीयत पदे रोदसी अलीयत क्रोधे क्षत्रगणः अलीयत शरे दशमुखः अलीयत पाणौ प्रलम्बासुरः अलीयत ध्याने विश्वम् अलीयत असौ अधार्मिककुलम् अलीयत कस्मैचित् अस्मै नमः इत्यन्वयः।

महात्मनः वल्कलप्रान्तभागे समुद्रः अयुज्यत, सागरस्य तन्मात्रसंबंधात् अनेन मत्स्यावतारः। यस्य पृष्ठभागे भुवनम् संलग्नभूत्, तत्रैव भुवनस्यावस्थानात्। यस्य दशनमण्डले पृथ्वी लघुतमवस्तुवदवातिष्ठत्, अनेन वराहः। यस्य करजे दितिपुत्राणाम् प्रभुर्हिरण्यकशिपुः लयमवाप अनेन नृसिंहावतारः। यस्य चरणे द्यावापृथिव्यौ लीनेऽभूताम्, अनेन वामनः। यस्य कोपे राजन्यसमूहः लयमवाप, अनेन परशुरामः। यस्य बाणे रावणः लयं प्राप्नोत्, अनेन रामो दाशरथिः। यस्य करे तदाख्यासुरः अलमवाप, अनेन बलरामः। यस्य समाधौ जगत् लीनमभूत्, अनेन बुद्धः सर्वार्थसिद्धः। यस्य कृपाणे म्लेच्छसमूहः लयमवाप, अनेन कल्की। अनिर्वाच्यविग्रहाय परमतत्त्वाय प्रभविष्णवे नुतिः, अस्त्विति शेषः। अत्र हि कल्क्यवतारस्य भविष्यत्त्वेऽपि कल्पभेदान्न भूतकालस्यातिप्रयोगः।

काव्येऽस्मिन्, भगवद्विषया–भगवान् स्वभू, विषयो यस्यास्तादृशी अनुरागः भावपदावाच्यः, इति। 'रतिर्देवादिविषया व्यभिचारी तथाञ्जितः। भावः प्रोक्त....' इति तल्लक्षणात्। इह हि भगवान् स्वभूरालम्बनं तस्यालौकिकचरितमुद्दीपनं, तेन स्वात्मापकर्षप्रकाशनमनुभावः स्मृतिप्रभृतयः सञ्चारिणः तैः प्रत्यायिया भगवद्विषया रतिः सामाजिकाना चित्ते चमत्कारमुद्भावयतीति।

टिप्पणी–यहां "अलीयत" क्रिया सबके साथ सम्बद्ध होती है। अत्रेति–में भगवद विषयक रति भाव है।

रसाभावो यथा–

मधु द्विरेफः कुसुमैकपात्रे पपौ प्रियां स्वामनुवर्तमानः।
शृङ्गेण च स्पर्शनिमीलिताक्षीं मृगीमकण्डूयत कृष्णसारः।।

अत्र सम्भोगशृङ्गारस्य तिर्यग्विषयत्वाद्रसाभासः। एवमन्यत्।

दोषाः पुनः काव्ये किंस्वरूपा? इत्युच्यन्ते

दोषास्तस्यापकर्षकाः।

श्रुतिदुष्टापुष्टार्थवादयः काणत्वखञ्जत्वादय इव, शब्दार्थद्वारेण देहद्वारेणेव, व्यभिचारिभावादेः स्वशब्दवाच्यत्वादयो मूर्खत्वादय इव, साक्षात्काव्यस्यात्मभूतं रसमपकर्षयन्तः काव्यस्यापकर्षका इत्युच्यन्ते। एषां विशेषोदाहरणानि वक्ष्यामः।

हिन्दी अनुवाद–रसाभास का उदाहरण देते हैं–मधु इति–

(कामातुर) भ्रमर अपनी प्रियतमा (भ्रमरी का) अनुसरण करता हुआ कुसुमरूप अद्वितीय पात्र में मधु (पुष्प रस) का पान करने लगा, और मृग (कृष्णसार मृग विशेष) (प्रिय के) स्पर्श सुख से निमीलितनयना हरिणी को (अपनी प्रिया को) सींग से (धीरे-धीरे) खुजाने लगा।

अत्रेति–इस पद्य में संयोग शृङ्गार के पशु-पक्षी विषयक होने के कारण रसाभास है। इसी प्रकार अन्य (भावाभासादिकों के) उदाहरण समझने चाहिए।

(दोषस्वरूपलक्षणम्)

पुनः काव्य में दोषों का क्या स्वरूप है। (अर्थात् दोषों का लक्षण क्या है)? इसके विषय में कहते हैं–"दोषास्तस्यापकर्षकाः"–काव्य के (उपचार प्रयोग से काव्य की आत्मा रस के) अपकर्षक दोष कहलाते हैं। श्रुतिदुष्टेति–जिस प्रकार काणत्व और खञ्जत्व आदि दोष शरीर के द्वारा आत्मा का अपकर्ष सूचित करते हैं; उसी प्रकार श्रुतिदुष्टत्वादि दोष शब्द के द्वारा, (क्योंकि ये दोष शब्दों में निवास करते हैं।) और अपुष्टत्वादि दोष अर्थ के द्वारा (क्योंकि इन दोषों का निवास अर्थ में है) काव्य की आत्मा रस का अपकर्ष करते हैं तथा जिस प्रकार मूर्खत्वादिक दोष साक्षात्–किसी के द्वारा नहीं–आत्मा का अपकर्ष करते हैं, उसी प्रकार निर्वेदादि व्यभिचारी भावों का (यहां आदि पद से शृंगारादि रसों का भी ग्रहण हो जाएगा) स्वशब्दवाच्यत्व प्रभृति (स्वयं का प्रतिपादन करने वाले निर्वेदादि शब्दों के कथन से) अनेक दोष काव्य के आत्मभूत रस का अपकर्ष करते हुए काव्य के अपकर्षक कहलाते हैं। एषामिति–इनके विशेष उदाहरण बतलाए जाएंगे।

संस्कृत व्याख्या–एवं भावोद्बोधेन काव्यत्वमुदाहृत्य सम्प्रति रसाभासविशिष्टत्वेन यत्काव्यत्वं तदुदाहरणायोपक्रमते–अनौचित्यप्रवर्तितो रसो रसाभासः, यथा इति निदर्शने उदाहरणं प्रस्तौति स्वां प्रियाम् अनुवर्तमानः द्विरेफः कुसुमैकपात्रे मधु पपौ, कृष्णकुमारः च शृङ्गेण स्पर्शनिमीलिताक्षीं मृगीम् अकण्डूयत इत्यन्वयः। निजां प्रणयिनीम् अनुसरन् सेवमानः इति भ्रमरः, कुसुमैकपात्रे पुष्पं तद्रूपे एकस्मिन् समाने

आधारे पुष्परसं पीतवान्। मृगविशेषः अपि विषाणेन आमर्शनेन मुद्रिते विलोचने हरिणीम् गात्रविघर्षणेन सेवितवानिति। पद्यमिदं कुमारसम्भवे वसन्तवर्णनप्रसङ्गगतम् वृत्तमुपजातिः। क्रियास्वाभाव्यात्स्वभावोक्तिरलङ्कारः। दुरूहार्थस्वक्रियारूपवर्णनं स्वभावोक्तिरिति तल्लक्षणम्।

लक्ष्ये लक्षणं घटयति काव्येऽस्मिन् भ्रमरौ मृगौ च परस्परमालम्बनविभावौ वसन्तादिरुद्दीपनविभावः प्रियया साहित्येन एकपात्रे मधुपानं मण्डूयनञ्चानुभावौ अनुवृत्तिनयनमुद्रणादिसङ्केतेन सञ्चारिणः; तैरुद्भाविता रतिः सम्भोगशृङ्गारस्तस्य, तिर्याग्विषयत्वात्–पक्षिपशूनां मानवेतराणां विषयत्वात् रसस्य आभासः, न्यग्भावित्वेन स्फुरणम्। शृङ्गारस्य तिर्यग्गतत्वेन भासः। अनेनैव प्रकारेण भावाभासादि, ऊह्यमिति। अनौचित्यप्रवृत्तत्वमाभासो रसभावयोः। वस्तुतस्तु रतावनुभयनिष्ठायाम्। भावाभासस्तु लज्जादिके वेश्यादिविषए भवति। यथा–

भावोदयभावशान्तिभावसंधिभावशबलतासु भावस्तु व्यभिचार्एव न तु स्थायी, स्त्रक्सूत्रवृत्त्या सन्ततमविच्छेदिनस्तस्य शान्त्यादिवर्णनस्य नीरसत्वात्।

परकीयावाचा कस्यचित्परिचये सञ्जाते तस्याश्रमणीयस्य दोषगुणादिजिज्ञासा-वत्काव्यलक्षणे जाते स्वत एव काव्यागतदोषगुणादीनां जिज्ञासा जायते तेन तेषामपि लक्षणं वक्तव्यं भवति। तत्र दोषावलम्बनेनैव प्राचीनलक्षणस्य दूषितत्वाच्छ्रोतुरपि तत्रैव प्रथममाकाङ्क्षोदयात् तामेवाकाङ्क्षामाह–दोषा इत्यादि। यद्वा वाक्यं रसात्मकं काव्यमिति यदुक्तं तत्र रससिद्धिस्तु दोषहानगुणाद्यादानादेव भवति, येन दोषादीनामपि स्वरूपं वक्तव्यं भवति। तत्र दोषादीनां काव्यलक्षणाघटकतया निराकाङ्क्षत्वेन तन्निरूपणमसङ्गतं मा भूदित्याकाङ्क्षोत्थापनमावश्यकम्। तत्र दोषमुखेनैव प्राचीनलक्षणस्य खण्डनात्प्रथमं तन्निरूपणायोपक्रमते–दोषा इत्यादिना। काव्यसम्बद्धदोषा आस्वादविधातकत्वेन काव्ये हेयाः भूयः किंलक्षणाः इत्यपेक्षायाम् कथ्यते।

अन्वयः–तस्य अपकर्षका दोषाः।

काव्यस्य रसस्वरूपस्य आस्वादविघातेन स्वरूपनाशकाः दोषपदवाच्या इति। रसापकर्षकत्वं दोषत्वमित्याशयः। दोषा हि स्वरूपेण न दोषाः न चादोषाः किन्तु यदा ते रसमपकर्षन्ति तदैव ते दोषा भवन्तीति फलितोऽर्थः। यथोक्तं काव्यप्रकाशकृताऽपि–'मुख्यार्थहतिर्दोषो रसश्च मुख्यः' इति। हेमचन्द्रोऽप्याह–'रसस्योत्कर्षापकर्षहेतू गुणदोषौ' इति। ते च त्रिविधा उक्ताः–पदगताः श्रुतिकटूवादयः, वाक्यदोषा भग्नप्रक्रमादयः, अर्थदोषा अपुष्टार्थादयः। एवमेव पदांशगताः रसगताश्चेति ते पञ्चधाऽप्युच्यन्ते।

आत्मानं एकाक्षिविकारः, एकचरविकारः, आदिपदात्कुरूपत्वादेर्ग्रहणं ते शरीरद्वारा यथा शब्दद्वाराऽर्थद्वारा च, श्रुतिदुष्टापुष्टार्थत्वादयः परुषवर्णतया श्रुतिदुःखावहत्वं; यथा 'कार्तार्थ्यं यातु तन्वङ्गी' इत्यादौ कार्तार्थ्यपदम् मुख्यार्थानुपकारित्वं; यथा– 'विलोक्य वितते व्योम्नि विधुं मुञ्च रुषं प्रिये' इत्यत्र विततशब्दो रोषत्यांग प्रति न किञ्चिदुपकारकम्, आदिपदात्तथाविधानामन्एषामपि ग्रहणम् ते शठत्वापदुत्वादयः आत्मानम् यथा सञ्चारिभावादेः निजवाचकशब्दवाच्यत्वप्रभृतयः; यथा लज्जानिर्वेदशङ्कादीनां स्वशब्देनैव कथनमिति प्रत्यक्षमेव; यथा हि शरीरद्वारा काणत्वखञ्जत्वादयो मूर्खत्वादयस्तु साक्षादेवात्मानमपकर्षन्ति तथैव श्रुतिदुष्टापुष्टार्थत्वादयः शब्दार्थद्वारेण सञ्चारिभावादेः स्ववाचकशब्दवाच्यत्वादयस्तु साक्षादेव। काव्यस्य प्राणतत्त्वत्वेन प्रतिष्ठितं रसतत्त्वम् आस्वादविघातेनापकर्ष कुर्वन्तः काव्यस्य अपकर्षकृतः इत्थम् कथ्यन्ते, दोषा इति शेषः। दोषाणां तत्तन्निदर्शनानि प्रकरणमनुसृत्योपस्थापयाम इति।

टिप्पणी–जिस समय कामदेव वसन्त को साथ लेकर कैलाश पर भगवान् शंकर को अपने प्रभाव से कामयुक्त करने पहुंचा था, उस समय उसके प्रभाव से पशु-पक्षी भी कितने काम मोहित हो गए थे, उसी का वर्णन "कुमारसंभव" के इस पद्य में कविकुलगुरु कालिदास ने किया है।

काव्य के लक्षण में दोषों का स्थान न होने पर भी क्योंकि उनका परिहार करना काव्य के अन्दर आवश्यक है अतः उन दोषों के स्वरूप का ज्ञान भी आवश्यक है, इसलिए आकाङ्क्षा को उत्पन्न करते हैं।

गुणादयः किंस्वरूपा इत्युच्यन्ते–

उत्कर्षहेतवः प्रोक्ता गुणालङ्काररीतयः॥ 3॥

गुणाः शौर्यादिवत्, अलंकाराः कटककुण्डलादिवत्, रीतयोऽवयवसंस्थान-विशेषवत्, देहद्वारेणेव शब्दार्थद्वारेण तस्यैव काव्यस्यात्मभूतं रसमुत्कर्षयन्तः काव्यस्योत्कर्षका इत्युच्यन्ते। इह यद्यपि गुणानां रसधर्मत्वं तथापि गुणशब्दोऽत्र गुणाभिव्यञ्जकशब्दार्थयोरुपचर्यते। अतश्च 'गुणाभिव्यञ्जकाः शब्दा रस्योत्कर्षकाः' इत्युक्तं भवतीति प्रागेवोक्तम्। एषाममि विशेषोदाहरणानि वक्ष्यामः।

(गुणस्वरूपनिरूपणम्)

हिन्दी अनुवाद–गुणों का क्या स्वरूप है (अर्थात् गुणों का क्या लक्षण है)?

इसके विषय में कहते हैं। "उत्कर्षहेतवः प्रोक्ता गुणालंकाररीतयः"—गुण, अलंकार और रीतियां (काव्य की) उत्कृष्टता के कारण कहे गए हैं।

जिस प्रकार शौर्य आदि गुण, कटक कुण्डलादि अलंकार और अङ्गरचनादि मनुष्य के शरीर के द्वारा उसकी आत्मा की उत्कृष्टता को करने वाले होते हैं; उसी प्रकार माधुर्यादि गुण, उपमादि अलंकार और वैदर्भी आदि रीति काव्य के शरीर शब्द और अर्थ के द्वारा काव्य के आत्मभूत रस का उत्कर्ष करते हुए काव्य के उत्कर्षक कहाते हैं।

जिस प्रकार यह कहा जाता है कि अलंकार शून्य काव्य की अपेक्षा अलंकार सहित काव्य उत्कृष्ट होता है उसी प्रकार यह नहीं कहा जा सकता है कि निर्गुण काव्य की अपेक्षा सगुण काव्य उत्कृष्ट होता है क्योंकि गुणों की स्थिति रसों के साथ रहती है, जहां गुण होंगे वहां रस भी होगा—जहां गुण नहीं होंगे वहां रस भी नहीं होंगे। अतः जो काव्य निर्गुण है वह सरस नहीं हो सकता और जो सरस नहीं होगा वह काव्यत्व कोटि में भी नहीं आ सकता क्योंकि काव्य का लक्षण जो "वाक्यं रसात्मकं काव्यम्" ऊपर कर आए हैं। अतः जो काव्य ही नहीं उसकी तुलना सरस काव्य से नहीं की जा सकती। जब गुणों का रस के साथ अन्वय-व्यतिरेकी संबंध है फिर गुणों के काव्य में यह कहना कि वे काव्य के उत्कर्ष करने वाले हैं—यह ठीक नहीं है—इसका उत्तर देते हैं। इहेति—यद्यपि गुण रस के धर्म हैं अर्थात् रस के बिना गुणों की स्थिति नहीं है तथापि यहां पर गुण शब्द उपचार से गुण के अभिव्यंजक शब्द और अर्थ का द्योतन करता है। "अतः गुण के अभिव्यंजक शब्द और अर्थ रस के उत्कर्षक हैं" ऐसा अर्थ होता है। (अतः यह अभिप्राय जानना कि गुणाभिव्यंजक शब्दार्थों से रहित काव्य की अपेक्षा तत्सहित काव्य उत्कृष्ट होता है) ऐसा पहले भी "सगुणौ" की आलोचना में कह दिया है। इसके (गुणों के) विशेष उदाहरण (अष्टम परिच्छेद में) कहेंगे।

संस्कृत व्याख्या—दोषाभावगुणालङ्कारभावाभ्यां दोषाभाव एव प्रधानं दोषे विद्यमाने गुणादेरप्यकिञ्चित्वरत्वात्। उक्तमेव—'स्याद् वपुः सुन्दरमपि श्वित्रेणैकेन दुर्भगम्' इति। दोषाभावे तु गुणादिकं विनाऽपि किञ्चिदाह्लादसम्भवः। अपदोषतैव विगुणस्य गुणः। तेन काव्यलक्षणेऽपि प्राथम्येन दोषाभाव उक्तः। अत एवात्रापि प्रथमं दोषस्वरूपकथनमुपयुक्तमेव। तत्र दोषे निरूपणीये अभावस्य स्वरूपतो निरूपणानर्हतया प्रतियोगिनिरूपणाधीननिरूपणीयत्वाद् हेयापरिचये तद्धानासम्भवादपि

दोषानां निरूपणमावश्यकम्। नैव च सामान्एऽविज्ञाते विशेषविज्ञासेत्सत्र तेषां सामान्यलक्षणमुक्तमिति। एवं रसापकर्षधर्मानुक्त्वा सम्प्रति तदुत्कर्षकधर्मान् निर्दिदिक्षुः प्रथमं तत्र जिज्ञासोत्पादनायाह–गुणादय इत्यादिना। गुणप्रभृतयः किंलक्षणाः इति कथ्यन्ते।

अन्वयः–गुणालङ्कारीतयः उत्कर्षहेतवः प्रोक्ताः।

गुणालङ्काररीतयः माधुर्यादयोऽङ्गिनो रसस्य धर्माः; 'ये रस्याङ्गिनो धर्माः शौर्यादय इवात्मनः। उत्कर्षहेतवस्ते स्युरचलस्थितयो गुणाः' इत्युक्ताः। अनुप्रासोपमादयः काव्यशोभाधायकधर्माः, वैदर्भ्याद्याः, 'पदसङ्घटना रीतिरङ्गसंस्थाविशेषवत्। उपकर्त्री रसादीनाम्' इत्युक्ताः काव्यस्य प्रकर्षाधायककारणानि इति। काव्योत्कर्षहेतुत्वं गुणत्वलमङ्कारत्वं रीतित्वं वेति।

माधुर्यादयः जीवात्मनः शौर्यक्रौर्यादिवत् अनुप्रासोपमादयः, शब्दार्थोभगयताः देहस्य हस्तकर्णादिभूषणादिवत् वैदर्भीप्रमुखाः अङ्गसङ्घटनावत् शरीरद्वारा यथा शब्दद्वारा अर्थद्वारा च रसात्मकवाक्यस्वरूपस्य हि काव्यस्य प्राणतत्त्वरूपेण प्रतिष्ठितं शृङ्गारादिकम् प्रकर्षाधानं कुर्वन्तः काव्यस्य प्रकर्षाधायकाः इत्थम् कथ्यन्ते इति। यथा हि देहद्वारेण शौर्यादयो गुणाः कटकादयोऽलङ्काराः अङ्गसंस्थानञ्च जीवात्मानमुत्कर्षयन्ति तथैव माधुर्यादयो गुणा अनुप्रासोपमादयोऽलङ्काराः वैदर्भीप्रमुखा रीतयश्च शब्दार्थद्वारा काव्यात्मभूतं रसमुत्कर्षयन्ति। तेन रसोत्कर्षहेतत्वं गुणत्वमलङ्कारत्वं रीतित्वञ्चेत्युच्यत इति भावः।

ननु शब्दार्थद्वारेण रसोत्कर्षत्वं शब्दार्थधर्माणामलङ्काररीतीनामेव सम्भवति रसमात्रधर्माणां गुणानां कथं तद्द्वारकत्वमिति आह काव्ये वस्तुतस्तु माधुर्यादीनां रसमात्रनिष्ठत्वं तथासत्यमपि प्रकरणेऽस्मिन्, गुणशब्दः गुणाभिव्यञ्जकशब्दार्थयोः माधुर्यादीनाम् अभिव्यञ्जकौ यौ शब्दार्थौ, तयोः वर्णानां गुणाभिव्यञ्जकत्वेन स्वीकारेऽपि वर्णेन पदं तेनार्थस्तेन गुणो व्यज्यत इत्याशएनार्थस्य गुणाभिव्यञ्जकत्वमुक्तम् उपचारादेव गृह्यते। उक्तमेव–'गुणवृत्त्या पुनस्तेषां स्थितिः शब्दार्थयोर्मता' इति। अनेन हेतुना एव माधुर्याद्यभिव्यञ्जकाः शब्दाः काव्यात्मभूतशृङ्गारादेः प्रकर्षाधायकाः इत्थम् कथितम् भवति इति पूर्वम् हि प्रतिपादितम् उक्तप्रायमेवेति।

यद्यपि शब्दार्थद्वोरण गुणानां रसोत्कर्षत्वं प्राङ्नोक्तं तथापि व्याख्यातकारिकाया-मेवालङ्काररीत्योः समभिव्याहारेण तल्लाभ इति विज्ञप्रियायां स्पष्टम्। काव्यलक्षणगत-सगुणत्वविशेषणखण्डनावसरे–'गुणाभिव्यञ्जकशब्दार्थवत्त्वस्यापि काव्ये उत्कर्षमात्रा-

धायकत्वम्' इत्यनेन प्रागेवोक्तमिति कथितमित्यन्ए। अत्र हि गुणालङ्काररीतीनां काव्योत्कर्षहेतुत्वेन एकत्र कथनात्तेषाञ्च शब्दार्थद्वारेण तत्प्रतिपादकत्वकथनाच्च नैतदवधेयं यत्ते हि समानधर्माण इति। वस्तुतस्तु गुणा हि रसावस्थानास्तदाश्रिताश्च भवन्ति। न तु वर्णादीनां धर्माः। ते हि रसं विना नावतिष्ठन्ते अवस्थिताश्चावश्यं रसमुपकुर्वन्ति। यद्यपि अलंकारादयोऽपि रसमुत्कर्षाधानेनोपकुर्वन्ति तथापि तयोर्भेदः स्पष्ट एव। यथा हि गुणा हि रसे नियतस्थितयो यदाऽलङ्काराः सार्वत्रिकाः। गुणेषु शृङ्गारे माधुर्यमेव वीरादावोजः सर्वात्मनि प्रसादः इति तेषां नैयत्यम्। अलंकाराणां तु सर्वेषां सर्वरसोत्कर्षकत्वं नीरसेऽपि सत्त्वं व्यभिचारश्च। गुणानां साक्षाद्रससंबंधित्वनियतत्वाभ्याम-लङ्काराणां तदभावाच्च तयोर्भेदः स्पष्टः। तेनोच्यते रसोत्कर्षहेतुत्वे सति रसधर्मत्वं तथात्वे सति रसाव्यभिचारिस्थितिकत्वमयोगव्यवच्छेदेन रसोपकारकत्वञ्चेति गुणानां लक्षणत्रयं द्रष्टवमिति। अलंकारास्तु अङ्गद्वोरण अनियतत्वेन अनित्यत्वेन च रसस्योपकारकाः। तेन रसोपकारकत्वे सति तदवृत्तित्वं नीरसेऽपि तेषां सत्त्वात् यथात्वे सति रसव्यभिचारित्वमनियमेन रसोपकारकत्वञ्चेति लक्षणत्रयमलङ्काराणाम्।

गुणानां रसाश्रयत्वेन शब्दाश्रयत्वमन्याश्रयत्वेऽपि शरीराश्रयत्वमिव। वर्णा हि न रसानामवस्थानं तेषां तु तस्य व्यञ्जकत्वमेवेति। तेषां शब्दार्थयोः स्थितिस्तु उपचारा देवार्थात् तद्व्यञ्जकर्णवत्त्वेन तद्वत्वमुपचर्यते इति।

पदसङ्घटना रीतिः। न च गुणाः सङ्घटनास्वरूपा न च सङ्घटनाश्रया गुणास्तथा हि सति शृङ्गारे दीर्घसमासत्वं रौद्रादिष्वसमासत्वं न प्रसज्येत। तस्मादन्ए गुणा अन्या च सङ्घटना। रीतेः रसोपकारकत्वं न नियतं न च नित्यमेव। रीत्यलङ्कारयोः रसो-पकारकत्वे समानेऽपि यतो हि द्वावेव अनियतौ अनित्यौ व्यभिचारिणौ च तयोरपि नैकरूपत्वम्, तयोराश्रयभेदात्। अलंकारा हि शब्दाश्रिता अर्थाश्रिता उभयाश्रिताश्च, यदा रीतिः केवलं शब्दाश्रितैव; तस्याः पदसङ्घटनामात्र रूपत्वात्। एषां गुणानां च सामान्यलक्षणकथनानन्तरं विशेषस्योदाहरणानि निदर्शनानि कथयिष्यामः इति।

इति साहित्यदर्पणे काव्यस्यरूपनिरूपणो नाम प्रथमः परिच्छेदः।

इस प्रकार साहित्यदर्पण में काव्यस्वरूप निरूपण नामक प्रथम परिच्छेद समाप्त हुआ।

इति प्रथमः परिच्छेदः

□□□

9

साहित्यदर्पण - द्वितीयः परिच्छेदः (व्याख्या भाग) कुछ अंश

वाक्यस्वरूपमाह–

वाक्यं स्याद्योग्यताकाङ्क्षासत्तियुक्तः पदोच्चयः।

योग्यता पदार्थानां परस्परसंबंधे बाधाभावः। पदोच्चयस्यैतदभावेऽपि वाक्यत्वे 'वह्निना सिञ्चति' इत्याद्यपि वाक्यं स्यात्। आकाङ्क्षा प्रतीति-पर्यवसानविरहः। स च श्रोतुर्जिज्ञासारूपः। निराकाङ्क्षस्य वाक्यत्वे 'गौरश्वः पुरुषो हस्ती' इत्यादीनामपि वाक्यत्वं स्यात्। आसत्तिर्बुद्ध्यविच्छेदः। बुद्धिविच्छेदेऽपि वाक्यत्वे इदानीमच्चारितस्य देवदत्तशब्दस्य दिनान्तरोच्चारितेन गच्छतीति पदेन सङ्गतिः स्यात्। अत्राकङ्क्षायोग्यतयोरात्मार्थधर्मत्वेऽपि पदोच्चयधर्मत्वमुपचारात्।

हिन्दी अनुवाद–वाक्य का स्वरूप बतलाते हैं–

योग्यता, आकाङ्क्षा एवं आसक्ति–इन तीनों तत्त्वों से युक्त पदसमूह वाक्य कहलाता है। (स्वार्थबोधसमाप्ति भी पदसमूह का विशेषण है)।

पदों के अर्थों के परस्पर संबंध में बाध का अभाव योग्यता है। इसके अर्थात् योगयता के अभाव में भी पदसमूह को वाक्य माना जाए तो 'वह्निना सिञ्चति' (आग से सेंचन करता है) इत्यादि भी वाक्य बन जाएंगे। (इस पद समूह में पदार्थोपस्थिति का अन्वय बोधजनकत्व से इच्छा के विरह के अभाव रूप आकाङ्क्षा एवं पदार्थ की उपस्थिति का अव्यवधान रूप आसत्ति तो है ही। केवल आग से

सेक-क्रिया की करणत्व रूप योग्यता और सेक में आग से जन्यत्व रूप योग्यता के न होने से यह वाक्य नहीं होता।) पदों के अर्थों की उपस्थिति का अन्वयबोध के जनक के रूप में इच्छा के विरह का अभाव आकांक्षा है। वह अभाव भी श्रोता की जिज्ञासा के रूप में होता है। आकाङ्क्षा रहित पदसमूह को वाक्य मानने पर गाय, घोड़ा, पुरुष, हाथी इत्यादि पदसमूह का भी वाक्यत्व हो जाएगा। (इस पदसमूह में पदार्थों के परस्पर संबंध में बाध का अभाव रूप योग्यता एवं पदार्थ की उपस्थिति का व्यवधान न होना रूप आसत्ति तो है ही।) पदों के अर्थों की उपस्थिति में व्यवधान न होना आसत्ति है। इस व्यवधान के रहने पर पदसमूह को वाक्य माना जाए तो इस कहे गए 'देवदत्त' शब्द का दूसरे दिन में (उपलक्षण से कुछ ही देर बाद भी) कहे गए 'जाता है' पद से सङ्गति अर्थात् वाक्य-व्यवहार के लिए उपयोगी मेलक हो जाएगा (इसमें आकाङ्क्षा और योग्यता तो हैं ही)। यहां आकाङ्क्षा एवं योग्यता का आत्मा के धर्म होने पर भी (क्योंकि आकाङ्क्षा जिज्ञासारूप है, जो कि आत्मा का धर्म है, पदसमूह का नहीं एवं विपरीत बुद्धि के अभाव रूप योग्यता भी।) पदसमूह का धर्म उपचार अर्थात् संबंध के जन्य एवं जनकत्व रूप परस्पर संबंध से माना गया है। (बुद्धि के अव्यवधान रूप आसत्ति का भी आत्मवृत्तित्व बनता ही है। उसका भी पदधर्मत्व उपचार से ही मानना पड़ेगा। यदि समभिहार-विशेष आकाङ्क्षा और अव्यवहित रूप से उच्चरित होना आसक्ति माना जाए तो दोनों का पदसमूह धर्मत्व साक्षात् ही बन जाएगा।)

संस्कृत व्याख्या—वाक्यं रसात्मकं काव्यमिति काव्यलक्षणे पठितयोर्वाक्यरसयोः स्वरूपजिज्ञासायां वाक्यस्य प्रथमोद्दिष्टत्वात्प्रथमं वाक्यस्वरूपनिरूपणायोपक्रमते एकार्थावबोधकपदसमूहस्य लक्षणम् कथयति। वाक्यस्य सामान्यलक्षणप्रतिपादक-कारिकामवतारयति—वाक्यमित्यादिना।

अन्वयः—योग्यताऽऽकाङ्क्षासक्तियुक्तः पदोच्चयः वाक्यं स्यात्।

योग्यताऽऽकाङ्क्षाऽऽसत्तियुक्तः अर्थाबाधः 'परस्परान्वयप्रयोजकधर्मवत्त्वं योग्यता' वाक्यसङ्केतबोधजनयित्री, यद्वा अव्यवहितोत्तरत्वादिसंबंधेन यत्पदे यत्प्रकारकज्ञान-व्यतिरेकप्रयुक्तो यादृशशाब्दबोधाभावस्तादृशशाब्दबोधे तत्पदे तत्पदवत्त्वमाकाङ्क्षा प्रकृतान्वयबोधाननुकूलपदाव्यवधानं, यद्वा पदानामविलम्बेन सहोच्चारितत्वमासत्तिः विशिष्टः, पदोच्चयः—पदानां सार्थकवर्णसङ्घातानाम् समूहः वाक्यनामभाक् इति। यथोक्तं—'अर्थप्रतिपादनद्वारा श्रोतुः पदान्तरविषयामर्थान्तरविषयांवाऽऽकाङ्क्षां जनयतां

प्रतीयमानपरस्परान्वययोग्यार्थप्रतिपादकानां सन्निहितानां पदानां समूहो वाक्यम्' इति।

योग्यता पदबोध्यार्थानां पदजन्यप्रतीतिविषयाणां अन्योन्यसंसर्गे विपरीतबुद्धेः अनुपस्थितिः। पदप्रतिपाद्यार्थानामन्योन्यान्वयबोधे हेतुभूतविपरीतबुद्धेरभावो योग्यतेति भावः। पदार्थानामित्यत्र बहुवचनस्याविवक्षितत्वेनैकवचने नाव्याप्तिः। पदसमूहस्य पदार्थानां परस्रसंबंधे बाधाभावस्य विरहे च वाक्यत्वस्वीकारे अग्निना सेकं करोति। एवमादि च आकाङ्क्षाऽऽसत्त्योर्भावेन वाक्यं स्यात् इति। यदि हि योग्यताया अभावेऽपि पदोच्चयस्य वाक्यत्वं स्वीक्रियते तदा वह्निना सिञ्चतीत्यादेरपि वाक्यत्वं स्यात्। अत्र तु सेचनक्रियायां वह्निकरणकत्वसंबंधविषए सेको वह्निकरणकत्वभाववानिति विपरीतबुद्धेः सत्त्वाद् योग्यताया अभावेन न भवति वाक्यत्वम्। पयसा सिञ्चतीत्यादौ सेचनक्रियायां पयः करणकत्वरूपसंबंधविषए पयसि सेचनकार्यकत्वसंबंधविषए च सेकः पयःकरणकत्वाभाववात् इत विपरीतबुद्धेरभावाद् भवत्येव लक्षणसमन्वय इति विवृतौ स्पष्टम्। योग्यता च प्रमारूपा अन्यथा तादृशभ्रमयुक्ते श्रोतरि सति पयसा सिञ्चतीति वाक्यं न स्यादित्यपि तत्रैव आकाङ्क्षा प्रतीतिपर्यवसानविरहः पदार्थोपस्थितेः अन्वयबोधजनकत्वेनेच्छाविरहः तस्य अभावः। इत्थमाकाङ्क्षापदस्याभावबोधकत्वे लक्षणापत्तिः स्यादित्यत आह प्रतीतिपर्यवसानविरहः तु अत्र विग्रहग्रहीतुः बुभुत्सा-स्वरूपः। अभावाभाश्च प्रतियोगिस्वरूपो न त्वतिरिक्तः। पयसा सिञ्चति इत्यादौ पयसेति पदार्थस्य सिञ्चतीति पदार्थेनान्वयबोधजनने श्रोतुरिच्छा। आकाङ्क्षानिवेशस्य व्यावृत्तिमाह–निराकाङ्क्षस्येत्यादिना। आकाङ्क्षाशून्यस्य पदोच्चयस्य वाक्यरूपेण ग्रहणे, गौः अश्वः पुरुषः हस्ती इत्येतेषां निराकाङ्क्षपदानाम् च वाक्यरूपता स्यात्।

अर्थात् प्रतीतिपर्यवसानविरह आकाङ्क्षेत्युक्तम्। तत्र प्रतीतिपर्यवसानं क्वचित्तु स्वाभाविकं क्वचितु जनितान्वयबोधत्वेन। गौरश्वः....इत्यादौ प्रथमान्तपदोपस्थापितानां पदार्थानामभेदातिरिक्तसंबंधेनान्वयबोधोऽव्युत्पन्न इति भवति पदार्थोपस्थितेरन्वय-बोधजनने श्रोतुरिच्छाविरहः। तत्र अभेदातिरिक्तसंबंधेन बाधसत्त्वेऽपि सत्त्वादिसंबंधेन बाधाविरहरूपयोग्यतात्वस्त्येव। पदार्थोपस्थित्यवधानरूपासत्तिरपि सुप्रतीतैव। एवं योग्यताऽऽसत्त्योः सत्त्वेऽपि गोपदश्रवणानन्तरमश्वपदश्रवणेच्छायाः विरहस्य स्वतः सिद्धत्वादाकाङ्क्षाशून्यत्वेनैतादृशपदोच्चयस्य न वाक्यत्वमिति। जनितान्यवबोधत्वेन प्रतीतिपर्यवसानं यथा–'विमलं जलं नद्या कच्छे महिषश्चरति' इत्यादौ। अत्र नद्या इति पदार्थोपस्थितेर्जलमिति पदार्थेनान्वयबोधे सति बोधे 'इच्छाविरहात्' इति न्याएन कच्छे इत्यनेन श्रोतुरन्वयबोधे इच्छाविरहः। यदि पुनरुभयान्वयेच्छया प्रयुज्यते तदा

नद्या इत्यस्य काकाक्षिगोलकन्यायादनुषङ्गाद्वा कच्छे इत्यनेन संबंधाद् गृहीतवक्तृतात्पर्यस्य श्रोतुरुभयान्वयबोधेच्छा सम्भवतीति।

आसत्तिं विवृणोति पदार्थोपस्थितेः अव्यवधानम् अव्यवहितपदार्थोपरिस्थितरिति। व्यवधानं कालबाहुल्येन प्रकृतानुपयोगिपदार्थोपस्थित्या च भवति। तत्राद्यं मनसि कृत्वाऽऽसत्तेर्व्यावृत्तिमाह पदार्थोपस्थितेः व्यवधाने च वाक्यत्वेन स्वीकारे अधुना कथितस्य देवदत्तशब्दस्य दिनान्तरोच्चारितेन–अन्यद्दिनं दिनान्तरं तत्र उक्तेन गच्छति इति। वाक्यव्यवहारोपयोगिमेलकः स्यात् इति। अत्र दिनान्तरेति अत्यन्त-व्यवधानदर्शनाय वस्तुतस्तु प्रहरादिव्यवधानेऽपि भवत्यनासन्नत्वम्। एवञ्च 'गिरिर्भुक्तमग्निमान् देवदत्तेन' इत्यत्र प्रथमानुयोगिन्या भुक्तमिति पदार्थोपस्थित्या द्वितीयानुयोगिन्या अग्निमानिति पदार्थोपस्थित्या व्यवधानम्। प्रकृतोपयोगिपदार्थोपस्थित्या तु व्यवधाने तु भवत्येवासत्तिः। तेन 'अश्वेन ग्रामं गच्छति' इत्यत्र ग्रामपदार्थोपस्थित-व्यवधानेऽपि अश्वपदस्य गच्छतीत्यनेनासत्तिरव्याहतैव। एवञ्च स्वार्थबोधसमाप्तत्वमपि पदोच्चयस्य विशेषणं, तेन 'शून्यं वासगृहम्' इत्येतावद्भागस्य न वाक्यत्वमिति विवृतौ स्पष्टम्।

ननु बाधज्ञानभावरूपाया योग्यताया जिज्ञासारूपाया आकाङ्क्षाया आत्मार्थवृत्तित्वात् कथं पदोच्चयस्य तद्युक्तत्वमित्यत आह–प्रसङ्गेऽस्मिन् आकाङ्क्षायोग्यतयोः आत्मार्थवृत्तित्वे; आकाङ्क्षाया जिज्ञासारूपत्वाद्योग्यताया बाधज्ञानाभावरूपत्वाच्च पदसमूहवृत्तित्वम् स्वजन्यजनकत्वरूपपरम्परासंबंधात् उपचारोऽत्र विषयतासंबंधेन वृत्तेः सा च बाधाविरहस्य प्रतियोगिनो बाधज्ञानस्य विषए पदोच्चये तद्विषयता साक्षादेवेति तत्रापि एकपदार्थाय अपरपदार्थसद्भावरूपयोग्यतायास्तु पदार्थधर्मत्वेऽपि स्वाश्रयोपस्थापकत्वसंबंधेन पदोच्चयधर्मत्वमेव। निरुक्तासत्तेरप्यात्मधर्मत्वं तत्रापीयमेव रीतिः। यदि हि समभिव्याहार एवाकाङ्क्षा अव्यवधानोच्चरितत्वमासत्तिस्तदानयोः साक्षादेव पदोच्चयधर्मत्वमिति विवृतौ स्पष्टम्।

टिप्पणी–(1) उपोद्घात का लक्षण–''प्रकृतसिद्ध्यनुकूलचिन्ताविषत्वमुद्घातः'– प्रकृत (वस्तु) की सिद्धि के लिए जिस पर विचार करना प्रसंगानुकूल है उसे उपोद्घात कहते हैं, काव्य का लक्षण यहां पर प्रकृत (प्रस्तुत) है। काव्य का लक्षण है–''वाक्यं रसात्मकं काव्यम्''।

(2) वाक्य का लक्षण करते हुए कहा है कि ''योग्यता, आकांक्षा और आसक्ति से युक्त पद समुदाय को वाक्य कहते हैं'', ''परन्तु आकांक्षा सुनने की

इच्छा रूप है जो आत्मा के अन्दर निवास करती है अर्थात् आकांक्षा आत्मा का धर्म है और योग्यता पदों के अर्थों में निवास करती है अर्थात् योग्यता पदार्थ का धर्म है, पुनः ये दोनों विभिन्न धर्मावलम्बी होने के कारण पद समुदाय में किस प्रकार निवास करेंगे? इस शंका के निवारणार्थ कहते हैं–कि यहां पर आकांक्षा और योग्यता क्रमशः आत्मा और पदार्थ के धर्म होने पर भी पदसमुदाय के अन्दर की धर्मता उपचार प्रयोग से ही समझनी चाहिए। (क्योंकि आकांक्षा के अन्दर यह परम्परा संबंध "स्वजन्यजनकत्व" संबंध से पदों में निवास करती है अर्थात् "स्वः" शब्द से आकांक्षा गृहीत होती है–उससे जन्य वाक्यार्थ होता है और उसका जनक पदसमूह होता है। और योग्यता के अन्दर यह परम्परा संबंध "स्वाश्रयोपस्यापकत्व" संबंध से पदों में रहता है अर्थात् "स्व" शब्द से योग्यता, उसका आश्रय पदार्थ, उसका उपस्थापक पदसमूह होता है। इसी प्रकार से "आसत्ति" जो कि आत्मा का धर्म है, उसका भी समाधान कर लेना चाहिए। कहने का तात्पर्य यह है कि आकांक्षा और आसत्ति के आत्मा का धर्म होने के कारण और योग्यता का पदार्थ का धर्म होने के कारण जो पदसमुदाय का धर्म कहा है उसे उपचार प्रयोग से ही समझना चाहिए)।

(3) वैय्याकरणों के अनुसार "एकतिङ्" वाला वाक्य होता है। अतः "पचति", "भवति, पश्य मृगो धावति, ब्रूहि ब्रूहि देवदत्त" इत्यादि वाक्यों में अनेक क्रियाओं के होने पर भी एक वाक्य की हानि नहीं होगी क्योंकि उनकी दृष्टि में एक तिङन्त के अर्थ को बताने वाले पद-समूह वाक्य कहलाते हैं।

(4) तार्किक वाक्य का तीन प्रकार से विभाग करते हैं–(1) सुबन्त समूह (2) तिङन्त समूह (3) सुप्तिङन्त समूह। क्रमशः उदाहरणः–(1) त्रयः कालाः, (यह सुबन्त समूह वाक्य है) (2) पचति भवति (केवल तिङन्त समूह है) (3) चैत्रः पचति (यहां पर "चैत्रः" सुबन्त है और "पचति" तिङन्त है)।

(5) मीमांसक दो प्रकार के वाक्य मानते हैं–(1) विधि (2) और निषेध। (1) विधि का उदाहरण–"स्वर्गकामो यजेत"। (2) निषेध का उदाहरण–"न कलञ्जं भक्षएत्"।

वाक्य का ज्ञान इस प्रकार होता है–सबसे पूर्व शब्द को सुनने के अनन्तर श्रोता की आत्मा में तत् तत् अर्थ उपस्थित होते हैं। उसके बाद योग्यता, आकांक्षा और आसक्ति के आधार पर उन सभी शब्दों का विशिष्ट अन्वय ज्ञान का स्फुरण

होता है। तत् तत् शब्दों के तत् तत् अर्थ हैं, इसकी उपस्थिति स्मृति के द्वारा होती है और स्मृति संसार में अनुभूत पदार्थों के उद्‌बोधक उसके साथ के संस्कारों के कारण होती है क्योंकि उस शब्द के अन्य अर्थ का बोध कराने का कोई कारण उपस्थित नहीं होता और उस शब्द का सुनना ही उसके अर्थ वाले संस्कार को उत्पन्न कराने का कारण हुआ करता है। क्योंकि यदि शब्दों का पदार्थों के साथ संबंध न हो तो अर्थ की स्मृति भी न हो। किन्तु उन शब्दों से उन उन अर्थों का स्मरण कराया जाता है।

वाक्योच्चयो महावाक्यम्–

योग्यताकाङ्क्षासत्तियुक्त इत्येव।
इत्थं वाक्यं द्विधा मतम्।।1।।

इत्थमिति वाक्यत्वेन महावाक्यत्वेन च।

उक्तं च तंत्रवार्तिके–

'स्वार्थबोधसमाप्तानामङ्गाङ्गित्वव्यपेक्षया।
वाक्यानामेकवाक्यत्वं पुनः संहत्य जायते।।' इति।

तत्र वाक्यं यथा–'शून्यं वासगृहम्'–इत्यादि। महावाक्यं यथा–रामायण–महाभारत- रघुवंशादि।

हिन्दी अनुवाद–(महावाक्य का लक्षण) वाक्योच्चय इति–वाक्यों का (दो वाक्यों या बहुत से वाक्यों का) समुदाय महावाक्य कहलाता है। (योग्यताकांक्षासत्ति–इन तीन के अभाव में यदि महावाक्यत्व स्वीकार किया जाएगा तो "चक्षुषा गृह्यतां, गगनं वर्तते" इनका, "भिक्षुरुपविशति, गृही भुङ्क्ते" इनका तथा भिन्न दिवस में उच्चरित "चक्षुषा गृह्यताम्, घटो वर्तते" इन सभी का महावाक्यत्व स्वीकार करना पड़ेगा, अतः कहा है कि) योग्यतेति–योग्यता, आकांक्षा और आसत्ति से युक्त ही (वाक्यों के समूह को महावाक्य कहते हैं)।

इत्थमिति–इस प्रकार वाक्य दो प्रकार के माने गए हैं। (एक वाक्य और दूसरा महावाक्य)। "इत्थम्"–का अर्थ है वाक्य रूप से और महावाक्य रूप से।

और तंत्रवार्तिक में कहा भी है–"स्वार्थेति"–अपने अपने अर्थ का बोध कराके समाप्त हुए (निराकांक्ष) वाक्यों के अङ्गाङ्गिभाव संबंध से (आकांक्षा के कारण

गुण-प्रधान भाव से) पुनः मिलकर (एक अर्थ के प्रतिपादक होने के कारण मिलकर स्थित) एक वाक्य (महावाक्य) होता है। उनमें वाक्य का उदाहरण–''शून्यं वासगृहम्'' इत्यादि है और महावाक्य का उदाहरण–''रामायण-महाभारतरघुवंशादि'' हैं।

संस्कृत व्याख्या–वाक्ये निरूपिते महावाक्यस्यापि तत्सजातीयत्वेनाकाङ्क्षोदयात्त-भिन्नरूपयति–वाक्योच्चय इत्यादिना।

अन्वयः–वाक्योच्चयः महावाक्यम्।

वाक्योच्चयः वाक्यानाम् उच्चयः समूहः, अनेकवाक्यम्, महावाक्यं कथ्यत इति। वाक्योच्चयमात्रस्य महावाक्यत्वस्वीकारे 'अन्धो बभूव देवदत्तः' 'स चन्द्रं पश्यति' इत्येतयोर्योग्यतारहितयोः 'अन्नं पचति' 'नद्यां सन्तरति' इत्येतयोर्निराकाङ्क्षयोः 'चैत्रस्य पुत्रोऽभूत्' 'स तं लालयति' इत्येतयोर्भिन्नप्रहरोच्चारित- योरासत्तिहीनयोरपि महावाक्यत्वं स्यादित्यतो वृत्तावाह–योग्यतेत्यादि। वाक्योच्चयः, अपि, योग्यताकाङ्क्षासत्तियुक्त एव इति। योग्यतादियुक्तवाक्योच्चय एव महावाक्यमिति फलितोऽर्थः।

अन्वयः–इत्थं वाक्यं द्विधा मतम्।

अनेन प्रकारेण वाक्यमहावाक्यभेदेन वाक्यम् द्विप्रकारकम् सम्ममिति।

कारिकागतं यत्पदं तस्याशयः वाक्यरूपेण महावाक्यरूपेण अपि वाक्यमहावाक्यभेदेन द्विविधं वाक्यं तत्र योग्यताकाङ्क्षासत्तिस्वार्थबोधसमातिप्ति विशेषणयुक्तपदोच्चयो वाक्यं तैर्युक्त एव वाक्यसमूहो महावाक्यमिति। वाक्यमहावाक्यविषए प्राचां संवादमुपस्थापयितुमुपक्रमते–महाप्राज्ञकुमारिलभट्टप्रणीते तदाख्ये मीमांसामूत्रव्याख्याग्रंथे कथितम् च स्वार्थेत्यादिना। स्वार्थबोधे समाप्तानां वाक्यानां पुनः अङ्गाङ्गित्वव्यपेक्षया संहत्य एकवाक्यत्वं जायत इत्यन्वयः। स्वप्रतिपाद्यार्थ-ज्ञापने पूर्णानामत एव परस्परं निराकाङ्क्षाणां योग्यतादिविशिष्टपदोच्चयानाम्, अङ्गाङ्गित्वव्यपेक्षया उपकारकत्वमत एवं गौणत्वम् उपकार्यत्वमत एव मुख्यत्वं पर्यालोचनया भूयः मिथः समेत्य विशिष्टैकार्थप्रतिपादकत्वम् सम्पद्यते इति। स्वप्रतिपाद्यार्थावबोधेन निराकाङ्क्षाणां वाक्यानां गुणप्रधानभावेनाकाङ्क्षया भूयः एकार्थप्रतिपादकत्वेन मिलित्वा एकवाक्यत्वं जायत इत्याशयः। वाक्यार्थानां हि गुणप्रधानभावेन वैशिष्ट्यादेकत्वं तत्प्रतिपादकत्वेन वाक्यानामेकवाक्यत्वमिति फलितोऽर्थः।

तदुहारणायोपक्रमते वाक्यमहावाक्ययोर्मध्ये यथा–'शून्यं वासगृहम्' इत्यादि, व्याख्यातमिदं रसोदाहरणे। महावाक्यं यथा–रामायणमहाभारतरघुवंशादि; रामायणं हि रामचरितसम्बद्धं वाल्मीकिमुनिप्रणीतत्वेन कथितमार्षकाव्यम्, महाभारतं द्वैपायनमुनि-प्रणीतत्वेन सम्मतं पाण्डवचरितसम्बद्धमार्षमैतिहासिकाव्यम्, रघुवंशं हि महाकवि-कालिदासप्रणीतत्वेन सम्मतमन्वर्थ- संज्ञकं महाकाव्यम् आदिपदात्कुमारसम्भवादीनामपि ग्रहणम्।

टिप्पणी–यहां पद का लक्षण करने के लिए प्रसंग संगति दिखलाते हैं।

पदोच्चयो वाक्यमित्युक्तम्।

तत्र किं पदलक्षणमित्यत आह–

वर्णाः पदं प्रयोगार्हानन्वितैकार्थबोधकाः।

यथा–घटः। प्रयोगार्हेति प्रातिपदिकस्य व्यवच्छेदः। अनन्वितेति वाक्य-महावाक्ययोः। एकेति साकाक्षांनेकपदवाक्यानाम्। अर्थबोधका इति कचटतपेत्यादीनाम्। वर्णा इति बहुवचनविवक्षितम्।

हिन्दी अनुवाद–पदोच्चय इति-पदसमुदाय वाक्य होता है, यह कहा जा चुका है, अतः पद का लक्षण क्या है? इसलिए (उसका लक्षण) कहते हैं–वर्णा इति–

प्रयोग के योग्य, अनन्वित एक अर्थ का बोध कराने वाले वर्ण (स्वर और व्यंजन) पद कहाते हैं। जैसे 'घटः'। (यह सुब्विभक्ति से युक्त होने से प्रयोग के योग्य है और अनन्वित घड़ा रूप एक अर्थ का बोधक भी है, अतः यह पद है।) कारिका में प्रयोग के योग्य पद प्रातिपदिक मात्र में पदत्व के निवारण के लिए हैं। (प्रातिपदिक वह शब्द है जिसका अर्थ होता है और प्रत्यय से भिन्न है। यहां प्रातिपादिक से धातु का भी ग्रहण किया गया है। बिना तिबादि विभक्ति के धातु मात्र का भी प्रयोग नहीं होता।) अनन्वित पद वाक्य एवं महाकाव्य में पदत्व के निवारण के लिए है। (वे अन्वित होते हैं, अतः पद नहीं माने जाते हैं।) एक पद परस्पर की आकाङ्क्षा से युक्त अनेक पद एवं अनेक वाक्यों में पदत्व के निवारण के लिए है। अर्थबोधक पद क-च-ट-त-प आदि निरर्थक वर्णों में पदत्व की व्यावृत्ति के लिए है। 'वर्णाः' इसमें बहुवचन विवक्षित (अनिवार्य) नहीं है। (क्योंकि एक वर्ण वाले और दो वर्ण वाले भी पद होते हैं।) (इससे यह निष्कर्ष निकलता है

कि वाक्य में प्रयोग के योग्य होने पर अनन्वित एक ही अर्थ के बोधक जो वर्ण हैं वे पद कहलाते हैं।)

संस्कृत व्याख्या–वाक्यलक्षणे पदोच्चय इति यदुक्तं तत्रत्यपदनिरूपणे प्रसङ्गसङ्गतिमुपपादयति–पदोच्चय इत्यादिना। वाक्यस्वरूपनिरूपणप्रसङ्गे पदसमूहः वाक्यम् इत्थम् कथितम् तत्प्रसङ्गे पदस्वरूपं किं लक्षणम् इति। अस्मात् हेतोः कथयति। पदलक्षणनिरूपककारिकामवतारयति–वर्णा इति।

अन्वयः–प्रयोगार्हानन्वितैकार्थबोधकाः वर्णाः पदम्।

प्रयोगयोग्याः, प्रयोगार्हत्वञ्च विभक्त्यन्तत्वेन क्वचित्तल्लुगन्तत्वेन च; 'अपदं न प्रयुञ्जीते'ति वचनात् यत्रापदमित्यपरिनिष्ठितमितति ते च अन्वितैकार्थबोधकाः मिथोऽन्वयरहितः, य एकः अर्थस्तस्य प्रतिपादकाश्च ते तथा एकैकार्थबोधकाः इति स्वर-व्यंजनरूपाः पदसंज्ञकमिति।

यथा अत्र हि आनुपूर्वीमन्तो वर्णाः सुब्विभक्त्यन्त्वेन प्रयोगार्हाः वाक्यान्त-र्निवेशयोग्याः अनन्वितस्य कम्बुग्रीवादिमद्रूपस्य एकार्थस्य बोधका इति घट इत्यस्य पदत्वम्। कारिकागतविशेषणानां व्यावृत्तिं क्रमेणाऽऽह–प्रयोगार्हा इति विशेषणेन निर्विभक्तिकस्य सार्थकशब्दमात्रस्य व्यावृत्तिः। मा भूत्प्रातिपदिकमात्रस्य पदत्वमिति प्रयोगार्हेति विशेषणमिति प्रातिपदिकमात्रस्य प्रयोगानर्हत्वात्। अनेन भूवाप्रभृतिधातोश्च ग्रहणं बोध्यम्। उक्तं यथा–'न केवला प्रकृतिः प्रयोक्तव्या नापि केवलप्रत्ययः' इति। प्रयोगार्हेत्यनेन लुगन्तत्वस्यापि ग्रहणं, येन वाक् इत्यादौ नाव्याप्तिः। अनन्वितेति विशेषणेन पदोच्चयरूपवाक्यस्य वाक्योच्चयरूपमहावाक्यस्य तयोः व्यवच्छेद इति। वाक्यमहावाक्ययोः प्रयोगार्हत्वविशिष्टैकार्थबोधकत्वस्य भावात्तयोः पदत्वं मा भूदिति अनन्विेति विशेषणमित्याशयः। तत्र अन्वितार्थबोधकत्वस्य सत्त्वान्न तयोः पदत्वम् एकेति विशेषणेन साकाङ्क्षानेकपदवाक्यानां आकाङ्क्षामात्रविशिष्टानि, अनेकानि पदानि वाक्यानि वच तेषां व्यवच्छेद इति। साकाङ्क्षाण्यनेकपदानि यथा–'शून्यं वासगृहं विलोक्य' इत्यादौ; साकाङ्क्षानेकवाक्यानि यथा–'यस्यालीयत शल्कसीम्नि जलधिः' इत्यत आरभ्य 'असावधार्मिककुलम्' इत्यन्तं यावत् तेषां व्यावृत्तिरिति। तत्र प्रयोगार्हत्वार्थबोधकत्वादेः सत्त्वात्पदत्वप्राप्तिसत्त्वे तद्व्यवच्छेदाय एकेति विशेषणमिति। अर्थबोधका इति विशेषणं वर्णानां व्यवच्छेदाएति। तेषां केवलानामर्थबोधकत्वाभावात्। सार्थकत्वे तु तेषामपि पदत्वं भवत्येव यथा–अः इति वासुदेवः, कः इति परमेष्ठी–'कस्य रूपमभूद्द्वेधा' इत्यादि। ननु वर्णस्यैकस्यापि

सार्थकस्य पदत्वदर्शनेन कथं वर्णा इति बहुत्वमुक्तमिति चेत्सत्यम्। वर्णाः इत्यत्र बहुत्वापेक्षा वक्तुं नेष्टम्, एकस्यापि वर्णस्य पदत्वदर्शनात् इति। एतेन प्रयोगार्हत्वं सति अपर्यवसितान्यवैकार्थबोधकत्वं पदत्वमिति लक्षणमुपन्नम्। न च 'शक्तं पदम्' इति मतानुसारेण घट प्रत्येकं पदम् अम् इत्यपरं पदम्। अनयोः प्रत्येकपदार्थोपस्थापकत्वेनानन्वितार्थबोधकत्वमक्षतमिति वाच्यं, तथा सति घटमिति पदसमुदायस्य वाक्यत्वापत्तेः। न चेष्टापत्तिस्तथा सति 'शून्यं वासगृहं विलोक्य' इत्यादेर्महावाक्यत्वापत्तेः। अत्र वर्णा इति बहुवचनमविवक्षितमिति कथनमाधारीकृत्य केचित्कारिकावृत्तिकृतोर्भेदमाकल्पयन्ति। अन्ए तन्न मन्यन्ते। तेषां मते अविवक्षितमित्यस्य न हि विवक्षा, तेन वर्णस्यैकस्याऽपि अनेन पदत्वं न निवार्यते इत्याशय इति।

पदलक्षणे अनन्वितैकार्थबोधकत्वं पदत्वमित्युक्तं तत्र कोऽसावर्थ इत्यपेक्षायामर्थनिरूपणे कर्तव्ये पदप्रतिपाद्यत्वमर्थत्वमिति अनन्तरोक्तकारिकात एव 'प्रयोगार्हानन्वितैकार्थबोधका वर्णाः पदमि'ति कथनेन तल्लाभात्सम्प्रति तद्‌भेदनिरूपककारिकावतारणाय भूमिकामारचयति–पदलक्षणे पदवाक्ययोर्वा कारिकामवतारयति–अर्थ इत्यादिना।

टिप्पणी–प्रसङ्ग प्राप्त वर्ण की उत्पत्ति का निरूपण करते हैं–ज्ञानवान् व्यक्ति के ज्ञात विषय को शब्द के द्वारा कहने की इच्छा से उसको बताने वाले शब्द समूह को उत्पन्न करने के लिए नियुक्त बुद्धि अंतःकरण को प्रेरित करती है, पुनः वह मूलाधार में विद्यमान अग्नि को संचालित करती है। वह अग्नि वहां पर विद्यमान वायु को प्रेरित करती है। उसके द्वारा प्रेरित वायु धीमे धीमे वक्षस्थल की तरफ चलती हुई "परावाक्" नामक सूक्ष्मरूप शब्द को उत्पन्न करती है। इसके बाद नाभिमूल तक फैलती हुई वह वायु उस स्थान के सम्पर्क से प्रताड़ित "पश्यन्ती" नामक शब्द को उत्पन्न करती है। ये दोनों शब्द "परावाक् और पश्यन्ती" सूक्ष्म और सूक्ष्मतर होने के कारण सिद्ध योगियों के श्रवण के विषय हैं; हम जैसों के स्थूल श्रवण के विषय नहीं हैं। तदनन्तर वह वायु हृदय देश में विचरण करती हुई उसके संबंध से "मध्यमा" नामक शब्द को उत्पन्न करती है। उस "मध्यमा" नामक शब्द को हम अपने कर्ण कुहर को अङ्गक्त्ली से बन्द करके अव्यक्त सूक्ष्म ध्वनि रूप से अनुभव कर सकते हैं। उससे भी ऊपर कण्ठ में जाकर मूर्घा के टकराकर उसके प्रतिघात से लौटी हुई मुख में जाकर कण्ठ तालु आदि आठ स्थानों में टकराकर "वैखरी" नाम वाले नानाजातीय अत्यन्त स्पष्ट शब्द को उत्पन्न करती है। यही शब्द व्यवहार के योग्य होता है–"तुरीयं वाचो मनुष्याः वदन्ति" ऐसा महाभाष्यकार का कथन है। यहां पर वर्णों के क्रमशः शीघ्र विनष्ट

होने के कारण और एक बार में अनेक वर्णों के अनुभव न होने के कारण पहले पहले वर्णों को अनुभव करके अन्तिम वर्ण के सुनने के समय पहले वर्णों के अनुभव से उत्पन्न संस्कारों के साथ अन्तिम वर्णों का संबंध होने से श्रवण द्वारा ग्रहण किया जाकर सद् और असद् अनेक वर्णों की अवगाहन करने वाली पदप्रतीति होती है। सहकारी सामर्थ्य से प्रत्यभिज्ञा की प्रतीति होती है। प्रत्यभिज्ञा का प्रत्यक्ष होने पर अतीतकालीन पूर्वावस्था का भी स्फुरण हो जाता है। "सुप्तिङन्तम् पदम्" इति भगवान् पाणिनिः। "ते विभक्त्यन्ताः, पदम्। 2.2.60" इति गौतमः। न्यायशास्त्रानुसार दो प्रकार के पद होते हैं–

(क) जो शक्ति के द्वारा जिस अर्थ को बताते हैं वह उस अर्थ में मुख्य पद है। यथा–गो घटादि को बताने वाले गो घटादि पद। और मुख्य पद भी चार प्रकार के होते हैं–(1) यौगिक (2) रूढ़ (3) योगरूढ़ और (4) यौगिकरूढ़। इनमें (1) पाचकादि पद (2) गोपमण्डपादि पद (3) पंकजादि पद और (4) उद्भिद् आदि पद हैं।

(ख) जो लक्षणा वृत्ति से जिस अर्थ को बताते हैं वह उस अर्थ में गौण शब्द होते हैं। यथा–"गंगायां घोषः" यहां लक्षणावृत्ति के द्वारा तीर को बताने वाला गंगा पद है। यही लाक्षणिक है।

अर्थो वाच्यश्च लक्ष्यश्च व्यङ्ग्यश्चेति त्रिधा मतः।।2।।

एषां स्वरूपमाह–

वाच्योऽर्थोऽभिधया बोध्यो लक्ष्यो लक्षणया मतः।
व्यङ्ग्यो व्यञ्जनया ताः स्युस्तिस्रः शब्दस्य शक्तयः।।3।।

(अर्थनिरूपणम्)

हिन्दी अनुवाद–अर्थ वाच्य, लक्ष्य, व्यंग्य तीन प्रकार का होता है।

अब इनका स्वरूप बतलाते हैं–

वाक्य अर्थ अभिधा से जाना जाता है, लक्ष्य अर्थ लक्षणा से जाना जाता है, व्यङ्गय अर्थ व्यंजना से जाना जाता है। ये तीन अभिधा, लक्षणा, व्यंजना शब्द की शक्तियां (वृत्तियां) मानी जाती हैं।

संस्कृत व्याख्या—वृत्तिप्रतिपाद्यो यः सः उच्यते कथ्यतेऽसाविति वाच्यः, स च अभिहितान्वयवादिमत्ते पदेन अन्विताभिधानवादिमते वाक्येन लक्ष्यते पदेन लक्ष्यीकृत स्वार्थस्त्यज्यते इति व्यज्यते वर्णपदपदांशवाक्यादिभिर्वाच्यमनुज्झित्वैव प्रकरणादिवशाद् व्यक्तीक्रियतेऽसाविति चकारः समुच्चयार्थः इति त्रिप्रकारकः सम्मतः। तत्र वाच्यो हि पदाभिधेयों वाक्याभिधेयो वा। लक्ष्यस्तु पदमात्रस्यार्थः। व्यङ्ग्यो हि वर्णपदवाक्यादीनामिति। केषाञ्चिन्मते लक्ष्योऽपि वाक्यार्थः। तत्र वाचको लाक्षणिकव्यञ्जकयोः व्यञ्जकस्य वाचकलाक्षणिकावुपजीव्यौ। एषां भेदोऽपि उपाधिगत एव न तु उपाधेयाश्रितः। अर्थभेदं निर्दिश्य सम्प्रति तत्स्वरूपमाह—वाच्य इत्यादिना।

अन्वयः—वाच्यः अर्थः अभिधया बोध्यः, लक्ष्यः लक्षणया मतः, व्यङ्ग्यः व्यञ्जनया, ताः तिस्रः शब्दस्य शक्तयः मताः।

उच्यते शब्देन प्रत्यक्षमिति सङ्केतितः अर्थ्यते प्रतिपाद्यत्वेन प्राप्यत इति अभिधीयते उपस्थाप्यते सङ्केतितार्थोऽनया तदाख्यया शक्त्या श्रेयः लक्ष्यते पदेन लक्ष्यीकृत्य यं स्वार्थस्त्यज्यते इति सः अर्थः लक्ष्यते रूढिप्रयोजनान्यतरानुरोधेनोपस्थाप्यतेऽर्थान्तरमनएति सा तया गम्यो मतः। व्यङ्ग्यः व्यज्यते वर्णपदपदांशवाक्यादिभिः प्रयोजनत्वेन व्यक्तिक्रियतेऽसाविति सः व्यज्यते सूच्यते वाच्यलक्ष्यातिरिक्तत्वेनानिरूप्योऽर्थोऽनएति सा तया मतः अभिधा-लक्षणा-व्यञ्जनाख्याः त्रिसङ्ख्याकाः अर्थावबोधकवर्णौघस्य वृत्तयः भवन्तीति शेषः। अत्र हि शक्तिपदं वृत्त्यर्थे प्रयुक्तं वृत्तिश्च वर्ततेऽर्थोऽनएति शक्तिपदस्य हि अभिधाएं एव प्रयोगदर्शनात्। तिस्रो हि वृत्तयः—शक्तिर्लक्षणा व्यञ्जनेति। अर्थबोधे हि शब्दस्य वृत्तीनाञ्च कारणत्वं विषयविषयिणोरभेदोपचाराद् बोध्यम्। वास्तवकारणं तु शब्दवृत्तिज्ञानमेव।

टिप्पणी—वाच्य इति—अभिधा के द्वारा बोधित होने वाला अर्थ वाच्य, लक्षणा के द्वारा बोधित होने वाला अर्थ लक्ष्य, (और) व्यंजना से बोधित होने वाला अर्थ व्यंग्य कहाता है। (इस प्रकार) ये तीन (अभिधा, लक्षणा और व्यंजना) शब्द की शक्तियां होती हैं। (कारिका में प्रयुक्त) "ताः" का अर्थ "अभिधाद्याः" अर्थात् अभिधा आदि (अर्थात् लक्षणा और व्यंजना) है।

ता अभिधाद्याः।

तत्र संकेतितार्थस्य बोधनादग्रिमाभिधा।

उत्तमवृद्धेन मध्यमवृद्धमुद्दिश्य 'गामानय' इत्युक्ते तं गवानयनप्रवृत्तमुपलभ्य बालोऽस्य वाक्यस्य 'सास्नादिमत्पिण्डानयनमर्थः' इति प्रथमं प्रतिपद्यते, अनन्तरं

च 'गां बधान' 'अश्वमानय' इत्यादावावापोद्वापाभ्यां गोशब्दस्य 'सास्नादिमानर्थः' आनयनपदस्य च 'आहरणमर्थः' इति संकेतमवधारयति।

क्वचिच्च प्रसिद्धपदसमभिव्याहारात्, यथा–'इह प्रभिन्नकमलोदरे मधूनि मधुकरः पिबति' इत्यत्र। क्वचिदाप्तोपदेशात्, यथा–'अयमश्वशब्दवाच्यः' इत्यत्र। तं च सङ्केतितमर्थ बोधयन्ती शब्दस्य शक्त्यन्तरानन्तरिता शक्तिरभिधा नाम।

हिन्दी अनुवाद–अभिधा का लक्षण–उनमें (अभिधा, लक्षणा और व्यंजना– इन शब्दशक्तियों में संकेतित (मुख्य) अर्थ का (कोश, व्याकरणादि से नियंत्रित अर्थ का) ज्ञान कराने से सबसे पहली (शक्ति का नाम) अभिधा शक्ति है।

उत्तमवृद्धनेति–उत्तम वृद्ध के द्वारा मध्यमवृद्ध को लक्ष्य करके (प्रयोजक-प्रयोज्य भाव को स्पष्ट करने के लिए उत्तम और मध्यम वृद्ध की कल्पना की गई है) ''गाय लाओ'' ऐसा कहने पर उसको (मध्यम वृद्ध को) गाय को लाने में प्रवृत्त समझ कर बालक (जिसको संकेत का ज्ञान नहीं है) इस वाक्य का (गामानयः = गाय लाओ) शक्ति ग्रहण से पूर्व ''सास्नादिमान् शरीर (जीव) को ले आना यह अर्थ है' ऐसा समझता है, (यहां पर सास्ना का अर्थ गलकम्बल है और आदि पद से लाङ्गूल, ककुद् और खुरादि का ग्रहण होता है) और इसके बाद ''गाय को बांध दो'' ''घोड़े को लाओ'' इत्यादि वाक्य में आवापोद्वाप (अन्वय,–व्यतिरेक) के द्वारा (अर्थात् ''गाय बांध दो'' यहां पर ''गौ' इस पद से सास्नादिमान् पदार्थ का बोध हुआ तथा ''बधान'' इसके द्वारा पहले कहे हुए ''आनय'' इस पद से भिन्न लाए जाने वाले पदार्थ बोध का अभाव हुआ अर्थात् पहले तो ''गामानय'' ऐसा कहने पर बालक ने देखा था कि उत्तम वृद्ध के कहने के साथ ही मध्यम वृद्ध उठकर चल दिया था और सास्नादिमान् पदार्थ को लाया था परन्तु ''बधान'' कहने पर वह इस ''आनयन'' क्रिया का अभाव देखता है। इसी प्रकार ''घोड़ा लाओ'' यहां पर उस बालक ने देखा कि इस बार ''गामानय' की तरह सास्नादिमान् पदार्थ का अभाव हुआ और ''आनय'' इस पद के आहरण की क्रिया पूर्ववत् हुई ऐसा ज्ञान उस बालक को अन्वय–व्यतिरेक के द्वारा होता है।) गो शब्द का ''सास्मादिमान् अर्थ'' और ''आनयन'' पद का ''लाना अर्थ'' इस प्रकार संकेत (अभिधा नामक शक्ति) को निश्चित करता है। (इस प्रकार व्यवहार से शक्ति ग्रहण होता है।)।

और कहीं प्रसिद्ध अर्थ वाले पद के साहचर्य से (शक्तिग्रह होता है), (अर्थात् देखने वाले प्रायः योग्य पदार्थ के उपस्थापक पद का पास में ही प्रयोग करते हैं।

अतः प्रसिद्ध पदार्थ के अन्वय की योग्यता वाले अर्थ को ग्रहण हो जाता है।) जैसे—इह प्रभिन्नेति—"यहां विकसित कमल के मध्य भाग में मधुकर मधु का पान कर रहा है" यहां पर। ("कमले मधु पिबति" इस प्रकार के पदों की अन्वय योग्यता को बताने वाले ज्ञान के द्वारा "मधुकरः" मधुकर इस पद का "भ्रमर" में ही शक्तिग्रह है। "मधुकर" का अर्थ "शहद" बनाने वाली मक्खी" के अन्दर शक्तिग्रह नहीं है यद्यपि "मधुकर" इस पद के अन्दर यह दूसरा अर्थ बताने की योग्यता है परन्तु वक्ता के तात्पर्य विशेष के कारण इसका शक्तिग्रहण नहीं होगा। कमल के अन्दर भ्रमर ही रसपान करता है ऐसा जानने वाला मनुष्य कमल पद के साहचर्य से "मधुकर" पद का अर्थ "भ्रमर" ग्रहण कर लेता है।)

कहीं आप्त के उपदेश से जैसे—'यह अश्व शब्द से कहा जाता है' इत्यादि में। (इसके अतिरिक्त भी शक्तिग्रह के अनेक उपाय होते हैं। जैसे—व्याकरण, कोश, वाक्यशेष, विवरण, उपमान आदि। यहां केवल मुख्य-मुख्य उपायों का ही उल्लेख हुआ है।) उसे संकेतित अर्थ का बोध कराने वाली शब्द की दूसरी शक्तियों (लक्षणा एवं व्यंजना) से अव्यवहित शक्ति ही अभिधा है।

संस्कृत व्याख्या—अभिधा आद्या यासान्ताः अभिधालक्षणाव्यजनाः। अर्थस्वरूप-निरूपणानन्तरं तद्बोधे कारणभूतवृत्तिज्ञानस्य जिज्ञासायां प्रथममभिधां निरूपयति।

अन्वयः—तत्र सङ्केतितार्थस्य बोधनात् अग्रिमा अभिधा।

अभिधादिषु मध्ये व्यवहारदिना प्रतिपत्तिः इच्छाविशेषो वा, स सञ्जातो तस्य सङ्केतितः असावर्थस्तस्य उपस्थापनात् आद्या अभिधीयते बोध्यते पदेन साक्षात्प्रति-पाद्योऽर्थोऽनएति सा नाम वृत्तिरिति सैव शक्तिरिति व्यवहृता शब्दस्यार्थाभिधायिनी शक्तिरभिधेति। सङ्केतपदेनाऽत्र शक्तिरुच्यते सङ्केतग्राह्यत्वात् तस्याः, सा च बोधजनकत्वरूपा। व्याकरणादुपमानात्कोशादाप्तवाक्याद् व्यवहाराद् वाक्यशेषात् विवृतेः सिद्धपदस्य सान्निध्याच्च वृद्धाः शक्तिग्रहं वदन्ति इत्यस्याशयः। व्याकरणाद्यथा—'दक्षस्यापत्यंदाक्षिः' इत्यत्र दाक्षिपदस्य दक्षापत्ये सङ्केतग्रहः। 'अश्व इव प्रतिकृतिर्यस्य अश्वकः इत्यत्र अश्वकपदस्य गर्दभे। उपमानाद्यथा—'गोसदृशो गवयः' इति श्रुतस्य बने तथाकृतियुक्तपशुदर्शनाद् गवयोऽयमिति ज्ञानम्। कोशाद्यथा—'शम्भुरीक्षः पशुपतिरि'त्यादि। आप्तवाक्याद्यथा—'अयमश्वपदवाच्यः' इति। व्यवहाराद्यथा—'अश्वमानय' इत्युक्ते आनीतं पशुं दृष्ट्वा अश्वोऽयमिति ज्ञानम्। वाक्यशेषाद्यथा—'यवमयश्चरुर्भवति' इत्यत्र यवशब्दस्य आर्यव्यवहारमनुसृत्य दीर्घसूकस्य

म्लेच्छव्यवहारनुसृत्य कङ्गोः सन्देहे—'वसन्ते सर्वशस्यानां जायते पत्रशातनम्। मोदमानाश्च तिष्ठन्ति यवाः कणिशशालिनः' इति वाक्याद्दीर्घसूकस्यैव ज्ञानम्। विवृतिर्विवरणं, तस्माद्यथा—'गौः सास्नादिमत्पिण्डमि'ति विवरणात्सास्नादिमत्पिण्डस्य गोपदवाच्यता-ज्ञानम्, यद्वा 'हरिर्वासुदेवः' इत्यत्र नानार्थकस्य हरिपदस्य वासुदेवेऽर्थे सङ्केतग्रहः। सिद्धपदस्य सान्निध्याद्यथा—'कमले मधुकरः पिबसि मधु' इत्यादौ कमलपदसान्नि-ध्यान्मधुकरपदस्य भ्रमरे सङ्केतो मधुपदस्य पुष्परसपदे च।

सङ्केतग्रहवता प्रयोजकेन सङ्केतग्रहवन्तं प्रयोज्यम् लक्ष्यीकृत्य अनूद्येति ग्राम आनय गोपदबोध्यवस्तु आहर इत्थम् कथिते मध्यमवृद्धं प्रयोज्यभूतम् गवाहरण-संलग्नम् प्राप्य दृष्ट्वेत्येके गवानयनक्रियया अनुमाएत्यन्ए समीपस्थोऽर्भकोऽग्रहीत-शक्तिकः गामानएत्येतस्य कथनस्य, सास्नादिमत्पिण्डानयनम् गलकम्बलः आदिपदात् शृङ्गलाङ्गूलादिपरिग्रहः तद्युक्तं वस्तु गोप्राणी, तस्य समीपे आहरणम् आशयः इत्थं आदौ प्रतिपदशक्तिग्रहात्वपूर्वम अवयवार्थप्रतिपत्तिं विनाऽपि साधारणेनानुमानेन जानाति अनुमितेन यत्नेन मध्यमवृद्धस्य गवानयनगोचरं ज्ञानमनुमिनोति, तद्गोचरप्रवृत्तिं प्रति तद्गोचरज्ञानस्य हेतुत्वाम्। तादृशज्ञानस्य हेतुत्वे तद्वाक्यमेव गृह्णाति च गवानयनादवरक्षणमेव गां दाम्नादिना प्रतिबद्धं कुरु अश्वपदवाच्यपिण्डम् मत्समीपे आहर उत्तमवृद्धेन प्रयोजकभूतेन प्रयोज्यं मध्यमवृद्धमुद्दिश्य पुनः कथिते यत्प्रतिपादितगोनयनाश्वानयनकर्म दृष्ट्वा, आवापोद्वापाभ्याम् अन्वयः तत्सत्त्वे सति तद्भावः व्यतिरेकः तदभावे तदभावस्ताभ्यां; 'गां बधान' इत्यत्र गोपदसत्त्वे सास्नादिमत्प्राणि-पदार्थबोधसत्ता आनयनपदसत्तायामाहरणक्रियाबोधसत्ता गोपदासत्तायां सास्नादिमत्प्राणि-पदार्थबोधासत्ता आनयनपदासत्तायामाहरणक्रियाबोधसत्ता। अश्वमानएत्यत्र गोपद-व्यतिरेकेण सास्नादिमत्पदार्थबोधाभावः आनयनपदसत्त्वे आहरणपदार्थबोधः।

'गामानयने'त्युक्ते सास्नादिमत्पिण्डमानीतं, 'गां बधान' इत्युक्ते सास्नादिमत्प्राण्येव गतः। अतः गोशब्दस्यैव सास्नादिमत्प्राणिनि शक्तिः। तथा च 'गामानय' इत्युक्ते गोरानयनम्, ''अश्वमानय' इत्युक्ते अश्वस्याहरणमिति आनयपदस्यैव आहरणमर्थः। इत्थं गोशब्दस्य गवि आनयने आनयपदस्य सङ्केतग्रह इति। तेन आवापः प्रतिज्ञा उद्वाप उद्धरः, आवापोद्वापौ श्रुतपदत्यागेन तत्स्थाने पदान्तरश्रुतिः गामानएत्यत्र गोशब्दसत्त्वे सास्नादिमत्पदार्थबोधसत्त्वमित्यन्वयः आनयपदासत्त्वे आनयनपदार्थबोधाभाव इति व्यतिरेकः, गां बधानेत्यत्र गोशब्दसत्त्वे सास्नादिमत्पदार्थबोधसत्त्वमित्यन्वयः, बधानेति शब्दासत्त्वे बन्धनपदार्थबोधाभाव इति व्यतिरेकः। अश्वमानएत्यत्र अश्वपदसञ्चत्त्वे

स्थूलपुच्छादिविशिष्टपदार्थबोधसत्त्वमित्यन्वयः, आनयपदासत्त्वे आहरणपदार्थबोधाभाव इति व्यतिरेक इति।

गोशब्दस्य गलकम्बलशृङ्गपुच्छादियुक्तप्राणिविशेषः अभिधेयः आनयपदस्य समीपे उपस्थापनम् अर्थः इत्थं समयम् निश्चिनोति। एतेन व्यवहारात्सङ्केतग्रहो भवतीति सिद्धम्। सत्स्वप्यन्एषु सङ्केतग्रहोपाएषु व्यवहार एव प्राधान्यं भजते तत्र।

सङ्केतग्रहस्योपायान्तरमाह कुत्रचित् तु प्रसिद्धपदसमभिव्याहारात् ख्यातस्य ज्ञातस्यापि पदस्य अन्वयित्वेनैकवाक्यै निर्देशात्, अपि सङ्केतग्रहो भवतीति शेषः। तथाख्यातपदसान्निध्यवर्तित्वेन च पदस्यार्थस्य बोधो भवतीत्याशयः यथा अत्र, प्रभिन्नकमलोदरे–विकसितं पद्मं मध्यभागे भ्रमरः पुष्परसान् धयति आस्वादयतीति इत्यादौ। मधुकरशब्दस्य हि मधु करोत्यसौ इति व्युत्पत्त्या भ्रमरे सङ्केतो मधुमक्षिकायां वेति संशए तस्य प्रसिद्धस्य कमलपदस्य समभिव्याहाराद् भ्रमरेऽर्थे एव सङ्केतग्रह इत्याशयः।

पुनः सङ्केतग्रहस्यैवोपायान्तरमाह कुत्रचित् तु आप्तोपदेशात् शिष्टत्वेन सम्मतस्य जनस्य, यथार्थवस्तुरिति शिक्षणात् सङ्केतग्रहो भवतीति। तदुदाहरति यथा एषः पुरोवर्ती प्राणी चित्रगतवस्तु वा, अश्वशब्दवाच्यः–अश्व इति शब्देन कथनीयः इत्यादौ। अश्वशब्दार्थस्य शक्तिग्रहाभाववान् जनः अयमश्वपदवाच्य इत्याप्तोपदेशेन सङ्केतग्रहमवधारयतीति भावः। अत्र हि व्यवहारप्रसिद्धपदसान्निध्याप्तोपदेशैः सङ्केतग्रहः उक्तः प्राधान्येन तेषामुपयोगात्। एतदतिरिक्तमपि सन्त्यनेके शक्तिग्रहोपायाः व्याकरणोपमानकोशवाक्यशेषविवृत्याद्याः अनन्तरमेव व्याख्याताः।

उक्तार्थं निगमयति तादृशं हि लब्धसङ्केतम् अभिधेयं प्रतिपादयन्ती पदस्य शक्त्यन्तरानन्तरिता–अपरे लक्षणाव्यञ्जने अव्यवहिता ताभ्यां प्रागेव समुपस्थितत्वात् वृत्तिः अभिधीयतेऽर्थोऽनएति तदाख्या नामेति।

टिप्पणी–(i) यहां पर "संकेतितार्थस्य" का अर्थ "संकेतग्रह के विषयीभूत अर्थ" का ऐसा अर्थ नहीं होगा क्योंकि ऐसा अर्थ करने पर "आत्माश्रय दोष" आ जाता है क्योंकि संकेत अभिधा से भिन्न नहीं है अर्थात् संकेत का अर्थ अभिधा (मुख्य) है।

(ii) यह अभिधा नामक शक्ति "इस शब्द से यह अर्थ समझना चाहिए" इस प्रकार की ईश्वरेच्छारूप शक्ति से भिन्न है क्योंकि यदि अर्थ बोध ईश्वरेच्छारूप मानेंगे तो जो ईश्वर को नहीं मानते उनको अर्थ ज्ञान किस प्रकार होगा—और ईश्वर को बिना स्वीकार किए भी उनको शब्द के अर्थ का ज्ञान होता ही है, अतः यह अभिधा शक्ति ईश्वरेच्छारूप शक्ति से भिन्न है।

(iii) जिस प्रकार लक्षणादि शक्तियों से पूर्व अभिधा शक्ति का होना आवश्यक है, उस प्रकार अभिधा से पूर्व कोई अन्य शक्ति अपेक्षित नहीं है।

(iv) अभिधा तीन प्रकार की होती हैं—(1) समुदायमात्र शक्ति, (2) अवयवमात्र शक्ति और (3) समुदायावयवोभयशक्ति। इन्हीं का नाम (1) रूढ़ि, (2) योग और (3) योगरूढ़ि भी है।

(v) संकेतग्रह के विषय में दो विचारधाराएं हैं—(1) एक के मत में तो संकेत-ग्रह व्यक्ति के अन्दर होता है और (2) दूसरे के मत में संकेतग्रह पदार्थों की उपाधियों में होता है। अतः यहां पर "व्यक्ति के अन्दर संकेतग्रह" का निराकरण करके व्यक्ति की "उपाधि के अन्दर संकेतग्रह" का प्रतिपादन करते हैं।

सङ्केतो गृह्यते जातौ गुणद्रव्यक्रियासु च।।4।।

जातिर्गोपिण्डादिषु गोत्वादिका। गुणो विशेषाधानहेतुः सिद्धो वस्तुधर्मः। शुक्लादयो हि गवादिकं सजातीयेभ्यः कृष्णगवादिभ्यो व्यावर्तयन्ति। द्रव्यशब्दा एकव्यक्तिवाचिनो हरिहर-डित्थडवित्थादयः। क्रियाः साध्यरूपा वस्तुधर्माः पाकादयः। एषु हि अधिश्रयणावश्रयणान्तादिपूर्वपरीभूतो व्यापारकलापाः पाकादिशब्दवाच्यः। एष्वेव हि व्यक्तेरूपाधिषु संकेतो गृह्यते, न व्यक्तौ; आनन्त्यव्यभिचारदोशापातात्।

हिन्दी अनुवाद—संकेत इति—जाति, गुण, द्रव्य और क्रिया में संकेत का ग्रहण होता है।

जाति का लक्षण—जातिरिति—गौ व्यक्ति आदि में गोत्वादि जाति होती है। (गुण का लक्षण) गुण इति—(पदार्थ में) विशेषता का आधान करने का कारणभूत वस्तुधर्म, जो पहले से सिद्ध (नित्य) है (इस मत में गुण भी नित्य है) (साध्य नहीं) उसे गुण कहते हैं। (विशेषाधान के कारण को स्पष्ट करते हैं) शुक्लादयो हीति—

शुक्ल आदि (गुण ही) गौ आदि को सजातीय कृष्ण गौ आदिकों से पृथक् करते हैं। (द्रव्य का लक्षण) द्रव्येति–एक व्यक्ति के वाचक हरि, हर, डित्थ, डवित्थ आदि द्रव्य शब्द या यदृच्छा शब्द कहाते हैं। (द्रव्य को ही संज्ञा कहते हैं और संज्ञा दो प्रकार की होती है) (1) चिरन्तनी और (2) आधुनिकी। (1) चिरन्तनी के उदाहरण हैं–हरि, हर आदि और (2) आधुनिकी के उदाहरण हैं–डित्थ, डवित्थ आदि।) (क्रिया का लक्षण) क्रिया इति–वस्तु के "साध्य" रूप धर्म पाकादिक क्रिया कहाते हैं। (गुण और क्रिया में अंतर–क्रिया साध्य होती है जबकि गुण वस्तु में पहले से विद्यमान रहते हैं। इसीलिए गुण "सिद्धवस्तु धर्म" कहाते हैं और क्रिया "साध्यधर्म" कहाती है।) एषु हीति–इन साध्यरूप वस्तुधर्मों में अधिश्रयण से लेकर अर्थात् किसी पात्र को चूल्हे पर चढ़ाने से लेकर अवश्रयण तक अर्थात् पक जाने के बाद नीचे उतारने तक पहले और बाद के जितने भी कार्य व्यवहारों का समुदाय है वह सब पाकादि शब्द से व्यवहृत होता है। अर्थात् उन सब क्रियाकलापों का नाम "पाक" है। एष्वेव–इन्हीं जात्यादि चारों के मध्य जो व्यक्ति के उपाधिधर्म जाति, गुण, क्रियारूप हैं–उन्हीं में संकेत का ग्रहण होता है, व्यक्ति में नहीं; (क्योंकि यदि व्यक्ति के अन्दर संकेतग्रह मानेंगे तो) "आनन्त्य" और "व्यभिचार" दोष आने के कारण।

संस्कृत व्याख्या–अन्वयः–सङ्केतः जातौ गुणद्रव्यक्रियासु च गृह्यते।

समयः शक्तिग्रह इति नित्यत्वे सत्यनेकसमवेतत्वं जातित्वमिति परिभाषिते सामान्ए पदार्थस्य सजातीयेभ्यो व्यावर्तकधर्मः यदृच्छाशब्दः साध्यरूपवस्तुधर्मः च तासु अपि, भवतीति शेषः। मूलतः सङ्केतार्थो जातिः तथैव गुणो द्रव्यं क्रिया चेति कारिकाशयः।

सामान्यं नित्यत्वे सति अनेकसमवेतत्वं जातित्वमिति, उदाहरति–गोप्रभृतिव्यक्तिषु, गोत्वप्रभृतिपदार्थप्राणप्रदनित्यधर्मः। उक्तमेव–'न हि गौः स्वरूपतो गौर्नाप्यगौर्गोत्वाभिसंबंधेनैव गौरिति। गुणं लक्षयति–गुणपदवाच्यः तु सजातीयेभ्यो व्यावर्तनं तस्याधानं कारणम् जातिस्तु सामान्यमिति गुणस्य जातेर्व्यावृत्तिः सम्पन्नो नित्यश्च, क्रियायाः साध्यरूपपतक्रियाया व्यावृत्तिः वस्तुधर्मः वस्तुनि व्यक्तौ समवेतो धर्मः, विशेषाधानहेतुत्वे सति सिद्धं वस्तुधर्मत्वं गुण इति। गुणानामितरव्यावृत्ति कारणत्वं प्रतिपादयितुमाह–शुक्लादय इत्यादिना। शुक्लप्रभृतयो गुणाः यतः गोव्यक्त्यादिकम् समानजातीतेभ्यः कृष्णवर्णगोव्यक्तिभ्यः व्यवच्छेदयन्ति।

द्रव्यं लक्षयति–संज्ञाशब्दा यदृच्छाशब्दा वा व्यक्तिविशेषवाचकाः हरिहरप्रभृत्यः प्राचीनसंज्ञा डित्थवित्थादयो नवीना संज्ञा। द्रव्यशब्दानामेकव्यक्तिवाचित्वं, तेषां जातिशब्देभ्यो व्यावर्तक धर्म इति। जन्यस्वभावाः, 'यावत्सिद्धमसिद्धं वा साध्यत्वेनाभिधीयते। आश्रितक्रमरूपत्वात्सा क्रियेत्यभिधीयते'। इत्युक्ताः वस्तुनो द्रव्यस्य धर्माः, पाकादयः, क्रियाः इति। साध्यत्वे सति द्रव्यवृत्तित्वं क्रियात्वम्। गुणानां सिद्धत्वं क्रियायाः साध्यत्वमिति तयोर्भेदः। भवत्यादीनां साध्यत्वञ्च एकगणपाठसाधर्म्येण साध्यरूपतयोपचारादिति। तत्र विक्लित्तिसाधकाद्येकैकानुष्ठाने अधिश्रयणाद्यनेकव्यापारसद्भावात्तेषु कतमस्त व्यापारस्य पाकादिशब्दवाच्यत्वमित्यपेक्षायामाह–साध्यरूपवस्तुधर्मेषु पाकादिषु, अधिश्रयणाव्यणान्तादि- पूर्वापरीभूतः स्थाल्याश्चुल्यामारोपणमवश्रयणं, ततः स्थाल्या अवरोपणं, च ते अधिश्रयणावश्रयणे समाप्तिः प्रारम्भश्च ते अंतादी; 'राजदन्तादिषु परमि' ति पूर्वनिपातः, अधिश्रयणावश्रयणे अंतादी यस्य स चासौ पूर्वश्चापरश्च तौ अपूर्वापरौ पूर्वापरौ यथा सम्पद्येते तथाभूतः क्रियासमूहः पाकादिशब्दबोध्यः क्रियारूपः। अत्र हि धात्वर्थः फलं पचेर्विक्लित्तिरूपमधिश्रयणावश्रयणे पाकक्रियावयवौ। तत्राधिश्रयणस्यावश्रयणं प्रति साधनत्वमवश्रयणस्याधिश्रयणं प्रति साध्यत्वम्। अतोऽनेकेषां व्यापाराणां समष्टिः क्रियेति।

जातिगुणद्रव्यक्रियासु नान्एषु निश्चयेन व्यक्तेः भेदकधर्मेषु शक्तिः अवधार्यते। द्रव्यस्योपाधिविषयतासम्भवेऽपि तत्संज्ञाया उपाधित्वेन तत्त्वमुपचारात्। दुग्धादिप्रयोजनाय या गोरानयनादिक्रिया तादृशार्थक्रियानिर्वाहकत्वेन प्रवृत्तिनिवृत्तियोग्या व्यक्तिरेव तेन व्यक्तावेव शक्तिग्रह उचित इत्याशङ्कापरिहाराय कथयति। गवादिरूपव्यक्तौ सङ्केतग्रहः नैव सम्भवति। आनन्त्यव्यभिचार- दोषापातात् व्यक्तीनां बहुत्वेन सर्वत्र शक्तिग्रहे आनन्त्यदोषः कस्याञ्चिदेव व्यक्तौ शक्तिकल्पने तदतिरिक्तव्यक्तिषु अप्रसक्तिः, तस्या अपि अवस्थाभेदेन स्वरूपभेदसम्भवादपि इत्युभयदोषस्य उपस्थितेरिति।

अत्रोच्यते–केषाञ्चिन्मते जातिरेव पदार्थः, अन्एषां मते तु जातिव्यक्ती पदार्थः, एकेषां मते तु जातिव्यक्त्याकृतयः, अपरेषां मते तु जातिगुणद्रव्यक्रियाः पदार्थः। चरमं मतं वैयाकरणसम्मतं महाभाष्येऽपि गौः शुक्लश्चलो डित्थ इति चतुष्टयी शब्दानां प्रवृत्तिरित्युक्तत्वात्। प्रकृतग्रंथकृदपि वैयाकरणैः सह साम्मत्यं भजते। तत्रापि केचिज्जातावेव शक्तिं मन्यन्ते, परे तु व्यक्तौ, अन्ए तु व्यक्तेरुपाधौ च। तत्राद्यो मीमांसकादिसम्मतः। तदनुसारेण अर्थे हि शब्दप्रवृत्तिनिमित्तं केवलं जातिरेव नान्ए गुणद्रव्यक्रियाशब्दानामप्यर्थः सैव हिमपयःशङ्खाद्याश्रयेषु शुक्लादयो वस्तुत भिन्ना एव तेषामभिन्नाधानप्रत्ययस्तु शुक्लत्वादिसामान्यवशादेव एवमेव

पाकादिक्रियास्वपि। गुडतण्डुलादिपाकेषु पाकः पाक इत्यभिन्नाधान- प्रत्ययोत्पत्तिरपि पाकत्वादि सामान्यवशादेव बालादिकथितेषु डित्थादिशब्देषु प्रतिक्षणं भिद्यमानेषु डित्थाद्यर्थेषु डित्थत्वाद्यप्यस्त्येव। परमार्थतो भिन्नेषु शुक्लादिषु एकाकारप्रतीतिर्जातिरेव जातित्वं हि अनुगतप्रत्ययहेतुः नित्यत्वे सत्यनेकसमवेतत्वं वा। पाकाद्रूपपरावृत्तिदर्शनाद-बाधिततारतम्यदर्शनाच्च भिन्ना एव शुक्लादयः अनुगतमतिस्तु शुक्लत्वादिसामान्य-निबन्धनत्वेनेव। तेन हिमपयःशङ्खादिषु शुक्लत्वादिगुणाः परमार्थतो भिन्ना एव, पाकाच्छुक्लं रूपं नष्टं श्याममुपपन्नमिति प्रतीतेः। न चेयं भ्रान्तिर्बाधकाभावात्। न चोत्पादविनाशौ समवायस्य प्रतीयेते इति युक्तं तदनुल्लेखात्। यथा चानुमतप्रत्ययानुरोधेन तत्रापि शुक्लत्वादिजातिः। लाघवाच्च तत्रैव सङ्केतः। एवं गुडतण्डुलपाकादिष्वपि पाकत्वादिकम्। तथा च तारत्यादिविरुद्धधर्माध्यास्याद् बालवृद्धाद्युदीरितडित्थादिशब्देष्विव डित्थाद्यर्थेष्वपि बालाद्यवस्थापरिणतनानापरिणामरूपविरुद्धधर्माध्यासाद् भिन्नेषु डित्थत्वादिकं जातिः। सैव च डित्थादिपदशक्त्या एकत्वात्। शबद एवोपाधिरिति यदुच्यते तन्मतेऽपि शब्दस्य नानात्वात्तन्निष्ठा जातिरेवाङ्गीकार्या।

अत्रोक्तं यद्व्यक्तौ सङ्केतग्रहस्वीकार आनन्त्यव्यभिचारदोषावापततः। यस्य शब्दस्य यस्मिन्नर्थे सङ्केतग्रहस्तेन शब्देन तस्यैवार्थस्यैव प्रतीतिर्नान्यस्य। सङ्केतग्रहं विना नैवार्थस्य प्रतीतिः। तेन तदिरव्यक्तिप्रतीयते प्रत्येकं पृथक्पृथगेव शक्तिग्रह आवश्यकः। एतेन एकेनैव गोशब्देन प्रतीतानां सर्वासामेव गोव्यक्तीनां पृथक्तया सङ्केतग्रहे अनन्तशक्तीनां शक्तिकल्पनाऽऽवश्यकी। अयमेवानन्त्यदोषाभिप्रायः। अपरञ्चव्यवहारतस्तु वर्तमानदेशकालगतव्यक्तीनामेव सङ्केतग्रहः सम्भवो न तु देशान्तरकालान्तरसम्बद्धव्यक्तीनामपि। यद्युच्यते आनन्त्यदोषपरिहाराय न हि सर्वासां व्यक्तीनां सङ्केतग्रह आवश्यकोऽपि तु द्वित्राणां सङ्केतग्रहे अन्यासां तद्विनाऽपि भवत्यर्थबोध इति तदा व्यभिचारदोष आपतति। व्यभिचारो हि नियमस्योल्लङ्घनम्। सङ्केतसहाय एव शब्दोऽर्थप्रतीतये प्रभवति इति नियमः। यदि गोशब्देन शक्तिग्रहं विनैव बह्वीनां गोव्यक्तीनां प्रतीतिरनुमन्यते तदाऽस्यातिक्रमणं भवत्येव। अपरञ्च व्यक्तौ सङ्केतग्रहस्वीकारे भाष्यकारसम्मतं चतुष्टयी शब्दानां प्रवृत्तिरिति मतमसिद्धं स्यात्।

नैयायिकास्तु जातावपि सङ्केतग्रहं नोररीकुर्वन्ति न च व्यक्तौ। तन्मतानुसारेण जातिमात्रस्य शक्यत्वे व्यक्तिप्रतीत्यभावप्रसङ्गात् आक्षेपाद् व्यक्तिप्रतीतेरपि अन्वयाप्रसङ्गात् व्यक्तिमात्रस्य शक्यत्वे आनन्त्यव्यभिचारदोषापातात् च विशिष्टे एव सङ्केतः। न चानन्त्यादशक्यता व्यभिचारो वा। गोत्वादिसामान्यलक्षणया

सर्वव्यक्ततीनामुपस्थितौ सर्वत्र सङ्केतग्रहसोकर्यादिति। तेन तार्किकमते जानिविशिष्टव्यक्तौ सङ्केतग्रहः स्वीकार्यः। अलंकारिकास्तु न जातौ नापि व्यक्तावपितु व्यक्तेरुपाधौ शक्तिग्रहं मन्यन्ते। उपाधिर्धर्म एव। व्यक्तिशक्तिवादे गौः शुक्लवर्णवान् चलनक्रियावान् डित्थनामा इत्यभिप्राएण गौः शुक्लश्चलो डित्थ इत्यादिप्रयोगे गवादिभिश्चतुर्भिरपि शब्दैरेका सैव गोव्यक्तिरुच्यते इति पदार्थभेदो न स्यात्। तत्र व्यक्तेरेव पदार्थत्वात् तस्याश्च प्रकृते एकत्वात्। तथा च विषयविभागाभावे गवादिशब्दार्थानां घटः कलश इत्यादीनामिवैकार्थवाचकत्वेन सहप्रयोगो न स्यात्। उपाधिशक्तिवादे तु जातिगुणक्रियासंज्ञानां प्रवृत्तिनिमित्तभेदेन गवादिशब्दानां पर्यायत्वाभावाद् भवति सहप्रयोग इति। द्रव्यस्योपाधिविषयताऽसम्भवेऽपि तत्संज्ञाया उपाधित्वेन तत्त्वमुपचारात्। डित्थाद्यर्थे आनन्त्य व्यभिचाराभावादुपार्धि विनैव सम्भवति वाच्यवाचकसंबंधसङ्केतग्रह इति नोपाधिरपेक्ष्यते। वक्तृस्वेच्छाकल्पितस्य संज्ञाशब्दस्य स्वप्रवृत्तावुपाध्युपगमे पुरात्माश्रयदोषः। तथापि द्रव्यसंज्ञायामप्युपाधित्वं प्रतीत्यनुरोधेनोक्तम्। अत एव कारिकायां द्रव्यक्रियासु चेति द्रव्यस्य सङ्केतविषयत्वमुक्तम्, तत्रानन्त्यव्यभिचारदोषापाताभावात्।

टिप्पणी–व्यक्ति में संकेतग्रह मानने वालों के मत का निराकरण करते हैं– न व्यक्तौ इति–व्यक्ति में संकेतग्रह नहीं होता क्योंकि व्यक्ति में संकेतग्रह मानने से आनन्त्य और व्यभिचार– ये दो दोष आते हैं। व्यक्ति में संकेतग्रह मानने से यह प्रश्न पैदा होता है कि क्या सभी गो व्यक्तियों में संकेतग्रह होता है अथवा किसी एक व्यक्ति में। सभी गो व्यक्तियों में संकेतग्रह हो नहीं सकता क्योंकि व्यक्ति अनन्त हैं और अनन्त व्यक्तियों का युगपत समवेत होना असम्भव है, अतः आनन्त्य दोष है। एक व्यक्ति में भी संकेतग्रह नहीं हो सकता क्योंकि एक व्यक्ति में संकेतग्रह मानने पर दूसरे व्यक्ति का ज्ञान होना असम्भव है। अतः व्यभिचार दोष होता है। व्यक्ति में संकेत होने से 'गौः शुक्लवर्णावांश्चलनक्रियावान् डित्थनामा" इस अभिप्राय से प्रयुक्त "गौः" "शुक्लः" चलो, डित्थः" इन चारों पदों से भी एक उसी गौ व्यक्ति का बोध होगा। उससे पदार्थ भेद नहीं हो सकता है क्योंकि वहां पर वह व्यक्ति ही पदार्थ है, और उसकी प्रकृति एक है। इस प्रकार "गौः, शुक्लः, चलः, डित्थः" इनके अन्दर विषयों के विभाग का अभाव होने के कारण (इनसे एक ही व्यक्ति का बोध होने के कारण) गौ आदि शब्दार्थो का "घटः, कलशः" इन एकार्थ वाचक शब्दों की तरह सह प्रयोग नहीं हो सकता है। उपाधिशक्तिवादे–उपाधि के अन्दर संकेतग्रह शक्ति मान लेने से जाति, गुण,

क्रिया और संज्ञा शब्दों में प्रवृत्ति के भिन्न कारण होने से गौः, शुक्लः, चलः, डित्थः शब्द परस्पर में पर्यायवाची न होने के कारण सह प्रयोग हो सकता है। अतः जात्यादि उपाधि में संकेतग्रह मानना चाहिए। जाति व व्यक्ति का अविनाभाव संबंध होने से जाति द्वारा व्यक्ति का आक्षेप हो जाता है। यहां पर आलंकारिकों ने आक्षेप पद के अनुमान का ग्रहण नहीं किया है, किन्तु आक्षेप पद का वे स्मरण अर्थ करते हैं। अर्थात् आलंकारिकों के मत में जाति के द्वारा व्यक्ति का आक्षेप न कर स्मरण किया जाता है। भाट्ट मीमांसकों ने अर्थापत्ति मानी है। मण्डनमिश्र ने जाति में शक्ति और व्यक्ति में लक्षणा मानी है। कुब्जशक्तिवादियों ने लिखा है जाति विशिष्ट व्यक्ति के बोध में अथवा शाब्दबोध में शक्तिज्ञान होता है, किन्तु प्रत्येक व्यक्ति में यह शक्ति स्वरूप से ही रहती है। व्यक्ति के अनन्त होने के कारण वह शक्ति मानी नहीं जाती। अन्विताभिधानवादी प्रभाकर मीमांसक कहते हैं कि पदों के अन्वय रूप वाक्यार्थ में शक्ति है। अभिहितान्वयवादी मीमांसकों ने माना है कि पदों के अर्थमात्र में शक्ति है। पीदे उनके अन्वय का भी बोध हो जाता है। मीमांसकों ने जाति में ही संकेत माना है। यह जातिवाचक शब्द प्राणपद (व्यवहार निर्वाहक) कहा जाता है। इस प्रकार जाति का लक्षण है– ''नित्यभेकमनेकानुगतं सामान्यं जातिः''–अर्थात् जो अनेक व्यक्तियों में रहे तथा नित्य व एक हो वह जाति कही जाती है। वस्तुतः गुण, क्रिया और यदृच्छा शब्दों का, जो वास्तव में एकरूप हैं–आश्रयभेद के कारण इनमें भिन्नता दृष्टिगोचर होती है। और यह भेद ज्ञान भ्रम ही है। इस प्रकार शब्दों की जाति, गुण द्रव्य और क्रिया रूप से चार प्रकार की प्रवृत्ति है। किन्तु सभी का अर्थ ''जाति'' ही है। इस प्रकार जाति शक्ति का निरूपण संक्षेप में किया गया है।

अथ लक्षणा–

मुख्यार्थबाधे तद्युक्तो ययाऽन्योऽर्थः प्रतीयते।
रूढेः प्रयोजनाद्वासौ लक्षणा शक्तिरर्पिता।।5।।

'कलिङ्गः साहसिकः' इत्यादौ कलिङ्गादिशब्दो देशविशेषादिरूपे स्वार्थेऽसम्भवन् यया शब्दशक्त्या स्वसंयुक्तान् पुरुषादीन् प्रत्याययति, यया च 'गङ्गायां घोषः' इत्यादौ गङ्गादिशब्दो जलमयादिरुपार्थवाचकत्वात्प्रकृतेऽसम्भवन् स्वस्य सामीप्यादिसंबंधसंबंधिनं तटादिं बोधयति, सा शब्दस्यार्पिता स्वाभाविकेतरा ईश्वरानुद्भाविता वा शक्तिर्लक्षणा नाम। पूर्वत्र हेतू रूढिः प्रसिद्धिरेव। उत्तरत्र

'गङ्गातटे घोषः' इति प्रतिपादनालभ्यस्य इति शीतत्वपावनत्वातिशयस्य बोधनरूपं प्रयोजनम्। हेतुं विनाऽपि यस्य कस्यचित्संबंधिनो लक्षणेऽतिप्रसङ्गः स्यात्, इत्युक्तम्–'रूढेः प्रयोजनाद्वाऽपि' इति।

हिन्दी अनुवाद–अब लक्षणा का विवेचन किया जाता है–

वाच्य अर्थ का वाक्य में अन्वय न हो पाने अथवा उससे तात्पर्य की उपपत्ति न हो पाने के कारण बाध होने पर प्रसिद्धि या प्रयोजन वश जिस वृत्ति मुख्य (वाच्य) अर्थ से सम्बद्ध दूसरे अर्थ की प्रतीति होती है, वह अर्पित (अर्थनिष्ठ होने पर भी शब्द-व्यापार के रूप में आरोपित) वृत्ति लक्षणा है।

'कलिङ्गः साहसिकः' इत्यादि वाक्य में कलिङ्ग आदि शब्द देश-विशेष आदि रूप अपने अर्थ में असङ्गत हो जाने पर (साहस चेतन का धर्म है, देश तो अचेतन होता है अतः अचेतन देश में चेतन धर्म साहस नहीं हो सकता) जिस शब्दशक्ति से अपने से संयुक्त पुरुष आदि का बोधन होता है और शब्द की जिस शक्ति के द्वारा 'गङ्गायां घोषः' (गङ्गा में गांव) इत्यादिवाक्य में गङ्गा आदि शब्द जलरूप आदि अर्थ के बोधक होने से (क्योंकि प्रवाह में गांव ठहर नहीं पाता, अतः) प्रकृत अर्थ में अनुपपन्न होने पर अपने समीपता आदि (सामीप्य, सारूप्य, समवाय, वैपरीत्य तथा क्रियायोग–ये पांच संबंध माने जाते हैं) संबंध से सम्बद्ध युक्त तट आदि अर्थ का बोध होता है, वह (अर्थनिष्ठ होने पर भी शब्दव्यापार के रूप में) अर्पित आरोपित स्वाभाविक से भिन्न (भाट्टमत में स्वाभाविक शब्दव्यापार अभिधा उससे विलक्षण है, क्योंकि वह तो कल्पित एवं अवास्तविक है) और ईश्वर से अनुद्भावित (नैयायिक मत में 'इस पद से यह अर्थ जाना जाए' ऐसी ईश्वरेच्छा ही शक्ति उससे भी विलक्षण है, क्योंकि इसके उद्भावक तो वक्ता है) शक्ति (वृत्ति) लक्षणा है। पहले उदाहरण में लक्षणा का कारण रूढ़िप्रसिद्धि ही है। दूसरे उदाहरण में 'गङ्गातट में गांव' इतने मात्र के प्रतिपादन से अलभ्य शीतत्व एवं पावनत्व के अतिशय का ज्ञापन रूप प्रयोजन है। हेतु के बिना जिस किसी संबंधी की लक्षणा में अतिव्याप्ति न हो इसलिए कहा गया–रूढ़ि एवं प्रयोजन में से किसी एक के होने पर।

संस्कृत व्याख्या–अभिधानिरूपणानन्तरं तदनन्तरवर्तिनीं लक्षणां निरूपयंस्तत्पूर्वपीठिकामारचयति–इत्यनन्तीरार्थे अभिधानिरूपणानन्तरम् उद्देशक्रमप्राप्ता लक्षणा निरूप्यत इति। लक्षणावृत्तिनिरूपककारिकामवतारयति–मुख्यार्थबाध इत्यादिना।

अन्वयः—मुख्यार्थबाधे तद्युक्तः अन्यः अर्थः यया रूढेः प्रयोजनाद् वा प्रतीयते असौ अर्पिता लक्षणा शक्तिः।

अभिधाप्रतिपाद्यस्य सङ्केतितार्थस्य अभिधेय-शक्य-वाच्यप्रभृतिशब्देन कथितस्य; मुखे आदौ साधुर्मुख्यः, प्रथमप्रतीयमानत्वेन मुख्यत्वम्; तेनैवोक्तं—'शब्दव्यापाराद्योऽर्थेऽव्यवधानेन गम्यते स मुख्यः' इति वृत्तिप्रतिपाद्यस्य; यथा हि गङ्गादिशब्दस्य जलमयादेः वाक्येऽन्वयानुपपतौ वस्तुतस्तात्पर्यामुपपत्तौ, तद्युक्तः मुख्यार्थेन येन केनचित्संबंधेन, सम्बद्धः संबंधश्च सामीप्यसादृश्यसमवायवैपरीत्यक्रियायोगरूपः; यथोक्तं—'तात्स्थ्यात्तथैव ताद्धर्म्यात्तत्सामीप्यात्तथैव च। तत्साहचर्यात्तादर्थ्याल्लक्षणा कथिता बुधैः' इति। मुख्यार्थाद् भिन्नः आशयः वृत्त्या अनादिवृद्धव्यवहारप्रसिद्धेः प्रयोजनं वाचकशब्दे सत्यपि तदनपेक्ष्य लक्षणास्वीकारफलं तस्मात्, ल्यब्लोपे पञ्चमी, वा इति पक्षान्तरे, रूढिं प्रयोजनं वाऽऽश्रित्येति वृत्त्या प्रतिपद्यते मुख्यार्थेतरार्थपतिपादका किन्तु तदनुगामिनी आरोपितक्रिया वक्त्रा लक्ष्यार्थविषयतया जनिता तेन वक्तृतातपर्यात्मिका साक्षात्संबंधेन मुख्यार्थनिष्ठा परम्परासंबंधेन शब्दनिष्ठा शक्यव्यवहितलक्ष्यार्थविषयत्वाच्छब्दे आरोपिता न तु शब्दधर्मरूपा वृत्तिः तदाख्येति।

मुख्यार्थस्य वाक्ये पदार्थान्तरेण तात्पर्यानुपपत्तौ रूढिं प्रयोजनं वाश्रित्य मुख्यार्थसम्बद्धार्थान्तर प्रतिपादिका वृत्तिर्लक्षणा नाम। सा तु न शब्दधर्मरूपाऽपितु शब्देवक्त्राशएनारोपितेति। मुख्यार्थबाध- स्तत्संबंधः क्वचिद्रूढिः क्वचित्प्रयोजनञ्चेति हेतुत्रयं लक्षणायाः। अत्र शक्यसंबंधेनाशक्यार्थप्रतीति- र्लक्षणेति जरन्येयायिकाः। स्वशक्यसंबंधो लक्षणेति वा। 'अभिधेयाविनाभूतप्रतीतिर्लखणोच्यते' इत्यपि। 'मुख्यार्थबाधे तद्योग रूढितोऽथ प्रयोजनात्। अन्योऽर्थे लक्ष्यते यत्सा लक्षणाऽऽरोपितक्रिया'। इति काव्यप्रकाशे। 'शब्दव्यापारतो तस्य प्रतीतिस्तस्य मुख्यता। अर्थावसेयस्य पुनर्लक्ष्यमाणत्वमुच्यते। इत्यभिधावृत्तिमातृकायाम् 'वाच्यस्यार्थस्य वाक्यार्थे संबंधानुपपत्तितः। तत्संबंधवशप्राप्तस्यान्व- याल्लक्षणोच्यते'। 'मुख्यार्थस्याविवक्षायां पूर्वार्वाची च रूढितः। प्रयोजनाच्च संबंधं वदन्ती लक्षणा मता'।

'कलिङ्गः साहसिकः' इत्यादिवाक्ये कलिङ्गशब्दः जनपदविशेषरूपे शक्ये अर्थे अन्वयानुपपत्त्या अनुपपद्यमानः; तच्च यथा साहसिकत्वं चेतनधर्मः स च अचेतने देशविशेषेऽन्वयं नैव लभते इति यया वृत्त्या अर्थवृत्तेर्लक्षणायाः शब्दशक्तित्वमारोपित्वादेव स्वसंयुक्तान् देशविशेषरूपमुख्यार्थेन संयोगसंबंधसम्बद्धान्, तन्निवासित्वेनेति जनान् बोधयति यथा वा 'गङ्गायां घोषः' इत्यादिवाक्ये, गङ्गादिशब्दः जलमयरूपस्य अर्थस्य

बोधकत्वात् प्रस्तुते वाक्ये प्रवाहे धोषाधारत्वासम्भवात् अन्वयमलभमानः आत्मनः समीपवर्त्तित्वसंबंधसम्बद्धम् तीराद्यर्थ प्रत्याययति तादृशी मुख्यसम्बद्धतदितरार्थप्रत्यायिका शब्दस्य आरोपिता; वस्तुतस्तु लक्षणा न शब्दधर्मः गङ्गादिशब्दानां जलादिकमुपस्थाप्य विरामे जलाद्यर्थेनैव संबंधेन तीराद्यर्थप्रतिपादनं भवति। तेन लक्षणायाः शक्यव्यवहित-लक्ष्यार्थविषयत्वाच्छब्दे आरोपित एव स व्यापारो वस्तुतोऽर्थनिष्ठ एवं स्वाभाविकः शब्दव्यापारोऽभिधेति मीमांसकसम्मताच्छब्दव्यापारात् भिन्ना ईश्वरेण अनुद्भाविता नैयायिकमते हि अस्मात्पदादयमर्थो बोद्धव्य इतीश्वरेच्छैव शक्तिस्ततोऽपि विलक्षण वा इति पक्षान्तरे वृत्तिः लक्षणा तदाख्या। उक्तं यथा–'तात्पर्यविषएतरपदार्थे मुख्यार्थतावच्छेदकावच्छिन्नबाधज्ञाने तत्कालीनप्रमाणान्तरानुमापकमुख्यसंबंधे च सति भावाभावसहकृतप्रयोजनाभावादन्योऽमुख्योऽर्थो पल्लक्ष्यते साऽऽरोपिता सान्तरार्थनिष्ठा क्रिया लक्षणा' इति सुधासागरे स्पष्टम्। पूर्वोपस्थापिते 'कलिङ्गः साहसिकः' इति वाक्ये लक्षणाश्रयस्य कारणं बीजं वा पूर्ववृद्धव्यवहारः रूढिश्च तथाख्यातिः नान्यः तथारूढत्वादिति। 'गङ्गायां घोषः' इत्यवरे उदाहरणे, गङ्गातटे घोषः इत्थम्, प्रतिपादनालभ्यस्य–प्रतिपादयत्यर्थमिति प्रतिपादनं मुख्यशब्द- घटिवाक्येनालभ्यस्तेति, यद्वा प्रतिपादनात् लक्षणया गङ्गाशब्देन गङ्गातटमात्ररूपार्थबोधनादलभ्यस्याप्राप्यस्य शक्तिलक्षणाभ्यामप्राप्यस्येति। अभिधया गङ्गापदेन प्रवाहरूपमर्थ बोधयित्वा विरामे प्रवाहे घोषाधारत्वासम्भवात्तस्य वाक्येऽन्वयालाभात्तात्पर्यानुपपत्तितो वा तेन गङ्गातटरूपमर्थ बोधयित्वा लक्षणाया अपि विरामाद्विरतायाः पुनर्व्यापाराभावादुभाभ्यामेवाप्राप्यस्येत्याशयः। शीतलत्वपवित्रत्वोत्कर्षस्य जलसामीप्ये- नातिशीतले गङ्गासंबंधेनातिपावने तीरे घोषः इति व्यक्तिरूपं फलमिति। यदुद्दिश्य वाचकशब्दे सत्यपि तदनपेक्ष्य शब्दस्य लाक्षणिकत्वेन प्रयोगः क्रियते तदेव तस्य प्रयोजनम्। गङ्गातटे घोष इत्युक्तेऽपि शीतत्वपावनत्वलाभेऽपि गङ्गापदस्य लाक्षणिकत्वेन प्रयोग यथा शीतत्वपावनत्वातिशयो व्यज्यते न तथा तेन। तेन 'गङ्गायां घोषः' इत्यत्र शीतत्वपावनत्वातिशयताव्यक्तिरेव गङ्गापदस्य लाक्षणिकत्वेन प्रयोगस्य प्रयोजनम्। तच्च प्रयोजनं नाभिधया लक्ष्यते तथासङ्केतित्वाभावात् नापि लक्षणया प्रयोजनस्य प्रयोजनाभावेन हेतोरभावात् न च लक्ष्यं मुख्यार्थो यत्संबंधेन प्रयोजने लक्षणा स्यात् न च यस्य बाधो न च तथाभवने प्रयोजनमेव। तेन प्रयोजनस्य व्यंजनाविषयत्वम्। कारणं विना च रूढिप्रयोजनान्यतर-कारणाभावेऽपि यस्य कस्यचित् शक्यार्थसंबंधयुक्तस्य लक्षणायाम्, यथा 'कमले चरणाघातं मुखं सुमुखि तेऽकरोत्' इत्यादौ चरणाघातपदेन निर्जितत्वार्थबोधने अतिव्याप्तिः स्यात् इति अस्माद्धेतोः कथयति रूढेः प्रयोजनाद्वाऽऽसौ इति।

उदाहरणेऽस्मिन् कविना रूढिप्रयोजनान्यतरसद्भावेऽपि लक्षणा मतेति पद्यमिदं नेयार्थत्वदोषस्योदाहरणत्वेन ग्रन्थकृता प्रस्तुतं सङ्गच्छते। संबंधश्चात्र मुख्यार्थेन सह लक्ष्यार्थस्य निर्जयस्य समानोत्कर्षजनकत्वरूपः।

टिप्पणी–शब्द की, अर्थ का ज्ञान करने में तीन शक्तियां होती हैं–अभिधा, लक्षणा और व्यंजना। शब्द की मुख्य शक्ति अभिधा है क्योंकि यह अभिधा केवल संकेतित अर्थ का ही ज्ञान कराती है और यह संकेत ईश्वर के द्वारा नियत किया गया है। किन्तु लक्षणा शक्ति इस प्रकार की नहीं है, इसका तो शब्द में आरोप किया जाता है जबकि अभिधा स्वयं शब्द में विद्यमान रहती है। इसीलिए यह शब्द की मुख्य शक्ति न होकर अमुख्य (गौण) शक्ति है।

सार यह है कि पद और पद के अर्थ के संबंध को अभिधा शक्ति कहते हैं और वाच्यार्थ के संबंध को लक्षणा कहते हैं। लक्षणा शब्द का "लक्षणं लक्षणा" इस भाव प्रधान व्युत्पत्ति द्वारा, "लक्ष्यते अनया इति" इस करण प्रधान व्युत्पत्ति के द्वारा, दो प्रकार से विग्रह करते हैं। भावव्युत्पत्ति से लक्ष्यार्थ ज्ञान की और करण व्युत्पत्ति से लक्ष्यार्थ ज्ञान के उत्पादक व्यापार की प्रतीति होती है।

उक्त कारिका के अनुसार लक्षणा के चार कारण बतलाए हैं–

(1) मुख्य अर्थ का बाध होना चाहिए।

(2) मुख्यार्थ के साथ ही लक्ष्यार्थ का संबंध हो

(3) रूढ़ि या

(4) प्रयोजन।

इनमें से प्रथम दो का होना तो लक्ष्यार्थ ज्ञान के लिए परम आवश्यक है। परन्तु पिछले दो में से किसी एक का होना आवश्यक है। इस प्रकार लक्षणा की प्रवृत्ति में तीन ही कारण हुए–(1) मुख्यार्थबाध, (2) मुख्यार्थसंबंध और (3) रूढ़ि और प्रयोजन में से कोई एक। यहां पर "मुख्यार्थबाधे तद्रूपुक्तः" ऐसा कहकर हेतुपूर्वक विशेष अर्थ का प्रतिपादन करने वाली लक्षणा के द्वारा प्रतिपाद्य अर्थ के स्वरूप का निरूपण किया गया है। "ययाऽन्योऽर्थः प्रतीयते" इससे लक्षणा के लक्षण को स्पष्ट किया है। "रूढेः प्रयोजनाद्वा" इस प्रकार से लक्षणा के दो भेद किए गये। (1) रूढ़िमूला लक्षणा और (2) प्रयोजनमूला लक्षणा। "शक्तिः" इसके

द्वारा पहले कही हुई लक्षणा की शक्ति का स्मरण कराया गया है। "अर्पिता" कहकर अभिधा शक्ति से लक्षणा की भिन्नता प्रदर्शित की है। "राजत्युमावल्लभः" इत्यादि शाब्दी-व्यंजना के अन्दर भी लक्षणा की प्रसक्ति के अति प्रसंग के निवारण के लिए "मुख्यार्थ-बाधे" कहा है। क्योंकि यदि मुख्यार्थ से असंबंध अर्थ की उपस्थिति भी लक्षणा से मान ली जाए तब तो "गंगायां घोषः" इत्यादि वाक्य में गंगादि पद से यमुनातट आदि भी उपस्थित होने लगेंगे इसीलिए कहा है कि "तद्युक्तः" मुख्यार्थ के साथ लक्ष्यार्थ का ज्ञान भी लक्षणा का कारण माना गया है। मुख्यार्थ से संबंधित अन्य अर्थ का ज्ञान इस लक्षणा के द्वारा होता है; ऐसा स्पष्ट करने के लिए "अन्योऽर्थः" लिखा है।

"कलिङ्ग–साहसिकः"–"कलिङ्ग साहसी है" इस वाक्य में "कलिङ्ग" का अर्थ है कलिङ्ग देश विशेष और "साहसिकः" का अर्थ है साहसी। यह साहसिकता चेतन का धर्म है, जोकि कलिङ्ग नामक देश के अन्दर निवास नहीं कर सकती है। इसका संबंध कलिङ्ग के साथ हो नहीं सकता अतः "कलिङ्ग" यह शब्द अन्य में अपने मुख्यार्थ (देशविशेष) के अन्दर बाधित होने के कारण, संयोग संबंध से उस देश के निवासी पुरुष का लक्षणा से बोध कराता है।

इसी प्रकार "गंगायां घोषः"–"गंगा में घोष है" इस वाक्य में गंगा का मुख्यार्थ है जलमयादिरूप (प्रवाह विशेष)। इसके ऊपर ग्राम का होना अनुपपन्न है अतः गंगा शब्द अन्वय में अपने मुख्यार्थ का बाधित होने के कारण सामीप्य संबंध से तट का लक्षणा से बोध कराता है।

कुछ अभिधा शक्ति को स्वाभाविक शब्दशक्ति मानते हैं उनके मतानुसार लक्षणा की विलक्षणता के लिए 'स्वाभाविकेतरा" कहा है और कुछ दूसरे अभिधा को "ईश्वरोद्भावित" अर्थात् ईश्वर रचित (ईश्वरेच्छारूप) मानते हैं उनके मतानुसार लक्षणा की "ईश्वरानुद्भाविता" कहा है अर्थात् ईश्वर से अनुत्थापित अर्थात् आधुनिक मनुष्यों से कल्पित कहा है।

इस प्रकार लक्षणा "अर्पिता" (अमुख्य) है, "स्वाभाविकेतरा" (अस्वाभाविक) है और "ईश्वरानुद्भाविता" (ईश्वर के द्वारा रचित न होकर मनुष्यों के द्वारा कल्पित) है।

केचित्तु 'कर्मणि कुशलः' इति रूढावुदाहरन्ति। तेषामयमभिप्रायः– कुशाल्लातीति व्युत्पत्तिलभ्यः कुशग्राहिरूपो मुख्योऽर्थः प्रकृतेऽसम्भवन्विवेचक-

त्वादिसाधर्म्यसंबंधसंबंधिनं दक्षरूपमर्थं बोधयति। तदन्ये न मन्यन्ते। कुशग्राहिरूपार्थस्य व्युत्पत्तिलभ्यत्वेऽपि दक्षरूपस्यैव मुख्यार्थत्वात्। अन्यद्धि शब्दानां व्युत्पत्तिनिमित्तमन्यच्च प्रवृत्तिनिमित्तम्। व्युत्पत्तिलभ्यस्य मुख्यार्थत्वे 'गौः शेते' इत्यत्रापि लक्षणा स्यात्। 'गमेर्डोः' (उणादि–2/67) इति गम्धातोर्डो- प्रत्ययेन व्युत्पादितस्य गोशब्दस्य शयनकाले प्रयोगात्।

हिन्दी अनुवाद–(पूर्वपक्ष को उपस्थित करते हैं) कुछ (व्यक्ति) ''कर्मणि कुशलः'' इस (वाक्य) को रूढ़ि (लक्षणा) का उदाहरण मानते हैं। उनका यह अभिप्राय है कि ''कुशान् लाति–गृह्णाति इति कुशलः'' इस व्युत्पत्ति से ''कुशलः'' का अर्थ हुआ ''कुशों को ग्रहण करने वाला'' अर्थात् ''कुशलः'' इसका व्युत्पत्तिलभ्य अर्थ कुश ग्राहक रूप है। (परन्तु यह अर्थ प्रसंग प्राप्त ''कर्मणि'' इस विषय में) प्रकृत अर्थ में अनुपपन्न होने के कारण विवेचकत्वादि साधर्म्य संबंध से (अपने) संबंधी चतुरस्य अर्थ का (लक्षणा के द्वारा) बोध कराता है। (अतः इस उदाहरण के अन्दर मुख्यार्थ (कुशग्राहक रूप अर्थ) का बोध हुआ है, और इसका मूलकारण रूढ़ि है–अतः अन्यार्थ (चतुररूप अर्थ) का बोध कराने के कारण रूढ़ि लक्षणा माननी चाहिए) (उत्तरपक्ष) तदन्ये इति–इसको (अर्थात् ''कर्मणि कुशलः'' में रूढ़ि लक्षणा है) दूसरे व्यक्ति नहीं मानते हैं (क्योंकि) यद्यपि 'कुशान् लातीति कुशलः'' इस व्युत्पत्ति के द्वारा कुशग्राहकरूप अर्थ के प्राप्त होने पर भी इसका मुख्यार्थ चतुररूप ही है। क्योंकि शब्दों की व्युत्पत्ति का निमित्त अन्य होता है और प्रवृत्ति का निमित्त अन्य। (और शब्दों की व्युत्पत्ति निमित्त ही प्रवृत्ति का निमित्त हो, यह कोई नियम नहीं है, क्योंकि यदि ''पाचक'' के अन्दर व्युत्पत्ति निमित्त और प्रवृत्ति एक ही है, तो गौ आदि शब्दों के अन्दर व्युत्पत्ति निमित्त और प्रवृत्ति एक न होने से व्यभिचार आता है। इसलिए व्युत्पत्ति निमित्त ही प्रवृत्ति निमित्त है–ऐसा नियम नहीं है) (व्युत्पत्ति लक्ष्य अर्थ की मुख्यता स्वीकार करने पर दोष आता है) (व्युत्पत्तिलभ्यस्येति–व्युत्पत्तिलभ्य अर्थ की मुख्यार्थता स्वीकार करने पर ''गौः शेते''–''गाय सोती है'' यहां पर भी लक्षण हो जाएगी। (क्योंकि) गमनार्थ गम् धातु से ''गमेडोः'' इस औणादिक सूत्र से ''डो'' प्रत्यय करने पर ''गो'' शब्द का निर्माण होता है (जिसका व्युत्पत्तिलभ्य अर्थ है ''गच्छतीति गौः'' अर्थात् जो चलती है वह गाय है) इस प्रकार गो शब्द का शयन के समय प्रयोग अनुपपन्न है (क्योंकि शयन काल में गौ (गमनकर्त्री) किस प्रकार होगी किन्तु ''गौः शेते'' यह प्रयोग होता है। अतः यहां पर व्युत्पत्तिलक्ष्य अर्थ मुख्य अर्थ नहीं होगा। अतः

व्युत्पत्ति निमित्त को ही प्रवृत्ति निमित्त मानना ठीक नहीं। इसी प्रकार "कर्मणि कुशलः" में व्युत्पत्तिलक्ष्य अर्थ कुशग्राहकरूप अर्थ मुख्य नहीं है। अतः यह रूढ़िलक्षणा का भी उदाहरण नहीं हो सकता है।)

संस्कृत व्याख्या–कतिपये विशेषतः काव्यप्रकाशकृत्, ज्ञानस्याप्यज्ञातवत्केचित्पदेन कथनं तत्रास्वरसातिशयद्योतनार्थम्। काव्यलक्षणदूषणप्रसङ्गे कश्चिदाहेति एकवचनेनोपन्यासोऽत्र तु केचिदिति बहुवचनेन स्मरणं तु पूर्वापेक्षयाऽत्र लघुतरविरोधप्रदर्शनार्थम्। पूर्वोक्तविरुद्धम् कर्मणि कुशलः' इत्यत्र कुशलपदं रूढिलक्षणायाम् निदर्शनत्वेनोपस्थापयन्ति। तत्पक्षपातिनां काव्यप्रकाशकृत इत्याशयः वक्ष्यमाणः एतद्विषए आशयः। दर्भान् गृह्णाति इत्थं व्युत्पत्तिलक्ष्यः प्रकृतिप्रत्ययविभागकल्पनया प्रतिपाद्यः दर्भादायकरूपः अभिधाप्रतिपाद्यः अर्थः कर्मणि इति पदेनान्ए योग्यतामलभमानः विवेचकत्वादिसाधर्म्यसंबंधसंबंधिनं एकत्र परिहारेणान्यतरोपादानं कुशग्राहिण क्षतादिपरिहारेण दर्भोपादानत्वं विवेचकत्वं दक्षस्य प्रकृतानुपयुक्तपरिहारेण प्रकृतोपयुक्ताचाराद्, आदिपदात्स्वामिसन्तोषकत्वादीनां ग्रहणम् यत् समानधर्मवत्ता तद्रूपो यः संबंधस्तेन संबंधवन्तम्। पटुरूपम् अर्थ प्रतिपादयति लक्षणएति। अपरे स्वयं ग्रन्थकृदपि तादृशप्रतिपादनं नैव स्वीकुर्वन्ति। कुशलपदस्य कुशादायकरूपस्यार्थस्य व्युत्पत्तिलभ्यत्वे कुशान् लातीति कुश + ला (आदाने) + कः ('आतोऽनुपसर्गे कः') इति प्रकृतिप्रत्ययविभागेन प्राप्यत्वे च पटरूपस्य हि शक्यार्थत्वात् भूरिप्रयोगेण दक्षत्वस्य लघुत्वेन च तदवच्छिन्नस्यैव शक्यत्वेन मुख्यत्वात्। तेन मुख्यार्थबाधाभावान्न लक्षणेत्याशयः। तत्र हेत्वन्तरमप्युपन्यस्यति–अन्यदित्यादिना। शब्दानां, व्युत्पत्तिनिमित्तं अवयवार्थप्रतीतेः कारणं व्युत्पत्तिलभ्यार्थप्रतीतौ प्रकारीभूतधर्मो व्युत्पत्तिनिमित्तं; यथा गोशब्दस्य गमनकर्तुत्वम् अपरम् एव प्रवृत्तिनिमित्तं प्रयोगस्य अर्थबोधकशक्तेरिति प्रयोजकम्, शक्यतावच्छेदकम्। सङ्केतग्रहे प्रकारीभूतधर्मः प्रवृत्तिनिमित्तम्। तेनैव निमित्तेन शब्दस्य प्रवृत्तेस्तदवच्छिन्न एव मुख्यार्थ इति। एतादृशस्य लक्ष्यार्थे क्वचित्प्रयोगस्तु तात्पर्यविशेषसत्त्वे एव।

व्युत्पत्तिलभ्यार्थस्यैव मुख्यार्थत्वाभ्युपगमे विप्रतिपत्तिमाह–व्युत्पत्तीत्यादिना। व्युत्पत्त्या प्राप्यस्यावयवार्थरूपस्य शक्यार्थत्वेन स्वीकारे, न तु प्रवृत्तिलभ्यस्य, 'गौः शेते' एतादृशवाक्ये च, गौरित्यत्र लक्षणा, स्यात्। कथमित्यपेक्षायामाह–गमेरित्यादिना। 'गमेर्डोः' (उ. 2/67–गम्धातोः डोप्रत्ययः स्यात्) सूत्रेण 'गम्लृ गतौ' इति गत्यर्थकाद् गम्धातोः डोप्रत्येन गम्धातोर्डोप्रत्यये डित्त्वसामर्थ्यात् टिलोपेन सिद्धस्य, गोशब्दस्य स्वापसमये प्रवर्तनात्। गत्यर्थकाद् गम्धातोर्डोप्रत्यययोगेन निष्पन्नस्य

गोशब्दस्य व्युत्पत्तिलभ्योऽर्थस्तु गमनकर्तृत्वरूपः प्रवृत्तिरूपार्थस्तु गोत्वजातिरूपो यस्य शक्यार्थत्वम्। व्युत्पत्तिलभ्यस्य गमनकर्तृरूपार्थस्य शक्यार्थत्वे तु 'गौः शेते' इत्यत्र लक्षणा स्वीकर्तव्या, गोशब्दे अन्यथा तस्य शयनक्रियायामन्वय एव न स्यात्। किन्तु गोशब्दस्य प्रवृत्तिनिमित्तं गोत्वं शक्यतावच्छेदकम्। तस्य बाधाभावान्नात्र लक्षणाप्रसङ्ग। एवं व्युत्पत्तिनिमित्तार्थयोर्भेदेन कुशलशब्दस्य दक्षरूपोऽर्थ एव शक्यः। तेन मुख्यार्थबाधाभावेन न लक्षणेति।

अत्रोच्यते—मतमिदं न सर्वसम्मतम्। प्रतिलक्ष्यं लक्षणाविधानेन कृत्सु व्युत्पत्तेः शक्तिग्राहकत्वात्। पुनरुणादौ 'उणादयो बहुलम्' इत्येकेनैव सूत्रेण मुनिना तत्सूत्रणात् उणादिप्रत्ययानां व्युत्पत्तेः प्रायिकत्वेन तथाप्रयोगाभावात्।

इत्थं हि लक्षणा सान्तरार्थनिष्ठः शब्दे आरोपितश्च व्यापारशब्दस्य व्यापारो मुख्यार्थप्रतीतिर्मुख्यार्थस्य लक्ष्यार्थप्रतीतिः। अर्थव्यापारस्यैव शब्दे आरोपेण लक्ष्यार्थप्रतीतिरपि शब्दः व्यापारत्वेनाभिमतः। लक्षणाविषएऽपि न हि सर्वे ऐकमत्यं भजन्ते। केषाञ्चिन्मते नास्ति लक्षणा नाम काऽपि वृत्तिः। मुख्यार्थसम्बद्धतद्भिन्नार्थप्रतीति अभिधा एवं दीर्घव्यापारात्सम्भवति। यथेषुर्योद्धारं पातयित्वा तस्य प्राणानपि हरति तथैवाभिधाऽपि स्वदीर्घव्यापारेणामुख्यार्थमपि साधयति दीर्घतरव्यापारेण व्यङ्गार्थमपि। सति तात्पर्ये सर्वे सर्वार्थवाचका इति मतानुयायिनो वैयाकरणा अपि लक्षणां नैवोररीकुर्वन्ति। तन्मते वृत्तिद्वयावच्छेदकद्वयकल्पेन गौरवाज्जघन्यवृत्तिराकल्पनाया अन्याय्यत्वाच्च नास्ति लक्षणा। गङ्गादिपदात्तीरादिप्रत्ययस्तु शक्त्यैव भवति। शक्तिर्द्विविधा—प्रसिद्धाऽप्रसिद्धा च। आमन्दबुद्धिवेद्या प्रसिद्धा सहृदयमात्रबोध्याऽप्रसिद्धा चेति। अनएवाप्रसिद्धया शक्त्या गङ्गापदेन तथार्थप्रतीतिर्गङ्गायां घोष इत्यत्रेति। अन्ए तु सति तात्पर्ये सर्वे सर्वार्थवाचका इति मुनीनामेव विषयो नास्मादृशानां स्वल्पमतीनाम्। तेनामुख्यार्थबोधे लक्षणा स्वीकर्तव्यैवेति। नैयायिकास्तु लक्षणाभक्ताः। ते हि व्यञ्जनाया अपि कार्यं लक्षणएव सिसाधयिषन्ति। भाट्टमीमांसकास्तु गौणी लक्षणा चेति लक्षणां द्विविधां मन्यन्ते। भक्त्युपचारशब्दाभ्यामपि सा कथ्यते।

टिप्पणी—इससे स्पष्ट है कि लक्षणा के मुख्यतः दो कारण हैं : रूढ़ि और प्रयोजन। इसका आगे उदाहरण दिया गया है।

तद्भेदानाह—

मुख्यार्थस्येतराक्षेपो वाक्यार्थेऽन्वयसिद्धये।
स्यादात्मनोऽप्युपादानादेषोपादानलक्षणा।।6।।

रूढावुपादानलक्षणा यथा–'श्वेतो धावति'। प्रयोजने यथा–'कुन्ताः प्रविशन्ति'। अनयोर्हि श्वेतादिभिः कुन्तादिभिश्चाचेतनतया केवलैर्धावन-प्रवेशनक्रिययोः कर्तृतयाऽन्वयमलभमानैरेतस्सिद्धये आत्मसंबंधिनोऽश्वादयः पुरुषादयश्चाक्षिप्यन्ते। पूर्वत्र प्रयोजनाभावाद्रूढिः। उत्तरत्र कुन्तादीनामतिगहनत्वं प्रयोजनम्। अत्र च मुख्यार्थस्यात्मनोऽप्युपादानम्। लक्षणलक्षणायान्तु परस्यैवोप-लक्षणमित्यनयोर्भेदः। इयमेवाजहत्स्वार्थेत्युच्यते।

हिन्दी अनुवाद–लक्षणा के भेद बताते है–(लक्षणा का सामान्य लक्षण देकर विशिष्ट लक्षण करते हैं)।

वाक्यार्थ के द्वारा वाक्यार्थ में (तात्पर्य के विषयीभूत वाक्यार्थ में) वाक्य के अन्दर विद्यमान अन्वय की सिद्धि के लिए (जिस वृत्ति के द्वारा) अन्य अर्थ का आक्षेप किया जाता है (वहां) मुख्यार्थ का भी (आत्मनोऽपि) ग्रहण होने के कारण यह ''उपादान लक्षणा'' कहलाती है।

(1) ''उपादान लक्षणा''–इसका नाम सार्थकता के लिए दो प्रकार से निरुक्ति की जा सकती है–

(क) ''मुख्यार्थविषयिणी प्रतीतिरुपादानम्, तद्धेतुर्लखणा उपादानलक्षणा''।

(ख) उपादीयते स्वार्थो गृह्यतेऽनेनेत्युपादानम्, तननाम्नी लक्षणा उपादानलक्षणा''।

रूढ़ि में उपादानलक्षणा (का उदाहरण) यथा,–''श्वेतो धावति'', ''श्वेत दौड़ रहा है''। (किसी व्यक्ति ने किसी अवसर पर किसी अन्य व्यक्ति से पूछा है कि कौन-सा घोड़ा दौड़ रहा है, उसने उत्तर दिया कि ''श्वेत दौड़ रहा है''। इति) प्रयोजन में (उपादानलक्षण का उदाहरण) यथा,– ''कुन्ताः प्रविशन्ति'', ''भाले प्रवेश कर रहे हैं''। (भाले लेकर किसी स्थान पर सैनिकों के प्रवेश करने पर किसी ने दूसरे से पूछा कि ''कौन जा रहे हैं'', तब दूसरे ने उत्तर दिया कि ''भाले प्रवेश कर रहे हैं''। इति) (ऊपर के दिए गये ''श्वेतो धावति'', ''कुन्ताः प्रविशन्ति'' इन दोनों उदाहरणों के अन्दर लक्षणा का घटाते हैं) अनयोरिति–इन तीनों उदाहरणों में (''श्वेतो धावति'' यहां पर और ''कुन्ताः प्रविशन्ति'' यहां पर; ये दोनों उदाहरण तो उपलक्षण मात्र हैं, अन्य स्थानों पर भी ऐसी ही समझना। इसीलिए ''श्वेतादिभिः'' और ''कुन्तादिभिः'' कहा है।) श्वेत (वर्ण) और कुन्त (भाले) अचेतन होने के कारण दूसरों से अनन्वित (केवलैः) दौड़ने और प्रवेश करने की क्रिया में कर्तृत्वेन

अन्वित न होते हुए (अर्थात् ''धावति'' और ''प्रविशन्ति'' इन क्रियाओं के कर्ता ''श्वेतः'' और ''कुन्ताः'' नहीं हो सकते क्योंकि ये दोनों ही अचेतन हैं। किसी भी क्रिया का कर्ता चेतन होना चाहिए जो क्रिया कर सके) इन क्रियाओं (दौड़ना और प्रवेश करना) के कर्तृत्त्व के बोधन के लिए (क्रमशः समवायीभाव से विद्यमान) अपने संयोगी अश्वादि का और पुरुषादिकों का आक्षेप कराते हैं। (अर्थात् ''श्वेतः'' शब्द समवाय संबंध से श्वेत रंगवाले अश्व का और ''कुन्ताः'' शब्द समवाय संबंध से भाले धारण करने वाले पुरुषों का आक्षेप कराते हैं)। पूर्वत्रेति–पहले उदाहरण में (श्वेतो धावति) (किसी भी) प्रयोजन का अभाव होने के कारण रूढ़िमूला लक्षणा है। दूसरे उदाहरण (''कुन्ताः प्रविशन्ति'') में कुन्तादिकों की अतिगहनता को सूचित करना प्रयोजन है–(अतः प्रयोजनमूला लक्षणा है)। अत्रेति–(उपादानलक्षणा और लक्षणलक्षणा के अन्दर भेद दिखाते हैं) यहां पर (उपादानलक्षणा में दोनों प्रकार की रूढिमूला और प्रयोजनमूला) मुख्यार्थ में अपना भी (लक्ष्यार्थ में) ग्रहण होता है; (परन्तु) ''लक्षण-लक्षणा'' में तो (मुख्यार्थ का ही) उपलक्षण होता है; यही इन दोनों में भेद है। अर्थात् ''उपादान-लक्षणा'' के अन्दर मुख्यार्थ का लक्ष्यार्थ में ग्रहण होता है और ''लक्षण-लक्षणा'' के अन्दर मुख्यार्थ लक्ष्यार्थ का उपलक्षण होता है यही भेद हैं। इयमेव–इसी (उपादानलक्षणा) को ''अजहत्स्वार्था'' भी कहते हैं। (क्योंकि ''अजहदत्यजन् स्वार्थो मुख्यार्थो यामिति अजहत्स्वार्था'' अर्थात् इसमें स्वार्थ (मुख्यार्थ) का परित्याग नहीं होता।)

संस्कृत व्याख्या–इत्थं सप्रपञ्चं लक्षणां निरूप्य तस्या भेदानकलयितुं प्रयतमान आह लक्षणायाः प्रकारान् कथयति कारिका कृदिति। प्रथमतो लक्षणाया द्वौ भेदौ–उपादानलक्षणा (अजहत्स्वार्था) लक्षणालक्षणा (जहत्स्वार्था) चेति। ते च प्रत्येकं रूढिप्रयोजनगतात्वेन द्विविधेति सा चतुर्विधा। ताश्च चतुर्भेदलक्षणाः प्रत्येकम् आरोपाध्यवसानाभ्यां द्विविधा। ताश्चाष्टविधा लक्षणा शुद्धा गौणीभेदात्प्रत्येकं पुनर्द्विविधा। तत्रापि गूढागूढव्यङ्ग्यत्वेन प्रयोजनवती प्रत्येकं द्विविधा। तेन रूढावष्टौ प्रयोजने द्वात्रिंशदिति चत्वारिंशर्भेदास्तस्याः। ताश्च पदवाक्यगतत्वेन प्रत्येकं द्विधेति अशीतिभेदा लक्षणा ग्रन्थकारमते। तानेव भेदान् क्रमेणाहेति।

अन्वयः–वाक्यार्थे अन्वयसिद्धये मुख्यार्थस्य इतराक्षेपः आत्मनः अपि उपादानात् एषा उपादानलक्षणा स्यात्।

वाक्यार्थे अर्थसमापकपदसमूहस्य अर्थे एकान्वयित्येन समुच्चारित इति तात्पर्यविषयान्वयलाभाय, यदा मुख्यार्थो वाक्ये नान्वयं लभते शब्दस्य लाक्षणिकत्वेन

प्रयोगवशादिति तदा शक्यार्थस्य इतराऽऽक्षेपः मुख्यार्थभिन्नस्य प्रत्यायनं तत्रैव स्वस्य मुख्यार्थस्येति च ग्रहणात् मुख्यार्थस्यवाक्येऽन्वयालाभेन अपरस्यार्थस्य ग्रहणमात्मनश्चा-परित्यागस्तादृशी तदाख्यलक्षणाभेदः भवेदिति। यत्र वाक्येऽन्वयलाभाय आत्मना सहैवान्यस्याऽप्यर्थस्य ग्रहणं सोपादानलक्षणेति। अन्वयवाक्यार्थयोरभेदान्न तु मुख्यार्थस्य वाक्यार्थेऽन्वयसिद्धये इति विज्ञप्रियायाम्।

यत्र रूढिमाश्रित्व लक्षण भवति तत्र, उपादानलक्षणा यथा–'श्वेतो धावति'। यत्र प्रयोजनमाश्रित्य लक्षणा भवति तत्र, उपादानलक्षणा यथा–'कुन्ताः प्रविशन्ति'। लक्ष्ये लक्षणं घटयति एतयोर्वाक्ययोः यतः इतरार्थशून्एः पूर्वे श्वेतादिभिः उत्तरत्र कुन्तादिभिः अपि श्वेतस्य गुणत्वेन कुन्तानां जडत्वेन चैतन्यरहिततया आशुगमनाभ्यन्त-रोपस्थितिकर्मणोः व्यापाराश्रयत्वेन तात्पर्यविषयकसंसर्गम् अप्राप्नुवद्भिः एतत्सिद्धये तात्पर्यविषयकान्वयस्य प्राप्त्यै श्वेतकुन्तसम्बद्धाः तुरगादयः जनादयः अपि प्रत्याय्यन्ते। धावनं हि चेतनधर्मः प्रवेशश्च। गुणभूतेन श्वेतेन जडभूतैः कुन्तैश्चाचेतनतया तद्व्यापाराश्रयत्वनिर्वाहोऽसम्भवः। तेन तौ हि स्वसिद्धये स्वसंबंधिनौ घोटकजनौ प्रत्याययतो येन श्वेत इति श्वेतोऽश्वः कुन्ता इति कुन्तधारिपुरुषा इत्यर्थो बोध्यते भवति चोभयत्र कर्तृत्वनिर्वाहः।

अत्र किं लक्षणाबीजमित्यपेक्षायामाह प्रथमवाक्ये 'श्वेतो धावती'त्यत्र, लक्षणाश्रयणे, प्रयोजनाभावात् यदुद्दिश्य लक्षणोपास्यते तस्य फलस्य विरहात् प्रसिद्धिरेव लक्षणाबीमिति 'कुन्ताः प्रविशन्ति' इत्यत्र तद्व्यतिरिक्तम् अस्त्राणाम् नितान्ततीक्ष्णत्वं सद्यः प्रहारतत्परत्वञ्च फलम्। उपादान-लक्षणायाम् हि शक्यार्थस्य स्वस्य श्वेतकुन्तयोः च ग्रहणम्। अनया लक्षणलक्षणाया भेदं निर्दिशति–लक्षणेत्यादिना। तदाख्यलक्षणाभेदे एतद्व्यतिरिक्तं मुख्यार्थेतरार्थस्य हि उपादेयता न तु स्वस्यापि इत्थम् उपादानलक्षण-लक्षणयोः पार्थक्यमिति। उपादानलक्षणायाः संज्ञान्तरमाह–उपादानलक्षणा हि अत्यजन् शक्यार्थः यामिति सा या हि परार्थग्रहणेऽपि स्वशक्यार्थो न मुञ्चति इत्थम् कथ्यते परैरिति।

अत्रोच्यते–'श्वेतो धावती' त्यत्र श्वेतशब्दस्य गुणवाचकत्वेनाचेतनत्वात्तस्य चेतन-साध्यायां धावनक्रियायां कर्तृत्वेनान्वयासिद्धेः तन्निर्वाहाय समवायसंबंधेन श्वेतगुणयुक्तोऽश्वः आक्षिप्यते। अत्र प्रयोजनाभावाद्रूढिः। प्रयोजनाभावश्च रूढिसत्त्वादेव प्रयोजनाननुसन्धानादिति यदुक्तं तत्र विप्रतिपद्यन्ते वैयाकरणाः। तन्मते नाऽत्र

लक्षणाऽऽवश्यकी। श्वेतः अस्यास्तीति श्वेतशब्दाद् 'रसादिभ्यश्च' इति मतुप्प्रत्यये तस्य 'गुणवचनेभ्यो मतुपो लुगिष्ठः' इति मतुपो लुकि, श्वेत इत्यस्य श्वेतगुणयुक्त इत्यर्थो भवति, यस्य धावतीत्यत्रान्वयोपपत्तिरित्यत्र लक्षणा नेष्टा इति। किन्तु नैयायिकानामालङ्कारिकाणाञ्च मते 'श्वेतो धावति' इत्यत्र प्राथमिकोपस्थितिविषयता श्वेतगुणस्यैव प्रतिपत्तिः। तस्य धावनक्रियायामन्वयानुपपत्त्या लक्षणया गुणिनोऽश्वादेः प्रतीतिरिति।

यदुच्यते वाक्यार्थेऽन्वयसिद्धये तत्रेदमुच्यते यल्लक्षणा हि तात्पर्यानुपपत्तितो भवति न त्वन्वयानुपपत्तितः। यदि हि अन्वयानुपपत्तिर्लक्षणाबीजं स्यात्तदा 'यष्टीः प्रवेशए'त्यादौ लक्षणा न स्यात्, यष्टिषु प्रवेशान्वयस्यानुपपत्तेरभावात्। तेन तत्प्रवेशे भोजनतात्पर्यानुपपत्त्या यष्टिधरेषु लक्षणा, एवं 'काकेभ्यो दधि रक्ष्यक्तामि' त्यादौ काकपदस्य दध्युपधातके लक्षणा सर्वतो दधिरक्षायास्तात्पर्यविषयत्वात्। एवमेव 'छत्रिणो यान्ती' त्यत्र छत्रिपदस्यैवैकसार्थवाहित्वे लक्षणा।.... एकसार्थवाहित्वेन रूपेण छत्र्यछत्रिबोधात्। यदि चान्वयानुपपत्तिर्लक्षणाबीजं स्यात्तदा क्वचिद् गङ्गापदस्य तीरे क्वचिद् घोषपदस्य मत्स्यादौ लक्षणेति नियमो न स्यात् इति युक्तावल्यां स्पष्टम्।

टिप्पणी–(1) इस कारिका का अर्थ करते समय "यया" इस पद का अध्याहार करना चाहिए।

(2) "लक्षणलक्षणा" में मुख्यार्थ का वाक्य में अन्वय नहीं होता।

(3) "लक्षणलक्षणा" की व्युत्पत्ति इस प्रकार है–"लक्ष्यते उपलक्ष्यतेऽनेने (ल्युप) लक्षणम्। तन्नाम्ना लक्षणा (उप) "लक्षण-लक्षणा"। इति"

अर्पणं स्वस्य वाक्यार्थे परस्यान्वयसिद्धये।
उपलक्षणहेतुत्वादेषा लक्षणलक्षणा।।7।।

रूढिप्रयोजनयोर्लक्षणलक्षणा यथा–'कलिङ्गः साहसिकः' 'गङ्गायां घोषः' इति च। अनयोर्हि पुरुषतटयोर्वाक्यार्थेऽन्वयसिद्धये कलिङ्गगङ्गाशब्दा-वात्मानमर्पयतः। यथा वा–

'उपकृतं बहु तत्र किमुच्यते सुजनता प्रथिता भवता परम्।
विदधदीदृशमेव सदा सखे सुखितमास्स्व ततः शारदां शतम्'।।

अत्रापकारादीनां वाक्यार्थेऽन्वयसिद्धये उपकृतादयः शब्दा आत्मानमर्पयन्ति। अपकारिणं प्रत्युपकारादिप्रतिपादनान्मुख्यार्थबाधो वैपरीत्यलक्षणः संबंधः फलमपकारातिशयः। इयमेव जहत्स्वार्थेत्युच्यते।

आरोपाध्यवसानाभ्यां प्रत्येकं ता अपि द्विधा।

ताः पूर्वोक्ताश्चतुर्भेदलक्षणाः।

हिन्दी अनुवाद—वाक्य के अर्थ में दूसरे अर्थात् अमुख्य अर्थ के अन्वय-लाभ के लिए जिस वृत्ति से अपने अर्थात् मुख्य अर्थ का समर्पण होता है, वह वृत्ति अमुख्य अर्थमात्र के बोधन का कारण होने से लक्षणलक्षणा होती है। (अमुख्य अर्थ के लिए मुख्य अर्थ का समर्पण लक्षणलक्षणा है।)

रूढि एवं प्रयोजन में लक्षणलक्षणा जैसे—'कलिङ्ग साहसी होता है', 'गङ्गा में गांव' इत्यादि। इन दोनों में अमुख्य अर्थ पुरुष एवं तट का वाक्यार्थ में अन्वय की सिद्धि के लिए (साहसी एवं एवं गांव के साथ) कलिङ्ग एवं गङ्गा शब्द अपने देश-विशेष एवं प्रवाह रूप मुख्यार्थ अर्थ का समर्पण अर्थात् त्याग करते हैं। अथवा जैसे—

हे मित्र! आपने मेरा बड़ा उपहकार किया और सौजन्य की पराकाष्ठा दिखलाई, इसमें क्या कहना है? सदा ऐसा ही करते हुए आप सुख के साथ सौ वर्ष तक जीएं।

यहां अमुख्य अर्थ अपकार आदि की वाक्यार्थ में अन्वय-सिद्धि के लिए उपकृत आदि शब्द अपने मुख्य अर्थ का समर्पण करते हैं। अपकारी के प्रति उपकार आदि के प्रतिपादन से मुख्य अर्थ का बाध होता है। मुख्य एवं अमुख्य अर्थ का विपरीत लक्षण वाला संबंध है एवं अपकार का आधिक्य इसका प्रयोजन अर्थात् फल है। यही जहत्स्वार्था भी कही जाती है।

आरोप (लक्ष्यार्थ में शक्यार्थ का अभेद रूप से आरोप) एवं अध्यवसान (उस आरोप का उत्कटत्व) से पूर्वोक्त चार प्रकार की लक्षणा (रूढि-उपादानलक्षणा, प्रयोजनवती-उपादानलक्षणा, रूढि-लक्षणलक्षणा तथा प्रयोजनवती-लक्षणलक्षणा) प्रत्येक दो प्रकार की होती हैं।

'ताः' (वे) पद का आशय पूर्वोक्त चार प्रकार की लक्षणा से है।

संस्कृत व्याख्या—लक्षणायां अपरं भेदं लक्षणलक्षणां निरूपयति कारिकाकृत्—अर्पणमित्यादिना।

अन्वयः—यत्र वाक्यार्थे अन्वयसिद्धये स्वस्य परस्य समर्पणम् एषा उपलक्षणहेतुत्वात् लक्षणलक्षणा (मता)। यद्वा यया वाक्यार्थे परस्य अन्वयसिद्धये स्वस्य समर्पणम् उपलक्षणहेतत्वात् एषा लक्षणलक्षणेति।

बोध्ये मुख्यार्थभिन्नस्य वाक्यार्थघटकान्वयबोधाय आत्मनः शक्यार्थस्य त्यागः परमात्रविषयता यया वृत्त्या क्रियते सा मुख्यार्थस्य परमात्रविषयतायाः प्रतिपादिका वृत्तिः, उपलक्षणहेतुत्वात् मुख्यमार्ग विहाय शाखामार्गेण गमनमत्र तु मुख्यार्थ विहायामुख्यार्थमात्रबोधनं स्वान्वयिन्यनन्वयित्वं वा तस्य कारणत्वात् लक्षणलक्षणा तादृशोपलक्षणत्वविषए तदाख्यो लक्षणाभेद इति। अन्यार्थमात्रप्रतिपादकशक्तित्वं लक्षणलक्षणात्वमिति। वाक्यार्थे बोध्ये स्वान्वयालाभेन यया मुख्यार्थोऽमुख्यार्थनिमित्त-मात्मानमर्पयति स्वार्थत्यागेन परार्थलक्षणं साधयति सा लक्षणलक्षणेत्याशयः। यथा हि—'गङ्गायां घोषः' इत्यादौ लक्षणीयतटाद्यन्वयिनि घोषादौ गङ्गायाः प्रवाहरूपमुख्यार्थ-स्यानन्वयित्वाद् गङ्गापदस्य प्रवाहरूपस्वमुख्यार्थ- स्तटाद्यमुख्यार्थसिद्धये स्वमर्पयतीति।

उदाहरणपुरस्सरं कारिकां विवृणोति रूढिसत्त्वे फले च तयोः स्वार्थपरित्यागेन परार्थलक्षणं लक्षणं तद्रूपा या लक्षणा यथा—'कलिङ्गः साहसिकः' 'गङ्गायां घोषः' इति च। एतयोरुदाहरणयोः च लक्षणीयार्थयोः वाक्यप्रतिपाद्यार्थे अन्वयलाभायः, कलिङ्गगङ्गा-शब्दौ स्वं देशविशेषरूपार्थ प्रवाहरूपार्थ च परित्यजतः। अयमाशयः यया हि मुख्यार्थोऽमुख्यार्थस्यान्वयलाभायात्मानमर्पयति सा लक्षणलक्षणा भवति। यथा—'कलिङ्गः साहसिकः' इत्यत्र साहसस्य चेतनधर्मत्वात्कलिङ्गस्य देशविशेषत्वेन जडत्वात्कलिङ्ग-शब्दः साहसिकपदेन वाक्येऽन्वयमलभमानः साहसिकशब्दापेक्षिते पुरुषरूपेऽमुख्यार्थे एवं समर्पयति संबंधश्चात्र मुख्यामुख्यार्थयोः संयोगरूपः। बजीश्च रूढिः। सा च तत्सत्त्वेन प्रयोजनाननुसन्धानरूपा। एवमेव 'गङ्गायां घोषः' इत्यत्र गङ्गाशब्दस्य प्रवाहरूपशक्यार्थस्य घोषेऽन्वयाभावात् तस्य तटरूपामुख्यार्थेनान्वयलाभाय गङ्गाशब्दस्य प्रवाहरूपमुख्यार्थस्तटरूपामुख्यार्थनिमित्तं स्वमपर्यति। संबंधश्चात्र सामीप्यरूपः बीजश्च अभिधालक्षणोभयवृत्त्यप्रतिपाद्यशीतत्वपावनत्वातिशयबोधः प्रयोजनमिति।

प्रयोजनहेतुकत्वे उदाहरणान्तरमाह पूर्वोदाहरणवैसादृश्येन—यथा वां उपकृत-मित्यादि। हे सखे! भवता बहु उपकृतम्, सुजनता परं प्रथिता, तत्र किम् उच्यते, ईदृशम् एव सदा विदधत् ततः शरदां शतं सुखितम् आस्स्व इत्यन्वयः। हे मित्र!

त्वया मे अधिकम् हितं साधितम् एतदाचरणेन भवता सौजन्यं सज्जनता वा अत्यन्तं दर्शिता भवता सौजन्यं सज्जनता वा अत्यन्तं दर्शिता भवत्साधितोपकार-प्रदर्शितसौजन्यविषए किमेव कथ्यते एतद्विधं कार्यम् हि सर्वदा कुर्वन् हितमाचरन् तदनन्तरं तस्माद्वा वर्षाणां वर्षशतं यावत् सुखयुक्तं यथा स्यात्तथा तिष्ठेति।

लक्ष्ये लक्षणं घटयति–अत्रेत्यादिना। वाक्येऽस्मिन् अपकारदुर्जनताशत्रुदुःखितानां पदानां बोध्ये संसर्गनिर्वाहाय उपकृतसुजनतासखिसुखितरूपाः पदानि स्वम् परित्यजन्ति अपकारकारिणम् प्रति उपकारादिशब्दप्रयोगात् शक्यार्थस्य बाधः वैपरीत्यस्वरूपः संबंधः प्रयोजनम् अपकृतेराधिक्यमिति। अयमाशयः इदं हि कश्चिदपकारिणं प्रति कस्यचिदपकृतस्योक्तिः। एतच्च वक्तृवैशिष्ट्येन ज्ञायते। अपकारश्च न स्वशब्देन-नाभिहितः किन्तु विपरीतलक्षणया। अत्र हि वाक्यार्थे अपकारदुर्जनताशत्रुतादुःखितादि-रूपामुख्यार्थस्यान्वयसिद्धये उपकृतसुजनता सखिमुखितादिपदानां मुख्यार्थाः आत्मानम-र्पयन्ति। तेन त्वयां मे महदपकृतं दुर्जनता च परं ख्यापिता, अनेन त्वया मे शत्रुत्वमाचरितं येन त्वं महता दुःखेन परिवृतो भवेति लक्षणीयार्थः प्रतीयते। अपकाराधिक्यप्रदर्शनमेव उपकृतादीनां लाक्षणिकत्वेन प्रयोगस्य प्रयोजनम्। अपकारित्वकथनरूपवाक्यार्थे उपकृतादीनामनन्वय एव मुख्यार्थबाधः। संबंधश्च मुख्यामुख्यार्थयोर्वैपरीत्यलक्षण इति।

लक्षणलक्षणा हि जहत्स्वार्था त्यजन्, स्वार्थीयामिति सा; यत्रामुख्यार्थस्यान्वयलाभाय मुख्यार्थः स्व जहाति इत्थम् च परैः कथ्यते इति। अत्र नागेशभट्टपादाः नैयायिक-मतदूषणप्रसङ्गे–''प्रकारान्तरेणाऽपि सा द्विविधा–अजहत्स्वार्था जहत्स्वार्था च। स्वार्थसंवलितपरार्थाभिधायिकाऽजहत्स्वार्था। तेन 'छत्रिणो यान्ति, कुन्तान् प्रवेशय, यष्टीः प्रवेशय, काकेभ्यो दधि रक्ष्यताम्' इत्यादौ छत्रिसहितसेनाकुन्तास्त्रसहित-पुरुषयष्टिसहितपुरुषकाकसहितसर्वदध्युपधातकबोधः। स्वार्थपरित्यागेनेतरार्थाभि-धायिकाऽन्त्या। तत्परित्यागश्च शक्यार्थस्य परार्थान्वयिताऽनन्वयित्वम्। तेन 'गांव वाहिकं पाठय' इत्यादौ गोसदृशलक्षणायामपि न गोस्तदन्वयिपाठनक्रियान्वयित्वम्'' इति।

एवमुपादानलक्षणलक्षणाद्वयं रूढिप्रयोजनद्वयहेतुकत्वेन चतुर्विधमुक्तम्। सम्प्रति तच्चतुष्टयस्य द्वैविध्येनाष्टविधमाह–आरोपेत्यादिना।

अन्वयः–ताः अपि प्रत्येकम् आरोपाध्यवसानाभ्यां द्विधा।

चतुर्विधाः लक्षणाः च प्रत्येकम् आरोपाध्यवसानाभ्याम् लक्ष्यार्थे प्रथमतः शक्यार्थाभेदारोपः तस्यारोपस्योत्कटत्वं, ताभ्यां प्रकाराभ्याम् द्विप्रकारा इति। प्रथमतस्तु उपादानलक्षणास्वरूपा द्विविधा लक्षणा। ते च रूढिप्रयोजनद्वयहेतुकत्वेन प्रत्येकं द्विधेति लक्षणा चतुर्विधा। ताश्च प्रत्येकं सारोपा साध्यवसानेति भेदद्वयेनाष्टविधा लक्षणेति भावः। तत्र लक्ष्यार्थे शब्दार्थाभेदारोप आरोपस्तदुत्कटत्वमध्यवसानमिति।

टिप्पणी–पूर्वोक्त चारों प्रकार की [(1) रूढ़ि-उपादानलक्षणा, (2) प्रयोजन-उपादानलक्षणा, (3) रूढ़ि लक्षणलक्षणा (4) प्रयोजन-लक्षणलक्षणा] लक्षणाएं आरोप (अहार्य्याभेद प्रतीति) और अध्यवसान (सिद्धाभेद प्रतीतिः) भेद से पुनः प्रत्येक दो-दो प्रकार की होती हैं। अर्थात्–

(1) सारोपा रूढ़िहेतुका उपादनालक्षणा,

(2) सारोपा रूढ़िहेतुका लक्षणलक्षणा,

(3) सारोपा प्रयोजनहेतुका उपादनालक्षणा,

(4) सारोपा प्रयोजनहेतुका लक्षणलक्षणा,

(5) साध्यवसाना रूढ़िहेतुका उपादनालक्षणा,

(6) साध्यवसाना रूढ़िहेतुका लक्षणलक्षणा,

(7) साध्यवसाना प्रयोजनहेतुका उपादनालक्षणा,

(8) साध्यवसाना प्रयोजनहेतुका लक्षणलक्षणा,

इस प्रकार ''लक्षणलक्षणा'' के आठ भेद हुए।

विषययस्यानिगीर्णस्यान्यतादात्म्यप्रतीतिकृत्।।8।।

सारोपा स्याग्निगीर्णस्या मता साध्यवसानिका।

विषयिणा अनिगीर्णस्य विषस्य तेनैव सह तादात्म्यप्रतीतिकृत्सारोपा। इयमेव रूपकालङ्कारस्य बीजम्।

रूढावुपादानलक्षणा सारोपा यथा–'अश्वः श्वेतो धावति'। अत्र हि श्वेतगुणवानश्वोऽनिगीर्णस्वरूपः स्वसमवेतगुणतादात्म्येन प्रतीयते।

प्रयोजने यथा–'एते कुन्ताः प्रविशन्ति'। अत्र सर्वनाम्ना कुन्तधारिपुरुष निर्देशात् सारोपत्वम्।

रूढौ लक्षणलक्षणा सारोपा यथा–'कलिङ्ग पुरुषो युध्यते'। अत्र कलिङ्ग पुरुषयोराधाराधेयभावः संबंधः।

प्रयोजने यथा–'आयुर्घृतम्'। अत्रायुष्कारणमपि घृतं कार्यकारणभाव-संबंधसंबंधयायुस्तादात्म्येन प्रतीयते। अन्यवैलक्षण्येनाव्यभिचारेणायुष्करत्वं प्रयोजनम्।

यथा वा–राजकीये पुरुषे गच्छति 'राजासौ गच्छति' इति। अत्र स्वस्वामिभावलक्षणः संबंधः। यथा वा–अग्रमात्रेऽवयवभागे 'हस्तोऽयम्'। अत्रावयवावयविभावलक्षणसंबंधः। 'ऽब्राह्मणोपि तक्षाऽसौ' अत्र तात्कर्म्यलक्षणः। इन्द्रार्थासु स्थूणासु 'अभी इन्द्राः' अत्र तादर्थ्यलक्षणः संबंधः। एवमन्यत्रापि। निगीर्णस्य पुनर्विषयस्यान्यतादात्म्यप्रतीतिकृत्साध्य- वसाना। अस्याश्चतुर्षु भेदेषु पूर्वोदाहरणान्एव। तदेवमष्टप्रकारा लक्षणा।

हिन्दी अनुवाद–सारोपा और साध्यवसाना लक्षणाओं का निरूपण करते हैं–

अनिगीर्ण (अनाच्छादित स्वरूप) स्वरूप विषय का (उपमेय का) अन्य (उपमान) के साथ अभेद प्रतिपत्ति कराने वाली (लक्षणा) "सारोपा" होती है और निगीर्ण (आच्छादित) स्वरूप विषय का (उपमेय का) विषयी के साथ अभेद ज्ञान कराने वाली लक्षणा "साध्यवसाना" कही गयी है।

विषयी के साथ अनिगीर्ण (अनाच्छादित) विषय का उसी के साथ (विषयी के साथ) तादात्म्य (अभेद) की प्रतीति कराने वाली "सारोपा" है। इयमेवेति–यही (सारोपा लक्षण) रूपकालंकार का बीज है।

रूढ़ि में सारोपा उपादानलक्षणा (का उदाहरण देते हैं)–यथा–"अश्वः श्वेतः धावति"–"श्वेत घोड़ा दौड़ रहा है"–यहां पर श्वेत गुण विशिष्ट अश्व अनिगीर्ण स्वरूप है (क्योंकि जिस प्रकार "श्वेतः धावति" इसके अन्दर "अश्वः" पद "श्वेत" इस पद से निगीर्ण है–आच्छादित है उस प्रकार "अश्वः श्वेतः धावति" यहां पर "अश्वः" पद निगीर्ण नहीं है क्योंकि स्ववाचक शब्द (अश्व) से वह उपलब्ध हो रहा है) तथा अपने में (अश्व में) समवाय संबंध से विद्यमान श्वेत गुण के तादात्म्य से प्रतीत हो रहा है।

(1) यहां श्वेत शब्द की श्वेत गुण विशिष्ट में प्रसिद्धि होने के कारण रूढ़ि है।

(2) श्वेत गुण अपने स्वरूप को भी लक्ष्यार्थ के साथ बोधित करता है, अतः यह उपादान लक्षणा है।

(3) अनिगीर्ण स्वरूप अश्व के साथ श्वेत का तादात्म्य प्रतीत होता है, अतः आरोप है। इस प्रकार ''अश्वः श्वेतः धावति'' में ''रूढ़ि सारोपा उपादानलक्षणा'' हुई है।

प्रयोजने यथा इति–प्रयोजन में सारोपा उपादानलक्षणा (का उदाहरण देते हैं) यथा–''ऐसे कुन्ताः प्रविशन्ति'' (दुर्गे इति शेषः)–यहां पर सर्वनाम–''ऐते''–इससे कुन्तधारी पुरुषों का निर्देश करने के कारण (तथा कुन्तों के साथ उनकी अभेद प्रतीति होती है) आरोप है। [(यहां पर धार्य और धारक का संबंध है)। (1) लक्ष्यार्थ के साथ कुन्तों की भी प्रतीति होती है, अतः उपादान है; (2) कुन्तों का अतिगहनत्व सूचित करना प्रयोजन है, अतः यहां पर (''ऐते कुन्ताः प्रविशन्ति'') प्रयोजनवती सारोपा उपादानलक्षणा है।] रूढ़ौ लक्षणलक्षणा इति–रूढ़ि में सारोपा लक्षणलक्षणा (का उदाहरण देते हैं) यथा–''कलिङ्ग पुरुषो युध्यते'' [(1) यहां पर ''कलिङ्ग'' शब्द कलिङ्ग देशवासी का उपलक्षण होने के कारण लक्षणलक्षणा है; (2) पृथक् निर्दिष्ट पुरुष के साथ अभेद प्रतीति होने से सारोपा है, (3) प्रसिद्धि के कारण रूढ़ि है, अतः यहां पर ''रूढ़ि सारोपा लक्षणलक्षणा'' है।] अत्रेति–यहां पर पुरुष और कलिङ्ग देश में आधार और आधेय भाव संबंध है। (कलिङ्ग देश आधार है और पुरुष आधेय है)।

प्रयोजने यथा इति–प्रयोजन में सारोपा लक्षणलक्षणा (का उदाहरण देते हैं) यथा–''आयुर्घृतम्'' यहां पर (यद्यपि) आयु का कारण भी घृत कार्यकारण भाव संबंध से (आयु का) संबंधी (घृत) आयु तादात्म्य (अभेद) से प्रतीति होती है, (अतः यह सारोपा है)। (''आयु'' शब्द आयु के कारण को उपलक्षित मात्र करता है, अतः लक्षणलक्षणा है) (तथा) अन्य (वस्तुओं की अपेक्षा) विलक्षणता से भी (आयु को पैदा करता है) तथा अव्यभिचारभाव से आयुष्य को करना (इस लक्षणा का) प्रयोजन है। (अतः यहां पर ''प्रयोजनवती सारोपा लक्षणलक्षणा' है)।

अर्थ–अथवा जैसे–राजकीय पुरुष के (सरकारी कर्मचारी के) आने पर ''राजासौ गच्छति'' यह प्रयोग होता है। (यह ''सारोपा प्रयोजनवती लक्षणलक्षणा'' है। ''असौ'' पद के विषय का पृथक् निर्देश करके राजा के साथ अभेद की प्रतीति

का ज्ञान होता है, अतः सारोपा है। राजशब्द राजसंबंधी का उपलक्षण होने के कारण लक्षणलक्षणा है। राजा की तरह उस पुरुष की सम्पत्ति आदि संबंध है। अथवा अग्रेति–(हाथ के) अवयवभूत अग्रभाग को (बताने के लिए) "हस्तोऽयम्" ऐसा प्रयोग होता है। (यह रूढ़ि सारोपा लक्षणलक्षणा" है)।

यहां पर अवयवावयविभाव संबंध है। (यहां पर "अयम्" पद से निर्दिष्ट अग्रभाग का हाथ के साथ अभेद होने के कारण सारोपा है। "हस्त' शब्द "अग्रभाग का उपलक्षण होने से "लक्षणलक्षणा" है। लक्षणा का कारण प्रसिद्ध होने से रूढ़ि है।)। (अन्य संबंध का उदाहरण)– "ब्राह्मणेऽपि"–ब्राह्मण होने पर भी (बढ़ई का कार्य करने के कारण उस ब्राह्मण को) "तक्षाऽसौ" कहा जाता है। (यह प्रयोजनवती सारोपा लक्षणलक्षणा का उदाहरण है। बढ़ई के सब कार्यों में प्रवीणता सूचित करना प्रयोजन है।) यहां "तात्कर्म्य' संबंध है। (क्योंकि ब्राह्मण बढ़ई का कार्य करता है)। (अन्य उदाहरण)–"इन्द्रेति"–(यज्ञ में) इन्द्र की आराधना के लिए निर्मित स्तम्भों के विषय में "अभी इन्द्राः" ऐसा कहा जाता है। (यह "प्रयोजनवती सारोपा लक्षणलक्षणा" का उदाहरण है। यहां इन्द्र की तरह पूजाभाव को द्योतित करना प्रयोजन है।) यहां "तादर्थ्य" को बताने वाला संबंध है। इसी प्रकार अन्य स्थानों पर भी (उदाहरण जानना)।

निगीर्णस्येति–निगीर्ण विषय का अन्य (विषयी) के साथ तादात्म्य की (अभेद की) प्रतीति कराने वाली "साध्यवसाना" लक्षणा कहाती है। इसके चारों भेदों में (1) "साध्यवसाना" रूढ़ि उपादान लक्षणा (2) साध्यवसाना प्रयोजनवती उपादानलक्षणा (3) साध्यवसाना रूढ़ि लक्षणलक्षणा (4) साध्यवसाना प्रयोजनवती लक्षणलक्षणा) पूर्वोक्त उदाहरण ही हैं। (अर्थात् (1) रूढ़ि में साध्यवसाना उपादानलक्षणा "श्वेतो धावति" (2) प्रयोजन में साध्यवसाना उपादानलक्षणा– "कुन्ताः प्रविशन्तिः" (3) रूढ़ि में साध्यवसाना लक्षणलक्षणा–"कलिङ्ग साहसिकः", (4) प्रयोजन में साध्यवसाना लक्षणलक्षणा–"गंगायां घोषः" है।)। तो इस प्रकार आठ प्रकार की लक्षणा होती है।

संस्कृत व्याख्या–कारिकागतं ताः इति पदं वृत्तौ विवृणोति ता इति पदबोध्या अनन्तरोक्ता रूढिप्रयोजनहेतुकत्वेन द्विविधा उपादानलक्षणा एवमेव रूढ़िप्रयोजन-द्वयहेतुकत्वेनैव द्विविधा लक्षणलक्षणेति चतुष्प्रकारा लक्षणेति। सारोपलक्षणायाः स्वरूपमाह–विषयेस्येत्यादिना।

अन्वयः–अनिगीर्णस्य विषस्य अंतादात्म्यप्रतीतिकृत् सारोपा स्यात्।

विषयीभूतेन लक्ष्यार्थेन 'अश्वः श्वेतो धावति' इत्यादौ श्वेतगुणविशिष्टेन अतिरस्कृतस्य अनाच्छादितस्य, स्ववाचकशब्देनैवोपस्थापितस्य मुख्यार्थस्य अन्येन लक्ष्यार्थेन सह तादात्म्यमतभेदस्तस्य प्रतीतिर्ज्ञानं तत्करोति जनयति एषा इति तथाविधायिका अन्यतादात्म्यप्रतीतिपूर्वकप्रतीतिकृत्, या लक्षणा या लक्ष्यार्थे शब्यार्थाऽभेदारोप आरोपस्तेन सहिता तथासंज्ञिता च लक्षणा, स्यादिति। शब्दोपस्थापितमुख्यार्थ-लक्ष्यार्थयोरभेदजनकत्वं सारोपात्वमिति। अत्रान्यतादात्म्यप्रतीतिश्च लक्षणज्ञानतः पूर्वमेव ज्ञेया। अन्यतादात्म्यप्रतीतिकृच्च यद्यपि समानविभक्तिकपदद्वयमेव न तु लक्षणा तथापि अन्यतादात्म्यप्रतीतिपूर्वकप्रतीतिकृदित्यन्यतादात्म्यप्रतीतिकृदित्याशयः।

विषयीभूतेन लक्ष्यार्थेन; लक्षणायाः प्रकरणत्वेनास्य तस्या एव बोधविषयत्वात् स्ववाचकशब्देनैवोपस्थापितत्वादनाच्छादितस्य अतिरोहितस्येति स्वाभाविकशाब्दबोध-विषयीभूतमुख्यार्थस्य लक्ष्यार्थेन हि समं अभेदबोधजनिका तत्स्वरूपा तदाख्यलक्षणेति।

काव्यप्रकाशे तूक्तं–'सारोपाऽन्या तु यत्रोक्ती विषयस्तथा' इति। अन्एति गौणी न तु शुद्धा। व्याख्यातं यथा–आरोप्यमाण आरोपविषयश्च यत्रापह्नुतभेदौ सामानाधिकरण्येन निर्दिश्येते सा लक्षणा सारोपेति। इयं सारोपा लक्षणा हि 'तद्रूपमभेदो य उपमानोपमेययोः'। 'रूपकं रूपितारोपो विषए निरपह्नवे'। 'सादृश्ये भेदेनारोपो रूपकम्' इत्यादि परिभाषितस्य रूपकाऽऽख्यस्य काव्यालङ्कारस्य आदिकारणम्, एनामेवोपजीव्यरूपकप्रवृत्तेः। उदाहरणानि प्रस्तौति–रूढावित्यादिना। रूढिहेतुकत्वे स्वसिद्धये पराक्षेप इति लक्षितस्तदाख्यो लक्षणाभेदः लक्ष्यार्थे शब्यार्थाऽभेदारोप आरोपस्तेन सहिता, यथा–'अश्वः श्वेतो धावति'। लक्ष्ये लक्षणं समायोजयति–अत्रेत्यादिना। वाक्येऽस्मिन् यतः श्वेतगुणविशिष्टः, अश्वः, आरोपविषयः। (विषयिणा आरोप्यमाणेन श्वेतेन) लक्ष्यार्थेन श्वेतगुणविशिष्टेनानाच्छादितस्वशक्यार्थः, स्वसमवेतगुणतादात्म्येन आरोपविषए समवायसंबंधेन वर्तमानः श्वेतगुणः अभेदेन ज्ञायते। लक्ष्यार्थप्रतीतेः पूर्वमिति शेषः। समानविभक्तिभिस्तादात्म्यप्रतीते-र्व्युत्पत्तिसिद्धित्वाद् अश्वः श्वेत इत्युभयत्रापि समानप्रथमाविभक्त्यनुपन्यासा श्वेतादिशब्दानां गुण एवं शक्त्यङ्गीकाराच्चेति कुसुमप्रतिभायाम्। अत्र श्वेतगुणाश्वयोः समानविभक्त्या तादात्म्यप्रतीतिरिति। लक्ष्यार्थश्च श्वेतगुणवानश्व इति। विषयनिगीर्णता तु स्ववाचकशब्देनाश्वेनैवोक्तत्वादिति।

प्रयोजने सारोपोदानलक्षणामुदाहर्तुमाह प्रयोजनहेतुकत्वेन सारोपोदानलक्षणा यथा—'एते कुन्ताः प्रविशन्ति'। लक्ष्ये लक्षणं सङ्गमयति वाक्येऽस्मिन् एतत्पदेनारोविषएण कुन्तधारिणो ये पुरुषास्तेषां निर्देशात्, सारोपत्वम् इति। अत्र हि विषयिणा आरोप्यमाणेन कुन्तपदेनानिगीर्णस्य आरोपविषयस्य एतत्पदवाच्यस्य पुरुषस्य आरोप्यमाणेन कुन्तपदेनाभेदप्रतीत्या सारोपत्वमेवेति। अत्र हि विषयस्य एतत्पदवाच्य पुरुषस्य सामान्यवाचिता सर्वनाम्ना एतत्पदेन निर्देशेऽपि विशेषरूपेणानुपस्थितौ साध्यवसानत्वं नतु सारोपत्वमिति केचित्। अन्ए तु तद्वद् भूतलमिति प्रतीतिसत्त्वे घटाभाववद् भूतलमिति प्रतीत्यनुदयेन सर्वनाम्नोऽपि विशेषरूपेणोपस्थापकत्वकल्पनात् सन्निकृष्टकाले एतदादीनां वाचकत्ववदुपस्थितिविषयादत्रानिगीर्णरूपत्वात्सारोपत्वमेवेति वदन्दि। इदमेव मतं ग्रन्थकृदभीष्टम्। कुन्तानामतिगहनत्वमत्र प्रयोजनम्। कुन्तवान् लक्ष्यार्थः एतत्पदेनोक्तत्वादनिगीर्णः।

रूढिहेतुकत्वेन सारोपलक्षणलक्षणामुदाहर्तुमाह—रूढिसत्त्वे, लक्षणाहेतुकत्वेन लक्ष्यार्थे शक्यार्था- भेदारोपलक्षणा परार्थे स्वसमर्पणमिति लक्षिता लक्षणा, यथा—'कलिङ्ग पुरुषो युध्यते'। लक्ष्ये लक्षणं सङ्गमयति—अत्रेत्यादिना। वाक्येऽस्मिन् कलिङ्गपुरुषयोः यदाश्रित्य किञ्चित्प्रवर्तते तद् आधारोऽत्र कलिङ्ग आधारमाश्रित्य यत्प्रवर्तते तदाधेयोऽत्र पुरुषस्तयोर्भावः, संबंधः, पुरुषपदप्रयोगाद्विषस्यानिगीर्णत्वं मुख्यार्थयोरचेतनाचेत- नयोः कलिङ्गदेशपुरुषयोः सामानाधिकरण्येनान्वयानुपपत्त्यामुख्यार्थबाधः कलिङ्गत्वेन लक्षणेति बोध्यम्।

प्रयोजनहेतुकत्वेन सारोपलक्षणलक्षणात्वमुदाहर्तुमाह—प्रयोजनहेतुकत्वेन सारोपलक्षणलक्षणा, यथा—'आयुर्घृतम्'। उदाहरणे लक्षणं सङ्गमयति—अत्रेत्यादिना। अत्र आयुर्हेतुः अपि सर्पिः कार्यकारणभावसंबंधेन आयुः कार्य घृतं कारणं तयोर्भावः स एव संबंधन्स्तेन संबंधि सम्बद्धं यदायुस्तेन सह तादात्म्येनाभेदेन ज्ञायत इति। आयुःपदेन मुख्यार्थस्य त्यागाल्लक्षणलक्षणा लक्ष्यार्थेनानिगीर्णस्वरूपे घृते आरोपविषए आयुष आरोपात्सारोपत्वम्। तत्र किं प्रयोजनमित्याह—अन्येत्यादिना। आयुष्कारण- त्वसम्मतक्षीरादिभ्यः वैसादृश्येन नियतरूपेण घृतस्य दीर्घजीवनसाधकत्वं फलमिति।

एवं कार्यकारणभावसंबंधेन सारोपलक्षणलक्षणामुदाहृत्य सम्प्रति संबंधान्तरैरपि तामुदाहर्तुमाह—यथेत्यादिना। यथा वा राजसम्बद्धे जने याते सति, राजा असौ गच्छति इति। तत्र मुख्यार्थलक्ष्यार्थयोः संबंधमाह—वाक्येऽस्मिन्, मुख्यार्थलक्ष्यार्थयोः, स्वस्वामिभावलक्षणः पुरुषः राजा, तयोर्भावः, स एव लक्षणं तत्र तादृशः, संबंधः इति।

अत्र हि असाविति सर्वनामपदेन लक्ष्यार्थे पुरुषे निर्दिष्टे राज्ञोऽभेदारोपात्सारोपत्वं राजसदृशव्यवहार्यत्वं प्रयोजनम्। यथा वा अग्रभागमात्रे करावयवे, हस्तोऽयम् इति। तत्र संबंधमाह–अत्रेत्यादिना। अत्र अवयवावयविभावलक्षणा हस्ताग्रभागः हस्तस्तयोर्भावः, स एव लक्षणं यत्र तादृशः, संबंध इति। इदंशब्देन विषयप्रकाशनाद्विषयस्यानिगीर्णत्वं तेन सारोपत्वम्, प्रयोजनाभावाद्रूबीजमित्येके, बलातिशयः प्रयोजनमित्यपरे। एवमेव– ब्राह्मणोऽपि तक्षेतरजातिगतः अपि असौ तक्षा इति। तत्र संबंधमाह–अत्रेत्यादिना। अत्र तत्सदृशकर्मकारित्वलक्षणः संबंध इति। तक्षब्राह्मणयोः सामानाधिकरण्याभावान्मुख्यार्थबाधः इदंशब्देन विषयनिर्देशात्सारोपत्वं प्रयोजनञ्च नैपुण्यातिशयः। एवमेव इन्द्रनिमित्तेषु, स्तम्भेषु इन्द्रपूजार्थ निखातेष्विति अमी इन्द्राः। संबंधमाह– अत्रेत्यादिना। अत्र तस्य अर्थस्तदर्थस्तस्तस्य भावस्तादर्थ्य इन्द्रनिमित्तकलक्षणः, संबंध इति। सर्वनाम्ना 'अमी' इत्यनेव निर्देशात् विषयस्यानिगीर्णता, तेन सारोपत्वम्। स्थूणानामिन्द्रसदृशपूज्यभावत्वं प्रयोजनम्। इन्द्रस्थूणयोः चेतनाचेतनयोः समानाधिकरण्याभावेन मुख्यार्थबाधः। इन्द्रशब्दबोध्यार्थेन स्थूणाऽर्थनिमित्तं समर्पणेन लक्षणलक्षणात्वम्। प्रकरणमुपसंहरति–एवमित्यादिना। इत्यमेव पूर्वोक्तातिरिक्तस्थले च बोध्यमिति।

इत्थं सारोपलक्षणायाः स्वरूपमुक्त्वा सम्प्रति साध्यवसानलक्षणायास्तदाह– निगीर्णस्येत्यादिना।

अन्वयः–निगीर्णस्य साध्यवसानिका मता।

विषयिणा लक्ष्यार्थेन आच्छादितस्य मुख्यार्थस्य, तस्त्र स्वशब्देनानुक्त त्वात्; विषस्य अन्यतादात्म्यप्रतीतिपूर्वकप्रतीतिकृत् या लक्षणा, साध्यवसानिका लक्ष्यार्थेन मुख्यार्थभेदारोप आरोपस्तयोत्कटत्वं, तेन सहिता तदाख्यलक्षणाभेदः सम्मतेति।

भूयः विषयिणा तिरस्कृतस्य आरोपविषयस्य मुख्यार्थस्येति, अन्यतादात्म्यप्रतीतिकृत् लक्ष्यार्थेन अभेदः, तस्य प्रतीतिपूर्वकं अवबोधिका आरोपस्योत्कटत्वमध्यवसानं, तेन सहिता तदाख्या लक्षणा कथ्यत इति शेषः। सारोपायां मुख्यार्थो हि लक्ष्यार्थेनानिगीर्णः प्रतीयत इत्यसौ रूपकालङ्कारस्य बीजम्। साध्यवसानायामसौ लक्ष्यार्थे एव निगीर्णो भवति इत्यसावतिशयोक्त्यलङ्कारस्य बीजमिति। साध्यवसानाऽपि रूढिप्रयोजनद्वये उपादानलक्षणाद्वयं तद्द्वये लक्षणलक्षणाद्वयञ्चेति चत्वारो भेदाः। एवमेव चत्वारो हि सारोपाभेद इति अष्टविधा लक्षणा। (काव्यप्रकाशकृन्मते तु लक्षणा प्रथमतो द्विविधा–शुद्धा गौणी चेति। शुद्धा द्विविधा–उपादानलक्षणा लक्षणलक्षणा

चेति। गौण्याः सारोपाध्यवसानाभ्यां द्वौ भेदौ तयोश्च गौणशुद्धभेदेन द्वौ द्वौ भेदाविति गौण्याश्चत्वारो भेदा इति लक्षणा षड्विधेति।) साध्यवसाना उदाहरणपेक्षायामाह– अस्या इत्यादिना। साध्यवसानलक्षणायाः चतुर्ष विभागेषु प्रागुपस्थापितोदाहरणानि, एव इति। तद्यथा रूढौ साध्यवसाना उपादानलक्षणा यथा–'श्वेतो धावति'। प्रयोजने सा यथा–'कुन्ताः प्रविशन्ति'। रूढौ साध्यवसाना लक्षणलक्षणा यथा–'कलिङ्गो युध्यते'। प्रयोजने सा यथा–'आयुरिदम्' इत्यादि। तदेवमष्टप्रकारा लक्षणा तस्मात् इत्थम् लक्षणा अष्टविधेति। सारोपाश्चतस्रः साध्यवसानाश्चतस्र इति। 'गङ्गायां घोषः' इत्यत्र तीरं विशेष्यं तच्च शब्दं विनैव प्रतीयते इति केचित्, प्रयोजने साध्यवसानलक्षणलक्षणाया उदाहरणं मन्यन्ते तत्। अपरे तन्न मन्यन्ते, लक्ष्यार्थे तीरे प्रवाहतादात्म्यानारोपात्।

टिप्पणी–"अनिगीर्णस्वरूपस्य पदार्थस्याऽन्यतादात्म्यप्रतीतिरारोपः" अर्थात् वाक्य में जिस पदार्थ के स्वरूप का स्पष्टतया निर्देश किया गया है–जिसका स्वरूप अप्रधान (अप्रकृत) उपमानभूत चन्द्रादि (विषयी) से निगीर्ण अर्थात् छिपा हुआ नहीं है, उसी प्रकृत (वर्ण्यमान) उपमेय मुखादि (विषय) की अन्य अर्थात् अप्रकृत चन्द्रादि विषयी के साथ तादात्म्य प्रतीति (अभेद ज्ञान) को "आरोप" कहते हैं। "आरोपेण सह वर्तत इति सारोपा" अर्थात् आरोप जिसका हो वह "सारोपा" कहाती है। "विषयविषयिणोर्भेदेनोपन्यासोऽत्रारोपार्थः" इति। साध्यवसाना– "विषयनिगरणेन विषयिणोऽभेदप्रतीतिरध्यवसानम्, तेन सहवर्तते इति साध्यवसाना"– अर्थात् विषय का निगरण करके विषयी के साथ अभेद का प्रतिपादन करना "अध्यवसान" कहलाता है। निम्न संबंधों के कारण "लक्षणा" का ज्ञान होता है– (1) "तात्स्थात्", (2) "ताद्धर्म्यात्", (3) "तत्सामीप्यात्", (4) तत्साहचर्यात् और (5) "तादर्थ्यात्" इन संबंधों के कारण विद्वान् लक्षणा को जान लेते हैं। क्रम से उदाहरण–(1) तात्स्थात्–"शय्या हसति" (2) ताद्धर्म्यात्–"सिंहो माणवकः" (3) "तत्सामीप्यात्"–"वटे गावः" (4) तत्साहचर्यात्–"शस्त्राणि प्रवेशय" (5) तादर्थ्यात्–"पाथिवोऽसौ" अर्थात् पार्थिव के लिए निर्मित मृत्पिण्डिका इत्यादि।

पूर्वोक्त चारों उदाहरण अर्थात् (1) अश्वः श्वेतः धावति (2) ऐसे कुन्ताः प्रविशन्ति (3) कलिङ्ग पुरुषो युध्यते और (4) आयुर्धृतम्–"सारोपा लक्षणा" के हैं। अतः अब "निगीर्णस्य मता साध्यवसानिका"–इस कारिका के अंश द्वारा 'साध्यवसाना' की व्याख्या की जाती है।

सादृशेतरसंबंधाः शुद्धास्ताः सकला अपि।
सादृश्यात्तु मता गौण्यस्तेन षोडश भेदिताः।।9।।

ताः पूर्वोक्ता अष्टभेदा लक्षणाः। सादृश्येतरसंबंधाः कार्यकारणभावादयः। अत्र शुद्धानां पूर्वोदाहरणान्एव। रूढावुपादानलक्षणा सारोपा गौणी यथा–'ऐतानि तैलानि हेमन्ते सुखानि'। अत्र तैलशब्दस्तिलभवस्नेहरूपं मुख्यार्थमुपादाएव सार्षपादिषु स्नेहेषु वर्तते। प्रयोजने यथा–राजकुमारेषु तत्सदृशेषु च गच्छत्सु 'एते राजकुमारा गच्छन्ति'। रूढावुपादानलक्षणा साध्यवसाना गौणी यथा–''तैलानि हेमन्ते सुखानि'। प्रयोजने यथा–'राजकुमारा गच्छन्ति'। रूढौ लक्षण-लक्षणा सारोपा गौणी यथा–'राजा गौडेन्द्रः कण्टकं शोध्यति'। प्रयोजने यथा–'गौर्वाहीकः'। रूढौ लक्षणलक्षणा साध्यवसाना गौणी यथा–'राजा कण्टकं शोध्यति'। प्रयोजने यथा–'गौर्जल्पति'।

अत्र केचिदाहुः–गोसहचारिणो गुणा जाड्यमान्द्यादयो लक्ष्यन्ते। ते च गोशब्दस्य वाहीकार्थाभिधाने निमित्तीभवन्ति। तदयुक्तम्–गोशब्दस्यागृहीतसङ्केतं वाहीकार्थमभिधातुम- शक्यत्वाद् गोशब्दार्थमात्रबोधनाच्च। अभिधाया विरतत्वाद्, विरतायाश्च पुनरुत्थानाभावात्।

हिन्दी अनुवाद–पूर्वोक्त लक्षणाएं सादृश्य से भिन्न संबंध वाली होने पर शुद्धा कही जाती हैं और सादृश्यसंबंध से युक्त होने पर गौणी मानी जाती है। अतः लक्षणा के सोलह भेद बनते हैं (शुद्धा के आठ एवं गौणी के आठ भेद से)।

वे पहले बताई गई आठ भेदों वाली लक्षणा। सादृश्य से भिन्न संबंध कार्य कारणभाव आदि हैं। यहां शुद्धा के तो पहले दिए गये उदाहरण ही हैं। (गौणी के उदाहरण यहां दिए जाते हैं) रूढि में उपादानलक्षणा सारोपा गौणी जैसे–'एतानि तैलानि हेमन्ते सुखानि' (ये तेल हेमन्त में सुखदायक होते हैं।) यहाँ तैल का अर्थ तिल से उत्पन्न स्नेहद्रव्य है, उसी के सादृश्य से उससे सरसों आदि के स्नेहद्रव्य को भी लिया जाता है। प्रयोजन में जैसे–राजकुमार एवं उनके सदृश अन्य कुमारों के जाने पर–'एते राजकुमाराः गच्छन्ति' (ये राजकुमार जाते हैं)। रूढि में उपादानलक्षणा साध्यवसाना गौणी जैसे–'तैलानि हेमन्ते सुखानि' (तैल शीतकाल में सुखदायक होते हैं)। प्रयोजन में जैसे–'राजकुमाराः गच्छन्ति' (राजकुमार जाते हैं)। रूढि में लक्षणलक्षणा सारोपा गौणी जैसे–'राजा गौडेन्द्रं कण्टकं शोधयति'। (राजा गौडेन्द्र कण्टक का शोधन करते हैं।) प्रयोजन में जैसे–'गौर्वाहीकः' (वाहीक बैल

है)। रूढि में लक्षणलक्षणा साध्यवसाना गौणी जैसे–'राजा कण्टकं शोधयति' (राजा कण्टक का शोधन करते हैं)। प्रयोजन में जैसे–'गौर्जल्पति' (बैल बोलता है)।

इस विषय में कुछ लोग कहते हैं–'गौर्वाहीकः' में गो-शब्द से गौवृत्ति वाले जाड्य, मान्द्य आदि गुण लक्षित होते हैं अर्थात् गो शब्द का वाहीक के साथ अन्वय की उपपत्ति न हो पाने के कारण मुख्यार्थबाध होने पर गो-शब्द लक्षणा से उनमें स्थित जाड्य, मान्द्य आदि गुणों का बोध कराता है और वे गुण ही गोशब्द का वाहीक अर्थ के अभिधान में प्रवृत्ति के निमित्त होते हैं अर्थात् उन गुणों के सामानाधिकरण्य से गोशब्द अभिधा से वाहीक अर्थ का बोध कराता है। यह कथन ठीक नहीं है। गोशब्द के द्वारा सङ्केतग्रहण नहीं किए गये गाहीक अर्थ का अभिधा से बोध कराना संभव नहीं हैं और गो-शब्द से गो-शब्द के अर्थमात्र का बोध होता है। इस प्रकार गो-शब्दार्थ (सास्ना आदि से युक्त पिण्ड) का बोध कराने के बाद अभिधा विरत हो जाती है और एक बार विरत वृत्ति का फिर उत्थान संभव नहीं है। (अतः गोशब्द से अभिधा के द्वारा वाहीक अर्थ का बोध नहीं होता।)

संस्कृत व्याख्या–लक्षणायाः पुनर्द्वैविध्यमाह–सादृश्येतरेत्यादिना।

अन्वयः–सकलाः ताः अपि सादृश्येतरसंबंधाः शुद्धाः सादृश्यात् तु गौण्यः मताः तेन षोडशभेदिताः।

समग्राः पूर्वोक्ता अष्टविधलक्षणाः च सादृश्यसंबंधात् अपरे, कार्यकारणभावादयः संबंधा यास्विति यथोक्ताः, सादृश्यं गुणसाम्यम् शुद्धपरिभाषिताः सादृश्यसंबंधात् तद्वयतिरिक्तम् गौणीत्वेन परिभाषिताः, मताः। सादृश्यघटकरूपशक्यगुणयोगरूप-योगार्थेनासां गौणीत्वम्। पर्यवसितमाह–तेनेत्यादिना। अष्टद्वैगुण्यात् षौडषविधभेदयुक्ता इति। ताश्चाष्टविधा लक्षणा अपि सादृश्यभिन्नकार्यकारणभावदि- संबंधाश्रिताः शुद्धाः सादृश्यसंबंधात्तु गौण्यः। तेनाष्टौ शुद्धा भेदा अष्टौ गौण्या इति लक्षणाषोडशभेदयुक्ते-त्याशयः।

कारिकाशयं विवृणोति सोदाहरणं–ता इत्यादिना। प्राक्प्रतिपादिताः अष्टविध-भेदयुक्ताः लक्षणाः सादृश्येतरसंबंधाः इति कार्यकाराभावादयः साध्यं साधनं, तयोर्भावः तदादयः, आदिपदात् स्वस्वामिभावावयवावयविभावतात्कर्म्यतादर्थ्यादीनामपि ग्रहणम्। उदाहरणापेक्षायामाह–अत्रेत्यादिना। अत्र शुद्धभेदानां प्रागुपस्थापितोदाहरणानि नान्एषामपेक्षेति। 'श्वेतो धावति', 'कुन्ताः प्रविशन्ति', 'कलिङ्गः साहसिकः',

'गङ्गायां घोषः' इत्यादीनि पूर्वोदाहरणानि। गौण्या उदाहरणोपस्थापनायाह—रूढावित्यादि। रूढिहेतुकत्वे स्वसिद्धिनिमित्तं पराक्षेपिका लक्षणा लक्ष्यार्थेनानिर्गीणस्य मुख्यार्थस्य तदभेदप्रतीतिपूर्वकप्रतीतिकृत् गुणादागता, यथा—'एतानि तैलानि हेमन्ते सुखानि' पुरोगतानि तैलानि शीतकाले सुखाधायककानि। उदाहरणे लक्षणं सङ्गमयति—अत्रेत्यादिना। अत्र तैलशब्दः तिलानां विकारस्तैलमिति तिलजन्यस्निग्धद्रव्यरूपम्, शक्यार्थम् गृहीत्वा हि सर्षपविकारभवेषु स्नेहद्रव्येषु, लक्ष्यार्थेषु, वर्तते इति। तैलशब्दस्य शक्यार्थस्तु तिलविकारभवस्नेहद्रव्यमेव। तमादाएव सार्षपस्नेहरूपलक्ष्यार्थेषु प्रवर्तते इति तथाकरणेऽनादिवृद्ध- व्यवहारात्प्रयोजनाननुसन्धानाच्च रूढित्वम्। स्वसिद्धये परार्थाक्षेपेणोपादानत्वं लक्ष्यार्थेन मुख्यार्थस्य निगीर्णतवाभावात्सारोपत्वं सुखाधान-गुणसाम्यात्तैलानां तिलसर्षपादिभवानां गौणीत्वञ्च। सर्षपादितैलानां तिलभवत्वा-भावान्मुख्यार्थबाधः। उभयोरपि स्नेहरूपत्वात्सादृश्यलक्षणासंबंधः अत्यन्तं विशकलितयोः पदार्थयोः सादृश्यातिशयमहिम्ना भेदप्रतीतिस्थगनमात्रमुपचार इति तैलशब्द उपचारात्सार्षपस्नेहद्रव्येषु वर्तते। उपचारेण मिश्रितत्वमेव गौण्या लक्षणं तदमिश्रितव्यं शुद्धाया इति।

प्रयोजनहेतुकत्वे तदुदाहरणायाह—नृपपुत्रेषु त्समानस्तरेषु जनेषु अपि यात्सु, 'एते राजकुमाराः गच्छन्ति', अत्रापि पूर्ववद् बोध्यम्। यथा—तत्सदृशानां राजकुमारत्वा-भावान्मुख्यार्थबाधः तेषां राजकुमाररूपत्वात्सादृश्यलक्षणं संबंधः। तत्सदृशानामत्युज्ज्वल-वेषादिप्रतीतिः प्रयोजनम्। एते इति सर्वनाम्ना निर्देशेन मुख्यार्थस्यानिगीर्णत्वेन सारोपात्वम्, राजकुमारशब्देन स्वार्थस्यापरित्यागादुपादानत्वमिति। उपचारत एव तेषां सादृश्यकथनाद् गौणीत्वमपि।

रूढिगत्वेन गौण्याः साध्यवसानाया उदाहरणप्रस्तुत्यै आह—रूढावित्यादिना। रूढौ, उपादानलक्षणा साध्यवसाना गौणी यथा—'तैलानि हेमन्ते सुखानि'। अत्र हि अनादिवृद्धव्यवहारात्तैलशब्दस्य सार्षपादौ प्रयोगाद्रूढित्वं, प्रयोजनाननुसन्धानाच्च। तैलशब्देन तिलभवद्रव्यरूपशक्यार्थस्यात्यागात् उपादानत्वम्, विषयिणा लक्ष्यार्थेन मुख्यार्थस्य निगीर्णत्वात् साध्यवसानात्वम्, गुणसादृश्यसंबंधेन गौणीत्वमपि। प्रयोजने तामुदाहरति—प्रयोजने इत्यादिना। 'राजकुमारा गच्छन्ति'—अत्र सर्वनाम्ना निर्देशाभावाद्विषस्य निगीर्णत्वेन साध्यवसानात्वम्। लक्षणलक्षणामुदाहरति—रूढावित्यादिना। रूढो, लक्षणलक्षणा सारोपा गौणी यथा—'राजा गौडेन्द्रं कण्टकं शोधयति'। अत्र गौडेन्द्रे कण्टकशब्दप्रयोगे प्रयोजनाभावाद्रूढिः। कण्टकपदार्थस्याचेतनस्य चेतने गौडेन्द्रे

समानाधिकरण्याभावान्मुख्यार्थबाधः। दुःखादायित्वं सादृश्यं संबंधः, यथा हि कण्टकः पादादिबेधेन पीडयति तथैव गौडेन्द्रोऽपीति। कण्टकशब्दस्य प्रकृते स्वार्थत्यागाल्लक्षण-लक्षणात्वम्। आरोपविषयस्य गौडेन्द्रस्य निगरणात् (स्ववाचकशब्दोक्तत्वेन) सारो-पात्वमिति। तामेव प्रयोजने उदाहरति–प्रयोजन इत्यादिना। प्रयोजने, यथा– 'गौवोहीकः'। अत्र गोवाहीकयोरभेदान्व- यानुपपत्तेर्मुख्यार्थबाधः तयोमौढयादिसादृश्यं संबंधः। वाहीकस्य जाडयातिशयबोधनं प्रयोजनम्। गोशब्देन स्वार्थस्य समर्पणाल्लक्षण-लक्षणात्वम्। आरोपविषस्य वाहीकशब्दस्यानिगरणात्सारोपत्वम्। जाडयादिसानृश्वादेव गौणीति।

तामेव साध्यवसानामुदाहर्तुमाह–रूढावित्यादिना। रूढौ, लक्षणलक्षणा साध्यवसाना गौणी यथा–'राजा कण्टकं शोधयति'। अत्र आरोपविषस्य गौडेन्द्रस्य विषयिणा कण्टकेन निगरणात्साध्यवसानात्वम्। शेषं सारोपावत्। तामेव प्रयोजने उदाहर्तुमाह– प्रयोजने इत्यादिना। प्रयोजने सा यथा–'गौर्जल्पति'। अत्र हि गवि जल्पनासम्भ-वान्मुख्यार्थबाधः जाडयादिसादृश्यं संबंधः। जाड्यातिशयबोधनं प्रयोजनम्। गोपदेन स्वार्थस्य परित्यागाल्लक्षणलक्षणात्वम्, गोपदेनारोप्यमाणेनारोपविषयस्य वाहीकस्य निगरणात्साध्यवसानात्वम्। जाडयादिसादृश्यसंबंधाद् गौणीति। इत्थं हि लक्षणायाः षोडशभेदा उक्ता उदाहृताश्च शुद्धाया अष्टौ गौण्यास्तावन्त एवेति अष्टद्वैगुण्यात्।

'गौर्वाहीकः' इत्यत्र शाब्दबोधप्रकारविषए मतान्तरं समालोच्य स्वमतस्थापनायाह– अत्रेत्यादिना। 'गौर्वाहीकः' इत्यत्र शाब्दबोधप्रकारविषए कतिपय विचक्षणाः कथयन्ति। प्रथममतुमुपस्थापयति–गोसहचारिण इत्यादिना। 'गौर्वाहीकः' इत्यत्र गोशब्देन गोत्ववृत्तयः गवि स्थिताः, जाडयामान्द्यादयः मूर्खत्वं अपटुत्वम्, आदिपदाद् हिताहितविवेकहीनत्वादि-परिग्रहः धर्माः लक्षणया बोध्यन्ते जाडयादिगुणाः हि गोशब्दस्य वाहीकरूपस्यार्थस्याभिधया बोधने प्रवृत्तिनिमित्तमुपयान्ति। गोशब्दो वाहीकशब्देन सहासमानाकृत्याऽनुपपद्यमान-समानाधिकरण्येन बाधितमुख्यार्थः सन् वाभिधानपुरस्सरं स्वार्थसहचारिजाडयादिगुणान् लक्षयित्वा तानेव निमित्तीकृत्य तत्सदृशवाहीकगुणद्वारेण वाहीके उपचरितस्तमभिधत्ते इत्यर्थ इति बालचित्तानुरञ्जन्याम्। गोशब्दात्प्रथमं सानादिमत्पिण्डबोधः। ततश्च तस्य भिन्नाकृतित्वेन वाहीकेन सह समानाधिकरण्याभावान्मुख्यार्थबोधेन लक्षणया तद्वृत्ति जाडयाद्युपस्थितिः। ततश्चाभिधया वाहीकार्थबोध इत्याशयः। एवं जायडमान्द्यादिवदभिन्नो वाहीक इति शक्तिलक्षणाभ्यां बोधः इति तन्मतम्। गोपदस्य शक्त्या गोत्वं प्रवृत्तिनिमित्तम् लक्षणया तु गोशब्दार्थगतं जाडयमान्द्यादि प्रवृत्तिनिमित्तं भवतीति गोशब्देन जडत्वेन रूपेण वाहीकः शक्त्या बोध्यते इति सारम्।

गोशब्देन लक्षितस्ववृत्तिजाडयादिगुणान् प्रवृत्ति निमित्तीकृत्य शक्त्या वाहीकार्थो बोध्यत इति मतम् असमीचीनम्। तदयुक्तत्वे हेतुमाह—गोशब्देस्येत्यादिना। गोशब्दस्य अनाप्तशक्तिः; तस्य सास्नादिमत्पिण्डार्थे एव गृहीतसङ्केतत्वात् वाहीकरूपार्थम् अभिधया बोधयितुम् असामर्थ्यात्। शक्तिर्हि सङ्केतितार्थमेव बोधयितुं प्रभवति। न च गोशब्दो वाहीकार्थे गृहीतसङ्केतः। अर्थाभिधाने हि सङ्केत एव प्रवृत्तिनिमित्तं भवति न तु लक्षितगुण इति। ननु गोत्वे गृहीता शक्तिर्व्यक्तिमिव तत्सदृशमपि बोधयत्वित्यत आह—गोशब्देत्यादि। गोशब्दार्थमात्रबोधनात्—गोत्वे गृहीतसङ्केतेन गोशब्देन गोशब्दार्थः सास्नादिमत्प्राणी एव गोशब्दार्थमात्रं मात्रपदेन वाहीकार्थव्यवच्छेदः प्रतिपादनात् अपि।

ननु गोशब्दः सास्नादिमत्पिण्डमभिधाय पुनरपि वाहीकार्थमप्यभिदधातु इत्यत आह—अभिधाया इत्यादिना। सङ्केतितार्थमात्रबोधनक्षमाभिधावृत्तेः सास्नादिमत्पिण्डरूपं सङ्केतिताथमभिधाय क्षीणशक्तित्वात् प्रतीतियोग्यताविरहेण नष्टप्रायत्वादिति। सकृदुच्चरितशब्दस्य सकृदेवार्थबोधकत्वनियमादिति भावः। नियमस्यास्य श्लेषादौ व्यभिचारदर्शनात्फलबलेनात्रापि पुनः प्रतीतियोग्यता स्यादित्यत आह—सकृदर्थमभिधाया निवृत्तायाः अभिधायाः तु भूयः प्रतीतिजननोन्मुखीभावविरहात्। न च सङ्केतितार्थमभिधाय निवृत्ताया अभिधायाः पुनर्व्यापरसम्भवः शब्दबुद्धिकर्मणां विरम्य व्यापाराभावात्। श्लेषादौ तु युगपदेवोभवार्थाभिधानं भवति, उभयोरेव सङ्केतितार्थत्वात् न तथाऽत्र। यदि तथाऽत्र मन्यते तदा लक्षणाया अप्रवृत्तिः स्यात्। श्लेषादौ धर्मान्तरे गृहीतं शक्त्यन्तरमर्थान्तरं बोधयतु प्रकृते तु गोत्वे गृहीता शक्तिर्गोत्वाश्रयं बोधयित्वा यदि तत्सदृशमपि बोधएत्तदाऽभिधएव लक्ष्यार्थबोधसम्भवेन लक्षणाया उच्छेद एव स्यादित्याशयः।

अत्र प्रकरणेनाभिधया उमावल्लभशब्दस्योमानाम्नी महादेवी तद्वल्लभ-भानुदेवनृपतिरूपेऽर्थे नियन्त्रिते व्यञ्जनएव गौरीवल्लभरूपोऽर्थो बोध्यते। एवमन्यत्।

लक्षणामूलामाह—

लक्षणोपास्ते यस्य कृते तत्तु प्रयोजनम्।
यदा प्रन्याय्यते सा स्याद् व्यञ्जना लक्षणाश्रया।। 15।।

हिन्दी अनुवाद—यहां प्रकरण से अभिधा के द्वारा उमावल्लभ शब्द का उमा नाम की महादेवी, उनका प्रिय भानुदेव राजा रूप अर्थ में वाच्यार्थ के नियंत्रित हो

जाने पर व्यंजना के द्वारा ही गौरी के वल्लभ शङ्कर रूप अर्थ जाना जाता है। (उस पक्ष में–शब्दमयी दुर्गा से आक्रान्त अर्थमय शरीर वाले, तेज से कामदेव को भस्म करने वाले, उन्नत चन्द्रकला से सुशोभित, गुरु शरीर वाले, सर्पों से वेष्टित, चन्द्रमा से घटित नेत्र वाले, हिमालय में अत्यन्त रुचि रखने वाले, वृषभ के ऊपर चढ़कर भस्म से सुशोभित शरीर वाले उमावल्लभ अर्थात् भगवान् शङ्कर विराजित हैं।) इसी तरह और भी जानना चाहिए।

इस प्रकार अभिधामूला व्यंजना को बतलाकर अब लक्षणामूला व्यंजना को बतलाते हैं–

जिसके लिए वाचक शब्द के रहते हुए भी शब्द को लक्षणा का विषय बनाकर प्रयुक्त किया जाता है, वह प्रयोजन जिस वृत्ति से प्रतीत होता है, उसे लक्षणामूला व्यंजना कहते हैं।

संस्कृत व्याख्या–पद्येऽस्मिन् प्रस्तावशात् अभिधाविषयभूते वाच्यार्थे राजत्युमावल्लभ इत्यत्र उपावल्लभ इति शब्दस्य उमानाम्नी महादेवी तद्वल्लभभानुदेव-नृपतिरूपे–उमा नाम्नी पट्टमहिषी तस्या प्रियः चासौ तदाख्यो राजा तद्रूपे अर्थे नियमिते व्यञ्जनावृत्त्या हि पार्वतीप्रियशङ्कररूपः अर्थः ज्ञायते। अनेनैव प्रकारेण इतरदपि बोध्यमिति।

एवमभिधाश्रयां व्यञ्जनां निरूप्य क्रमप्राप्तां लक्षणामूलव्यञ्जनानिरूपणायाह–लक्षणेत्यादिना। लक्षणामूलां–लक्षणा मुख्यार्थबाधादिहेतुत्रयावलम्बा वृत्तिः सा योनिः, यस्यास्तां व्यञ्जनामिति निरूपयति।

अन्वयः–यस्य कृते लक्षणा उपास्यते तत् प्रयोजनं तु यया प्रत्याय्यते सा लक्षणाश्रया व्यञ्जना स्यात्।

प्रयोजनस्य निमित्ते, यत्प्रयोजनबोधनाय प्रयोजनवती द्वितीया वृत्तिः आश्रीयते सत्यपि वाचकशब्दे यन्निमित्तं शब्दो हि लाक्षणिकत्वेन प्रयुज्यते तथाविधं फलं वृत्त्या प्रतीतिविषयीक्रियते तादृशी प्रयोजनप्रत्यायिका वृत्तिः लक्षणामूला व्यंजना स्यादिति।

'गङ्गायां घोषः' इत्यादौ जलमयाद्यर्थबोधनादभिधायां तटाद्यर्थबोधनाच्च लक्षणायां विरतायां यया शीतत्वपावनत्वाद्यतिशयादिर्बोध्यते सा लक्षणामूला व्यञ्जना।

एवं शाब्दीं व्यञ्जनामुक्त्वाऽऽर्थीमाह–

वक्तृबोद्धव्यवाक्यानामन्यसन्निधिवाच्ययोः।
प्रस्तावदेशकालानां काकोश्चेष्टादिकस्य च।। 16।।

वैशिष्ट्यादन्यमर्थं या बोधएत्साऽर्थसम्भवा।

व्यञ्जनेति संबंधते।

तत्र वक्तृवाक्यप्रस्तावदेशकालवैशिष्ट्ये यथा मम–

'कालो मधुः कुपित एष च पुष्पधन्वा, धीरा वहन्ति रतिखेदहराः समीराः।

केलीवनीयमपि वञ्जुलकुञ्जमञ्जुर्दूरे पतिः कथय किं करणीयमद्य?'।।

व्यञ्जनेति सम्बध्यते।

तत्र वक्तृवाक्यप्रस्तावदेशकालवैशिष्ट्ये यथा मम–

'कालो मधुः कुपित एष च पुष्पधन्वा
धीरा वहन्ति रतिखेदहराः समीराः।
केलीवनीयमपि वञ्जुलकुञ्जमञ्जु-
र्दूरे पतिः कथय किं करणीयमद्य।।"

अत्रैतं देशं प्रति शीघ्रं प्रच्छन्नकामुकस्त्वया प्रेष्यतामिति सखीं प्रति कयाचिद् व्यज्यते।

बोद्धव्यवैशिष्ट्ये यथा–

'निःशेषच्युतचन्दनं स्तनतटं निर्मृष्टरागोऽधरो
नेत्रे दूरमनञ्जने पुलकिता तन्वी तवेयं तनुः।
मिथ्यावादिनि! दूति! बान्धवजनस्याज्ञातपीडागमे
वापीं स्नातुमितो गतासि न पुनस्तस्याधमस्यान्तिकम्।।'

हिन्दी अनुवाद–"गंगायां घोषः" इत्यादिक (स्थलों में) जलमय (प्रवाह) आदि (मुख्य) अर्थ का बोधन करके अभिधा के विरत हो जाने पर और तटादि रूप (लक्ष्य) अर्थ का बोधन करके लक्षणा के विरत हो जाने पर जिस (शक्ति के द्वारा)

शीतलता और पवित्रता आदि का आधिक्य प्रतीत होता है, वह लक्षणामूलक व्यञ्जना (कहाती) है।

आर्थीव्यञ्जना

इस प्रकार शाब्दी व्यञ्जना का वर्णन करके आर्थी व्यञ्जना कहते हैं–

वक्ता, बोद्धव्य वाक्य, अन्य का सन्निधान (वक्ता और बोद्धव्य से भिन्न), वाच्य, प्रस्ताव (प्रकरण), देश, काल (वसन्तादि), काकु (स्वर विशेष) तथा चेष्टा आदि की विशेषता के कारण जो (शक्ति) भिन्न अर्थ की प्रतीति कराती है वह अर्थ से उत्पन्न होने वाली (आर्थी) व्यंजना (कहाती) है।

उनमें से वक्ता, वाक्य, प्रस्ताव, देश (और) काल की विशेषता के कारण (उत्पन्न आर्थी व्यंजना के उदाहरण में) अपना (बनाया हुआ पद्य लिखते) हैं– ''काल इत्यादि–(नायिका अपनी सखी से कहती है)–वसन्तकालीन समय है और कामदेव कुपित हैं, मन्द-मन्द रति (क्रीडा से उत्पन्न) श्रम को हरण करने वाली वायु (बह रही है), अशोक वृक्ष के कुञ्जों से मनोहर यह क्रीड़ा वन भी है, (किन्तु) पति दूर है (अतः) आज क्या करना चाहिए (जो कुछ करना है वह मुझे) बताओ।

इस पद्य में ''इस स्थान पर तुम किसी प्रच्छन्नकामुक को शीघ्र भेजो' यह बात (व्यञ्जना के द्वारा) किसी के द्वारा व्यक्त होती है।

बोद्धव्य की विशेषता में (उदाहरण देते हैं) यथा–

यह नायक को बुलाने के लिए भेजी हुई, किन्तु नायक के साथ उपभोग कराने के कारण चन्दनादि के छूट जाने को स्थान के ब्याज से छिपाती हुई दूती के प्रति किसी विदग्ध नायिका की कुपित उक्ति है–

रे मिथ्यावादिनि! (''मैंने नायक के पास जाकर बड़े प्रयत्नपूर्वक उसको तुम्हारे पास चलने के लिय मनाया परन्तु वह नहीं आया'' इस प्रकार असत्य बोलने वाली) बान्धव जन की (मेरी) नहीं समझी है, (स्वार्थ-साधन में तत्पर होने के कारण) विरह जनित पीड़ा को जिसने ऐसी हे दूति! (प्रिय सखी नहीं) (यहां दूती कहने से इसकी प्रतारना और मिथ्याकथन दोनों ही व्यंजित होते हैं) (तुम) यहां से (मेरे पास से) स्नान करने के लिए वापी में गई थी उस (अनेक बार अपराध करने वाले; अतएव) अधम के (दूसरे के मनःक्लेश को न समझने वाले, दूसरे को दुःख

देने वाले, कार्य करने में तत्पर रहने वाले के) पास नहीं ही (पुनः) गई थी। (उसका कारण बताती है) (क्योंकि) तुम्हारे स्तन तट (उरःस्थल नहीं) सम्पूर्ण रूप से छट गया है चन्दन जिससे ऐसे हैं (स्नान के अन्दर तो सारे शरीर का ही चन्दन छटना चाहिए था केवल स्तन तट का नहीं) (व्यंग्य पक्ष में) (रति क्रीडा के अन्दर नायक के हस्तस्पर्श के मर्दन से चन्दन स्तनों से छूट गया है) (इसी प्रकार अन्य स्थलों पर भी व्यंग्यार्था को समझना चाहिए) अधरोष्ठ (उत्तरोष्ठ नहीं) सम्पूर्ण रूप से साफ हो गया है ताम्बूल जन्यलालिमा जिनसे ऐसे हैं (क्योंकि स्नान के अन्दर अधरोष्ठ को ही ज्यादा धोया गया है) (व्यंग्यपक्ष में)—कामशास्त्र के अनुसार अधरोष्ठ का ही चुम्बन किया जाता है, दोनों नेत्र प्रान्तभाग में ही कज्जल से रहित हैं, (स्नान काल में नेत्रों के बन्द हो जाने के कारण आंखों के मध्यभाग में जल का स्पर्श नहीं होता है (व्यंग्यपक्ष में)—नयनों के प्रान्तभाग में ही चुम्बन का विधान है, मध्य में नहीं, अतः प्रान्त भाग में ही कज्जल छट गया है, मध्य भाग में नहीं। यह तुम्हारा (वर्तमानकालीन) शरीर कृश है (स्नानजन्यशीत के कारण) अतएव पुलकित है (व्यंग्य पक्ष में)—रति क्रीड़ा के कारण शरीर क्षीण है, और रति क्रीड़ा के समय अनुभव किए हुए सुख की स्मृति के कारण इस समय वह पुलकित हो रहा है। (स्नान करने के कारण उत्पन्न पुलक तो पथ में आने के श्रम से ही नष्ट हो जाता)।

संस्कृत व्याख्या—'गङ्गायां घोषः' इत्यादिवाक्ये जलप्रवाहरूपाद्यर्थज्ञापनानन्तरम् अभिधावृत्तौ विरतायां तीराद्यर्थज्ञापनानन्तरम् मुख्येतरार्थबोधकवृत्तौ निवृत्तायां वृत्त्या शैत्यपवित्रत्वाधिक्यादिः ज्ञायते तथाविधा वृत्तिः लक्षणाश्रिता व्यञ्जनाख्यवृत्तिरिति।

सत्यपि वाचकशब्दे यत्सूचनार्थ शब्दो हि लाक्षणिकत्वेन प्रयुज्यते तस्य प्रयोजनस्य प्रत्यायिका वृत्तिर्लक्षणाश्रया व्यञ्जना भवति। तादृशञ्च प्रयोजनं नाभिधया बोध्यते, तस्य सङ्केतितत्वाभावात्; न च लक्षणया तत्प्रवृत्तौ हेतुत्रयाभावात्। न च लक्ष्यार्थो मुख्य एव न तस्य बाधो न च तत्र तथाप्रयोगे प्रयोजनमेवाऽस्ति न च शब्दः स्खलद्गतिर्भवति। यथा गङ्गाशब्दः प्रवाहरूपेऽर्थे सबाधा इति तात्पर्योपपत्तए तटमर्थ लक्षयति तद्वद् यदि तटेऽपि सबाधः स्यात्तत्प्रयोजनं लक्षएत्। न च तटं मुख्योऽर्थः, नाऽप्यत्र बाधः। न च गङ्गाशब्दार्थस्य तटस्य पावनत्वाद्यैर्लक्षणीयैः संबंधः। न हि प्रयोजने लक्ष्ये किञ्चित्प्रयोजनम्। नापि गङ्गाशब्दस्तटमिव प्रयोजनं प्रतिपादयितुमसमर्थः। एवमपि प्रयोजनं चेल्लक्ष्यते तत्प्रयोजनान्तरेण तदपि प्रयोजनान्तरेणेति प्रकृताप्रतीतिकृदनवस्था भवेत्। प्रयोजनेन सहितं लक्षणीयं न

युज्यते ज्ञानस्य विषयो ह्यन्यः फलमन्यदुहाहृतम्। तेन विशिष्टे लक्षणा नैवं विशेषाः स्युस्तु लक्षिते इति काव्यप्रकाशादौ स्पष्टतम्।

आर्थी व्यञ्जनां निरूपयिष्यन् प्रकरणासङ्गतिमाह अभिधालक्षणामूलत्वेन द्विविधां शब्दसम्बद्धां व्यञ्जनावृत्तिम् सप्रपञ्चं प्रतिपाद्य अर्थसम्भवाम् अर्थस्येयमिति व्यञ्जनाम् निरूपयति।

अन्वयः–वक्तृबोद्धव्यवाक्यानाम् अन्यसन्निधिवाच्ययोः प्रस्तावदेशकालानां काकोः चेष्टादिकस्य च वैशिष्टयात् या अन्यम् अर्थ बोधएत् सा अर्थसम्भवा व्यञ्जना इति।

उच्चारयिता स च श्रोता बोध्यते यः स इति स च वक्तुर्वचनं, च तेषां वैशिष्ट्यादित्यस्य प्रत्येकमभिसंबंधः, वक्तृवैशिष्टयात् बोद्धव्यवैशिष्टयात् वाक्यवैशिष्टया-दिति, अन्यसन्निधिवाच्ययोः वक्तृबोद्धव्यवाक्यातिरिक्तस्य सन्निधानं परसन्निधानं योग्यजनसिन्नधानं वा सा च अभिप्रेतार्थसंबंधः तेन लक्ष्यव्यङ्गययोरपि सङ्ग्रहस्तयोः वैशिष्टयादिति, प्रस्तावदेशकालानां प्रकरणं स्थानं समयश्च तेषां वैशिष्टयादिति विकृतस्वरस्य चेष्टादिकस्य अङ्गभङ्गादिः, आदिपदात् निश्चेष्टत्वादिश्च तस्य वैशिष्टया-दिति वृत्तिः उपस्थितेतरम् आशयं जनएत् वृत्तिः अर्थसम्भवना–अर्थः उत्पत्तिर्यस्याः सा आर्थीति व्यञ्जनेति। या हि खलु वक्त्रादिवैशिष्टयात् साधारणतो यत्किञ्चिद् वैलक्षण्याद्धेतोर्वा उपस्थितेतरमर्थ बोधयति साऽऽर्थी व्यञ्जनेति। अर्थस्तात्पर्य तद्गतत्वादियमार्थीति।

वक्त्रादिवैशिष्टये वक्ता च वाक्यञ्च प्रस्तावश्च देशश्च कालश्च तेषां साधारणतो यत्किञ्चिद् वैलक्षण्ये यथा मूलकृतः विश्वनाथस्येति काल इति। समय वसन्तः अनुभूयमानः कामदेवः क्रुद्धः पीडकत्वात् मन्दाः, मत एव सुरतपरिश्रमहरणयोगयाः मारुताः वान्ति। पुरोगता क्रीडाक्षुद्रवनम् च वञ्जुलकुञ्जमञ्जुः अशोकस्य तन्मूलस्थलतादिगृहेण मनोहरा विप्रकृष्टस्थले भर्ता इति एतादृशेऽवसरे किं कर्तव्यं त्वं वदेति।

पद्येऽस्मिन् एतं स्थानं प्रति क्षिप्रमेव भवत्या प्रच्छन्नं कामयतेऽसाविति तादृशः प्राप्तो विधीयताम् इति वयस्यां प्रति कामुक्या द्योत्यते, इति वक्त्रा-दिवैशिष्टयवशादिति तत्र वक्त्री नायिका तस्याः कामुकत्वं वैशिष्टयम्। वाक्यस्य रिरंसाबोधकत्वं प्रस्तावस्य रतिकथाप्रसङ्गः देशकालयोश्च नितान्तोद्दीपकत्वं च तत्तत्साधारणतो वैशिष्टयमिति।

बौद्धव्यवैशिष्ट्ये व्यङ्ग्यमुदाहर्तुमुपक्रमते बोध्यते यः स बोद्धव्यस्तस्य वैशिष्ट्ये यथा उदाहरणं प्रस्तौति–निःशेषेत्यादि। नायकमुपानेतुं प्रेषितां किन्तु तत्सम्भोगविमर्द्द-नष्टाङ्गरागां समागतां दूतीं प्रति कस्याश्चिद् वियोगिन्याः सेर्ष्योक्तिरियम्। मिथ्यावादिनि बान्धवजनस्य अज्ञातपीडागमे दूति! तब स्तनतटं निःशेषच्युतचन्दनम् अधरः निर्मृष्टरागः नेत्रे दूरम् अनञ्जने इयं तन्वी वपुः पुलकिता, अतः इतः स्नातुं वापीं गता असि, पुनः तस्य अधमस्य अन्तिकं न इत्यन्वयः।

मया बहुप्रसादितोऽपि स नायात इत्यलीकं भाषते तच्छीला मिथ्याभाषिणी तत्सम्बुद्धो मद्विधसखीजनस्य, अज्ञातपीडागमे अनाकलितः, अगणित इति दुःखस्य कामवेदनारूपस्य उद्भवः यया सा अज्ञातपीडागमा, तत्समुबुद्धौ हे सन्देशहारिणि! भवत्याः कुचप्रान्तसमदेशः, निःशेषच्युचन्दनं साकल्येन पतितं, चन्दनलेपः यस्मात्तत् तादृशम् निम्नोष्ठः निर्मृष्टरागः निःशेषेण प्रोञ्छितः अलक्तकरक्तिमा, यस्मात्तत् तथाभूतः नयने प्रान्तभागे कज्जलरहिते पुरोगता कृशा शरीरयष्टिः सञ्जातरोमाञ्चा, अस्तीति शेषः। अतः मत्सकाशात् स्नानाय दीर्घिकां याता विद्यसे। भूयः बहुधाकृतापराधस्य निकृष्टस्य पार्श्वं न गताऽसीति।

अत्र स्नाने समग्रस्यैव स्तनभागस्य चन्दनच्युतिसम्भवे स्तनस्तटस्यैव च्युतिमात्रोक्तेः स्थाने ओष्ठयोरुभयोरेव रागापनयनसम्भवे अधरस्यैव रागलोपविधानात् स्नाने समग्रस्यैव नेत्रभागस्य अञ्जनराहित्ये प्रान्तभागस्यैव अनञ्जनत्वकथनात् तथा स्नानेन शैत्यात्तत्क्षणमेव रोमाञ्चसम्भवे बहुपरक्षणेऽपि तत्कथनाच्च तात्पर्यानुप-पत्तेर्मुख्यार्थवाधः।

टिप्पणी–यद्यपि "निःशेषच्युतचन्दनम्" इत्यादि उपभोग के और स्नान के–इन दोनों के कार्य समान रूप से प्रतीत होते हैं तथापि स्नान में केवल स्तनों का चन्दन नहीं छूटता अपितु सम्पूर्ण शरीर का ही छूटता है, केवल अधरोष्ठ की ही लालिमा नहीं साफ होती अपितु दोनों ही ओष्ठों की होती है; दोनों नेत्रों के प्रान्तभाग की ही कज्जलता नहीं रहती अपितु सारे नयनों की अनञ्जनता होती है। अतः ये सब उपभोग के ही चिह्न हैं यह दूती (बोद्धव्य) के वैशिष्टय से व्यंग्य होते हैं।

अत्र तदन्तिकमेव रन्तुं गतासीति विपरीतलक्षणया लक्ष्यम्। तस्य च रन्तुमिति व्यङ्ग्यं प्रतिपाद्यं दूतीवैशिष्ट्याद् बोध्यते।

अन्यसंनिधिवैशिष्टये यथा–

'उअ णिच्चल णिप्फन्दा भिसिणीपत्तम्मि रेहइ बलाआ।
णिम्मलमरगअभाअणपरिट्ठिआ सङ्खसुत्ति व्व।।'
(पश्य निश्चल निष्पन्दा बिसिनीपत्रे राजते बलाका।
निर्मलमरकतभाजनपरिस्थिता शंखशुक्तिरिव।।)

अत्र बलाकाया निष्पन्दत्वेन विश्वस्तत्वम्, तेनास्य देशस्य विजनत्वम्, अतः संकेतस्थानमेतदिति कयादि संनिहितं प्रच्छन्नकामुकं प्रच्युच्यते। अत्रैव स्थाननिर्जनत्वरूपं व्यङ्ग्यार्थवैशिष्टयं प्रयोजनम्।

'भिन्नकण्ठध्वनिर्धीरैः काकुरित्यभिधीयते' इत्युक्तप्रकारायाः काकोर्भेदा आकरेभ्योज्ञातव्याः। एतद्वैशिष्टये यथा–

**'गुरुपरतंत्रतया बत दूरतरं देशमुद्यतो गन्तुम्।
अलिकुलकोकिलकलिते नैष्यति सखि! सुरभिसमयेऽसौ।।'**

अत्र नैष्यति अपि तर्हि एष्यत्येवेति काक्वा व्यज्यते।

हिन्दी अनुवाद–अत्रेति–इस पद्य में ("न पुनस्तस्याधमस्यान्तिकम्" इस अंश से) विपरीत लक्षणा के द्वारा ("तदन्तिकमेव गताऽसि") उसी के पास गई थी–इस प्रकार का (अर्थ) लक्षित होता है। और उसके पास) "रन्तुम्" (रमण करने के लिए) यह प्रतिपाद्य व्यंग्य दूती के वैशिष्ट्य से ज्ञात होता है।

अन्य सन्निधि की विशेषता में (व्यंग्यार्थ व्यञ्जना का उदाहरण) देते हैं– यथा–

निर्जन वनकुञ्ज में सरोवर के किनारे अपने पास में स्थित, निश्चेष्ट प्रियतम से नायिका की उक्ति है–

हे निश्चल! (चलने में असमर्थ, संकेत स्थल की ओर जाने में निरुत्साही), स्वच्छ मरकत मणि के पात्र में स्थित शङ्खशक्ति की तरह कमलिनी के पत्ते पर (बैठी हुई) बगुली निष्पन्द शोभित हो रही है (इसको) देख।

इस (उदाहरण) में वलाका के निःस्पन्द होने के कारण विश्वस्तता (सूचित होती है), (वलाका के निःशङ्क होकर बैठने के कारण) इस स्थान की विजनता (सूचित होती है), अतः (विजनता के कारण) यह संकेत स्थान है, यह (बात)

किसी के द्वारा पास में बैठे हुए प्रच्छन्न कामुक से (व्यञ्जना के द्वारा) कही जा रही है। अत्रैवेति–इसी उदाहरण में ही स्थान के निर्जनत्वरूप व्यंग्यार्थ की विशेषता प्रयोजन है। अर्थात् यह स्थान सर्वथा विश्वसनीय है, मनुष्यों के आवागमन से शून्य है–निर्जन है, यह व्यंग्य अर्थ प्रयोजन है।

(काकु का लक्षण) ''विद्वानों से भिन्न (शोक-हर्षादि से विकृतीकृत) कण्ठध्वनि को ''काकु'' कहते हैं'' इस प्रकार उक्त प्रकार वाली ''काकु'' के भेद आकर से (भरतादि के ग्रंथों से) जानने चाहिए।

इसकी (काकु की) विशेषता का (उदाहरण देते हैं) यथा–

हे सखि! वह (मेरा पति) पिता (आदि) के आधीन होने के कारण अत्यन्त दूर देश में जाने के लिए उद्यत (है) (अतः अवश्य जावेगा ही) (किन्तु) भ्रमर समुदाय और कोकिलों से सुन्दर वसन्त समय में नहीं आएगा?

अत्रेति–इस (उदाहरण में) ''नैष्यति'' = ''नहीं आएगा क्या? अपितु ''एष्यत्येव''–आएगा ही, यह अर्थ काकु के द्वारा व्यक्त होता है।

संस्कृत व्याख्या–अत एव तदन्तिकमेव रन्तुं गताऽसीति विपरीतलक्षणया लक्ष्यते। सा च प्रयोजनमूला तच्च रमणम्। वैपरीत्यलक्षणञ्च संबंधः। अभावार्थस्य नञो भावार्थत्वेन लक्षणाङ्गीकारात् गमनवृत्तिभावत्वमेव लक्ष्यतावच्छेदकम्। अतएव न गताऽसीत्यस्य गताऽसीति प्रतीतिः। लक्ष्यञ्च प्रतिपाद्यम्। लक्ष्यार्थस्य गताऽसीत्यस्य। रन्तुमिति अन्वययोग्यपदबोध्यरमणं अनुरणनन्याएन सूचनीयम् करविमर्देन उन्नतभागस्य स्तनतटस्यैव निःशेषेण चन्दनच्युतिः चुम्बनेनाधरस्यैव रागभ्रंशः तथैव चुम्बनविधानात्, नेत्रयोः प्रान्तभागे एव चुम्बनविधनात्तत्रैवाञ्जनलोपः न तु मध्यभागे तत्स्मरणात्तदानीमपि तदानन्दसन्दोहानुवृत्त्या देहरोमाञ्च इत्येतच्च्तुष्टयमेव स्नातापेक्षया इति वैशिष्टयमिति।

अन्यसन्निधिवैशिष्टये व्यङ्ग्यमुदाहर्तुमुपक्रमते पश्य विसिनीपत्रे निश्चलनिस्पन्दा बलाका निर्मलमरकतभाजनपरिस्थिता शङ्खशुक्तिः इव राजते इत्यन्वयः। गाथेयं गाथासप्तशत्यां सङ्कलिता। जनागमनशङ्कया रमणं प्रत्युदासीनमुपनायकं प्रति कस्याश्चिदुक्तिः। पश्येत्यर्थे देशी अव्ययं वा पद्मिनीलता, तस्याः पत्रे, निश्चलनिस्पदा शरीरक्रियाशून्या चासौ अवयवक्रियाशून्या च, कर्मधारयसमासः; 'पुवत्कर्मधारव.' इति पुंवद्भावः विकण्ठिका वकजाएति निर्मलमरकतभाजनपरिस्थिता स्वच्छे नीलमणेः पात्रं तत्र आसीना शङ्खघटिशुक्तयाकारपात्रम् इव शोभते इति।

लक्ष्ये लक्षणं सङ्घटयति पद्येस्मिन् विसकण्ठिकायाः निश्चलत्वेन स्वाधीनयाऽपि चेष्टया शून्यत्वेन निश्चिन्तत्वं, विश्वसनीयत्वमिति कारणेन अस्य स्थानस्य जनशून्यत्वम्, अतः इदं स्थानं सङ्केतयोग्यस्थानम् इत्थम् नायिकया निकटवर्तिनं गुप्तकामयितारं प्रति संयूच्यते व्यञ्जनएति। प्रकृतपद्ये एव देशजनशून्यत्वरूपं व्यञ्जनावृत्तिप्रतिपाद्यार्थ-विशिष्टत्वं लक्षणफलमिति, स्थानस्यातिनिर्जनत्वरूपव्यङ्ग्यार्थे नैव सान्निध्यगतप्रच्छन्न-कामुककृतत्वरूपवैशिष्ट्यस्य निष्पादित्वादित्यभिप्रायः। विचक्षणैः स्वाभाविककण्ठध्वनितो विलक्षणः कण्ठस्वरः, काकुः इति उच्यते। कायति अर्थान्तरमिति काकुः इति। कथितलक्षणयाः काकोः भिदः उपजीव्यमूलग्रंथेभ्यः बोद्धव्याः इति। काकुवैशिष्ट्य-कृतव्यङ्ग्य प्रतीतिः, यथा—गुरुपरतंत्रतयेति।

हे सखि! गुरुपरतंत्रतया दूरतरम् देशं गन्तुम् उद्यतः असौ अलिकुलकोकिलललिते सुरभिसमये न एष्यति इत्यन्वयः। हे वयस्ये! गुरुजनाधीनतया विप्रकृष्टतरम् स्थानम् यातुम् तत्परः मम पतिः, अलिकुलकोकिलललिते भ्रमरगणेन पिकेन च तयोर्गानेन मनोरमे वसन्तकाले न आगमिष्यति इति।

काव्ये न एष्यति अपि इति प्रश्ने तदा, एष्यति एव इति, काक्वा ध्वन्यते। निषेधाभिप्राएण विधिरूपः अर्थो व्यज्यत इति। प्रवासपरपतिकायाः कस्याश्चित् सखीम्प्रति कथनमिदम्।

चेष्टावैशिष्ट्ये यथा–

'संकेतकालमनसं विटं ज्ञात्वा विदग्धया।
हसन्नेत्रार्पिताकूतं लीलापद्मंनिमीलितम्।।'
अत्र संध्या संकेतकाल इति पद्मनिमीलनादिचेष्टया कयाचिद्द्योत्यते।
एवं वक्त्रादीनां व्यस्तसमस्तानां वैशिष्ट्ये बोद्धव्यम्।
त्रैविध्यादियमर्थानां प्रत्येकं त्रिविधा मता।।17।।

अर्थानां वाच्यलक्ष्यव्यङ्ग्यत्वेन त्रिरूपतया सर्वा अप्यनन्तरोक्ता व्यञ्जना-स्त्रिविधाः। तत्र वाच्यार्थस्यव्यञ्जना यथा–'कालो मधुः–' इत्यादि। लक्ष्यार्थस्य यथा–'निःशेषच्युतचन्दनम्' –इत्यादि। व्यङ्ग्यार्थस्य यथा–'उअ णिच्चल–' इत्यादि। प्रकृतिप्रत्ययादिव्यञ्जकत्वं तु प्रपञ्चयिष्यते।

शब्दबोध्यो व्यनक्त्यर्थः शब्दोऽप्यर्थान्तराश्रयः।
एकस्य व्यञ्जकत्वे तदन्यस्य सहकारिता।।18।।

हिन्दी अनुवाद–चेष्टावैशिष्ट्य में व्यङ्ग्यार्थ की प्रतीति जैसे–

चतुर नायिका ने संकेत समय जानने के इच्छुक विट को जानकर खिले हुए नेत्रों से अभिप्राय सूचित कर लीला-कमल को संकुचित किया।

यहां सन्ध्या है। संकेत काल ऐसा पद्मनिमीलन आदि चेष्टाओं से किसी के द्वारा द्योतित किया जाता है। खिले हुए नेत्रों के अभिप्राय सूचित करना चेष्टावैशिष्ट्य है।

इस तरह व्यस्त एवं समस्त रूप के वक्तृबोद्धव्य आदि का वैशिष्ट्य जान लेना चाहिए।

अर्थ के तीन प्रकार होने से यह व्यंजना तीन प्रकार की मानी गई है।

अर्थों का वाच्य, लक्ष्य और व्यङ्ग्य के रूप में तीन प्रकार होने से अनन्तरोक्त सभी व्यञ्जनाएं तीन प्रकार की मानी जाती हैं। उनमें वाच्य अर्थ की व्यंजना जैसे–'कालो मधुः' इत्यादि। लक्ष्य अर्थ की व्यंजना जैसे–'निःशेषच्युतचन्दनम्' इत्यादि। व्यङ्ग्य अर्थ की व्यञ्जना जैसे–'उअ णिच्चल' इत्यादि। प्रकृति-प्रत्यय आदि का व्यञ्जकत्व तो विस्तार से किया जाएगा।

शब्द से बोध्य अर्थ ही व्यञ्जक होता है और शब्द भी अर्थान्तरों का आश्रय होता है। इस कारण एक के व्यञ्जकत्व में दूसरे की सहकारिता होती है।

संस्कृत व्याख्या–चेष्टावैशिष्ट्यकृतव्यङ्ग्यार्थप्रतीतिः यथा सङ्केतेति। विदग्धया विटं सङ्केतकालमनसं ज्ञात्वा हसन्नेत्रार्पिताकूतं लीलापद्मं निमीलितम् इत्यन्वयः। निपुणया उपपतिम्, सङ्केतमालमनसं–सङ्केतकाले मनो यस्य सङ्केतकालजिज्ञासुं अवबुध्य, हसन्नेत्रार्पिताकूतम् विकसती ये नयने सूचितम् अभिप्रायः, यस्मिन् कर्मणि तद्यथा तथेति क्रीडाकमलम् सङ्कोचितमिति।

अत्र व्यङ्ग्यार्थप्रतीतिमाह काव्येऽस्मिन् सायम् मिलनावसरः इत्थम् कमल-सङ्कोचनादिचेष्टया आदिपदात् नेत्रविस्तारग्रहणम् नायिकया संसूच्यत इति। अत्र नेत्रार्पिताकृतत्वमेव चेष्टावैशिष्ट्यम्। अत्र नेत्रविस्तारेण सहर्षस्वीकारों व्यज्यते तथा पद्मसङ्कोचनेन सायं सङ्केतकाल इति च।

अनेनैव प्रकारेण वक्तृबोद्धव्यप्रभृतीनां, व्यस्तसमस्तानाम् पृथक्वेन स्थिताः सुदिताश्च, तेषाम् वैशिष्ट्येन व्यङ्ग्यार्थप्रतीतिः ज्ञातव्यम्। आर्थव्यञ्जनाया भेदं निरूपयति–त्रैविध्यादिति।

अन्वयः–अर्थानां त्रैविध्यात् इयं प्रत्येकं त्रिविधा मत।

व्यञ्जकार्थानाम् त्रिविधतया वाच्यलक्षणव्यङ्ग्यभेदेनेति आर्थव्यञ्जना दशविधा उक्तानां मध्ये एकैकं त्रिप्रकारा सम्मतेति।

अर्थानां अभिधालक्षणाव्यञ्जनाप्रतिपाद्यत्वेन त्रिप्रकारतया निखिलाः अपि इदानीमभिहिताः व्यञ्जनाः त्रिप्रकाराः। तासां मध्ये अभिधेयार्थस्य, व्यञ्जना यथा– 'कालो मधुः.' इति। इदं व्याख्यातपूर्वमेव लक्षणावृत्तिप्रतिपाद्यार्थस्य, व्यञ्जना यथा– 'निःशेषच्युतचन्दनम्' इत्यादि। व्यञ्जनाप्रतिपाद्यार्थस्य, व्यञ्जना यथा–'उअ णिच्चल' इत्यादि। प्रकृतिप्रत्ययादिव्यञ्जकत्वं धातुप्रातिपदिकादि सुप्तिङ्कृत्तद्धितादि, आदिपदात् वचनादि तेषां व्यङ्ग्यार्थप्रतिपाद्यतवम् हि विस्तारयिष्यते इति।

व्यञ्जकत्वे शब्दार्थयोर्मिथः सहकारितां प्रतिपादयति–शब्दबोध्य इति।

अन्वयः–अर्थः शब्दबोध्यः व्यनक्ति, शब्दः अपि अर्थान्तराश्रयः, तत् एकस्य व्यञ्जकत्वे अन्यस्य सहकारिता इति।

कश्चिदर्थः शब्दप्रतिपाद्यः सन् अर्थान्तरं व्यक्तं करोति। यथा सङ्केतकालमन-समित्यादौ लीलाकमलनिमीलनरूपो वाच्यार्थः सन्ध्यासङ्केतसमय इति स्वभिन्नमेवार्थ व्यनक्ति। तथा च वाचकादिः च अन्यार्थोपस्थापकः सन् व्यङ्ग्यार्थ प्रतिपादयति। यथा 'गङ्गायां घोषः' इत्यादौ गङ्गाशब्दः प्रवाहरूपतीररूपवाच्यलक्ष्यार्थभिन्नं शीतत्वपावन-त्वाद्यतिशयरूपमर्थं व्यनक्ति। तस्मात्कारणात्; शब्दार्थयोर्नित्यशब्देन द्वयोरेव परस्परसापेक्षत्वात् शब्दस्य अर्थस्य वा व्यञ्जनोपाधिकत्वे शब्दस्य अर्थस्य वा अप्रधानकारणता भवतीति।

यत्रार्थः साक्षाद्व्यञ्जकस्तत्र शब्दः सहकारी यत्र तु शब्दः साक्षाद्व्यञ्जक-स्तत्रार्थस्य सहाकारित्वम्। अनेन साक्षादर्थमूलत्वमार्थव्यञ्जनात्वं साक्षाच्छब्दमूलत्वं शाब्दव्यञ्जनात्वमिति दर्शितम्। एवञ्च लीलाकमलनिमीलनरूपार्थप्रतीत्यन्तरमेव सन्ध्यासङ्केतकाल इति व्यङ्ग्यार्थप्रतीतेस्तत्र अर्थव्यञ्जना। 'गङ्गायां घोषः' इत्यादौ 'राजत्युमावल्लभः' इत्यादौ च शब्दज्ञानानन्तरमेव तत्तद्व्यङ्ग्यार्थप्रतीतेस्तत्र तत्र शाब्द-व्यञ्जनेति।

यतः शब्दो व्यञ्जकत्वेऽप्यर्थान्तरमपेक्षते, अर्थोऽपि शब्दम्, तदेकस्य व्यञ्जकत्वेऽन्यस्य सहकारितावश्यमङ्गीकर्तव्या।

अभिधादित्रयोपाधिवैशिष्ट्यात् त्रिविधो मतः।
शब्दोऽपि वाचस्तद्वल्लक्षको व्यञ्जकस्तथा।।19।।

अभिधोपाधिको वाचकः। लक्षणोपाधिको लक्षकः। व्यञ्जनापाधिको व्यञ्जकः।

किञ्च–

तात्पर्याख्यां वृत्तिमाहुः पदार्थान्वयबोधने।

तात्पर्यार्थं तदर्थं च वाक्यं तद्बोधकं परे।।20।।

अभिधाया एकैकपदार्थबोधनविरमाद्वाक्यार्थरूपस्य पदार्थान्वयस्य बोधिका तात्पर्य नाम वृत्तिः। तदर्थश्च तात्पर्यार्थः। तद्बोधकं च वाक्यमित्यभिहितान्वय-वादिनां मतम्।

हिन्दी अनुवाद–क्योंकि शब्द व्यंजक होने पर दूसरे अर्थ की अपेक्षा रखता है, उसी तरह अर्थ भी शब्द की अपेक्षा रखता है। इस कारण एक के व्यञ्जकत्व में दूसरे की सहकारिता अवश्य स्वीकार करनी चाहिए।

अभिधा आदि तीन व्यापारों की विशेषता से शब्द भी वाचक, लक्षक एवं व्यञ्जक तीन प्रकार का होता है।

अभिधा व्यापार वाला वाचक है, लक्षणा उपाधि वाला लक्षक है, और व्यञ्जना उपाधि वाला व्यञ्जक है।

कुछ लोग तो पदार्थों के अन्वय के बोध में तात्पर्य नामक वृत्ति, उसके अर्थ को तात्पर्यार्थ और उसका बोधक वाक्य होता है–ऐसा मानते हैं।

अभिधा के एक-एक पद का अर्थ बतलाकर निवृत्त हो जाने से वाक्यार्थरूप पदार्थान्वय की बोधिकातात्पर्य नामक वृत्ति होती है। उसका अर्थ तात्पर्यार्थ कहलाता है। उसका बोधन वाक्य होता है–ऐसा अभिहितान्वयवादियों का मत है। दूसरे अन्विताभिधानवादी हैं, जो अन्वित अर्थ का बोध अभिधा से मानते हैं।

संस्कृत व्याख्या–यस्मात् वाचकः व्यञ्जकोपाधिकत्वे अन्यमर्थम् सहकारित्वेन अपेक्षा करोति, तथैव वाच्यादिः अपि शब्दम् तस्मात् एकतरस्य व्यञ्जकोपाधिकत्वे

शब्दार्थयोरन्यतरस्य अप्रधानकारणता अवश्यम् स्वीकर्तव्येति। येन तत्र शब्दार्थयोर्मध्ये यस्य प्राधान्यं तत्र तन्मूलं व्यञ्जकत्वमिति।

अभिधादिवृत्तित्रयं प्रतिपाद्य शब्दस्यापि त्रैविध्यं प्रतिपादयति–अभिधादीत्यादिना।

अन्वयः–अभिधादित्रयोपाधिवैशिष्टयात् शब्दः अपि वाचकः तद्वत् लक्षकः तथा व्यञ्जक इति त्रिविधः मत इति।

अभिधादित्रितयव्यापारविशिष्टत्वात्; अभिधालक्षणाव्यञ्जानानां मध्ये एकैकविशेषणाविशिष्टत्वात्, शब्दः अपि वाच्यार्थप्रतिपादकः तथैव लक्ष्यार्थप्रतिपादकः एवमेव व्यङ्ग्यार्थप्रतिपादकः इति त्रिप्रकारकः मतः इति। 'गङ्गायां घोषमत्स्यौ स्तः' इत्यादौ युगपदेव वाच्यार्थलक्ष्यार्थयोः प्रतीतेर्युगपदेव अभिधालक्षणयोरपि प्रवृत्त्यङ्गीकारेण एकस्यैव गङ्गाशब्दस्य वाचकत्वलक्षकत्वाङ्गीकारवत् 'राजत्युमावल्लभः' इत्यादौ नृपतिरूपवाच्यार्थस्य महादेवरूपव्यङ्ग्यार्थस्य च युगपदेव प्रतीतेर्युगपदेवाभिधाव्यञ्जनयोः प्रवृत्त्यङ्गीकारेण एकस्यैव उमावल्लभशब्दस्य युगपदेव वाचकत्वं व्यञ्जकत्वं चाङ्गीकार्यम्।

अभिधाव्यापारवान् वाचकः अभिधेति। लक्षणाव्यापारवान्, लक्षकः व्यञ्जनाव्यापारवान्, व्यञ्जक इति।

मतान्तरे वृत्त्यन्तरमभिधातुमाह–किञ्चेति। तात्पर्याख्यां वृत्तिं प्रतिपादयति–तात्पर्याख्यामिति।

अन्वयः–परे पदार्थान्वयबोधनं तात्पर्याख्यां वृत्तिं तदर्थं तात्पर्यार्थं तद्बोधकं वाक्यं च आहुः इति।

अन्ए भाट्टाः, पदार्थान्वयबोधने पदोपस्थापितार्थानाम् संसर्गः तस्य ज्ञापनं तस्मिन् तात्पर्याख्यां व्यापारम् तत्प्रतिपाद्यार्थम् तात्पर्यार्थबोधकं पदोच्चयः कथयन्ति इति। अभिधावृत्तिर्हि पदानामर्थं बोधयित्वा निवर्तते, शब्दबुद्धिकर्मणां विरम्य व्यापाराभाव इति पुनस्तस्या उपयोगो न। तदनन्तरञ्च तात्पर्याख्या वृत्तिर्हि पदार्थान्वेति इति।

अभिधावृत्तेः एकैकपदार्थप्रतिपादनविश्रामात् वाक्यबोध्यात्मकस्य पदार्थानां संसर्गस्य प्रतिपादयित्री, तात्पर्य नाम व्यापारः तदर्थः तात्पर्यवृत्तेः, अर्थः तात्पर्यार्थाः। तात्पर्यार्थबोधकं, हि वाक्यम्, इति, अभिहितान्वयवादिनः उक्तानाम्, अन्वयं वदन्ति तच्छीला इति तेषाम्, नयः इति। इदं तु भाट्टमीमांसकमतम्। प्राभाकरास्तु वाक्य एव

वाक्यार्थ इति मन्यमाना अन्विताभिधानवादिनः। ते हि अन्वितस्यैव अर्थस्य अभिधया अभिधानं स्वीकुर्वन्तीति।

टिप्पणी–(1) अभिधा या लक्षणा के द्वारा शब्दों से उपस्थित किए जाने वाले प्रत्येक पद के अर्थों का संबंध वाक्य से प्रतीत होता हुआ "तात्पर्य नामक वृत्ति" की अपेक्षा करता है–अर्थात् अभिधा या लक्षणा के द्वारा जिन शब्दों से जिस अर्थ की प्रतीति होती है वह वाक्य के द्वारा होती है और इस वाक्य के द्वारा अर्थ की प्रतीति कराने के लिए "तात्पर्य नामक वृत्ति" आवश्यक है। ऐसा प्राचीन नैयायिकों का मत है।

(2) अभिहितान्वयवादिनः–अभिहितानां स्वस्ववृत्या पदैरुपस्थितानामन्वय इति ये वदन्ति तेऽभिहितान्वयवादिन इत्यन्वर्थमभिधानम्। अभिहित–अभिधा से उपस्थित अर्थों का अन्वय (संबंध) मानने वाले "अभिहितान्वयवादी" कहलाते हैं।

(3) अन्विताभिधानवादिनः–पदान्यन्वितानि भूत्वानन्तरं विशिष्टस्मर्थ बोधयन्तीति ये वदन्ति तेऽन्विताभिधानवादिन इत्यन्वर्थ नाम।। सब पदों से अन्वित अर्थ का ही अभिधान मानने वाले "अन्विताभिधानवादी" कहलाते हैं।

इति साहित्यदर्पणे वाक्यस्वरूपनिरूपणो नाम द्वितीयः परिच्छेदः।

इस प्रकार साहित्यदर्पण में वाक्यस्वरूप निरूपण नामक द्वितीय अध्याय समाप्त हुआ।

इति द्वितीयः परिच्छेदः।

❑❑❑

10

साहित्यदर्पण - तृतीयः परिच्छेदः (व्याख्या भाग) कुछ अंश

अथ कोऽयं रस इत्युच्यते–

विभावेनानुभावेन व्यक्तः सञ्चारिणा तथा।
रसतामेति रत्यादिः स्थायीभावः सचेतसाम्।।1।।

विभावादयो वक्ष्यन्ते। सात्त्विकाश्चानुभावरूपत्वान्न पृथगुक्ताः। व्यक्तो दध्यादिन्याएन रूपान्तरपरिणतो व्यक्तीकृत एव रसः। न तु दीपेन घट इव पूर्वसिद्धो व्यज्यते।

हिन्दी अनुवाद–काव्य की परिभाषा में 'रसात्मक वाक्य काव्य है' ऐसा कहा था और वाक्य का निरूपण कर लिया गया। अब यह रस क्या है? इसे कहा जाता है–

विभाव, अनुभाव तथा सञ्चारीभाव से व्यञ्जना वृत्ति से अभिव्यक्त सहृदयों के मन में वासनारूप में स्थित रति आदि स्थायीभाव रसरूप में प्राप्त होता है।

विभाव आदि बतलाए जाएंगे। सात्त्विकभाव अनुभाव में अंतर्भूत होने से पृथक् रूप में नहीं बतलाए गए। व्यक्त का आशय दध्यादिन्याय से (जैसे दूध अम्ल के योग से दधि में परिणत होकर स्वयं को दधि रूप में व्यक्त करता है वैसे) दूसरे रूप में परिणत होकर व्यक्त किया गया ही रस है, न कि जैसे दीप से पूर्वसिद्ध घट व्यक्त होता है। अर्थात् विभाव आदि अपने द्वारा अपने को व्यक्त करते हैं, न कि पूर्वसिद्ध को। वैसर करने पर ये विभाव आदि पहले खण्डशः प्रतीत होकर फिर अखण्डता को प्राप्त होते हैं।

संस्कृत व्याख्या—वाक्यं रसात्मकं काव्यमित्युक्तत्वाद्वाक्यनिरुपणानन्तरं रसं निरूपयितुमुपक्रमते— वाक्यनिरूपणानन्तरय् प्रक्रमगतः रसपदवाच्यः कीदृशः इत्थम् अपेक्षायाम् कथ्यते।

अन्वयः—विभावेन अनुभावेन तथा सञ्चारिणा व्यक्तः सचेतसांरत्यादिः स्थायीभावः रसताम् इति इति।

आलम्बनाद्दीपनकारणद्वयेन तस्य कार्एण एवमेव व्यभिचारिणानिर्वेदादिरूपकार्य-विशेषेण च व्यञ्जनावृत्त्या प्रतिपादितः सहृदयानां रतिप्रभृतिः रसावस्थपर्यन्तरस्थयी वासना रसस्वरूपत्वम् प्रतिपद्यते इति। विभावेन कारणात्मना कार्यात्मनानुभावेन तत्कार्यविशेषरूपसञ्चारिणा च परस्परं मिलित्वा व्यञ्जनावृत्त्या प्रतिपादितः सामाजिकानां चेतसि वासनात्मकतया स्थितः रत्यादिः स्थायीभावः रसरूपतां प्रतिपद्यते इत्याशयः।

वासनात्मकतया अतिसूक्ष्मरूपेण अवस्थिताम् रत्यादीन् स्थायिभावान् आस्वादयोग्यतां नयतीति विभावः, रत्यादीन् स्थायिभावान् पश्चाद्भावयतीति अनुभावः, रत्यादीन् स्थायिभावान् कार्ए मुहुर्मुहुरभिव्यनक्ति इति सञ्चारी। तैः अभिव्यक्तः दर्शकप्रेक्षकाणां सचेतसां मनसि वासनात्मकतया स्थितः रत्यादिनेव रसात्मकतां प्रतिपद्यते। भावो हि चित्तवृत्तिविशेषः। चित्तवृत्तिरूपस्य आशुविनाशित्वेऽपि वासनात्मक-तया सूक्षमरूपेण अवस्थानात् स्थायित्वंसम्भवति। लोके ये हि रत्यादेः कारणकार्य-सहकारिणः त एवकाव्ये विभावानुभावव्यभिचारिशब्देन कथ्यन्ते। तैरभिव्यक्तीकृतः स्थायी रसः कथित इति।

विभावानुभावव्यभिचारिणः प्रतिपादयिष्यन्ते स्तम्भस्वेदादयः च अनुभाव-स्वरूपत्वात्, विभावजनितकायरूपत्वात् न पृथक् कथिताः।

सत्त्वं नाम मनःप्रभवं समाहितमनस्त्वादुप्तद्यते। तेन सत्त्वे निर्वृताः सात्त्विकाःत एव भावाः तत उत्पद्यमानत्वादश्रुपातादयोऽपि भावाः। भावसंसूचनात्मकविकार-रूपतत्वाच्चानुभावा इति द्वैरूप्यमेषामिति कथितं तथापि एतेषां भावसंसूचनात्मक-विकाररूपत्वान्नात्र तेऽनुभावात्पृथगुक्ताः।

भरतेनाऽप्युक्तम्—'विभावानुभावव्यभिचारिसंयोगाद्रसनिष्पत्तिः' इति। अयमाशयः यथा हि दुग्धमम्लयोगाद् दधिरूपेण परिणम्य आत्मानं दधित्वेन व्यनक्ति, यथा वा मृत्तिका कुलालव्यापाराद् घटरूपेण परिणम्य आत्मानं घटरूपेण व्यनक्तिः, तथा हि विभावादयोऽपि काव्यगतवाग्भङ्गीयोगाद् रूपान्तरेण निरतिशयसुखमयज्ञानत्वेन परिणतः

सन् आत्मनैवात्मना रसत्वेन व्यक्तीकृतो रस इत्यर्थः। अत एव विभावादिपदस्य तत्तज्ज्ञानत्वेन लक्षणा सूचिता। न हि रसः दीपेन घट इव पूर्वसिद्धो व्यज्यत इति।

टिप्पणी–काव्यादि के सुनने से अथवा नाटक के देखने से आलम्बन और उद्दीपन विभावों, भ्रूविक्षेप, कटाक्षादि अनुभावों और निर्वेद, ग्लानि आदि तेतीस संचारीभावों के द्वारा अभिव्यक्त होकर सहृदय सामाजिक के हृदय में स्थित, वासनास्वरूप रति, हास, शोकादि स्थायीभाव शृंगार, हास्य और करूण आदि रसों के रूप में परिणत हो जाते हैं।

तदुक्तं लोचनकारैः–'रसाः प्रतीयन्त इति त्वोदनं पचतीतिवद् व्यवहारः' इति। अत्र च रत्यादिपदोपादानादेव प्राप्ते स्थायित्वे पुनः स्थायिपदोपादानं रत्यादीनामपि रसान्तरेष्वस्थायित्वप्रतिपादनार्थम्। ततश्चहासक्रोधादयः शृङ्गारवीरदौ व्यभिचारिणएव। तदुक्तम्–

'रसावस्थः परम्भावः स्थायितांप्रतिपद्यते' इति।

हिन्दी अनुवाद–लोचनकार (अभिनवगुप्त) ने कहा है–'रस प्रतीत होते हैं' ऐसा कहना तो 'भात पकाता है' ऐसा ही व्यवहार है। अर्थात् जैसे चावल पक कर भात होता है, किन्तु कहा जाता है कि भात पकाता है, वैसा ही विभाव आदि के द्वारा अपने से अपने को व्यक्त करने को रस प्रतीत होते हैं–ऐसा कहा जाता है। यहां रति आदि पदों के ग्रहण से ही स्थायी, ऐसा सिद्ध होने पर भी फिर स्थायी पद का ग्रहण करना रति आदि का भी दूसरे रसों में अस्थायित्व (व्यभिचारित्व) प्रतिपादन के लिए है। तभी हास-क्रोध आदि शृंगार-वीर आदि में व्यभिचारी ही होते हैं। जैसा कि कहा गया है–

रस की अवस्था में प्राप्त भाव ही स्थायी में प्राप्त होता है अन्य नहीं। अर्थात् जो रसावस्था में है, वही भाव स्थायी होता है, अन्य भाव नहीं।

संस्कृत व्याख्या–रसस्य ज्ञानरूपत्वे प्राचामपि सम्मतिं दर्शयति–तदुक्तमित्यादिना। रसस्य ज्ञानमयत्वम्, अभिनवगुप्तपादैः, ध्वन्यालेकस्यलोचन-टीकाकृदिमः शृङ्गारादयो ज्ञायन्ते, इति ओदनं पचतीतिवद् वयवहारः पाकसम्पर्केण रूपान्तरतया परिणतानां तण्डुलानामोदनमिति संज्ञातथाप्रतीतिसंबंधेन सामाजिकवासनारूपाणाम् रत्यादीनां रसव्यपदेयार्हत्वेऽपि सामाजिकवासनामयाः रत्यादयः प्रतीयन्त इत्यानभिधाय रसाः प्रतीयन्ते इति व्यवहारः उपचारेण। तन्निदानभूतायाः

हृदयसभ्याद्युपकृताया विभावादिसामग्रा लोकोत्तरत्वाद् रसाः प्रतीयन्ते इति ओदनं पचतीतिवद्व्यवहारःप्रतीयमानएव हि रसः इत्यस्याभिप्रायस्तु पाकोत्तरमेवौदनोत्पत्तेः तण्डुपाकस्यैव तत्रोपचारः व्यञ्जनया रत्यादिप्रतीतेरेव रसे व्यञ्जनया प्रतीत्युपचार इति। अयमुपचारो मानसिक एव न तु शाब्दः किन्तु ओदंनपदस्य तण्डुले लक्षणेति। न खलु ओदनः पूर्वसिद्धो व्यज्यते किन्तु पक्वः सन् ओदनो भवतीति तथायमपि व्यक्तः सन् रसो भवतीत्यर्थः।

'विभावानुभावव्यभिचारिसंयोगाद्रसनिष्पत्तिरि'ति भरतसूत्रम्। तत्र भट्टलोल्लटः- विभावैः जनितः अनुभावैः प्रतीतिं नीतः व्यभिचारिभिरूपचितः मुख्यया वृत्त्याऽनुकार्ए तद्रूपतानुन्धानात् अनुकर्तर्यपि प्रतीयमानः स्थायीभावः रस इति। एवं विभावरसयो कार्यकारणभावः अनुभावरसयोः प्रत्यायप्रत्यायकभावः व्यभिचारिरसयोः पोष्यपोषकभावः संबंधः। एवं निष्पत्तिरपि उत्पत्तिज्ञप्तिपुष्टिभेदात्त्रिरूपैवेति। उत्तरमीमांसासम्मतं मतमिदं नान्एः स्वीक्रियते। तदनुसारेण मुख्यताऽनुकार्ए गौणरूपेणानुकर्तरि नटे रसस्योप्तत्तिरभिव्यक्तिः पुष्टिश्च मता किन्तु सामाजिकेषु कथं रसानुभूतिर्भवतीति न प्रतिपादितम् ।एवमेव सम्प्रति जगति चावर्तमानस्य सीतारामादेः क्रियमाणादभिष्पाद् न रामादौ रस उत्पद्ये। अतः तदनुकर्तरि नटेऽपि। नेति सिद्धान्तस्य न्यूनतेति।

अस्यां कारिकायाम् रतिप्रभृतिपदग्रहणात् हि स्थायी इति उपलब्धौ भूयः स्थायीति शब्दग्रहणं रतिप्रभृतिस्थायिभावानाम् च स्वसम्बद्धेतररसेषु व्यभिचारित्वनिर्देशार्थम् तस्मात्कारणाद् एव हास्यरौद्ररसस्थायिभूताः हासक्रोधादयः रतिस्थायभावात्मके शृङ्गारे उत्साहस्थायिभावात्मके वीरे च सञ्चारिभावाः एव।

रसान्तरे स्थायित्वाभाव् प्रतिपादितम्। रसावस्थः परं भाव एव स्थायिता प्रतिपद्यते इति। रस एव उत्तरकालमवस्था यस्य सः केवलं तादृशः एव रतिहासादिः स्थाय्यवस्थां प्राप्नोति नान्य अति। न हि सर्वे रत्यादयो भावाः स्थायिनो भवन्ति अपितु यो हि भावों नितान्तं रसावस्थः स एव स्थायी नान्य इति।

ननु पृथक्पृथक्प्रतीयमाना विभावादयः कथं रसाभिव्यञ्जका इति चेदुच्यते। व्यक्तिश्च स्थायिनः तत्तद्विषयवैशिष्ट्यमेव। न ह्यविभावितोऽनुभाव्यते। न चाननुभावतिः व्यभिचर्यते। एवञ्चयथा बीजस्य धरणीसंबंधात् शिथिलावयवत्वे अङ्कुरादयः क्रमशो भवन्ति तथा स्थायिनोऽपि उक्ता अवस्थाः भवन्तीति।

टिप्पणी—नाट्यशास्त्र के प्रणेता भरतमुनि रस सिद्धान्त के मूलप्रर्वतक हैं। उनका मूल सूत्र है—"विभावनुभावस्यभिचारिसंयोगाद्रसनिष्पत्तिः"—अर्थात् विभाव

(नायक, नायिका आदि आलम्बन विभाव और वीणावाद्य, चन्द्र-ज्योत्स्ना, मलयसमीर आदि उद्दीपन विभाव) अनुभाव(अश्रु, स्वेद, कम्पादिभाव सूचक शारीरिक विकार और चेष्टाएं) व्यभिचारी भाव (हर्ष, मद, उत्कण्ठा, असूयादि स्थायीभाव के सहचारी भाव) के संयोग से रस की निष्पत्ति होती है। इसमें "संयोग" और "निष्पत्ति" से भरतमुनि का क्या तात्पर्य है, यह ठीक ठीक निश्चित रूपेण विदित नहीं होता। अतः इस मूल सूत्र की अपनी अपनी प्रतिभा के उन्मेष से व्याख्या करने वाले विभिन्न आचार्यों के विभिन्न मत हैं। उनमें से प्रमुख चार आचार्यों ने [(1) भट्टलोल्लट, (2) श्री शंकुक (3) भट्टनायक (4) अभिनवगुप्ताचार्य] क्रमशः मीमांसा, न्याय, सांख्य और अलंकार शास्त्र को आधार मानकर व्याख्या की है।

स्थायीभाव, जब विभाव, अनुभाव और संचारीभावों के योग से आस्वादन करने योग्य हो जाता है तब संहृदय प्रेक्षक के हृदय में रसरूप से उसका आस्वादन होता है। स्थायीभव के अनुभव और उसके रसास्वादन में भेद हैं। अनुभाव में भाव की सुख-दुख पूर्ण प्रकृति के अनुसार अनुभवकर्त्ता को भी सुख-दुख होता है, परन्तु उसका आस्वादन इनसे रहित है। इसकी अवस्थिति नायक में मानी जा सकती है और न नट में, (क्योंकि रस तो वर्तमान वस्तु है और नायक भूतकाल में था, वर्तमान में नहीं है, और नट का कार्य तो नायक आदि का अभिनय से अनुकरण मात्र करना है) वह तो केवल विभाव आदि को प्रेक्षक के सामने प्रदर्शित भर कर देता है। रस की अवस्थिति सहृदय प्रेक्षक में है। प्रेक्षक में भी स्थायी भाव आदि के ज्ञानमात्र ही से रस उत्पन्न नहीं होता।

अस्य स्वरूपकथनमर्भ आस्वादनप्रकारः कथ्यते–

सत्त्वोद्रेकादखण्डस्वप्रकाशानन्दचिन्मयः।
वेद्यान्तरस्पर्शशून्यो ब्रह्मास्वादसहोदरः।।2।।
लोकोत्तरचमत्कारप्राणः कैश्चित् प्रभातृभिः।
स्वाकारवदभिन्नत्वेनायमास्वाद्यते रसः।।3।।

'रजस्तमोभ्यामस्पृष्टं मनः सत्त्वमिहोच्यते' इत्युक्तप्रकारो बाह्यमेयविमुखतापादकः कश्चनान्तरो धर्मः सत्त्वम्। तस्योद्रेको रजस्तमसी अभिभूय आविर्भावः। अत्र च हेतुस्तथाविधालौकिककाव्यार्थपरिशीलनम्।

अखण्ड इत्येक एवायं विभावादिरत्यादिप्रकाशसुखचमत्कारात्मकः। अत्र हेतु वक्ष्यामः। स्वप्रकाशत्वाद्यपि वक्ष्यमाणरीत्या। चिन्मय इति स्वरूपार्थे मयट्।

हिन्दी अनुवाद–इसका स्वरूप-कथन एवं आस्वादन का प्रकार भी बतलाते हैं–

सत्त्व के आधिक्य से अखण्ड, स्वप्रकाशित, आनन्दमय, चिन्मय दूसरे विषय के संपर्क से शून्य, ब्रह्म साक्षात्कार के समान, अलौकिक चमत्कारस्वरूप जीवनवाला यह रस कितने ही सहृदयों के द्वारा अपने आकार सदृश अभिन्नरूप से आस्वादित होता है।

रज एवं तम से अछूता मन ही सत्त्व कहा जाता है। इस प्रकार से कहे गए बाह्य पदार्थ के प्रति विमुख बनाने वाला विलक्षण आन्तरिक धर्म है–सत्त्व। उसका उद्रेक अर्थात् रज और तम को दबाकर प्रकट होना अर्थात् ऊपर आना है। यहां हेतु है–उस प्रकार का अलौकिक काव्य के अर्थ का अनुशीलन।

'अखण्ड' यह एक ही है–विभाग आदि भावों का एवं रति आदि भावों का ज्ञान सुख एवं चमत्कार वाला है। इस विषय में कारण को आगे बतलाएंगे। स्वप्रकाशत्व, आनन्दमय, चिन्मय आदि भी वक्ष्यमाण रीति से जानना चाहिए। 'चिन्मय' इसमें स्वरूप अर्थ में मयट्-प्रत्यय हुआ है।

संस्कृत व्याख्या–रसस्वरूपं तदास्वादनप्रकारञ्च निरूपयितुमुपक्रमते निरुक्तर-सस्य स्वरूपकथनगर्भः लक्षणस्य प्रतिपादनं अंतः, यस्य तादृशः, आस्वादनप्रकारः अनुभवस्य आकारः निरूप्यत इति।

अन्वयः–सत्त्वोद्रेकात् अखण्डस्वप्रकाशानन्दचिन्मयः वेद्यान्तरस्पर्शशून्यः ब्रह्मास्वादसहोदरः लोकोत्तरचमत्कारप्राणः कैश्चित् प्रमातृभिः स्वाकारवद् अभिन्नत्वेन अयं रसः आस्वाद्यते।

सत्त्वोद्रकेकात् रजस्तमोभिन्नस्य गुणस्य तादृशमधुरकाव्यश्रवणेन आविर्भवात् अखण्डस्वप्रकाशानन्दचिन्मयः विभावादिसमूहाबलम्बनत्वादेकः न च तत्तद्विषयभेदेन भिन्नभिन्नः स्वप्रकाशः– स्वेनः आत्मनैव प्रकाशते इति स्वप्रकाशः न तुं ज्ञानान्तरप्रकाश्यः आमोदज्ञानस्वरूपः, वेद्यान्तरस्पर्शशून्यः अन्यज्ञेयपदार्थस्य सम्पर्केण रहितः ब्रह्मास्वाद-सहोदरः ब्रह्मज्ञानस्य समानः लोकोत्तर चमत्कारप्राणः अलौकिकः विस्मयः एव जीवनम्, यस्य सः कियद्भिः पुण्यशालिभिः ज्ञातृजनैः निजशरीरवत् एकत्वेन अयम् रसः अनुभूयते इति यथा हि वस्तुतो भिन्नावपिदेहात्मानौ अभेदेन प्रतीयेते तथा

नायकादीनां नायिकादिगतरत्यादितः स्वस्वरत्यादिराश्रयभेदेन भिन्नोऽपि काव्यसामर्थ्याद-भिन्नतवेन सामाजिकैः प्रतीयत इति।

प्रतिपदं कारिकां विवृण्वन् सत्त्वोद्रेकात् इति पदं विवृणोति–रजस्तमोभ्या-मितयादिना। रजोगणतमोगुणाभ्यां रागमोहस्वरूपाभ्याम् सम्पर्कशून्यं मानसम् इह सत्त्वम् इच्यते इति। कथितस्वरूपः बहिर्वृत्तिज्ञेयवस्तूनि घटपटादीनि तेभ्यः चित्तवृत्तेर्निवृत्तिजनकः प्रत्यक्षतः परिचाययितुमशक्यः अंतःकरणवृत्तिः गुणः सत्त्वम्। सत्त्वस्य रजस्तमसोः अभिभूय आविर्भावः निरस्कृत्य प्रकटनम्। प्रकारणेऽस्मिन् कारणं, तादृशलोकोत्तरकाव्यगतविभावाद्यर्थानुसन्धानम्, रसास्वादहेतुभूतसत्त्वोद्रेकं प्रति तदानीं हेत्वन्तरासम्भवात्।

अखण्ड इति एक न द्वितीयः अयं विभावादिरत्यादिप्रकाशसुखचमत्कारात्मकः विभावानुभावसञ्चारिभावानां रतिहासप्रभृतिभावानां च तत्तद्विषयज्ञानं आनन्दः विस्मयः च रसस्याखण्डत्वे कारणं प्रतिपादयिष्यामः। रसस्य स्वप्रकाशत्वमानन्दमयत्वञ्च कथयिष्यमाणपद्धत्या ज्ञेयमिति। ज्ञानात्मकस्य रसस्य ज्ञानान्तरप्रकाश्यत्वात्कथं स्वप्रकाशत्वमित्यादि चाग्रे वक्ष्याम इति। चिदेव चिन्मयः इति। 'तत्प्रकृतवचने मयट्' इति स्वरूपार्थे मयट्। द्वन्द्वान्मयट् तेन आनन्दमयः चिन्मयश्च रस इति लभ्यते।

टिप्पणी–यह प्रश्न उठता है कि–जब विभाव अनुभाव आदि अनेक पदार्थ रस के अंतर्गत हैं तो यह "रस" एक अथवा अखण्ड कैसे हो सकता है? इसका उत्तर यह है कि (इसका समाधान करे हैं) अत्रेति–इस विषय में (रस की अखण्डता के विषय में) कारण आगे कहेंगे (समूहालम्बन ज्ञान तादात्मय ही हेतु है) (यद्यपि विभावादिकों में प्रत्येक की खण्डरूपता ही है, तथापि प्रपाणक रस की तरह समूह की आलम्बन विधि के अनुसार विभावादिकों के अभेद से उस प्रकार की रस की अनुभूति होती है, इसीलिए रस की अखण्डता होती है)। स्वप्रकाशत्व आदिक भी वक्ष्यमाण रीति से जानना। "चिन्मयः" इस शब्द में स्वरूप अर्थ में मयट् प्रत्यय हुआ है।

चमत्कारश्चित्तविस्ताररूपो विस्मयापरपर्यायः। तत्प्राणत्वञ्चास्मद्वृद्ध-प्रपितामहसहृदयगोष्ठीगरिष्ठकविपण्डितमुढयश्रीमन्नारायणपादैरुक्तम्। तदाह धर्मदत्तः स्वग्रंथे–

'रसे सारश्चमत्कारः सर्वत्राऽप्यनुभूयते।
तच्चमत्कारसारत्वे सर्वत्राऽप्यद्भुतो रसः।
तस्माददद्भुतमेवाह कृती नारायणो रसम्'॥ इति ॥

कैश्चिदिति प्राक्तनपुण्यशालिभिः। यदुक्तम्–

'पुण्यवन्तः प्रमिण्वन्तियोगिवद्रससन्ततिम्'। इति।

यद्यपि 'स्वादः काव्यार्थसम्भेदादात्मानन्दसमुद्भवः'। इत्युक्तदिशा रसस्यास्वादानतिरिक्तत्वम्, तथापि 'रसः स्वाद्यते' इति काल्पनिकं भेदमुररीकृत्य कर्मकर्तरि वा प्रयोगः। तदुक्तम्'रस्यमानतामात्रसारत्वात् प्रकाशशरीरादनन्य एव हि रसः' इति। एवमन्यत्राप्येवंविध- स्थलेषूपचारेण प्रयोगो ज्ञेयः।

नन्वेतावता रसस्याज्ञेयत्मुक्तं भवति। व्यञ्जनायाश्च ज्ञानविशेषत्वाद्द्वयोरैक्यपाततितम्। ततश्च।

'स्वज्ञानेनान्यधीहेतुः सिद्धेऽर्थे वयञ्जको मतः।
यथा दीपोऽन्यथाभावे को विशेषोऽस्यकारकात्'?॥

हिन्दी अनुवाद–चित्त का विस्तार जिससे होता है वह चमत्कार है। इसका दूसरा पर्याय विस्मय है। रस में चमत्कार ही प्राण है–इस बात को हमारे वृद्ध प्रपितामह सहृदयों की सभा के श्रेष्ठ कवि और पण्डित श्रीनारायण ने कहा है। इस बात को धर्मदत्त ने अपने अलङ्कार-ग्रंथ में कहा है–

सर्वत्र रसों में चमत्कार का ही अनुभव किया जाता है। तब रसों में चमत्कार ही सार हाने से सम्पूर्ण काव्यों में और सभी रसों में अद्भुतरस ही व्याप्त है। इस कारण कवि नारायण ने अद्भुत को ही एकभाव रस कहा है। अर्थात् रस मात्र को अद्भुत कहा है। कैश्चित् का अर्थ है–प्राक्तन पुण्यशालियों से। जैसा कि कहा गया है–

पुण्यशाली जन योगियों के समान रस की परम्परा को साक्षात्कार कर लेते हैं। अर्थात् जैसे योगी ब्रह्मानन्द को प्राप्त कर सकता है, उसी तरह पुण्यवान् ही रस-परम्परा को प्राप्त कर सकते हैं।

यद्यपि 'काव्यार्थ अर्थात् विभावादि संवलित स्थाय्यात्मक काव्यार्थ के अनुशीलन से जो आत्मा में आनन्द की अनुभूति होती है, उससे उत्पन्न होने वाला

ही स्वाद है' इस प्रकार बतलायी गयी रीति से रस की आस्वाद से अभिन्नता ही मानी गयी है; तथापि 'रसः स्वाद्यते' ऐसा प्रयोग तो अभेद में भेदारोपण कर काल्पनिक भेद को स्वीकार कर अथवा कर्मकर्तरि में प्रयोग किया गया है। अर्थात् जैसे–'भिद्यते कुशूलः स्वयमेव' इसमें एक ही कुशूल का कर्मत्व एवं कर्तृत्व दोनों की विवक्षा से भेद का आरोप है, वैसे यहां भी आस्वाद्य आस्वादन का अभेद होने पर भी भेद-विवक्षा से कर्मकर्तरि प्रयोग किया गया है। न तो आस्वाद्य में आस्वाद की विषयता होने से कर्तृत्व कैसे सम्भव है, ऐसा कहना ही उचित है; क्योंकि स्वप्रकाश होने से उसमें कर्तृत्य का आरोप हो जाता है। जैसा कि कहा गया है– रस्यमानता मात्र ही सार होने से रस प्रकाश-शरीर से अन्य नहीं है। इसी तरह अन्यत्र भी इसी प्रकार के स्थल में उपचार का प्रयोग जान लेना चाहिए।

अब तक के ग्रंथ से रस को अज्ञेयत्व अर्थात् पर-ज्ञान से न जाना जाने वाला कहा गया और वैसा ज्ञान विशेष ही होता है और व्यञ्जना भी ज्ञानविशेष होने से दोनों रस एवं व्यञ्जना की एकता आ गयी अर्थात् दोनों एक ही हो गए। उसके बाद–

सिद्ध वस्तु में अपने ज्ञान से दूसरी वस्तु का ज्ञान का कारण व्यञ्जक होता है; जैसे–दीप। वैसा न होने पर अर्थात् असिद्ध का साधन करने पर तो उसकी इसके कारक से भिन्नता ही क्या रहेगी।

संस्कृत व्याख्या–चमत्कारः चित्तप्रसारस्वरूपः विस्मयसमानार्थकः रसस्य चमत्कारततत्वाम् अस्माकं पितामहस्य पिता सह्यदयगोष्ठीगरिष्ठकविपण्डितमुख्य-श्रीमन्नारायणपादैः प्रतिपादितम्। नारायणपण्डितमतम् आह नारायणशिष्यः तदाख्यः स्वीये अलङ्कारग्रंथे रस इति। सर्वत्ररसे चमत्कारः सारःअनुभूयते। सर्वत्र तच्चमत्कारसारत्वे अद्भुतः रसः, तस्मात् कृती नारायणः अद्भुतम एव रसम् आह इति। सर्वस्मिन् एव रसे विस्मयः प्राणः विस्मय एव सारतयाप्रतीयते इति। तस्मात् रसे चमत्कारस्य सारत्वे सति निखिलेऽपि काव्ये, अद्भुतः रसः हेतोः कविः नारायणः सर्वत्र अद्भुतं रसम् एव आह इति। सर्वस्मिन्नेवरसे चमत्कार एव प्राणभूतः। न हि चमत्कारं बिना शृङ्गारादयोऽपिरसतां प्रतिपद्यन्ते। अतः सर्वत्र अद्भुत एव रस इति भावः।

कैश्चिदिति संस्कारयुतैः सुकृतिभिः, न हि ऐहिकपुण्यमात्रेण आनन्दभोगा-सम्भवादिति। तत्र पूर्वजन्मार्जितं पुण्यमेव हेतुः काव्यार्थास्वदे इति तत्त्वम् यथा प्रतिपादितम् पुण्यवन्त इति। पुण्यवन्तः योगिवत् रससन्ततिं प्रमिण्वन्ति इति।

सुकृतिनः प्राक्तनपुण्यशालिनः योगिजनो ब्रह्मास्वादमिव शृङ्गारादिरसपरम्पराम् साक्षात्कुर्वन्ति इति। यथा हि योगिनो ब्रह्मास्वादं साक्षात्कुर्वन्ति तथैव पुण्यशालिन एव रसपरम्परामात्मसात्कर्तुं प्रभवन्तीति।

रस आस्वाद्यते इति मुलोक्तिं प्रत्यनुपपत्तिमाशङ्कते यद्यपि काव्यार्थसम्भेदात् विभावादिसंवलितस्थाय्यात्मकस्य प्रत्यस्तमितस्वपरविभागेनपरिशीलनात्, आत्मानन्द-समुद्भवः—आत्मनि आनन्दातिरेकः, स्वादः, इति उक्तप्रकारेण रसस्य आस्वादाभिन्नत्वमूः रसस्यापि काव्यार्थानुभवजनितानन्दरूपत्वादिति। तथाभूते सत्यपि, रसः स्वाद्यते इति राहोः शिरः इतिवत् अभेदं भेदारोपणं औचारिकभेदम् स्वीकृत्य अवद्यमानस्य कर्तुः प्रयोग इति वा कर्मकर्तरि रसः स्वाद्यते इति रसः स्वायमेव स्वस्वस्वादविषयीभवतीति प्रयोगः। यथा भिद्यते कुशूलः स्वयमेव इत्यत्र एकस्यैव कुशूलस्यकर्मत्वकर्तृत्वोभविवक्षया भेदारोपावदत्रापि आस्वाद्यास्वादनयोरभेदेऽपि भेदविवक्षया कर्मकर्तरि प्रयोग इति। न च आस्वाद्ये आस्वादस्य विषयिता एव तत्कथं कर्तृत्वमिति वाच्यं; स्वप्रकाशत्वेन तत्र कर्तृत्वारोपात्। कथितमेव केवलास्वाद्यमानतामात्रस्वरूपत्वात् ज्ञानस्वरूपात् अभिन्नः एव हि रसः इति। ज्ञानस्वरूप एवेति भावः। तथा च रस्यमानतया आस्वादकर्तत्वं बोध्यं, प्रकाशशरीरत्वेनआस्वादनकर्तृत्वं च दर्शितम्। तथा च कर्मकर्तृत्वमुपपादितम्। स्वप्रकाशस्य प्रकाशकोभयरूपत्वात् ताभ्यामनन्य एवेति। इत्थम् न ज्ञायते तदास्वादः, तदास्वादे विभावादेः इत्यादिष्वपि एतादृशप्रयोगेषु काल्पनिकभेदाङ्गीकारेण कर्मकर्तरि प्रयोगाङ्गीकारेण वा प्रयोगः ज्ञेय इति।

एतावत्प्रबंधेय प्रकाशशरीरादनन्य एव रस इति कथनेन रसस्य ज्ञानविशेषत्वं स्वभिन्नानाग्राह्यत्वं स्वेनैव स्वस्य ग्राह्यत्वेन घटादिवज्ज्ञेयत्वासिद्धेरिति प्रतिपादितं भवति। व्यञ्जनावृत्तेः च व्यञ्जज्ञेयत्वासिद्धेरिति आस्वादरूपज्ञानविशेषत्वात्, तद्दशायां तदभिन्नज्ञानाग्राह्यत्वात् अज्ञेयत्वमेवेति आस्वादाभिन्नरस- व्यञ्जनाधीनज्ञानयोः साम्यम् सिद्धम्। नन्वेतावता किमनिष्टमिति चेत् विभावादिव्यञ्जकत्वानुपपत्त्या रसस्य व्यङ्ग्र्यत्वनुपपत्तिरेवेति दर्शयितुं विभावादिव्यञ्जकानुपपत्तिं घटव्यञ्जकदीपवैलक्षण्येन साधयति।

सिद्धे अर्थे स्वज्ञानेन अन्यधीहेतुः व्यञ्जकः मतः, यथा दीपः अन्यथाभावे अस्य कारणात् कः विशेष इति। प्रागेव विद्यमाने वस्तुनि स्वज्ञानेन व्यञ्जकत्वेनाभिमतं तस्य ज्ञानेन, अन्यधीहेतुः व्यङग्यपदार्थस्य प्रत्यक्षादिज्ञानकारणम् ज्ञापकः मतः। यथा दीपः असिद्धस्यसाधने व्यञ्जकपदार्थस्य उत्पादकद्धेतोः, दण्डचक्रादेरित्याशयः,

कः भेद इति। दण्डादीनामपि हि उत्पादनद्वाराघटादिधी हेतुत्वात् पूर्व सिद्धस्य वस्तुनः प्रत्यक्षादिज्ञानहेतुः व्यञ्जको भवति, यथा दीपोघटस्य। दीपो हि चक्रदण्डादिभिः कारणात् पूर्वं सिद्धं घटमेव व्यनक्ति न तु साधध्विा। असिद्धस्यापि साधने तु व्यञ्जकस्य कारकाद् भेदो न स्यात् उत्पादनद्वारा तस्यापि अन्यधीहुतूत्वसिद्धेरित्याशयः।

दिप्पणी–(1) "प्रमिण्वन्ति"–इसका गौण रूप से प्रयोग हुआ है क्योंकि जो रस अपने आप में प्रकाश स्वरूप है, वह प्रमा का विषय नहीं बना सकता है।

(2) जिस प्रकार योगी पुरुष शुद्ध, स्वयं प्रकायास्वरूप, आनन्दमय एवं चिन्मय ब्रह्म का साक्षात्कार करते हैं, उसी प्रकार कोई कोई प्राक्तन पुण्यों के कारण वासनारूप संस्कार से युक्त सहृदय रस का आस्वाद लेते हैं।

हेतु दो प्रकार के होते हैं (1) कारक और (2) ज्ञापक अथवा व्यञ्जक। कारक हेतु की व्युत्पत्ति–"तत्र करोति क्रियां निर्वर्तयतीति व्युत्यत्या पूर्वमसिद्धं वस्तु यः खलु सम्पादयति स कारकोऽर्थदुत्पादकः"–जो पहिले से असिद्ध वस्तु को प्रकाशित करते हैं, वे कारक अर्थात् उत्पादक हेतु कहलाते हैं-यथा–चक्र, चीवर, दण्ड, कुलाल, कपाल इत्यादि। ये सब पहले से अविद्यमान घट को उत्पन्न करते हैं।)। ज्ञापक हेतु का लक्षण करते हैंः–स्वज्ञानेनेति–सिद्ध अर्थ (वस्तु के होने पर जो अपने ज्ञान के द्वारा अन्य सिद्ध वस्तु के ज्ञान का कारण होता है वह व्यञ्जक (ज्ञापक) हेतु कहलाता है यथा–दीपक (घटादि वस्तु पहले से विद्यमान हों तो दीपक अपने ज्ञाने के द्वारा उनका प्रकाश करता है। कुलाल की तरह अविद्यमान वस्तु को उत्पन्न नहीं कर सकता अतःयह ज्ञापक हेतु है) अन्यथाभावे–असिद्ध अर्थ का ज्ञापक होने पर इस व्यञ्जक (ज्ञापक) हेतु की कारक हेतु से क्या विशेषता है? अर्थात् कोई भी विशेषता नहीं है। (क्योंकि कारक हेतु कार्य की उत्पन्न करके प्रकाशित करता है) (कहने का तात्पर्य यह है कि कारक हेतु असिद्ध वस्तु का उत्पादन करता है और ज्ञापक हेतु सिद्ध वस्तु का ही ज्ञापन कराता है–यही इन दोनों में भेद हैं)।

इत्युक्तदिशा घटप्रदीपवद् व्यङ्ग्यव्यञ्जकयोः पार्थक्यमेवेति कथं रसस्य व्यङ्ग्यतेति चेत्, सत्यमुक्तम्। अत एवाहुः–'विलक्षण एवायं कृतिज्ञप्तिभेदेभ्यः स्वादनाख्यः कश्चिद्व्यापारः'। इति। अत एव हि रसनास्वादनचमत्करणादयो विलक्षणा एव व्यपदेशा इति। अभिधादिविलक्षणव्यापारमात्रप्रसाधनग्रहिलैरस्माभी रसादीनां व्यङ्ग्यत्वमुक्तं भवतीति।

ननु तर्हि करुणादीनां रसानां दुःखमयत्वाद्रसत्वं (तदुन्मुखत्वं) न स्यादित्युच्यते–

करुणादावपि रसे जायते यत्परं सुखम्।
सचेतसामनुभवः प्रमाणं तत्र केवलम् ॥ 4 ॥

आदिशब्दाद् बीभत्सभयानकादयः।

तथाऽप्यसहृदयानांमुखमुद्रणाय पक्षान्तरमुच्यते–

किञ्च तेषुयदादुःखं न कोऽपि स्यात्तदुन्मुखः।

नहि कश्चित् सचेतन आत्मनो दुःखायप्रवर्तते। करुणादिषु च सकलस्यापि साभिनिवेशप्रवृत्तिदर्शनात् सुखमयत्वमेव।

अनुपपत्त्यन्तरमाह–

तथा रामायणादीनां भविता दुःखहेतुता ॥ 5 ॥

करुणरसस्य दुःखहेतुत्वे करुणरसप्रधानरामायणादिप्रबंधानामपि दुःख-हेतुताप्रसङ्गः स्यात्।

ननु कथं दुःखकारणेभ्यः सुखोत्पत्तिरित्याह–

हेतुत्वं शोकहर्षादेर्गतेभ्यो लेकसंश्रयात्।
शोकहर्षादयो लोके जायन्तां नाम लौकिकाः ॥ 6 ॥
अलौकिकविभावत्वं प्राप्तेभ्यः काव्यसंश्रयात्।
सुखं सञ्जायते तेभ्यः सर्वेभ्योऽपीति का क्षतिः ॥ 7 ॥

हिन्दी अनुवाद–इस प्रकार बतलाए गए मार्ग से घट और प्रदीप जैसे व्यङ्ग्य और व्यञ्जक का भेद होता ही है; तो रस की व्यङ्ग्यता कैसे होगी? यदि ऐसा कहा जाए तो ठीक ही है। इसीलिए कहते हैं–यह स्वादन नामक अलौकिक व्यापार कृति एवं ज्ञप्ति के भेद से तो विलक्षण ही होता है। इसी कारण से रसन, आस्वादन और चमत्करण विलक्षण संज्ञाएं हैं–यह कहकर अभिधा आदि से विलक्षण व्यञ्जनाव्यापार मात्र के साधन में तत्पर हम लोगों ने रसादि का व्यङ्ग्य (व्यञ्जनावृत्ति का विषय) कहा है।

यदि रस का आनन्दमय स्वरूप हो तो करुणा आदि रसों के दुःखमय होने से रसत्व नहीं होगा, इस पर कहते हैं–

करुणा आदि रसों में जो अतिशय सुख होता है, उसमें सहृदय का अनुभव ही केवल प्रमाण है। रस का स्वरूप भले ही कुछ हो, लेमिन सामाजिकों को सुख ही होता है और इस बात का प्रमाण सहृदयों का हृदय ही है।

आदि पद से वीभत्स-भयानक आदि अपेक्षित है।

तो भी असहृदयों के मुख को बन्द कराने के लिए यह दूसरा पक्ष भी कहा जाता है–

यदि उसमें दुःख होता तो कोई भी उसके प्रति आग्रह नहीं रखता।

कोई सचेतन अपने दुःख के लिए प्रवृत्त नहीं होता। करुण आदि में तो सभी की आग्रह के साथ प्रवृति देखे जाने से सुखमय ही है।

दूसरी अनुपपत्ति बतलाते हैं–

उसी तरह रामायण आदि भी दुःख का कारण हो जाएगा।

करुण रस दुःख का हेतु होने पर करुण रस-प्रधान रामायण आदि प्रबंधों का भी दुःख के कारण हाने का प्रसङ्ग आ जाएगा (जब कि लोग रामयण बड़ी ही रुचि से पढ़ते हैं)।

तो दुःख के कारणों से सुख की उत्पत्ति कैसे होती है, इस पर कहते हैं–

लोक के आश्रय से शोक एव हर्ष आदि से कारणत्व में प्राप्त हुए राम-बनवास आदि से लौकिक ही शाक एवं हर्ष आदि भले हो जाएं, किन्तु काव्य के संश्रय से अलौकिक विभाव आदि के रूप में प्राप्त इन विभाव आदि से सुख ही होता है तो इसमें कौन-सी आपत्ति है।

संस्कृत व्याख्या–इत्थं प्रतिपादितादिशा, घटप्रदीपवत्, व्यङ्ग्यव्यञ्जकयोः, भिन्नत्वम् एव हेतोः कथं रसस्य विभावादीनां च व्यञ्जकभावः, इति चेत्, सत्यम् व्यङ्ग्यव्यञ्जकयोः पार्थक्यमेव अभिनवगुप्ताचार्यमतेन समाधत्ते रसस्य ज्ञानरूपत्वादेव कथयन्ति अभिनवगुप्तपादाचार्या इति कृतिज्ञप्तिभेदेभ्यः उत्पादको व्यापारः दण्डोदेर्भ्रम्यादिः ज्ञापको व्यापारः अभिधालक्षणाव्यञ्जनाः तेभ्यो व्यापारेभ्यो भिन्नः

विसदृशः एव अलौकिकः आस्वादनारूपः स्वप्रकाशज्ञानजनक इत्यर्थः। स्वाद्यते स्वादाख्यरसो बोध्यतेऽनेनेति व्युत्पत्त्या व्यापारविषयः रसभावबोधकस्वादनाख्यव्यपारस्य अभिधादिभ्यो विलचणत्वादिति। विलक्षणव्यापारत्वादेव रस्यते इति रसनम्, आस्वाद्यते इति आस्वादनं, चमत्क्रियत इति चमत्करणम्, तत्प्रभृतयः विसदृशाः व्यञ्जकादिति संज्ञाः निगमयति इतीति। इत्थम् अभिधालक्षणातात्पर्यादिभ्यः विसदृशः, भिन्न इति यः व्यापारः व्यञ्जनाख्यः तन्मात्रसाधनप्रयत्नपरैः आलङ्कारिकैः रसभावादीनां व्यञ्जावृत्तिगम्यत्वम् प्रतिपादितं भवतीति। वक्ष्यति च पञ्चमे परिच्छेदे–'वृत्तीनां विश्रान्तेरभिधातात्पर्यलक्षणाख्यानाम्। अङ्गीकार्या तुर्या वृत्तिर्बोध रसादीनाम्' इति। अपि च–'रसव्यक्तौ प्रनर्वृत्तिं रसनाख्यां परे विदुः' इति। रसस्य व्यञ्जनाबोधविषयत्वं तस्य स्वप्रकाशव्यञ्जनाजन्यविभावादिसंवलितरत्यादिज्ञानरूपाङ्गीकारेण सम्भवतीति।

अथ रसस्यानन्दामयत्वं साधयितुं पूर्वं शङ्कते यदा रसस्यादनन्दमयत्वमेव स्वीक्रियते तदा करुणबीभत्सभयानकादीनां, रसनां दुःखप्रधनत्वात् रसत्वं तत्परत्वम्, न स्यात इति उच्यते।

अन्वयः–करुणादौ रसे अपि यत् परं सुखं जायते तत्र सचेतसाम् अनुभवः केवलं प्रमाणम् इति।

करुणबीभत्सभयानकादौ अश्रुपातभयघृणादिदर्शनेन दुःखमयत्वनिश्चये रसे अपि अत्यन्तम् आनन्दः उप्तद्यते तत्रतस्मिन् जायमाने सुखे उपचारात्तत्सत्तायामपि सहृदयानाम् अनुभूतिः केवलं प्रमाणम् इति। रसादीनामेव शोकदुःखे तज्ज्ञातृणां सामाजिकानां तु सुखमेव जायते इत्यत्र सचेतसामनुभवः प्रमाणमिति। कारिकागता-दिपादत्, बीभत्सभयानकादयः गृह्यन्ते इति। करुणादिरसानामपि सुखमयत्वे सिद्धेऽपि, अज्ञातकाव्यसुखानामचेतसाम् मुखव्यापारसङ्कोचनाय अपरः पक्षः उच्यते किञ्चेति।

अन्वयः–किञ्च यदा तेषु दुःख कः अपि तदुन्मुखः न स्यात् इति।

यतोहि यदि करुणादिषु व्यथा तदा कः अपि करुणादिरसास्वादनोत्कण्ठितः न स्यादिति।

न हि कश्चित् चेतनायुक्तः स्वस्य कष्टाय प्रयत्नवान् भतीति। करुणादिषु सहृदस्यासहृदयस्य च साग्रहचेष्टादर्शनात् सुखमयत्वम् एवेति। यदि हि करुणादीनां दुःखमयत्वमेव तदा कोऽपि तत्परः न स्यात् किञ्च न कोऽपि जनः कष्टाय प्रवर्तते। करुणादौ सर्वस्यैव साग्रहप्रवृत्तिदर्यानात् तेषां सुखमयत्वमेवेति।

अन्यामनुपपत्तिम् कथयति।

अन्वयः—तथा रामायणदीनां दुःखहेतुता भविता।

तथासति करुणादीनां दुःखमयत्वे सतीति रमायणप्रभृतिशोकप्रधानकाव्यानां कष्ठकारणता भविष्यतीति।

शोकस्थायिभावकरुणाख्यरसस्य दुःखकरणत्वे करुणरसमुख्यरामायणदिकाव्यानाम् च दुःखकारणताप्रसङ्गः स्यादिति। यथाऽऽहध्वनिकारः—'रामायणे हि करुणो रसः स्वयमादिकविना सूत्रितः शोकः श्लोकत्वमागतः' इत्येवंवादिना। निर्व्यूढश्च स एव सीतात्यन्तवियोगपर्यन्तमेव स्वप्रबंधमुपरचयता इति। यदि नाम करुणरसस्य दुःखमयत्वं स्यात्तदा तदङ्गि रामायणादीन् प्रति जनानां प्रवृत्तिर्न स्यादपि तु भत्येव सर्वाधिक्येनेति करुणरसस्यापि सुखमयत्वमेवेति भावः। पण्डितराजोऽप्याह—'नन्वेवमपि रतेरस्तु नाम दुष्यन्त इव सहृदयेऽपिसुखविशेषजनकताकरुणादिषु तु स्थायिनः शोकदेर्दुःखजनकतया प्रसिद्धस्य कथमिव सहृदयाह्लादहेतुत्वम्। प्रत्युत नायके इव सहृदयेऽपि दुःखजननस्यैवौचित्यात्। न च सत्यस्य शोकादेः दुःखजनकत्वं क्लृप्तं न कल्पितस्येति नायकानामेव दुःखं न सहृदयस्येति वाच्यंः रज्जुसर्पादिर्भयकम्पाद्यनुत्पादकतापत्तेः। सहृदये रतेरपि कल्पितत्वेन सुखजनकतानुपपत्तेश्चेति चेत् सत्यम्; शृङ्गारप्रानकाव्येभ्य इव करुणप्रधानकाव्येभ्योऽपि यदि केवलाह्लाद एव सहृदयहृदयप्रमाणकस्तदा कार्यानुरोधेन कारणस्य कल्पनीयत्वात् लोकात्तरकाव्यव्यापारस्यैवाह्लादप्रयोजनमिव दुःखप्रतिबाकत्वमपि कल्पनीयम्। अथ यच्चाह्लाद इव दुःखमपि प्रमाणसिद्धं तया प्रतिबन्धकत्वं न कल्पनीयम्। स्वस्वकारणवशाच्चोभयमपि भविष्यति। अथ तत्र कवीनां कर्तुं सहृदयानाञ्च श्रोतुं कथं प्रवृत्तिः? अनिष्टसाधनत्वेन निवृत्तेरुचितत्वात् इति चेत् इष्टस्याधिक्यादनिष्टस्य च न्यूनत्वाच्चन्दनद्रवलेपनादाविव प्रवृत्तेरुपपत्तेः। केवलाह्लादवादिनां तु प्रवृत्तिरप्रत्यूहैव। अश्रुपातादयस्तु तत्तदानन्दानुभवस्वाभाव्यात् न तु दुःखात्। अत एवभवद्भक्तानां भगवद्वर्णनाकर्णनादश्रुपातादय उपपद्यन्ते। न हि तत्र जात्वपि दुःखानुभवोऽस्ति। न च करुणरसादौ स्वात्मनिशोकादिमद्दशरथादितादात्म्यारोपे यद्याह्लादस्तदा स्वप्नाद्यौ सन्निपातादौवा स्वात्मनि तदारोपेऽपि स स्यात्। आनुभविकं च तत्र केवलं दुःखमितीहापि तदेव युक्तमिति वाच्यम्। अयं हि लोकोत्तरस्य काव्यव्यापारस्य महिमा यत्प्रयोज्या अरमणीया अपि शोकादयः पदार्थाः आह्लादमलौकिकं जनयन्ति। ... शकुन्तलादौ अगम्यातविज्ञानोत्पादस्तु स्वात्मनि दुःष्यन्ताद्यभेदबुद्धद्यभेदबुद्ध्य प्रतिबध्यते इति।

दुःखहेतुभूतेभ्यः सुखोत्पत्तिसाध्नायोपक्रमते–नन्विति। दुःखकारणभूतेभ्यः शोकादिभ्यः आनन्दानुभवः इति निरूपयति।

अन्वयः–लोके लोकसंश्रयात् शोकहर्षादिः हेतुत्वं गतेभ्यः तेभ्यः लोके लौकिकाः शोकहर्षादयः जायन्तां नाम काव्यसंश्रयात् अलौकिकविभावत्वं प्राप्तेभ्यः सर्वेभ्यः तेभ्यः अपि सुखं सञ्जायते इति का क्षतिः।

लोकाश्रयं प्राप्य, ल्यब्लोपे पञ्चमी खिन्नताप्रमोदादेः कारणत्वम् प्राप्तेभ्यः वनवासादिभ्यः जगति, न तुकाव्ये इति, लोकप्रकृतिकाः शोकहर्षादयः, जायन्तांनाम, काव्याश्रयं प्राप्य, लोकोत्तररामादिविभावरूपतां गतेभ्यः सकलेभ्यएव, अपि शोकहर्षादिहेतुभ्यः आनन्दः समुत्पद्यते इत्यत्र कानाम आपत्तिः इति। यदि लौकिकात् शोकहर्षादिः शोकहर्षादिक एव तत्तत्पकृतिकः स्यादेव तथापि काव्याश्रयेण लोकोत्तरविभावत्वमुपगतेभ्यस्तेभ्यः सर्वेभ्यः दुःखसुखहेतुभ्योऽपि सुखमेव समुत्पद्यते इति।

टिप्पणीः–रस को व्यंग्य मानने का तात्पर्य यह है कि अभिधा, लक्षणा और तात्पर्यादि वृत्तियों के द्वारा रसोद्बोध शक्य नहीं हैं। इसीलिए रसादि के ज्ञान के लिए "स्वादनाख्य" नामक व्यापार को स्वीकार करते हैं। अतः रस या आस्वाद को व्यञ्जनां का स्वरूप विशेष मानने में अथवा उससे विलक्षण मानने में कोई क्षति नहीं है।

"दुःख के कारणों से दुःख की ही उत्पत्ति होती है"–ऐसा नियम काव्य से भिन्न स्थलों के विषय में समझना चाहिए क्योंकि काव्य के अन्दर दुःख के कारणों के विद्यमान होने पर भी सुख की उत्पत्ति में कवि की रचना चातुरी ही कारण हुआ करती है। सहृदय सामाजिक रामचन्द्र जी के वनवासादिकों का काव्य के परिशीलन के समय में मानों ये अपने हैं, इस प्रकार अनुभव करते हुए भी और निरन्तर नेत्रों से अश्रु बिन्दुओं को छोड़ते हुए भी कविता की चातुरी से विमोहित होकर सर्वात्मना आनन्द सागर में मञ्जन करते है–यही इसका यहां पर रहस्य है।

कः पुनरसावित्याह–

उक्ताः स्त्रीणामलङ्कारा अङ्गजाश्च स्वभावजाः।। 133।।

तद्रूपाः सात्त्विका भावास्तथा चेष्टाः परा अपि।

तद्रूपा अनुभावस्वरूपाः। तत्र या यस्य रसस्यानुभावः स तत्स्वरूपवर्णने वक्ष्यते।

तत्र सात्त्विकाः–

विकाराः सत्त्वसंभूताः सात्त्विकाः परिकीर्तिताः।। 134।।

सत्त्वं नाम स्वात्मविश्रामप्रकाशकारी कश्चनान्तरो धर्मः।

सत्त्वमात्रोद्भवत्वात्ते भिन्ना अप्यनुभावतः।

'गोबलीवर्दन्याएन' इति शेषः।

के त इत्याह–

स्तम्भः स्वेदोऽथ रोमाञ्चः स्वरभङ्गोऽथ वेपथुः।। 135।।

वैवर्ण्यमश्रु प्रलय इत्यष्टौ सात्त्विकाः स्मृताः।

हिन्दी अनुवाद–तो यह अनुभाव कौन-सा है? इस पर कहते हैं–

नायिकाओं के पूर्वनिर्दिष्ट अङ्गज (भाव, हाव, हेला–ये तीन) एवं स्वभावज (लीला आदि अट्ठारह) अलंकार (स्त्री का यह उपलक्षण है, पुरुष के भाव आदि दश होते हैं, अतः वे भी) अनुभावरूप सात्त्विक भाव एवं रत्यादि भावों के प्रभाव से उत्पन्न अन्यान्य चेष्टाएं आदि (जैसे रतिविशिष्ट की कटाक्ष आदि चेष्टाएं) भी अनुभावस्वरूप है।

यहां 'तद्रूपम्' का अभिप्रायः अनुभाव रूप से है। यहां भी जो जिस रस का अनुभाव है, उसे उसी रस-स्वरूप के वर्णन में बतलाया जाएगा।

उनमें सात्त्विक भावों का निरूपण कर रहे हैं–

सत्त्व से उत्पन्न जो मनोविकार है, उसको सात्त्विक भाव कहते हैं।

यहां सत्त्व से आशय अंतःकरण में विश्राम करने वाले रसादि को प्रकाश करने वाला कोई आन्तरिक धर्म है।

सत्त्व मात्र से उत्पन्न होने के कारण ये सात्त्विक भाव अनुभाव से भिन्न भी है।

एक ही भाव भिन्न और अभिन्न कैसे? इस पर गोबलीबर्दन्याय से कहते हैं। बलीवर्द का अर्थ है—बैल। बलीवर्द में धेनु रूप गो का तो भेद है, लेकिन वृषभरूप गो का अभेद है। इसी तरह यहां स्तम्भ आदि सात्त्विक भाव में भाव, हाव आदि अनुभाव का तो भेद है, किन्तु स्तम्भादि रूप अनुभाव का तो अभेद है। अतः उनका भेदत्व एवं अभेदत्व दोनों है।

वे सात्त्विक भाव कौन-कौन से हैं? इस पर कहते हैं—

स्तम्भ, स्वेद, रोमाञ्च, स्वरभङ्ग, वेपथु, वैवर्ण्य, अश्रु तथा प्रलय—ये आठ सात्त्विक भाव हैं।

उनमें आठों सात्त्विक भावों के अपने-अपने स्वरूप इस प्रकार हैं—

संस्कृत व्याख्या—अनुभावस्वरूपं निरूपयति इति उपक्रमते कः पुनः अनुभावः इति निरूपयति।

अन्वयः—उक्ताः स्त्रीणाम् अङ्गजाः स्वभावजाः अलंकाराः तद्रूपाः सात्त्विकाः भावाः तथा पराः चेष्टाः अपि तद्रूपाः।

पूर्वकथिताः अङ्गनानाम् उपलक्षणमेतत् पुंसामतिग्राह्या एव; 'दश पुंसां भवन्त्यपि' इति कथनात् भावहावहेलादयः लीलादयोऽष्टादश 'यौवने सत्त्वजास्तासामष्टाविंशतिसङ्ख्यया' इत्युक्ताः अलंकाराः ये च अनुभावरूपाः सत्त्वोद्भूताः स्तम्भस्वेदादयो वक्ष्यमाणा एवमेव इतराः रत्यादिमतो जनस्य कटाक्षादयः अनुभावस्वरूपाः ज्ञेया इति। रत्यादिस्थायिभावजन्यत्वाभावात् शोभाकान्त्यादयः नानुभावाः, तेन अयत्नजानां शोभाकान्त्यादिसप्तानां व्यावृत्त्यर्थमेव 'अङ्गजाश्च स्वभावजाः' इतिमात्रमुक्तं भवति।

तद्रूपा इति तद्रूपाः इति अनुभावस्वरूपाः। अनुभावमध्ये, यः यस्य रसस्य अनुभावः तदनुभावः तस्य रसस्य स्वरूपवर्णने वक्ष्यते इति। अनुभावमध्ये सात्त्विकभावा निरूप्यन्ते इति विकारा इति।

अन्वयः—सत्त्वसम्भूताः विकाराः सात्त्विकाः परिकीर्तिताः।

सत्त्वेन गुणेन सञ्जाताः अन्यथाभावाः एक सात्त्विका इति परिकीर्तिता इति।

सत्त्वं नाम सामाजिकस्य आत्मनि अवस्थानं, यस्य स स्वात्मविश्रामः, रसतदाभासादि तस्य प्रकटनं करोति तच्छील इति, तादृशः कश्चनः अंतःकरणवर्ती

अवस्था इति अन्यत्र तुरजस्तमोभ्यामस्पृष्टं मनः सत्त्वम्; यद्वा सत्त्वं लघु प्रकाशकमिष्टमित्यपि।

अन्वयः–सत्त्वमात्रोद्भवत्वात् ते अनुभावतः भिन्नाः अपि।

केवलसत्त्वगुणजातत्वात् सात्त्विकाः निरुक्तानुभावात् पृथक् अपीति अभिन्ना अपि इति।

एकस्य कथं भिन्नत्वमभिन्नत्वं चेत्यपेक्षायां वृत्तावाह–वृषभः यथाबलीवर्दे धेनुरूपाया गोर्भेदः वृषभरूपस्य तु गोरभेदः तन्न्याएनेति शेषः। तथैव स्तम्भस्वेदादि-सात्त्विकभावे भावहावादिरूपानुभावस्य तु भेदः स्तम्भस्वेदादिरूपानुभावस्य तु अभेदः। तथा च सात्त्विकभावानामनुभावाः स्तम्भादिरूपानुभवाभिन्नत्वपक्षे सात्त्विकाश्चानुभावरूप-त्वान्न पृथगुक्त इति अनुभावभिन्नत्वपक्षे तु 'विभावा अनुभावाश्च सात्त्विका व्यभिचारिणः' इति प्राचीनकारिकाऽपि सङ्गच्छते एवेति। तेन सात्त्विकभावानां किञ्चिद्वैलक्षण्यमेवेति।

सात्त्विकभावान् परिगणयति–स्तम्भ इति।

अन्वयः–स्तम्भः, स्वेदः, अथ रोमाञ्चः, स्वरभङ्गः, अथ वेपथुः, वैवर्ण्यम्, अश्रु, प्रलयः–इति अष्टौ सात्त्विकाः स्मृताः।

स्तम्भः, स्वेदः, अथ रोमाञ्चः, स्वरभङ्गः, अथ वेपथुः, वैवर्ण्यम्, अश्रु, प्रलयः इत्थम् अष्टसङ्ख्याकाः, सात्त्विकाः भावाः स्मृता इति।

टिप्पणी–(1) यहां "स्त्रीणाम्" इस उपलक्षण से "नायकों" के भी यथासंभव अलंकारों का ग्रहण करना चाहिए। इसीलिए "भावाद्या दश पुंसां भवन्त्यपि" यह पहले प्रतिपादित किया है।

(2) "अयत्नज" शोभादि अलंकारों की व्यावृत्ति के लिए "अङ्गजाश्च स्वभावजाः" यह लिखा है।

तत्र–

स्तम्भश्चेष्टाप्रतीघातो भयहर्षामयादिभिः।।136।।
वपुर्जलोद्गमः स्वेदो रतिधर्मश्रमादिभिः।
हर्षाद्भुतभयादिभ्यो रोमाञ्चो रोमविक्रिया।।137।।

मदसंमदपीडाद्यैर्वैस्वर्यं गद्गदं विदुः।
रागद्वेषश्रमादिभ्यः कम्पो गात्रस्य वेपथुः।।138।।
विषादमदरोषाद्यैर्वर्णान्यत्वं विवर्णता।
अश्रु नेत्रोद्भवं वारि क्रोधदुःखप्रहर्षजनम्।
प्रलयः सुखदुःखाभ्यां चेष्टाज्ञाननिराकृतिः ।।139।।

हिन्दी अनुवाद–उनमें से (''स्तम्भ'' का कल्याण) भय (व्याघ्रादि को देखने से उत्पन्न आन्तरिक कम्पन का हेतु त्रास), हर्ष (पुत्रादि के जन्म से उत्पन्न होने वाला अंतःकरण का उल्लास) (और) ज्वरादि व्याधि के कारण चेष्टा का व्याघात (शारीरिक और मानसिक व्यापार का विघात)'' ''स्तम्भ'' (कहाता है)। (2) (''स्वेद'' का लक्षण) सुरत क्रिया, आतप, (और) परिश्रम (अध्ययनादि व्यापार से उत्पन्न खेद) इत्यादि (''आदि'' पद से ज्वर का ग्रहण होता है) कारणों से शरीर से जल का निकलना ''स्वेद'' (कहाता है) (3) (''रोमाञ्च'' का लक्षण) आनन्द, आश्चर्य (अदृष्ट का दर्शन और अश्रुत का श्रवण इत्यादि) (और) भयादि (''आदि'' पद से शीत का परिग्रहण होता है) कारणों से रोमविकार को ''रोमाञ्च'' (कहते हैं)। (4) (''स्वरभङ्ग'' का लक्षण) मद (मत्तता), सम्यक् आनन्द, (और) पीड़ादि (''आदि'' पद से अत्यन्त रुदन का परिग्रहण होता है) कारणों से अस्पष्ट भाषण को (गद्गदम्) ''स्वरभङ्ग'' (कहते हैं)। (5) (''वेपथु'' का लक्षण) अनुराग, वैर और परिश्रमादि कारणों से शरीर का कम्प ''वेपथु'' (कहलाता) हैं। (6) (''वैवर्ण्य'' का लक्षण)–विषाद (विषणता), मद (मद्यपान से उत्पन्न विकार), क्रोधादि कारणों से अन्यवर्ण की प्राप्ति (वर्णविकार) ''वैवर्ण्य'' (विवर्णता कहाती है)। (7) (''अश्रु'' का लक्षण) कोप, दुःख (मानसक्षोभ) (और) हर्ष (प्रकृष्ट आनन्द) से उत्पन्न होने वाला नेत्रों से उत्पन्न जल ''अश्रु'' (कहाता है)। (8) सुख से अथवा दुःख से चेष्टा (शारीरिक और मानसिक व्यापार) (और) ज्ञान का नष्ट हो जाना ''प्रलय'' (कहाता है)।

संस्कृत व्याख्या–अन्वयः–भयहर्षामयादिभिः चेष्टाप्रतीधातः स्तम्भः। रतिधर्मश्रमादिभिः वपुर्जलोद्गमः हर्षाद्भुतभयादिभ्यः रोमविक्रिया रोमाञ्चः। मदसम्मदपीडाद्यैः गद्गदं वैस्वर्यं विदुः। रागद्वेषश्रमादिभ्यः गात्रस्य कम्पः वेपथुः। विषादमदरोषाद्यैः वर्णान्यत्वं विवर्णता। क्रोधदुःखप्रहर्षजं नेत्राद्भवं वारि अश्रु। सुखदुःखाम्भ्यां चेष्टाज्ञाननिराकृतिः प्रलयः।

भयहर्षामयादिभिः भीतिः आनन्दः रोगः तदादिभिः शारीरिकर्मप्रतिबन्धः स्तम्भः।

सुरतातपपरिश्रमादिभिः देहसलिलनिस्सरणं स्वेदः। यथा–'आसीद्वरः कण्टकितप्रकोष्ठः स्विन्नाङ्गुलिः संववृते कुमारी' इति। आनन्दाश्चर्यभीतिप्रभृतिभ्यः रोमोद्गमः रोमाञ्चः इति। मत्तता आनन्दः व्यथा तदाद्यैः गद्गदं स्वरभङ्गः रागद्वेषश्र-मादिभ्यः स्नेहः शत्रुता परिश्रमः, तदादिभ्यः हेतुभ्यः देहस्य कम्पः वेपथुरिति। खेदः मत्तता क्रोधः तदाद्यैः वर्णभिन्नत्वम् वैवर्ण्यम्। कोपकष्टप्रमोदोत्थं नयनच्युतम् सलिलम् अश्रु। आनन्दव्यथाभ्यां हेतुभ्यां शारीरिककर्मचैतन्याभावः प्रलयः इति।

टिप्पणी–"सात्विक भावों" के दूसरे यथासंभव लक्षण देते हैं–

1. **स्वेद का लक्षण**–वपुर्जलोद्गमः स्वेदो रतितापश्रमादिभिः।

2. **रोमाञ्च का लक्षण**–"रोमाञ्चः प्रोद्गमो रोम्णां रोमहर्षादिभिस्तनौ"।

3. **स्वरभंग का लक्षण**–"गद्गदो विस्वरत्वं च वैस्वर्य प्रमदादिभिः।'

4. **वेपथु का लक्षण**–"रागरोषभयादिभ्यः कम्पो गात्रस्य वेपथुः"।

5. **प्रलय का लक्षण**–"प्रलयो रागदुःखादेरिन्द्रियास्तमयो मतः।"

यथा मम–

'तनुस्पर्शादस्या दरमुकुलिते हन्त! नयने,
उदञ्चद्रोमाञ्चं व्रजति जडतामङ्गमलिखम्।
कपोलौ धर्माद्रौ, ध्रुवमुपरताशेषविषयं
मनः सान्द्रानन्दं स्पृशति झटिति ब्रह्म परमम्।।

एवमन्यत्।

अथ व्यभिचारिणः–

विशेषादाभिमुख्येन चरणाद् व्यभिचारिणः।
स्थायिन्युन्मग्ननिर्मग्नास्त्रयस्त्रिंशश्च तद्विदाः।। 140।।

स्थिरतया वर्तमाने हि रत्यादौ निर्वेदादयः प्रादुर्भावतिरोभावाभ्यामाभिमुख्येन चरणाद् व्यभिचारिणः कथ्यन्ते।

हिन्दी अनुवाद–जैसे मेरा (ग्रंथकार का) उदाहरण इस प्रकार है–

इस नायिका के शरीर-स्पर्श से आंखें कुछ मुद्रित हो गईं, सम्पूर्ण अङ्ग रोमाञ्चित होकर स्तब्ध हो गया है, कपोल पसीने से गीले हो गए हैं, समस्त विषयों के निवृत्त हो जाने से प्रगाढ आनन्द वाला मन शीघ्र परम ब्रह्म का साक्षात्कार करता है।

(यहां स्तम्भ, रोमाञ्च एवं प्रलय भाव बतलाए गए हैं।)

इसी तरह अन्य सात्त्विक भावों के उदाहरण स्वयं जान लेना चाहिए।

अब व्यभिचारी भावों का निरूपण कर रहे हैं–

विभाव एवं अनुभाव के अतिरेक से विशेष करके रसपुष्टि के प्रति अनुकूलता से प्रवर्तमान एवं स्थायी भाव में समुद्र में बुलबुले की भांति आविर्भाव एवं तिरोभाव होने वाले भाव व्यभिचारी भाव हैं। ये ही संचारी भी कहे गए हैं। इसके तैंतीस भेद हैं।

(यह न्यूनतम संख्या के अवच्छेद के लिए है, न कि अधिकतम संख्या के; क्योंकि रति, हास आदि भाव भी शृङ्गार, वीर आदि रसों से व्यभिचारी होते हैं अर्थात् स्थायी भाव भी रसान्तर में संचारी होते हैं। अतः इनकी सामान्य संख्या 49 है।)

रत्यादि रूप स्थायी भाव तो हृदय में सदा स्थिर रूप से प्रभावित होते हैं और निर्वेदादि भाव रत्यादि भावों से ही उद्भूत एवं उन्हीं में तिरोभूत होकर उनकी रस-रूप से अभिव्यक्ति में विशेषतः सहायक होते हैं।

संस्कृत व्याख्या–प्रियायाः शरीरस्पर्शात् लोचने ईषन्मुदिते हन्त इति हर्षे प्रादुर्भवद्रोमविकारम् सम्पूर्णम् अवयवं स्तब्धतां गच्छति। अनेन रोमाञ्चस्तम्भौ अभिहितौ। गण्डौ स्वेदेन क्लिन्नौ अनेन स्वेदः। निवृत्तसमस्तज्ञेयं मानसम् निश्चितम् घनप्रमोदं निर्वचनीयम् शुद्धचैतन्यम् सत्त्वरमेव अधिगच्छति। ब्रह्मानन्दवद् घनानन्दे प्रलीयते इति। अनेन प्रलय उक्तः इत्थमत्र स्तम्भस्वेदरोमाञ्चप्रलयाः।

अनेन प्रकारेण अन्यदपि ऊह्यमिति। यथा–'बाले नाथ विमुञ्च मानिनि' इत्यादौ स्वरभङ्गः। 'मा गर्वमुद्वह' इत्यादौ वेपथुः। 'शोणं वीक्ष्य मुखम्' इत्यादौ वैवर्ण्यमश्रु चेति।

अनुभावनिरूपणानन्तरम् व्यभिचारिभावाः उच्यन्ते इति। 'विभावेनानुभावेन व्यक्तसञ्चारिणा तथा' इति निर्देशक्रमेण क्रमप्राप्ता व्यभिचारिणों निरूप्यन्ते इति।

अन्वयः–विशेषात् आभिमुख्येन चरणात् तथा स्थायिनि उन्मग्ननिर्मग्नाः व्यभिचारिणः, तद्भिदाः त्रयस्त्रिंशत् च।

विभावानुभावापेक्षया अतिरेकात् रसपुष्टिं प्रत्यानुकूल्येन प्रवर्तमानाः तथा स्थायिभावे, उन्मग्ननिर्मग्नाः जले बुद्बुदा इव प्रादुर्भुताः जले बुद्बुदा इव पुनस्तिरोभूताः, भावाः सञ्चारिणः कथ्यन्ते। विभावानुभावापेक्षया विशेषेण रसपुष्टिजनक-भावत्वं व्यभिचारित्वमिति।

व्यभिचारिभावस्य भेदाः त्र्यधिकत्रिंशत् इति इदमप्युपलक्षणम्। रत्यादयोऽपि रसान्तरेषु व्यभिचारिणो भवन्ति। तेन त्रयस्त्रिंशदिति न्यूनसङ्ख्याया व्यवच्छेदकं न त्वधिकसङ्ख्यायाः। तेनैवोक्तं हासक्रोधादयः शृङ्गारवीरादौ व्यभिचारिण एवेति।

रसान्तरोपस्थितिं यावत् प्रवाहवत् स्थायित्वेन विद्यमाने रत्यादिस्थायिभावे निर्वेदादिभावाः अभिधास्यमानाः रसाभिव्यक्तिकानुकूल्येन प्रवर्तनात् सञ्चारिभावाः अभिधीयन्ते।

टिप्पणी–व्यभिचारीभाव और संचारीभाव समानार्थक हैं, अतः ''विभावेनानुभावेन व्यक्तः सञ्चारिणा तथा'' इस कारिका के साथ किसी भी प्रकार की असङ्गति नहीं है क्योंकि कारिकागत ''सञ्चारी'' पद का यहां पर उद्देश्य क्रम से प्राप्त ''व्यभिचारी'' इस पद से निरूपण किया गया है।

''व्यभिचारीभावों'' के 33 भेद होते हैं–यह कहकर न्यून संख्या की व्यावृत्ति की है, अधिक संख्या की नहीं अर्थात् व्यभिचारीभाव कम से कम तो 33 होते हैं और इससे अधिक भी हो सकते हैं। इसीलिए कहा है कि–''हासक्रोधादयः शृंगारादौ व्यभिचारिणः'' इति। अर्थात् हास, क्रोध आदि (जोकि हास्य और रौद्र रस के स्थायीभाव हैं) शृंगारादि में व्यभिचारी हो जाते हैं। ये जो व्यभिचारीभाव 33 बताए हैं ये तो केवल उपलक्षण हैं। क्योंकि ''रत्यादयोऽप्यनियते रसे स्युर्व्यभि चारिणः''। अतः व्यभिचारीभाव केवल 33 ही नहीं हैं, इससे अधिक भी हो सकते हैं।

के त इत्याह–

निर्वेदावेगदैन्यश्रममदजडता औग्रयमोहौ विबोधः
स्वप्नापस्मारगर्वा मरणमलसतामर्षनिद्रावहित्थाः।
औत्सुक्योन्मादशङ्काः स्मृतिमतिसहिता व्याधिसन्त्रासलज्जा
हर्षासूयाविषादाः सधृतिचपलता ग्लानिचिन्तावितर्काः।। 141।।

तत्र निर्वेदः

> तत्त्वज्ञानापदीर्ष्यादेर्निर्वेदः स्वावमाननम्।
> दैन्यचिन्ताश्रुनिःश्वासवैवर्ण्योच्छ्वसितादिकृत्।। 142।।

तत्त्वज्ञानान्निर्वेदो यथा–

> 'मृत्कुम्भबालुकारन्ध्रपिधानरचनार्थिना।
> दक्षिणावर्तशङ्खोऽयं हन्त! चूर्णीकृतो मया'।।

हिन्दी अनुवाद–वे (व्यभिचारीभाव) कौन से हैं? यह बताते हैं–

("व्यभिचारीभावों" का नाम्ना परिगणन)–(1) निर्वेद (2) आवेग (3) दैन्य (4) श्रम (5) मद (6) जड़ता (7) उग्रता (8) मोह (9) विबोध (10) स्वप्न (11) अपस्मार (12) गर्व (13) मरण (14) अलसता (15) अमर्ष (16) निद्रा (17) अवहित्था (18) औत्सुक्य (19) उन्माद (20) शंका (21) स्मृति (22) मति (23) व्याधि (24) संत्रास (25) लज्जा (26) हर्ष (27) असूया (28) विषाद (29) धृति (30) चपलता (31) ग्लानि (32) चिन्ता (33) वितर्क। (ये 33 व्यभिचारी अथवा सञ्चारीभाव होते हैं)।

उनमें से "निर्वेद" (का लक्षण)–तत्त्वेति–यथार्थ ज्ञान (देहादि के अन्दर अनुपादेयता के ज्ञान से, जीवात्मा और परमात्मा के अभेद ज्ञान से नहीं) आपत्ति, (और) ईर्ष्यादि से (दूसरे की उन्नति को न सहन कर सकना) (यहां "आदि" पद से आधि, व्याधियों का ग्रहण होता है अथवा पुराणों के श्रवणादि का बोध होता है) (उत्पन्न) दीनता, चिन्ता, अश्रु, निःश्वास, विवर्णता (हर्षराहित्य का प्रत्यय कराने वाली आकृति) (और) उच्छ्वास आदि को करने वाला (यहां "आदि" पद से मृत्यु आदि की अभिलाषादि का ग्रहण होता है अथवा अपने कुचरितों को उत्पन्न करने आदि का ग्रहण होता है) अपने विषय में अवज्ञा "निर्वेद" (कहलाता है)।

तत्वज्ञान से उत्पन्न होने वाले "निर्वेद" (का उदाहरण) यथा–मृत्कुम्भेति–(विषय भोग और सांसारिक सुखों के लिए सम्पूर्ण जीवन को विनष्ट करके बाद में किसी महात्मा के संसर्ग से तत्वज्ञान उत्पन्न होने पर अपने विगत कर्मों के प्रति अनुताप करते हुए किसी की उक्ति है) मृत्तिका से रचित घट के बालू की तरह छिद्र को बन्द करने की इच्छा से बड़े दुःख की बात है कि (हन्त!) मैंने (शरीररूपी)

दक्षिणावर्त नामक बहुमूल्य शंख विशेष विनष्ट कर दिया। (कहने का यह आशय है कि सांसारिक विनाशशील सुख की कामना से मैंने परमार्थ को सिद्ध करने में समर्थ होने के कारण्रा अत्यन्त उपादेय दक्षिणावर्त शंख के तुल्य इस शरीर को विषयों में लगे रहने से मुद्गर तुल्य बुढ़ापे से विनष्ट कर दिया अर्थात् अत्यन्त तुच्छ मिट्टी से निर्मित घड़े के बालुका सदृश छिद्र को बन्द करने के लिए बहुमूल्य दक्षिणावर्त नामक शंख को चूर्ण करने की तरह ऐहिक स्वल्प दुःख के निराकरण के लिए कुकर्म करते हुए मैंने पारलौकिक अत्यन्त सुख को नष्ट कर दिया–इस प्रकार यथार्थ ज्ञान के कारण अपने चरित का तिरस्कार करने से "निर्वेद" है) अथवा–(मेघनाद की शक्ति के लगने से लक्ष्मण के मोह को प्राप्त हो जाने पर श्री रामचन्द्र की यह विलापमयी उक्ति है)–रावण का वधादि ही है मृत्तिका निर्मित घड़े के बालुका सदृश छिद्र का बन्द करना–उसकी रचना की इच्छा से यह लक्ष्मणरूपी दक्षिणावर्त शंख मैंने विनष्ट कर दिया। (चूर्णाख्य नामक द्रव्य विशेषकर दिया) (शंखादि को जलाकर "चूर्ण" नामक द्रव्य का निर्माण करना प्रसिद्ध है)।

संस्कृत व्याख्या–व्यभिचारिभावाः किं स्वरूपाः इति निर्दिशति।

अन्वयः–निर्वेदावेगदैन्यश्रममदजडता औग्र्यमोहौ विबोधः स्वप्नापस्मारगर्वाः मरणम् अलसतामर्ष- निद्रावहित्थाः औत्सुक्योन्मादशङ्काः स्मृतिमतिसहिताः व्याधिसन्त्रासलज्जाः हर्षासूयाविषादाः सधृतिंचपलता ग्लानिचितावितर्काः।

आवेगः श्रमः जडता उग्रता विबोधः, स्वप्नः, अपस्मारः, गर्वः, मरणम्, अलसता, अमर्षः, निद्रा, अवहित्था, औत्सुक्यम्, उन्मादः, शङ्का, स्मृतिः, मतिः, व्याधिः, सन्त्रासः, लज्जा, हर्षः, असूया, विषादः, धृतिः, चपलता, ग्लानिः, चिन्ता, वितर्क इति।

निर्वेदादिमध्ये, निर्वेदो निरूप्यत इति।

अन्वयः–तत्त्वज्ञानापदीर्ष्यादिः दैन्यचिन्ताश्रुनिःश्वासवैवर्ण्योच्छ्वसितादिकृत् स्वावमाननं निर्वेदः।

यथार्थज्ञानम् विपत्तिः अक्षान्तिः आदिपदात् उत्कटाशाभङ्गादिस्तस्माद्धेतोः, जायमाना, दैन्यचिन्ताश्रुनिःश्वासवैवर्ण्योच्छ्वसितादिकृत् दीनता आध्यानं नयनाम्बु निःश्वसनम् विवर्णता ऊर्ध्वश्वासः, आदिपदात् स्वकुकर्मोद्भावनादिः तद्विदधातीति, दैन्याद्यनुभावकारिका निजबुद्धिकर्मादाववमाननम्, निर्वेदः इति।

यथार्थतत्त्वावबोधात्, निर्वेदः, यथा—मृत्कुम्भेति। मृत्कुम्भबालुकारन्ध्रपिधान-रचनार्थिना मृन्मयघटस्य बालुकाच्छिदं, तस्य आच्छादननिर्माणं, तद् अर्थयते तच्छीलस्तेन तथाभूतेन, अयं देहलक्षणः महामूल्यशङ्खः तत्पिधानोपयोगिचूर्णपदार्थः विहितः हन्त इति विषादे।

अत्र नितान्तमृत्कुम्भबालुकारन्ध्रपिधानाय महामूल्यदक्षिणावर्तचूर्णी करणमिव नितान्ततुच्छसांसारिकाभावपूरणाय परमपुरुषार्थलाभोपयोगिमानवजीवनातिवाहनमती-वान्याय्यं जातमितियथार्थज्ञानेन स्वकर्मण्यवज्ञाकरणान्निर्वेद इति। एवम् आपत्तः ईर्ष्यात उत्कटाशाभङ्गतश्चापि निर्वेदः। तत्र नीचपुरुषेषु आक्रोशनाधिक्षेपव्याधिताडन-दारिद्रयेष्टविरहपरसम्पद्दर्शनादिभिः उत्तमेषु तत्वज्ञादिभिर्जनिता विषयद्वेषाख्या रोदनदीर्घनिःश्ववासदीनमुखतादिकारिणी चित्तवृत्तिर्निर्वेद इति।

ईर्ष्यातो निर्वेदो यथा—'न्यक्कारो ह्ययमेव मे' इत्यादि।

टिप्पणी—(1) पहले अर्थ के अन्दर "निदर्शनालंकार" है और दूसरे अर्थ में "रूपकोपपादि- कातिशयोक्ति" अलंकार है।

(2) यहां पर आपत्ति से उत्पन्न अपना तिरस्कार करने से "निर्वेद" है।

अथावेगः—

आवेगः संभ्रमस्तत्र हर्षजे पिण्डिताङ्गता।
उत्पातजे स्रस्तताङ्गे, धूमाद्याकुलताग्निजे।। 143।।
राजविद्रवजादेस्तु शस्त्रनागादियोजनम्।
गजादेः स्तम्भकम्पादि, पांस्वाद्याकुलतानिलात्।। 144।।

इष्टाद्धर्षाः, शुचोऽनिष्टाज्ज्ञेयाश्चान्ए यथायथम्।

तत्र शत्रुजो यथा—

'अर्घ्यमर्घ्यमिति वादिनं नृपं सोऽनवेक्ष्य भरताग्रजो यतः।
क्षत्रकोपदहनार्चिषं ततः सन्दधे दृशमुदग्रतारकाम्।।'

एवमन्यदूह्यम्।

अथ दैन्यम्—

दौर्गत्याद्यैरनौजस्यं दैन्यं मलिनतादिकृत्।। 145।।

यथा–

'वृद्धोऽन्धः पतिरेष मञ्चकगतः, स्थूणावशेषं गृहं,
कालोऽभ्यर्णजलागमः कुशलिनी वत्सस्य वार्तापि नो।
यत्नात्सञ्चिततैलबिन्दुघटिका भग्नेति पर्याकुला
दृष्ट्वा गर्भभरालसां निजवधूं श्वश्रूश्चिरं रोदिति।।'

अथ श्रमः–

खेदो रत्यध्वगत्यादेः श्वासनिद्रादिकृष्छ्रमः।

यथा–

'सद्यः पुरीपरिसरेऽपि शिरीषमृद्वी
सीता जवात्त्रिचतुराणिपदानि गत्वा।
गन्तव्यमस्ति कियदित्यसकृद् ब्रुवाणा
रामाश्रुणः कृतवती प्रथमावतारम्।।'

अथ मदः–

संमोहानन्दसंभेदो मदो मद्योपयोगजः।। 146।।
अमुना चोत्तमः शेते मध्यो हसति गायति।
अधर्मप्रकृतिश्चापि परुषं वक्ति रोदिति।। 147।।

यथा–

'प्रातिभं त्रिसरकेण गतानां वक्रवाक्यरचनारमणीयः।
गूढसूचितरहस्यसहासः सुभ्रुवां प्रववृते परिहासः।।'

अथ जडता–

अप्रतिपत्तिर्जडता स्यादिष्टानिष्टदर्शनश्रुतिभिः।
अनिमिषनयननिरीक्षणतूष्णींभावादयस्तत्र।। 148।।

यथा मम कुवलयाश्वचरिते प्राकृतकाव्ये–

णवरिअ तं जुअजुअलं अण्णोण्णं णिहिदसजलमन्थरदिट्ठिं।
आलेक्खओपिअं विअ खणमेत्तं तथ सट्ठिअं मुअसण्णं।।'

(केवलं तद्युवयुगलमन्योऽन्यं निहितसजलमन्थरदृष्टिम्।
आलेख्यार्पितमिव क्षणमात्रं तत्र स्थितं मुक्तसङ्गम्।।)

हिन्दी अनुवाद–अब आवेग का निरूपण किया जा रहा है–

घबराहट ही आवेग है। उसमें वर्षाजन्य आवेग में अङ्ग-प्रत्यङ्ग सिकुड़ जाते हैं, उत्पात से उत्पन्न आवेग में शरीर में शिथिलता होती है, आग से उत्पन्न आवेग में धुआं एवं संताप आदि की व्याकुलता बढ़ जाती है, राजा, शत्रु आदि के उपद्रव से उत्पन्न आवेग में शस्त्र, हाथी आदि की योजना होती है, जंगली हाथी आदि से उत्पन्न आवेग में स्तम्भ, कम्प आदि उत्पन्न हो जाते हैं, वायुजन्य आवेग में धूल आदि से व्याकुलता बढ़ जाती है, इष्टप्राप्ति से उत्पन्न आवेग में हर्ष होता है, अनिष्ट से उत्पन्न आवेग में शोक होता है। इस प्रकार और भी आवेग यथायोग्य जान लेना चाहिए।

उसमें शत्रुजन्य आवेग का उदाहरण जैसे–

उन्होंने (परशुराम ने) 'अर्घ्य लाओ अर्घ्य लाओ' ऐसा कहने वाले राजा दशरथ की अपेक्षा कर जहां राम थे, वहीं क्षत्रियों के प्रति कोपरूपी अग्नि की ज्वालास्वरूप ऊंची पुतली वाली दृष्टि गड़ा दी।

इसी तरह अन्यान्य आवेग-उदाहरण स्वयं ढूंढ़ लेना चाहिए।

अब दैन्य का निरूपण किया जा रहा है–

दुर्गति आदि से उत्पन्न निस्तेजस्विता को दैन्य कहते हैं। इसके कारण मुखादि मलिनता आदि होते हैं।

जैसे–वृद्ध एवं अंधे ये पति खाट पर पड़े हैं (चल-फिर भी नहीं सकते), घर में खाली स्तम्भ मात्र बाकी है (छादन भी नहीं है), वर्षाकाल का समय सन्निकट है, पुत्र के कुशलक्षेम का भी कोई समाचार नहीं मिल रहा है, बड़े यत्न से सञ्चित तेल का छोटा-सा पात्र भी फूट गया है। इस कारण अत्यन्त व्याकुल सास गर्भ के भार से अलसाई हुई अपनी पुत्रवधू को देखकर बहुत समय तक रोने लगी।

(यहां विभिन्न कारणों से सास की दीनता होने से दैन्य है।)

अब श्रम का लक्षण बतला रहे हैं–

रति-प्रसङ्ग, मार्गगमन, अन्य कार्य आदि से उत्पन्न खेद श्रम कहलाता है और उसमें श्वास, निद्रा, अवसाद आदि होते हैं।

जैसे–शिरीष के फूल की भांति कोमल अङ्ग वाली सीता ने नगर के पास ही तत्क्षण वेग से तीन-चार पग आगे बढ़कर 'अभी और कितनी दूर चलना है'–ऐसा बारंबार पूछकर राम के आंसुओं का पहला आविर्भाव करा दिया।

(यहां सीता को अध्वगमनजन्य खेद है, अतः श्रम है।)

इसके बाद मद का निरूपण किया जा रहा है–

मद्य के उपयोग से उत्पन्न बेहोशी तथा हर्ष के मिश्रण को मद कहते हैं। इस मद्यपान से उत्तम प्रकृति के लोग सो जाया करते हैं, मध्यम प्रकृति के लोग हंसने अथवा गाने लगते हैं और नीच प्रकृति के लोग गाली-गलौज तथा रोने लगते हैं।

उदाहरण के लिए जैसे–

तीन बार मदिरा पीने से प्रतिभा-विशेष को प्राप्त रमणियों का नानाविध वक्रोक्तियों की रचना से सुन्दर तथा रति-रहस्यों की गूढसूचक हास्ययुक्त क्रीड़ा प्रवृत्त हो गई।

अब जड़ता का निरूपण किया जा रहा है–

इष्ट एवं अनिष्ट के दर्शन अथवा श्रवण से उत्पन्न किंकर्तव्यविमूढ़ता को जड़ता कहते हैं। इसके होने पर निर्निमेष नयनों से देखना, चुप्पी साधना आदि होते हैं।

जैसे मेरे कुवलयाश्वचरित नामक प्राकृत काव्य के उदाहरण में जड़ता-वर्णन इस प्रकार है–

उस स्थान में परस्पर आंसू भरी दृष्टि रखने वाली वह युवक एवं युवति की जोड़ी चित्राङ्कित प्रेमी-युगल की भांति कुछ समय तक संसर्ग छोड़कर खड़ी रही।

(यहां परस्पर इष्टदर्शन से किंकर्तव्यविमूढ़ होने से जड़ता है।)

(चिरकाल के अनन्तर परस्पर मिलते हुए नायक और नायिका की अवस्था को देखने वाली किसी सखी की उक्ति है अथवा चिरकाल से बिछुड़े हुए अकस्मात्

मार्ग में एक दूसरे को देखते हुए दो मित्रों के मिलने की अवस्था का किसी के द्वारा यह वर्णन है) णवरिअ इति—(उस समय) वह युवक और युवती का जोड़ा केवल एक दूसरे के ऊपर डाली है अश्रु पूर्ण निर्निमेषदृष्टि जिन्होंने ऐसे चित्र लिखित की तरह आसङ्गरहित क्षणमात्र खड़े रहे।

संस्कृत व्याख्या—आवेगं लक्षयितुमाह—अथेति। निर्वेदानन्तरम् आवेगो नाम चित्तवृत्तिर्निरूप्यते इति। आवेग इति।

अन्वयः—सम्भ्रमः आवेगः। तत्र वर्षजे पिण्डिताङ्गता, उत्पातजे अङ्गे स्रस्तता, अग्निजे धूमाद्याकुलता, राजविद्रवजादेस्तु शस्त्रनागादियोजनं, गजादेः स्तम्भकम्पादि, अनिलात् पांस्वाद्याकुलता, इष्टात् हर्षाः, अनिष्टात् शुचः, (इत्थम्) अन्ए च यथायथं ज्ञेयाः।

केनापि कारणेन सञ्जाता त्वरा, आवेगः इति। तेषां मध्ये वृष्टिजाते आवेगे सङ्कुचिताङ्गता, सर्वाङ्गनामार्द्रतानिवारणाएति। सन्निहितनामसोत्पातजे, आवेगे अङ्गे शिथिलता, तत्तेजसेति अनलजन्ए धूमसन्तापजन्याकुलता, राजविद्रवजादेः उपद्रवात् आदिपदात् प्रबलशत्रोरपि जाते आवेगे तु शस्त्रनागादियोजनम् आयुधानां गजानाम्, आदिपदात् अश्वादीनां च सङ्ग्रहणम्, च जायतै। गजारण्यकगजादिजे आवेगे स्तब्धतावेपथुप्रभृतिः मूर्च्छादिश्च वातात् जायमाने आवो धूलिभिः, आदिपदात् तृणपर्णादिभिश्च आकुलता प्रियसङ्गमादिजात् आवेगात् प्रमोदाः जायन्ते। प्रियविच्छेदादिकारणात् आवेगात् शोकाः भवन्ति। इतरे सकार्यकारणाः आवेगाः यथास्वम् ज्ञेया इति।

शत्रुजमावेगमुदाहरति विभिन्नावेगमध्ये, शत्रुजः आवेगः यथा—अर्ध्यमिति। परशुरामः, अर्ध्यम् अर्घ्यं गृह्यताम् इति वादिनं दशरथम् अविलोक्य यस्मिन् स्थले रामः वर्तते तस्मिन् स्थाने, क्षत्रकोपदहनार्चिषं—क्षत्रेषु कोप एव वह्निः, तस्य शिखास्वरूपाम् उन्नततारां नयनं संहितवानिति।

अत्र अर्ध्यम् अर्ध्यमितिं वीप्साद्योतिः दशरथस्य परशुरामशत्रुज आवेग इति।

दैन्यं निरूपयितुमुपक्रमते निर्वेदनिरूपणानन्तरम् तदाख्यचित्तवृत्तिः निरूप्यत इति।

अन्वयः—दौर्गत्याद्यैः मलिनतादिकृत् अनौजस्यं दैन्यम्।

दारिद्र्यादि, आद्यपदादिष्टालाभादि तैः मालिन्यादिकारकम् निस्तैजसम् दैन्यं चित्तवृत्तिरिति।

जरठः नेत्रविकलः च पुरोगतः धवः खट्वास्थितः; पलितुमशक्यत्वात्, तेन वर्तमानदुःखप्रतीकाराक्षम इति आवासः स्तम्भमात्रावशिष्टम्, छादनादिहीन इति समयः सन्निहितवर्षाकालः, वृष्टिपातस्यावश्यम्भावित्वाद् गृहे स्थितिरपि असम्भवेति पुत्रस्य देशान्तरं गतस्य मङ्गलसूचिका वृत्तान्तः, अपि नो श्रूयते इति, तेन तदपि शङ्कास्थानं ततोऽपि न काचिदाशेति अतीवप्रयासात्, सञ्चिततैलबिन्दुघटिका आचितानां स्नेहपृषतानां लघुपात्रम् नष्टा हेतोः अतीवविषण्ण पतिजननी स्नुषाम् भ्रूणभारमन्थराम् विलोक्य बहुकालम् रोदिति इति। अत्र तैस्तेः कारणैः देन्याद् दैन्यमिति।

श्रमं लक्षयति—खेद इति।

अन्वयः—रत्यध्वगत्यादेः श्वासनिद्रादिकृत् खेदः श्रमः।

रत्यध्वगत्यादेः सुरतम् दूरपथगमनं, तदादेः दीर्घश्वासनिद्रावसादादिकृत् आयासः श्रम इति।

शिरीषपुष्पवत्सुकोमलाङ्गी सीता नगरीप्रान्ते तत्क्षणात् वेगात् त्रीणि चत्वारि पदानि गत्वा वनोपस्थितौ इतःपरम् किं परिमाणम्, गन्तव्यम् अस्ति इति वारं वारम् कथयन्ती रामबाष्पस्य प्राथमिकोद्गमं विहितवतीति।

अत्र कियद् गन्तव्यमिति मुहुः कथनात् सीतायाः अवसादप्रतीतेः श्रम इति।

मदं लक्षयति—सम्मोहेति।

अन्वयः—मद्योपयोगजः सम्मोहानन्दसम्भेदः मदः। अमुना च उत्तमः शेते, मध्यः हसति, उत्तमः गायति, अधमप्रकृति अपि परुषं वक्ति रोदिति च।

मद्योपयोगजः मादकद्रव्यस्य व्यवहारात् उत्पन्नः, सम्मोहानन्दसम्भेदः वैचिन्त्यहर्षयोः मिश्रणं, मदाख्यचित्तवृत्तिः। मदेन च धीरप्रकृतिकः शयनमात्रं करोति मध्यमप्रकृतिकः, हसति, गायति अधीरस्वभावः, नीचप्रकृतिकः, च निष्ठुरमश्लीलञ्च जल्पति रोदिति चेति।

मदं लक्षयति—प्रातिभमिति। त्रिवारमधुपानेन बुद्धिप्रभावविशेषं प्राप्तानां युवतीनाम्, वक्रवाक्यरचनारमणीयः व्यङ्ग्योक्त्या, अभिरामः, गूढसूचितरहस्यसहासः पूर्वं लज्जावशात्

संवृतानि इदानीं मदवशात्प्रकाशितानि रमणादिगुप्तव्यापाराः, यस्मिन् स चासौ सहासश्च नर्मकेलिः प्रवृत्त इति।

अत्र कामिनीनां हासकरणान्मद इति।

जडतां निरूपयति—अप्रतिपत्तिरिति।

अन्वयः—इष्टानिष्टदर्शनश्रुतिभिः अप्रतिपत्तिः जडता स्यात्। तत्र अनिमेषनयन-निरीक्षणतूष्णीम्भावादयः (भवन्ति)।

इष्टानिष्टदर्शनश्रुतिभिः प्रियाप्रिययोः विलोकनं श्रवणं च ताभिः कर्तव्यविमूढ़ता, जडता स्यात्। जडतायाम्, अनिमिषनयननिरीक्षणतूष्णीम्भावाय—अनिमिषेण नेत्रेण विलोकनं मौनता, आदिपदात् निष्पन्दतादयः, भवन्तीति।

जडतामुदाहर्तुमुपक्रमते—यथेति। ग्रंथकृतः तदाख्ये प्राकृतभाषाकाव्ये—णवरिअं इति।

केवलं तत् त्यक्तसंसर्गम् युवकयुवतिद्वन्द्वम्, अन्योन्यनिहितसजलमन्थरदृष्टिम्—अन्योन्यस्मिन् स्थापिता अश्रुसिक्ता निर्निमेषा, दृष्टिर्येन तत्, अत एव चित्रपटस्थापितम् इव तत्र क्षणमात्रं स्थितमिति।

अत्र परस्परयोरेवेष्टदर्शनेन कर्तव्यमूढतया जडतेति।

टिप्पणी—यहां पर एक दूसरे के प्रिय के दर्शन से क्षणभर के लिए किंकर्तव्यविमूढ हो जाने के कारण ''जड़ता'' है।

अथोग्रता—

शौर्यापराधादिभवं भवेच्चण्डत्वमुग्रता।
तत्र स्वेदशिरःकम्पतर्जनाताडनादयः।। 149।।

यथा—

'प्रणयिसखीसलीलपरिहासरसाधिगतै
र्ललितशिरीषपुष्पहननैरपि ताम्यति यत्।
वपुषि वधायतत्र तव शस्त्रमुपक्षिपतः
पततु शिरस्यकाण्डयमदण्ड इवैष भुजः।।'

हिन्दी अनुवाद–अब उग्रता का लक्षण बतला रहे हैं–

शत्रु की शूरता, दूसरे से किया हुआ अपराध आदि से उत्पन्न कोपशीलता को उग्रता कहते हैं। इसमें पसीना, मस्तक हिलाना, तर्जन, ताडन तथा हत्या आदि होते हैं।

जैसे–प्रणययुक्त सखीजनों के इतिहास में राग से प्राप्त कोमल शिरीषपुरुषों के प्रहार से भी जिसका शरीर म्लान हो जाता है, वैसे शरीर में मारने के लिए शस्त्र उठाने वाले तेरे शिर पर अचानक पड़ने वाले यमराज के दण्ड के समान यह मेरा बाहुदण्ड पड़े।

(यहां अधोरघण्ट का मालती-हनन के उद्यम रूप अपराध से माधव की उग्रता है।)

संस्कृत व्याख्या–उग्रतां निरूपयति–शौर्येति।

अन्वयः–शौर्यापराधादिभवं चण्डत्वम् उग्रता भवेत्। तत्र स्वेदशिरः कम्पतर्जनाताडनादयः (भवन्ति)।

शौर्यापराधादिभवं शत्रोर्वीरत्वम् परस्यापराधः आदिपदात् परकृतापकारादिकञ्च, तदादिभवं अत्यन्तकोपनत्वम्, उग्रता भवेदिति। उग्रतायाम् धर्मजलम् मस्तकवेपथुः, भर्त्सनं, ताडनम्, आदिपदात् हत्यादयश्च भवन्तीति।

उग्रतामुदाहरति–प्रणयीति। शरीरम् प्रणयिसखीसलीलपरिहासरसाधिगतैः प्रेमयुक्तानां वयस्यानां सविलासः यः क्रीडारागः तेन प्राप्तैः, ललितशिरीषपुष्पहननैः कोमलानि, यानि शिरीषपुष्पाणि, तैः ताडनैः, अपि ग्लायति। तस्मिन् मालत्याः शरीरे खड्गरूपमायुधम् प्रेरयतः अघोरघण्टस्य मस्तके अनवसरक्रान्तदण्डः, इव मदीयः बाहुः पततु इति।

अत्र माधवस्य मालतीहननप्रयासरूपेण अघोरघण्टस्यापराधेन उग्रता।

टिप्पणी–यहां पर मालती के शरीर पर शस्त्र प्रहार करते हुए अघोरघण्ट के अपराध के कारण माधव की "उग्रता" ध्वनित होती है।

अथ मोहः–

मोहो विचित्तताभीतिदुःखावेगानु चिन्तनैः।
मूर्च्छनाज्ञानपतनभ्रमणादर्शनादिकृत्।। 150।।

यथा–

'तीव्राभिषङ्गप्रभवेण वृत्तिं मोहेन संस्तम्भयतेन्द्रियाणाम्।
अज्ञातभर्तृव्यसना मुहुर्तं कृपोपकारेव रतिर्बभूव'।।

अथ विबोधः–

निद्रापगमहेतुभ्यो विबोधश्चेतनागमः।
जृम्भाङ्गभङ्गनयनमीलनाङ्गावलोककृत्।। 151।।

यथा–

'चिररतिपरिखेदप्राप्तनिद्रासुखानां चरममपि शयित्वा पूर्वमेव प्रबुद्धाः।
अपरिचलितगात्राः कुर्वते न प्रियाणामशिथिलभुजचक्राश्लेषभेदं तरुण्यः'।

अथ स्वप्नः–

स्वप्नो निद्रामुपेतस्य विषयानुभवस्तु यः।
कोपावेगभयग्लानिसुखदुःखादिकारकः।। 152।।

हिन्दी अनुवाद–अब मोह का निरूपण कर रहे हैं–

भय, दुःख, आवेग, अत्यन्त चिन्तन आदि से उत्पन्न चित्त की विकलता को मोह कहते हैं। इसमें मूर्च्छा, अज्ञान, भूमिपतन, भ्रमण, अदर्शन आदि होते हैं।

जैसे–कामपत्नी रति दुःसह शोक से उत्पन्न एवं इन्द्रियों की वृत्तियों को रोकने वाली मूर्च्छा से पतिनिधन रूपी आई विपत्ति के अनुभव से रहित होकर कुछ समय तक उपकृत-सी हो गई।

(यहां रति के अज्ञान के कारण पति के मरण के दुःख से हुआ मोह है।)

इसके बाद विबोध का लक्षण बतला रहे हैं–

निद्रा टल जाने के कारणों से उत्पन्न चैतन्य की पुनः प्राप्ति विबोध कहलाता है। इसके होने पर जंभाई, अंगड़ाई, आंखों को खोलना और अङ्गों को देखना आदि हुआ करते हैं।

जैसे–प्रिय के सोने के बाद सोकर भी पहले ही जगी तरुणियां प्रिय के जागने के भय से शरीर को न हिलाती हुई चिरकाल तक रतिक्रीड़ा के परिश्रम से

निद्रासुख को प्राप्त हुए प्रियों के दृढ़ बाहुमण्डल से किए गए आलिङ्गन को भङ्ग नहीं करती हैं।

(यहां तरुणियों का समय-नियम से आंखें खोलने वाले चेतना का आगम विबोध है।)

अब स्वप्न का निरूपण कर रहे हैं–

निद्रा-प्राप्त पुरुष के विषय के अनुभव को स्वप्न कहते हैं। उसमें कोप, आवेग, भय, ग्लानि, सुख, दुःख आदि होते हैं।

संस्कृत व्याख्या–मोहं लक्षयति–मोह इति।

अन्वयः–भीतिदुःखावेगानुचिन्तनैः मूर्च्छनाज्ञानपतनभ्रमणादर्शनादिकृत् विचित्तता मोहः।

भीतिदुःखावेगानुचिन्तनैः भयं व्यथा सम्भ्रमः उत्कटचिन्ता, तैः, घूर्णनागात्रपतनभ्रमणादर्शनादिकृत् नेत्र-घूर्णनं भूतलावलुण्ठनं पर्यटनम् प्रच्छन्नता तदादिकृत् भूतलावलुण्ठनं पर्यटनम् प्रच्छन्नता तदादिकृत् 'मूर्च्छनाज्ञानपतन' इत्यपि पाठः। विषयचित्तवृत्तिता, मोह इति।

उदाहरति–तीव्रेति। मदनपत्नी, तीव्राभिषङ्गप्रभवेण दुःसहः, यः शोकः तत्प्रभवेण, श्रोत्रादीनाम् शब्दादिविषयग्रहणव्यापारम्, प्रतिबध्नता, मूर्च्छया, हेतुना, अविदितपतिविपत्तिः, कञ्चित्कालम्, विहितोपकृतिः इव संवृता इति।

अत्र रत्या अज्ञानकारी भर्तृमरणदुःखजातो मोहः। विबोधं निरूपयति–निद्रेति।

अन्वयः–निद्रापगमहेतुभ्यः चेतनागमः विबोधः। जृम्भाङ्गभङ्गनयनमीलनाङ्गावलोककृत्।

स्वापाभावकारणभूतेभ्यः समयनियमपराह्वानादिभ्यः चैतन्यलाभः, विबोध इति। स च जृम्भाङ्गनयनमीलनाङ्गावलोककृत् अङ्गभङ्गः, गात्रप्रसारणम्, नेत्रोन्मीलनम् गात्रनिरीक्षणम्, च तदादिकृत् भवतीति।

विवोधमुदाहरति–चिरेति। परम् शयित्वा अपि प्राग् एव जागरिताः युवतयः प्रियनिद्राभङ्गभयान्निष्पन्ददेहाः सत्यः बहुकालरमणपरिश्रमात्, प्राप्तनिद्रासुखानाम्

अवाप्तस्वापानन्दानाम् पतीनाम्, अशिथिलभुजचक्राश्लेषभेदम् दृढेन बाहुमण्डलेन, य आलिङ्गनं तस्य स्खलनम्, न कुर्वते इति।

अत्र युवतीनां समयनियमान्नयनोन्मीलनकारी चेतनागमो विबोध इति।

स्वप्नं लक्षयति–स्वप्न इति।

अन्वयः–निद्राम् उपेतस्य यः कोपावेगभयग्लानिसुखदुःखादिकारकः विषयानुभवः तु स्वप्नः।

स्वापम् प्राप्तस्य, यः कोपावेगभयग्लानिसुखदुःखादिकारकः क्रोधः सम्भ्रमः भीतिः तेजोहीनता हर्षः कष्टम् आदिपदात् दण्डायमानतादि, तदादिकारकः, पदार्थज्ञानम्, तु स्वप्न इति। ग्रंथान्तरे– 'सुप्तस्य मनसश्चेष्टा स्वप्न इत्यभिधीयते'।

टिप्पणी–("विबोध" का लक्षण) निद्रा को दूर कर लेने के कारणों से उत्पन्न (संगीतादि) जंभाई, अङ्ड़ाई, आंखों को बन्द करना, अपने शरीर को देखने को करने वाले ज्ञान की प्राप्ति को "विबोध" (निद्रा के नाश के बाद उत्पन्न होने वाला ज्ञान) (कहलाता) है।

कुछ अविद्या के विनाश से उत्पन्न होने वाले ज्ञान को "विबोध" स्वीकार करते हैं। उनके मत में उदाहरण होगा–

यथा–

'मामाकाशप्रणिहितभुजं निर्दयाश्लेषहेतो-
र्लब्धायास्ते कथमपि मया स्वप्नसन्दर्शनेने।
पश्यन्तीनां न खलु बहुशो न स्थलीदेवतानां
मुक्तास्थूलास्तरुकिसलयेष्वश्रुलेशाः पतन्ति'।।

अथापस्मारः–

मनःक्षेपस्त्वपस्मारो ग्रहाद्यावेशनादिजः।
भूपातकम्पप्रस्वेदफेनलालादिकारकः।।153।।

'आश्लिष्टभूमिं रसितारमुच्चैर्लोलद्भुजाकारबृहत्तरङ्गम्।
फेनायमानं पतिमापगानामसावपस्मारिणमाशशङ्के'।।

अथ गर्वः–

गर्वो मदः प्रभावश्रीविद्यासत्कुलतादिजः।
अवज्ञासविलासाङ्गदर्शनाविनयादिकृत्।। 154।।

तत्र शौर्यगर्वो यथा–

'धृतायुधो यावदहं तावदन्यैः किमायुधैः?।
यद्वा न सिद्धमस्त्रेण मम तत्केन साध्यताम्'?।।

अथ मरणम्–

शराद्यैर्मरणं जीवत्यागोऽङ्गपतनादिकृत्।

यथा–

'रामन्मथशरेण ताडिता दुःसहेन हृदये निशाचरी।
गन्धवद्रुधिरचन्दनोक्षिता जीवितेशवसतिं जगाम सा'।।

अथालस्यम्–

आलस्यं श्रमगर्भाद्यैर्जाडयं जृम्भाऽऽसितादिकृत्।। 155।।

यथा–

'न तथा भूषयत्यङ्गं न तथा भाषते सखीम्।
जृम्भते मुहुरासीना बाला गर्भभरालसा'।।

अथामर्षः–

निन्दाक्षेपापमानादेरमर्षोऽभिनिविष्टता।
नेत्ररागशिरःकम्पभ्रूभङ्गोत्तर्जनादिकृत्।। 156।।

हिन्दी अनुवाद–उदाहरण के लिए जैसे–

(हे प्रिय!) मैंने स्वप्न में तुम्हें देखने पर किसी प्रकार मिली हुई तुम्हारे गाढ आलिङ्गन के लिए शून्य आकाश में हाथों को फैलाए हुए मुझको देखती हुई वन-देवताओं की मोतियों के समान बड़ी आंसुओं की बूंदें पेड़-पौधों के फलों पर कई बार गिरती है।

(यहां पर गगनभुजप्रणिधान करने वाला प्रियतमारूप विषय का अनुभव स्वप्न है।)

अब अपस्मार का निरूपण कर रहे हैं–

ग्रह आदि के आवेश आदि से उत्पन्न चित्त की विक्षिप्तता को अपस्मार कहते हैं। उसमें वात, पित्त एवं कफ के वैषम्य से उत्पन्न भूपतन, कंपकंपी, पसीना, फेन, लार टपकाना आदि होते हैं।

उदाहरण के लिए जैसे–

श्रीकृष्ण ने भूमि का आलिङ्गन करने वाले, ऊंचे स्वर से गरजने वाले, भुजाओं के समान बड़ी-बड़ी चञ्चल तरङ्ग से युक्त फेन उगलने वाले समुद्र को अपस्मार (मिरगी) रोग वाला समझ लिया।

अब गर्व का लक्षण बतला रहे हैं–

प्रभाव, ऐश्वर्य, विद्या, कुलीनता आदि गुणों से उत्पन्न अभिमान को गर्व कहते हैं। इसमें दूसरों का तिरस्कार करना, विलासपूर्वक अङ्ग दिखलाना, अविनयपूर्ण व्यवहार आदि होते हैं।

शौर्य से गर्व का उदाहरण जैसे–

जब तक मैं शस्त्र धारण करने वाला हूं, तब तक दूसरों के शस्त्रों से क्या काम? अथवा जो काम मेरे शस्त्र से सिद्ध नहीं हुआ वह किससे सिद्ध होगा? अर्थात् किसी से नहीं।

अब मरण का निरूपण कर रहे हैं–

बाण आदि के प्रहार से अङ्गपतन आदि करने वाला जीवन का त्याग मरण कहलाता है।

उदाहरण के लिए जैसे–

असह्य रामरूपी कामदेव के बाण से हृदय में ताडित वह राक्षसी दुर्गन्ध से युक्त रक्त रूपी चन्दन से लिप्त होकर यमराज के लोक में चली गयी।

(यहां शराघात से ताडका का मरण स्पष्ट है।)

इसके बाद आलस्य का लक्षण बतला रहे हैं–

परिश्रम, गर्भधारण आदि से उत्पन्न जडता को आलस्य कहते हें। इसमें जंभाई, बैठे रहना आदि होता है।

उदाहरण के लिए जैसे–

गर्भभार से असलाई हुई यह बाला न तो पहले की तरह अंगों को सजाती है और न तो पहले की तरह सखी से बातें करती है, केवल बैठे-बैठे बराबर जंभाई लेती रहती है।

(यहां बाला को जंभाई आदि कराने वाला आलस्य है।)

अब अमर्ष का लक्षण बतलाया जाता है–

निन्दा, आक्षेप, अपमान आदि से अत्यधिक आग्रह-परिग्रह को अमर्ष कहते हैं। इसमें आंखों में लाली, शिर से कम्पन, भौंहों की कुटिलता, तर्जन आदि होते हैं।

संस्कृत व्याख्या–मया स्वापविलोकनेन महता कष्टेन मिलितायाः भवत्याः गाढालिङ्गनार्थम् गगनोत्तोलितबाहुम्, शून्यार्पितबाहुमिति, मां विलोकयन्तीनाम् वनदेवतानां मौक्तिकतुल्यस्थूलाः वाष्पबिन्दवः वृक्षपल्लवेषु अनेनवारं न स्खलन्ति इति न अपि तु स्खलन्त्येवेति।

अत्र यक्षस्य गगने भुजप्रणिधानकारी प्रियतमारूपविषयानुभवः स्वप्न इति।

अपस्मारं लक्षयति–मनःक्षेप इत्यादिना।

अन्वयः–ग्रहाद्यावेशनादिजः भूपातकम्पप्रस्वेदफेनलालादिकारकः मनःक्षेपः तु अपस्मारः।

ग्रहाद्यावेशनादिजः शनिप्रभृतिग्रहाणां भूतादीनाञ्च अधिष्ठानम् आदिपदात् वातपित्तकफविकारस्यापि ग्रहणम्, तदादिजः, भूपातकम्पप्रस्वेदफेनलालादिकारकः भूमौ पतनं वेपथुः धर्मवारि मुखे कफविकारः सृणिका, आदिपदात् अचैतन्यादि, तत्कारकः, मनःक्षेपः चेतसः विषग्रहणसामर्थ्यम्, अपस्मार इति।

अपस्मारमुदाहरति–कृष्णः आलिङ्गितभूतलम्, उच्चैः शब्दायमानम्, लोलद्-भुजाकारबृहत्तरङ्गम् चलन्तः बाहुसदृशाः महान्तः भङ्गाः, यस्य तं फेनमुद्वमन्तम् नदीनाम् स्वामिनम् समुद्रमिति अपस्माररोगयुक्तम् आशङ्कितवान् इति।

अत्र सम्भाव्यमानग्रहावेशादिजातो भूपात फेनादिकारक उपमानव्यक्तेरपस्मारः। गर्वं लक्षयति—गर्व इति।

अन्वयः—प्रभावश्रीविद्यासत्कुलतादिजः अवज्ञासविलासाङ्गदर्शनाविनयादिकृत् मदः गर्वः।

प्रभावश्रीविद्यासत्कुलतादिजः प्रतापः ऐश्वर्यम् शास्त्रादिः महावंशोत्पत्तिः तदादिजः, अवज्ञासविलासाङ्गदर्शनाविनयादिकृत् शत्रुषु अनादरः विलासपूर्वकमात्मदेहदर्शनम् औद्धत्यम् तदादिकृत् मत्तता गर्वः इति।

शौर्यभवगर्वम् उदाहरति—धृतायुध इति। यावद् अहं अस्त्रधारी अस्मि तावत् अन्एषाम् अस्त्रैः किम् वा कार्यम् मम अस्त्रेण न निष्पन्नम् तत् केन निष्पाद्यतामिति, न केनापि साध्यत इति। अत्र शौर्यजातमात्मप्रशंसाकारी अहङ्कारो गर्व इति। मरणं लक्षयति—शराद्यैरिति।

अन्वयः—शराद्यैः अङ्गपतनादिकृत् जीवत्यागः मरणम्।

बाणखड्गादिभिः देहपातादिकारकः जीवनोत्सर्गः मरणमिति।

मरणमुदाहरति—रामेति। सा राक्षसी पक्षे अभिसारिका दुर्मर्षेण, राजमन्मथशरेण दाशरथिः एव कामदेवः बाणेन वक्षसि अभिहता दुर्गन्धिरक्तरूपचन्दनसिक्ता, नायिकापक्षे सुगन्धिरक्तचन्दनसिक्ता सती यमालयं, नायिकापक्षे प्राणेशावसम् यथाविति। अत्र शराघातेन निधनान्मरणम्।

अन्ए तु मरणं सुप्रसिद्धत्वादनर्थत्वाच्च नोच्यते इति। तथा च शृङ्गाराश्रयावलम्बनत्वेन मरणे व्यवसायमात्रमुपनिबन्धनीयमन्यत्र कामचार इति।

आलस्यं लक्षयति—आलस्यमिति।

अन्वयः—श्रमगर्भाद्यैः जृम्भासितादिकृत जाड्यम् आलस्यम्।

श्रमगर्भाद्यैः परिश्रमः गर्भधारणं, तदाद्यैः, हेतुभूतैः, जृम्भासितादिकृत्—जृम्भा उपवेशनं, ताददिकृत् जडता आलस्यमिति।

आलस्यमुदाहरति—न तथेति। गर्भभरेण अलसा बाला पूर्ववत् देहं न मण्डयति पूर्ववत् वयस्याम् न आलपति एकत्र निषण्णा वारं वारम् जृम्भणं करोतीति।

अत्र बलायाः जृम्भोपवेशनकारि आलस्यमिति।

अमर्ष लक्षयति–निन्देति।

अन्वयः–निन्दाक्षेपापमानादेः अभिनिविष्टता अमर्षः। नेत्ररागशिरःकम्पभ्रूभङ्गोत्तर्जनादिकृत्।

निन्दाक्षेपापमानादेः शान्तभावेन दोषकथनम् उग्रभावेन दोषकथनपूर्वकं भर्त्सनम् गौरवहानिकरणम्, आदिशब्दात् क्षेत्रकलत्रहरणादि तस्मात् निन्दादिकारिणोनिग्रहायाग्रहः अमर्षः भवतीति। स च नेत्ररागशिरःकम्पभ्रूभङ्गोत्तर्जनादिकृत् नयनलौहित्यं मस्तकवेपथुः नयनरोमकौटिल्यम् उच्चैर्भर्त्सनादि तदादिकृत् भवतीति।

टिप्पणी–(1) यहां यक्ष का आकाश के अन्दर भुजा को फैलाने के कारण प्रियतमा रूप विषय का अनुभव ''स्वप्न'' है।

(2) यहां पर भूमि पतन, जोर से शब्द करना, भुजाकार तरंगों और फेनादि के कारण समुद्र अपस्मार से ग्रस्त रोगी पुरुष की तरह दिखाई दे रहा है। मृगी वाला मनुष्य भी पृथिवी पर गिरकर कुछ अव्यक्त शब्द करता हुआ हाथ-पैर पटकता है और उसका मुख झाग से युक्त होता है। इसीलिए यहां ''अपस्मार'' ध्वनित होता है।

(3) उक्त रूप ''मरण'' व्यभिचारीभाव नहीं हो सकता है किन्तु केवल मरणमात्र का कथन करना ही व्यभिचारीभाव है। ''राममन्मथेत्यादिकम्''–मरणमात्र का ही उदाहरण है। व्यभिचारीभावरूप मरण का तो मरणप्राय के रूप में वर्णन करना चाहिए, ''मरण'' इस रूप में वर्णन नहीं करना चाहिए क्योंकि ''मृत्यु'' आप में व्यभिचारी भाव नहीं हो सकती है।

(4) रसगङ्गाधरोऽपि–''रोगादिजन्या मूर्च्छारूप मरणप्रागवस्था मरणम्''। ''रसगंगाधर'' के अनुसार रोगादि से उत्पन्न मूर्च्छा रूप मरण से पहली अवस्था का नाम ''मरण'' है। यहां पर प्राणों से वियोग कराने वाले मुख्य मरण का ग्रहण करना ठीक नहीं है क्योंकि वह ''मरण'' चित्तवृत्ति वाले भावों के अन्दर गृहीत नहीं हो सकता हैं और सभी भावों के अन्दर कार्य के सहवर्ती होने के कारण शरीर और प्राणों के संयोग की कारणता आवश्यक है, जोकि ''मरण'' के साथ नहीं हो सकती है।

(5) यहां पर गर्भ का भार आलम्बन विभाव वाला, आसन्न प्रसव वेदना का स्मरण उद्दीपन विभाव वाला, और मन्थर गमनादि अनुभाव वाला 'आलस्य' नामक संचारीभाव है।

अस्य दयावीरादेः सकाशाद् भेदमाह–

निरहङ्काररूपत्वाद् दयावीरादिरेष नो।। 249।।

दयावीरादो हि नागानन्दादौ जीमूतवाहनादेरन्तरा मलयवत्याद्यनुरागादेरन्ते च विद्याधरचक्रवर्तित्वाद्याप्तेर्दर्शनादहङ्कारोपशमो न दृश्यते। शान्तस्तु सर्वाकारेणा-हङ्कारप्रशमैकरूपत्वान्न तत्रान्तर्भावमर्हतिं। ततश्च नागानन्दादेः शान्तरसप्रधानत्वम-पास्तम्।

ननु–

'न यत्र दुःखं न सुखं न चिन्ता न द्वेषरागौ न च काचिदिच्छा।
रसः स शान्तः कथितो मुनीन्द्रैः सर्वेषु भावेषु समप्रमाणः।।'

इत्येवंरूपस्य शान्तस्य मोक्षावस्थायामेवात्मस्वरूपापत्तिलक्षणायां प्रादुर्भावात्तत्र सञ्चार्यादीनामभावात् कथं रसत्वमित्युच्यते–

युक्तवियुक्तदशायामवस्थितो यः शमः स एव यतः।
रसतामेति तदस्मिन् सञ्चार्यादेः स्थितिश्चन विरुद्धा।। 250।।

हिन्दी अनुवाद–दयावीर और शान्तरस का परस्पर भेद बतला रहे हैं–

अहङ्कार रहित स्वरूप होने से यह शान्तरस दयावीर आदि में अंतर्भूत नहीं होता है।

नागानन्द आदि में दयावीर जीमूतवाहन आदि को पहले मलयवती आदि का अनुराग तथा अंत में विद्याधरचक्रवर्तित्व आदि की प्राप्ति देखे जाने से अहङ्कार की निवृत्ति नहीं देखी जाती। शान्तरस तो सभी प्रकार से अहङ्कारशमन रूप होने से उस दयावीर आदि में उसका अंतर्भाव नहीं हो सकता। इस कारण नागानन्द में 'शान्तरस की प्रधानता है' इस कथन का खण्डन हो जाता है। (यहां तो दयावीर का उत्साह ही व्याप्त है।)

जहां न दुःख, न सुख, न चिन्ता, न द्वेष, न राग और न तो किसी प्रकार

की कोई इच्छा ही रहती है, वह सभी वस्तुओं में समान प्रमाण वाला शान्त रस है– ऐसा मुनीन्द्रों ने कहा है।

इस प्रकार के स्वरूप के शान्तरस का जीव का परमात्मा में विलय लक्षण वाली मोक्ष अवस्था में प्रादुर्भाव होने से उसमें सञ्चारिभाव आदि का अभाव होने से उसे रसत्व का उपपादन कैसे होगा? इस पर कहते हैं–

क्योंकि युक्त-वियुक्त दशा (युक्त = ब्रह्मध्यानमग्न, वियुक्त = उसके विपरीत अवस्था, युक्त-वियुक्त = सांसारिक विषयों में रहते हुए भी समाधि में मन होना; जैसे–जनक का) में अवस्थित जो शम है, वह शम ही परिपुष्ट होकर रस रूप में परिणत होता है। इस कारण यहां सञ्चारिभाव आदि की स्थिति विरुद्ध नहीं है।

संस्कृत व्याख्या–शान्तरसस्य दयावीरधर्मवीरदेवताविषयकरतिकादेः सकाशात् पार्थक्यम्, आह–निहङ्कारेति।

अन्वयः–एषः निरहङ्काररूपत्वात् नो दयावीरादिः।

शान्तरसः अहङ्काररहितस्वरूपात् हेतोः नो दयावीरधर्मवीरादावन्तर्भूत इति स्थायिभावाश्रयस्य साहङ्कारत्वे दयावीरादिः निहङ्कारत्वेन शान्त इति विवेकः।

दयावीरधर्मवीरादौ हि जीमूतवाहनयुधिष्ठिरादौ दयावीरे जीमूतवाहने धर्मवीरे युधिष्ठिरे च मध्ये स्वजीवनम् मलयवत्यनुरागराज्यलोभादेः अंते च विद्याधरचक्रवर्तित्व-राज्यलाभादेः दर्शनात् अहमेत्करिष्यामि ममैतत् इत्याकारकाभिमाननिवृत्तिः न दृश्यते। अहङ्काराभावम् अनुरागराज्यलोभाद्यसम्भवात्। शान्तसः तु सर्वोपाएन अभिमाननिवृत्तिरूपत्वात् न दयाधर्मवीरादौ सन्निदेशम् अर्हति नान्तर्भवति। अतः च तदाख्ये नाटके शान्तरसाङ्गित्वम् अपाकृतम् तत्र तु दयावीर एव अङ्गिरस इत्याशयः।

इह खलु शान्तरसं प्रति वादिनामकेविधा विप्रतिपत्तयः। तत्र केचिदाहुः नास्त्येव शान्तो रसः तस्याचार्यण विभावाद्यप्रतिपादनाल्लक्षणाकरणाच्च। अन्ए तु वस्तुतस्तस्याभावं वर्णयन्ति अनादिकालप्रवाहायातरागद्वेषयोरुच्छेत्तुमशक्यत्वात्। अन्ए तु वीरबीभत्सादौ तस्यान्तर्भावं वर्णयन्ति। संसारस्य कामक्रोधादिदोषाणं वा विजेयत्वे शान्तरसस्य वीरेऽन्तर्भावः मलिनत्वेन हेयत्वपक्षे तु बीभत्सेऽन्तर्भावः। ते तु शमं शान्तस्थायिनमपि नेच्छन्ति। परे तु अभिनयात्मके नाटये एव तन्निमेषं कुर्वन्ति समस्तव्यापारप्रविलयरूपस्य शमस्याभिनयासम्भवात्।

केचित्तु नाटये तस्य पुष्टिमपि समर्थयन्ति। ते हि नागानन्दादौ शमस्य स्थायित्वमुपवर्णयन्ति। परे तु मलयवत्यनुरागेण आप्रबंधप्रवृत्तेन विद्याधरचक्रवर्तित्वप्राप्त्या विरुद्धम्। न हि एकानुकार्यविभावालम्बनौ विषयानुरागापरागौ उपलब्धौ। अतो दयावीरोत्साहस्यैव ता स्थायित्वम्। तत्रैव शृङ्गारस्याङ्गत्वेन चक्रवर्तित्वावाप्तेश्च फलत्वेनाविरोधात् इति।

शान्तस्य रसत्वेऽनुपपत्तिमाशङ्क्य समाधानायोपक्रमते—नन्विति। यस्मिन् रसे स्थायिभावाश्रयस्य शमिनः, न दुःखं, न सुखं, न चिन्ता, न द्वेषरागौ—मात्सर्यं विषयासक्तिः, न काञ्चित् स्पृहा, च जायते निखिलेषु अवस्थासु पदार्थेषु च, समप्रमाणः तुल्यं प्रतीतिः यस्य सः शमप्रमाणः इत्यपि पाठः—शमः प्रधानः शमप्रधानः इत्यपि, सः रसः मुनीन्द्रैः शान्तः इति कथितः इति।

इत्थम् एतद्विधस्वरूपस्य शान्तरसस्य जीवस्य परमात्मनि लयप्राप्तिरूपायां निर्वाणदशायाम् हि आविर्भावात् शास्त्रे सञ्चारिभावादीनाम् राहित्यात् कथं रसत्वम् इति अपेक्षायाम् कथ्यते—युक्तवियुक्तेति।

अन्वयः—यतः युक्तवियुक्तदशायां यः शमः अवस्थितः स एव यतः रसताम् इति तत् अस्मिन् सञ्चार्यदेः स्थितिः च न विरुद्धा।

यतः युक्तवियुक्तदशायां समाधिमान् तद्विपरीतः संसारी युक्तश्चासौ वियुक्तश्च युक्तवियुक्तः, संसारकर्मणि व्याप्रियमाण एव योगमभ्यस्यति स युक्तवियुक्तः; यथा जनकः, तदवस्थायाम्, अवस्थितः, यः शमभावः तादृशः शमः, एव, शान्तरसताम्, प्राप्नोति। ततः शमे सञ्चारिप्रभृतेः, अवस्थानम्, च न विरुद्धः तदानीमपि संसारासक्तिसत्त्वेन निर्वेदहर्षादीनामपि सत्त्वात्।

टिप्पणी—''दयावीर'' आदि में दया अहंकार युक्त होती है परन्तु ''शान्तरस'' में दया के अन्दर अहंकार का सर्वथा अभाव होता है। अर्थात् अहंकार से युक्त दया आदि दयावीरादि की प्रयोजिका होती है तथा अहंकार शून्य शुद्ध दया ''शान्त रस'' की प्रयोजिका होती है। यही इन दोनों में भेद है।

यश्चास्मिन्सुखाभावोऽप्युक्तस्तस्य वैषयिकसुखपरत्वान्न विरोधः। उक्तं हि—

'यच्च कामसुखं लोक यच्च दिव्यं महत्सुखम्।
तृष्णाक्षयसुखस्यैते नार्हतः षोडशीं कलाम्'।।

'सर्वाकारमहङ्कारहितत्वं व्रजन्ति चेत्।
अत्रान्तर्भावमर्हन्ति दयावीरादयस्तथा'।।

आदिशब्दाद्धर्मवीरादानवीरदेवताविषयकरतिप्रभृतयः।

तत्र देवताविषया रतिर्यथा–

'कदा वाराणस्यामिह सुरधुनीरोधसि वसन्
वसानः कौपीनं शिरसि निदधानोऽञ्जलिपुटम्।
अये गौरीनाथ! त्रिपुरहर! शम्भो! त्रिनयन!
प्रसीदेति क्रोशन् निमिषमिव नेष्यामि दिवसान'।।

अथ मुनीन्द्रसम्मतो वत्सलः–

स्फुटं चमत्कारितया वत्सलं च रसं विदुः।
स्थायी वत्सलतास्नेहः, पुत्राद्यालम्बनं मतम्।।251।।
उद्दीपनानि तच्चेष्टा विद्याशौर्यदयादयः।
आलिङ्गनाङ्गसंस्पर्शशिरश्चुम्बनमीक्षणम्।।252।।
पुलकानन्दवाष्पाद्या अनुभावाः प्रकीर्तिताः।
सञ्चारिणोऽनिष्टशङ्काहर्षगर्वादयो मताः।।253।।
पद्मगर्भच्छविर्वर्णो दैवतं लोकमातरः।

यथा–

'यदाह धात्र्या प्रथमोदितं वचो ययौ दीयामवलम्ब्य चाङ्गक्त्लीम्।
अभूच्च नम्रः प्रणिपातशिक्षया पितुर्मुदं तेन ततान सोऽर्भकः'।।

हिन्दी अनुवाद–शान्तरस में जो सुख का अभाव कहा गया है, उसका विषय से होने वाले सुख से अभिप्राय होने का कोई विरोध नहीं है। जैसे कि कहा गया है–

संसार में जो विषय के उपभोग से सुख होता है और जो स्वर्गीय दिव्य महासुख होता है–ये दोनों तृष्णाक्षय-सुख के सोलहवीं कला के एक भाग के बराबर भी नहीं होते। यदि सभी प्रकार के अहङ्कार की निवृत्ति हो तो दयावीर आदि भी इस शान्त रस में अंतर्भूत हो जाते हैं।

यहां पर आदि शब्द से धर्मवीर, दानवीर, देवता-विषयक रति आदि का ग्रहण होता है। उसमें देवता-विषयक रति का उदाहरण जैसे–

मैं यहां काशीपुरी में कब तक गङ्गा के तट पर रहकर कौपीन पहने हुए सिर पर हाथ जोड़े 'हे गौरीनाथ! हे त्रिपुरहर! हे शम्भो! हे त्रिनयन! आप प्रसन्न हो' इस प्रकार जोर-जोर से कहते हुए एक क्षण की भांति दिन व्यतीत करूंगा।

(यहां अहङ्कार की निवृत्ति होने से धर्मवीर रस नहीं है और सञ्चारी आदि से पुष्ट न होने से शान्त रस भी नहीं है। अतः देवादिविषयक रतिभाव है।)

अब भरतमहामुनिसम्मत वात्सल्य रस का प्रतिपादन किया गया है–

स्पष्टतया चमत्कारी होने से अर्थात् चमत्कार ही रसप्राण होने से आचार्य वात्सल्य को भी रस मानते हैं। इसमें वात्सल्यरूप स्नेह स्थायीभाव होता है, पुत्र-पुत्री आदि इसके आलम्बन विभाव हैं, उनकी चेष्टाएं–विद्या, शौर्य, अभ्युदय, परिचर्या आदि उद्दीपन विभाव हैं। आलिङ्गन, अङ्गस्पर्श, शिर का चुम्बन, विलोकन, रोमाञ्च, हर्षाश्रुपात आदि इसके अनुभाव कहे गए हैं। अनिष्ट शङ्का, हर्ष, गर्व, धृति आदि इसके सञ्चारीभाव माने गए हैं। इसका वर्ण कमलकोश की कान्ति के समान सफेद एवं पीला होता है तथा ब्राह्मी आदि लोकमाताएं इसकी देवता मानी गयी हैं।

जैसे–वह बालक रघु धाई से पहले कहे गए वचन कहता था और उसकी अंगुली को पकड़कर चलता था, प्रमाण आदि उपदेश से नम्र भी होता था, इस प्रकार के कर्म से उसने पिता के हर्ष को बढ़ाया।

(यहां दिलीप का स्नेह स्थायीभाव है, रघु आलम्बन विभाव है और उसके वचन आदि उद्दीपन विभाव हैं; उसका आलिङ्गन अनुभाव है और हर्ष सञ्चारीभाव है। ये सब मिलकर सामाजिकों में वात्सल्य रस के रूप में परिणत होते हैं।)

संस्कृत व्याख्या–यः च अस्मिन् शान्तरसे सुखराहित्यम् अपि उक्तः सुखाभावस्य, विषयसम्बद्धसुखपरत्वेन विषयातीतसुखसत्त्वे न विरोधः। उक्तं हि जगति यत् हि विषयसुखम् यत् च परलोकीयं स्वर्गीयं महासुखम् द्विविधे सुखे शमनिबन्धनब्रह्मानन्दस्य षोडशभागैकभागपरिमाणमपि, न अर्हतः आप्नुत इति।

यदि दयावीरधर्मवीरदानवीरदेवताविषयकरविभावप्रभृतयः सकलप्रकारम् अभिमानशून्यत्वम् यान्ति–यदि पुरुषाः सर्वाहङ्कारवर्जिताः भवन्ति, चेत् तादृशनिरहङ्कार-दशायाम् दयावीरप्रभृतयः शान्ते समावेशम् अर्हन्ति इति।

अवान्तरश्लोके आदिशब्दात्, धर्मवीरदानवीरदेवताविषयकरतिभावप्रभृतयः धर्मवीरदयावीरदेवताविषयकरतिभावाद्याः गृह्यन्ते। दानवीरधर्मवीरदयावीराः प्रागेवोदाहृताः।

तत्र, देवताविषया रतिः कदा इह काश्याम गङ्गातटे वसन् कटिवस्त्रं परिदधानः मूर्ध्नि पिण्डितपाणिद्वितयपुटम् स्थापयन् अये गौरीनाथ! त्रिपुरहर! शम्भो! त्रिनयन! प्रसन्नो भव, इत्थम्, उच्चैर्वदन् निमेषपरिमितसमयम् इव दिनानि अतिवाहयिष्यामि इति।

अत्र वक्तुर्मोक्षावस्थायामुपस्थितप्रायत्वात्सर्वाहङ्कारनिवृत्त्या न धर्मवीरो रसः सञ्चार्यादिभिरपरि- पुष्टतया न च शान्तो रसः शिवविषए रतिमात्रभावशब्दवाच्यम्। सम्प्रति वत्सलस्यरसत्वमुपपादयितुमुपक्रमते शान्तरसिनिरूपणानन्तरम्, भरतमहामुनिसम्मतः, वत्सलाख्यो रसः निरूप्यते।

अन्वयः–स्फुटं चमत्कारितया वत्सलं चवसं विदुः। वत्सलतास्नेहः स्थायी, पुत्रादि आलम्बनं मतम्। तच्चेष्टा विद्याशौर्यदयादयः उद्दीपनानि। आलिङ्गनाङ्गसंस्पर्श-शिरश्चुम्बनमीक्षणं पुलकानन्दवाष्पाद्याः अनुभावाः प्रकीर्तिताः। अनिष्टशङ्काहर्षगर्वादयः सञ्चारिणः मताः। पद्मगर्भच्छविः वर्णः, दैवतं लोकमातरः।

स्पष्टमेव चमत्कारजनकतया आचार्याः वत्सलं च रसं विदुः। अत्र वत्सलतारूपः स्नेहः स्थायिभावः तनयादि कन्यानुजादयश्च आलम्बनं मतम्। तदिङ्गितानि तदाचरणानि च तस्य शास्त्रादिज्ञानवीरताऽभ्युदयपरिचर्यादयः उद्दीपनानि भवन्ति। आलिङ्गनेति आश्लेषः अङ्गसंस्पर्शः शिरसि चुम्बनम् विलोकनम् पुलकानन्दबाष्पाद्याः रोमोद्गमः हर्षाश्रुपातः तदाद्याः अनुभावाः कथिताः। अरिष्टाशङ्का हर्षः गर्वः धृतिश्चेत्याद्या सञ्चारिभावाः मताः। पद्मकोशकान्तिः वर्णः श्वेतपीताभ इति लोकमातरः देवता इति।

वत्सलमुदाहरति रघोर्बाल्यावस्थावर्णनमिदम्। सः शिशुः रघुरिति यद् उपमात्रा प्रागुच्चारितं वचनम् उदचारयत् धात्रीसम्बद्धाम् अङ्गुलिम् आश्रित्य पादचारमकरोत् च प्रमाणाद्युपदेशेन नम्रः अभूत्। तन कारणेन तातस्य दिलीपस्य हर्ष वद्धयामासेति। अत्र पितुर्दिलीपस्य आक्षेपलभ्यः स्नेहः स्थायीभावः रघुरालम्बनम् तादृशभाषणादिक-मुद्दीपनम्, आक्षेपलभ्या आलिङ्गनादयोऽनुभावाः हर्षादयश्च सञ्चारिणः। समुदिताएते सामाजिकेषु वत्सलतया परिणमन्त इति।

टिप्पणी–(1) यहां पर कौणीनादि विशेषणों से सुखादि राहित्य की प्राप्ति से सब प्रकार से अहंकार शून्य हो जाने के कारण देवताविषयक रति भी "शान्त रस" को प्राप्त होती है।

(2) यहां पर कौपीन धारण करने मात्र से प्रतीत होने वाला शम स्थायीभाव है, वाराणसी के अन्दर गंगा के किनारे रहने के महात्म्य का सुनना उद्दीपन विभाव है, भगवान् शिव आलम्बन विभाव है, संसार से विरक्त होकर स्थित रहना अनुभाव है, हर्षादि व्यभिचारीभाव हैं। इन सभी विभावादिकों से परिपुष्ट स्थायीभाव शम ''शान्त रस'' रूप में सामाजिकों को अनुभव होता है। यहां पर भगवद्विषयक रति का भी इसी के अन्दर अंतर्भाव हो जाता है।

(3) यहां पर रघु आलम्बन विभाव हैं। प्रथम तीन चरणों में कही हुई रघु की चेष्टाएं उद्दीपन विभाव हैं। अध्याहार से प्राप्त आलिङ्गनादि अनुभाव हैं। हर्षादि व्यभिचारीभाव हैं। इन सब से मिलकर आक्षेप से प्राप्त दिलीप का स्थायीभाव स्नेह सहृदयों के हृदयों में ''वत्सल रस'' को उत्पन्न करता है।

(4) ''काव्यप्रकाशकार'' के अनुयायियों का, जो इसका भाव काव्यत्व स्वीकार करते हैं किन्तु रसता को नहीं, कहने का अभिप्राय यह है कि–''यदाह धात्र्या'' इत्यादि में वात्सल्य लक्षण रति ही प्रतीत होती है, उससे वत्सल रस की प्रतीति नहीं होती है, अतः ''वत्सल रस'' को नहीं मानना चाहिए क्योंकि उसकी उपलब्धि तो भाव से ही हो जाती है और यदि उस प्रकार की रति वाला ''वत्सल'' भी रस है तो भगवान् रूप आलम्बन विभाव वाला, रोमाञ्च आदि अनुभाव वाला, हर्ष आदि सञ्चारीभाव वाला तथा भगवतादि के सुनने के समय में भगवद्भक्तों के द्वारा स्पष्ट अनुभव किया जाता हुआ ''भक्तिरस'' क्यों नहीं पृथक् रस स्वीकार किया जा सकता? यहां भगवद् विषयक अनुराग रूप ''भक्ति'' स्थायीभाव है।

इसका (भक्ति का) ''शान्त रस'' के अन्दर अंतर्भाव नहीं हो सकता है क्योंकि भक्तिरस के अन्दर विद्यमान अनुराग ''शान्त रस'' के अन्दर विद्यमान वैराग्य के विरुद्ध है। अतः भक्तिरस को भी पृथक् रस स्वीकार करने में क्या हानि है? यदि ''भक्ति रस'' को पृथक् रस स्वीकार कर लेंगे तो भरतमुनि के शासन के अतिक्रमण से रसों की नियत संख्या से अधिक कल्पना करने में (अर्थात् 9 रसों से अधिक रस स्वीकार करने में) कोई प्रमाण नहीं है। अतः 'भक्ति रस'' को पृथक् रस स्वीकार नहीं किया जा सकता।

एतेषां च रसानां परस्परविरोधमाह–

आद्यः करुणबीभत्सरौद्रवीरभयानकैः।।254।।

भयानकेन करुणेनापि हास्यो विरोधभाक्।
करुणो हास्यशृङ्गाररसाभ्यामपि तादृशः।। 255।।
रौद्रस्तु हास्यशृङ्गारभयानकरासैरपि।
भयानकेन शान्तेन तथा वीररसः स्मृतः।। 256।।
शृङ्गारवीररौद्राख्यहास्यशान्तैर्भयानकः।
शान्तस्तु वीरशृङ्गाररौद्रहास्यभयानकैः।। 257।।
शृङ्गारेण तु बीभत्स इत्याख्यात विरोधिता।
आद्यः शृङ्गारः! एषां च समावेशप्रकारा वक्ष्यन्ते।
कुतोऽपि कारणात्क्वापि स्थिरतामुपयन्नपि।। 258।।
उन्मादादिर्न तु स्थायो न पात्रे स्थैर्यमेति यत्।
यथा विक्रमोर्वश्यां चतुर्थेऽङ्केपुरूरवस उन्मादः।

हिन्दी अनुवाद–अब इन रसों का परस्पर विरोध बतलाते हैं–

पहला अर्थात् शृङ्गार रस करुण, बीभत्स, रौद्र, वीर तथा भयानक रस से विरोध रखता है। हास्य रस भयानक एवं करुण रस से विरोध रखता है। करुण रस को हास्य एवं शृङ्गार रस से विरोध है। रौद्र रस का हास्य, शृंङ्गार एवं भयानक रसों से विरोध है। वीर रस का भयानक एवं शान्त रस से विरोध है। भयानक रस का शृङ्गार, वीर, रौद्र तथा हास्य रस से विरोध है। शान्त रस का वीर, शृङ्गार, रौद्र, हास्य एवं भयानक से विरोध है। बीभत्स का शृङ्गार रस से विरोध है। इस प्रकार रसों का परस्पर विरोध कहा गया है।

यहां प्रस्तुत कारिका में 'आद्यः' पद का आशय शृङ्गार रस से है।

अब इन विरोधी रसों के समावेश-प्रकार बतलाए जाएंगे।

किसी-किसी कारण से कहीं-कहीं स्थायित्व प्राप्त होने पर भी उन्माद आदि स्थायीभाव नहीं होता, क्योंकि यह पात्र में स्थायी नहीं होता, किन्तु क्षणिक होता है।

जैसे विक्रमोर्वशीय के चतुर्थ अङ्क में पुरूरवा का उन्माद। यह उन्माद चतुर्थ अङ्क पर्यन्त ही है। इसके विपरीत रति तो ग्रंथ-समाप्ति-पर्यन्त व्याप्त है। अतः यहां रति का स्थायीभाव है।

संस्कृत व्याख्या—रसान् सप्रपञ्चं निरूप्य सम्प्रति तेषां परस्परविरोधं निरूपयितुमुपक्रमते—एतेषामिति पूर्वोक्तानां शृङ्गारादीनां हि रसानां अन्योन्यविरोधम् आहेति।

अन्वयः—आद्यः करुणबीभत्सरौद्रवीरभयानकैः, हास्यः भयानकेन करुणेन अपि विरोधभाक्। करुणः हास्यशृङ्गाररसाभ्याम् अपि तादृशः रौद्रः तु हास्यशृङ्गार-भ्यानकरसैः अपि वीररसः भयानकेन शान्तेन तथा स्मृतः भयानकः शृङ्गारवीररौद्राख्य-हास्यशान्तैः, शान्तः तु वीरशृङ्गाररौद्रहास्यभयानकैः (विरोधभाक्)। बीभत्सः तु शृङ्गारेण इति विरोधिता आख्याता।

प्रथमः शृङ्गार इति तत्तदाख्यैः रसैः, सह विरुध्यते इति। हास्यः भयानकेन, करुणेन अपि विरोधभाक्। करुणः रसः हास्यशृङ्गाररसाभ्याम् अपि विरोधभाक्। रौद्रः तु हास्यशृङ्गारभयानकरसैः अपि विरोधभाक्। वीररसः भयानकेन शान्तेन च विरोधभाक्। भयानकः शृङ्गारवीररौद्राख्यहास्यशान्तैः विराधवाक्। शान्तः तु वीरशृङ्गाररौद्र-हास्यभयानकैः सह विरोधभाक्। बीभत्सः शृङ्गारेण विरोधभाक्। इत्थम् विरोधिता कथिता इति।

शृङ्गारः विरोधानाम् च अवस्थानप्रकाराः यथावसरं निरूपयिष्यामः। ननु तृतीयक्षणे तिष्ठति सःस स्थायीति व्युत्पत्त्या तृतीयक्षणेऽपि स्थायिन उन्मादादीनवलम्ब्य कथमन्एऽपि रसा नोक्ता इत्याशङ्कायामाह—कुतोऽपीति।

अन्वयः—कुतः अपि करणात् क्वापि स्थिरताम् उपयन् अपि उन्मादादिः न तु स्थायी, यत् पात्रे स्थैर्य न इति।

कुतः अपि कारणात् वाञ्छनीयाप्राप्त्यादिवशात् कुत्रापि रसे कथञ्चिद् दीर्घकालस्थायित्वम् प्राप्नुवन् अपि उन्मादनिर्वेदादयः न हि स्थायिपदवाच्यः यतः पात्रे नायकादौ ग्रंथसमाप्तिपर्यन्तस्थायित्वम्, न प्राप्नोतीति। यो हि भावो ग्रंथसमाप्तिपर्यन्तं तिष्ठति स एव स्थायी भवति उन्मादादिस्तु न तथेति न स्थायिभाव इति। ते उन्मादादीनवलम्ब्य न रसान्तराशङ्केति।

यथा विक्रमोर्वश्यां त्रोटके चतुर्थेऽङ्के पुरूरवसः उन्मादः तस्य च पुरूरवसि चतुर्थाङ्कपर्यन्तमेव स्थायित्वात् न स्थायिभावत्वमपि तु उर्वश्यां पुरूरवसः रतेर्ग्रन्थपर्यन्तस्थायित्वात्तरया एव स्थायिभावत्वमिति।

ननु यदि रसात्मकमेव वाक्यं काव्यं भवति तदा भावात्मकानां त्वकाव्यमेव स्यादित्याशङ्क्य भावादीनां रसत्वं प्रतिपादयितुमाह–रसभावाविति।

टिप्पणी–इन उपर्यक्त रसों में परस्पर विरोध को इस प्रकार समझा जा सकता है–

(1) श्रृङ्गार के विरोधी रस हैं–करुण, बीभत्स, रौद्र, वीर और भयानक।

(2) हास्य के विरोधी रस हैं–भयानक और करुण।

(3) करुण के विरोधी रस हैं–हास्य और श्रृङ्गार।

(4) रौद्र का विरोधी हास्य, श्रृङ्गार और भयानक रस से है।

(5) वीररस का विरोध भयानक और शान्त रस से है।

(6) भयानक रस श्रृङ्गार, वीर, रौद्र, हास्य और शान्त के विरुद्ध पड़ता है।

(7) शान्त रस वीर, श्रृङ्गार, रौद्र, हास्य और भयानक का विरोधी है; और

(8) बीभत्स रस का विरोधी रस श्रृङ्गार है।

विक्रमोर्वशीय में पुरूरवा के उर्वशी के प्रति रतिभाव के स्थिर होने के कारण रति की "स्थायीभावता" है, उन्माद की तो चतुर्थ अङ्क पर्यन्त ही स्थिरता होने के कारण वह "स्थायीभाव" नहीं है, ऐसा समझना चाहिए।

रसभावौ तदाभासौ भावस्य प्रशमोदयौ।।259।।
संधिः शबलता चेति सर्वेऽपि रसनाद्रसाः।

रसनधर्मयोगित्वाद्भावादिष्वपि रसत्वमुपचारादित्यभिप्रायः।

भावादय उच्यन्ते–

सञ्चारिणः प्रधानानि देवादिविषया रतिः।।260।।
उद्बुद्धमात्रः स्थायी च भाव इत्यभिधीयते।
'न भावहीनोऽस्ति रसो न भावो रसवर्जितः।
परस्परकृता सिद्धिरनयो रसभावयोः'।।

इत्युक्तदिशा परमालोचनया परमविश्रान्तिस्थानेन रसेन सहैव वर्तमाना अपि राजानुगतविवाहप्रवृत्तभृत्यवदापाततो यत्र प्राधान्येनाभिव्यक्त व्यभिचारिणो

देवमुनिगुरुनृपादिविषया च रतिरुद्बुद्धमात्राविभवादिभिरपरिपुष्टतया रसरूपतामनाप्यमानाश्च स्थायिनो भावा भावशब्दवाच्याः।

तत्र व्यभिचारी यथा–'एवंवादिनि देवषौ–' इत्यादि। अत्रावहित्था।

देवविषया रतिर्यथा मुकुन्दमालायाम्–

'दिवि वा भुवि वा ममास्तु वासो नरके वा नकान्तकं! प्रकामम्।
अवधीरितशारदारविन्दौ चरणौ ते मरणेऽपि चिन्तयामि'।।

हिन्दी अनुवाद–रस, भाव, उनका आभास अर्थात् रसाभास, भावाभास, भाव का प्रशम अर्थात् शान्ति, भावोदय, भावसंधि तथा भावशबलता–ये सभी दृश्य एवं श्रव्य काव्य में आस्वाद उत्पन्न करने के कारण रस पद से व्यवहृत किए जाते हैं।

रसन अर्थात् आस्वादन धर्म से युक्त होने के कारण उपचार से भाव आदि में भी रसत्व होता है–ऐसा आशय है।

भाव आदि का स्वरूप-निर्देश किया जा रहा है–

प्रधान रूप से प्रतीयमान सञ्चारिभाव देव, मुनि, गुरु, नृप आदि से सम्बद्ध रति और उद्बुद्धमात्र किन्तु विभावादि से अपरिपुष्ट रत्यादि रूप स्थायी को भाव कहा जाता है।

बिना भाव का रस नहीं होता और बिना रस के आश्रय का भाव। रस एवं भाव की निष्पत्ति तो परस्पर एक-दूसरे की सहायता पर आश्रित हैं।

इस प्रकार बतलाए गए प्रकार के सूक्ष्म अनुसंधान से यह ज्ञात होता है कि परम् विश्रान्ति स्थान रूप से विराजमान रस के साथ ही विद्यमान होने पर भी राजा से अनुगत एवं विवाह में तत्पर भृत्य के समान सरसरी निगाह से प्रधान के समान प्रतीत होने वाले व्यभिचारीभाव तथा देव, मुनि, गुरु एवं नृप आदि में रहने वाला रतिभाव प्रकटमात्र होकर विभावादि से अपरिपुष्ट होने से रस रूप को प्राप्त न होने वाले रति आदि स्थायीभाव–ये सभी भाव शब्द से कहे जाते हैं।

उसमें रस की अपेक्षा प्रधानता से अभिव्यक्त व्यभिचारी रूप भाव का उदाहरण जैसे–'एवंवादिनि देवषौ'। यहां अवहित्था भाव है। यहां पार्वती की शिव-विषयक रति विभावादि से व्यवहित होने से स्पष्टतः अभिव्यक्त नहीं है।

किन्तु अवहित्था तो कमलपत्रों की गणना से स्पष्टतः अभिव्यक्त है। अतः वही भाव है।

देव-विषयक रति का उदाहरण जैंसे मुकुन्दमाला में–

हे नरकान्तक! मेरा वास भले ही स्वर्ग अथवा भूमि अथवा नरक में नियत हो, किन्तु शरत्कालीन कमल को भी तिरस्कार करने वाले अतिशय रमणीय आपके चरणों का मृत्युकाल में भी चिन्तन करता हूं।

(यहां कृष्ण-विषयक अनुरागात्मक रतिभाव है। यह रस नहीं होता, क्योंकि नायक-नायिका के परस्पर सम्बद्ध रतिभाव ही रसरूप में परिणत हो सकता है।)

संस्कृत व्याख्या–अन्वयः–रसभावौ तदाभासौ भावस्य प्रशमोदयौ, संधिः शबलता च सर्वेऽपि रसनात् रसाः।

रसश्च भावश्च तौ तयोः रसभावयोः आभासौ रसाभासः भावाभासश्च, भावस्य भावप्रशमः भावोदयश्च भावसंधिः भावशबलता च इति निखिलाः प्रागुक्ताः अपि आस्वादनात् रस्थानीया इति।

कारिकाशयं विवृणोति–रसनेति। आस्वादनविषयत्वात्, रस्यते इति रस इति व्युत्पत्त्या रसनधर्मयुक्तत्वात् भावतादाभासादिषु, अपि रसत्वम् उपचारात् इति, आशयः। भावादीनां रसत्वमौपचारिकं रसनधर्मसाम्यात् विभावादिपरिपुष्टस्य स्थायिभावस्य तु रसत्वं मुख्यमिति विवेकः।

भावं निरूपयति–सञ्चारिण इति।

अन्वयः–प्रधानानि सञ्चारिणः देवादिविषया रतिः, उद्बुद्धमात्रः स्थायी न भावः इति अभिधीयते।

रक्षापेक्षया प्राधान्येन प्रतीयमानाः सञ्चारिभावाः निर्वेदादयः देवगुरुप्रभृतिविषया अनुरागः स्फुरितमात्रः, विभावादिभिः परिपोषं न नीतः स्थायिभावः, च, भावः, इति, अभिधीयते। एते त्रय एव भावशब्दवाच्या इति।

स्वसिद्धांतं प्राचीनोक्त्या द्रढयति–न भावेति। भावर्जितः रसः न अस्ति। रसशून्यः, भावः न विद्यते। अनयोः रसभावयोः साफल्यम् अन्योन्यविहिता भवतीति। निर्वेदादिभिः हीनो न रसस्तेषां रसस्य परिपोषकत्वेन नियतापेक्षणीयत्वात्।

तथैव न रसवर्जितो भावो रसघटकस्थायिभावे व्यभिचारिभावस्य उन्मग्ननिमग्नभावेनैव नियतावस्थानात् इत्याशयः। तेन रसभावयोः निष्पत्तिः परस्परकृतैवेति।

इत्यनेन प्रकारेण सूक्ष्मालोचनेन इदं ज्ञायते यत् स्वकीयनियतावस्थानाश्रयेण, व्यभिचारिणो हि नियमेनैव रसघटकस्थायिभावेषु अवतिष्ठन्ते। रसघटकस्थायिभावेन सह एव स्थिताः एकस्मिन्नेव वाक्ये एकव्यञ्जनाबोध्यत्वात् सहचरभावेनैव विद्यमानाः साधारणवेशधारिणा राज्ञाऽनुगतो महोज्ज्वलवेशपरिभूषितो विवाहप्रवृत्तो भृत्यो यथा लोकानां प्रेक्षणीयो भवति तथैव स्थायिभावापेक्षया एकवाक्ये एकान्ततः यस्मिन्वाक्ये मुख्यत्वेन उपस्थिताः निर्वेदादयः व्यभिचारिणः, देवमुनिगुरुनृपादिविषया रतिभावः अङ्कुरितमात्रा विभावादिभिः परिपुष्टताभावात् रसरूपताम् अनापद्यमानाः स्थायिनो रत्यादयः भावाः भावपदगम्या इति। इत्थं हि रसापेक्षया प्राधान्येनाभिव्यक्ता निर्वेदादयः सञ्चारिणः देवमुनिगुरुनृपादिविषया रतिः उद्‌बुद्धमात्रः परं विभावादिभिरपरिपुष्टः स्थायी च भावशब्दे- नोच्यन्ते इति।

रसापेक्षया सञ्चारिणः प्राधान्येन भावत्वमुदाहर्तुमुपक्रमते–तेषु त्रिविधभावेषु मध्ये, व्यभिचारीभावरूपमापन्नो व्यभिचारिभावः यथा–'एवंवादिनि देवर्षौ' इत्यादि। अस्मिन् वाक्ये अवहित्थाभावः पार्वत्याः। तथाहि अङ्कुरितस्यापि पार्वत्याः शिवविषयकरतिभावस्य विभावादीनामत्यन्ताव्यवहितत्वात् विलीनप्रायत्वेनानभिव्यक्तिः अवहित्थायास्तु कमलपत्रगणनेन सुस्पष्टाभिव्यक्तिरिति।

देवविषयकरतिभावमुदाहर्तुमुपक्रमते–इष्टदेवसम्बद्धा रतिभावः, यथा, मुकुन्दमालायाम् ग्रंथे–दिवीति। हे नरकासुरनाशक! हे कृष्ण! मम वसतिः स्वर्गे वा धरित्र्याम् वा यमपुरि वा प्रकामम् अस्तु। स्वसौन्दर्येणावज्ञातं शरदि भवम् कमलं याभ्यां तौ भवतः पादौ मृत्युकाले अपि आध्यायामि इति।

अत्र वक्तुः श्रीकृष्णचरणानुरागरूपो रतिभावः न चास्य रसत्वं नायिकानायकसम्बद्धया रतेरेव रसरूपत्वादत्र च तथाभावात्।

टिप्पणी–(1) ''भावादिष्वपि''–यहां ''आदि'' पद से ''भावादि'' इन निर्दिष्ट सात का ही ग्रहण करना चाहिए, क्योकि रस के अनुबन्धि होने के कारण उसमें ही गौणरूप से प्रयोग होने का औचित्य हैं। तथा ''रस्यते इति रसः'' इस व्युत्पत्ति के योग से भी उसी के ग्रहण में तात्पर्य है। इस प्रकार 'आदि' शब्द से अथवा ''इस व्युत्पत्ति'' के आधार पर काव्यभेद के निरूपण के अवसर पर वस्तु-अलंकार-ध्वनि का ग्रहण नहीं होता है। यह सूक्ष्म दृष्टि से समझना चाहिए।

(2) जिस प्रकार विभावादिकों से अभिव्यक्त रत्यादि चिदानन्द चमत्कार रूप से परिणत हुआ "रसना" को प्राप्त होता है, उस प्रकार अपने कार्य कारणों से अभिव्यक्त देवादिविषयक रत्यादि चिदानन्दस्वरूपता को अप्राप्त "भावत्व" को प्राप्त करता है। चमत्कार होना और न होना–यही इन दोनों में भेद है। यद्यपि देवादि-विषयक रति का भी आस्वादन किया जाता है परन्तु उसको "स्थायी" शब्द से व्यवहृत नहीं करते हैं। क्योंकि नायकादि विषयक रत्यादि का ही "स्थायी" शब्द से अभिज्ञान करना उचित है।

(3) यह "अवहित्था" नीचे मुख करने से व्यंग्य लज्जा से तथा कमल के पत्तों को गिनने रूप दूसरे व्यापार में प्रसक्ति के कारण प्रधान रूप से झटिति अभिव्यक्त होकर "भाव" शब्द की व्याख्या को प्राप्त करता है। विभावादिकों के अत्यन्त तिरस्कृत होने के कारण "शृङ्गार" की अप्रधानता समझनी चाहिए।

मुनिविषया रतिर्यथा–

'विलोकनेनैव तवामुना मुने! कृतः कृतार्थोऽस्मि निबर्हितांहसा।
तथापि शुश्रूषुरहं गरीयसीर्गिराऽथवा श्रेयसि केन तृप्यते?'।।

राजविषया रतिर्यथा मम–

'त्वद्वाजिराजिनिर्धूतधूलीपटलपङ्किलाम्।
न धत्ते शिरसा गङ्गां भूरिभारभिया हरः'।।

एवमन्यत्।

उद्बुद्धमात्रस्थायिभावो यथा–

हरस्तु किञ्चित्परिवृत्तधैर्यश्चन्द्रोदयारम्भ इवाम्बुराशिः।
उमामुखे बिम्बफलाधरोष्ठे व्यापारयामास विलोचनानि'।।

अत्र पार्वतीविषया भगवतो रतिः।

ननूक्तं प्रपाणकरसवद्विभावादीनामेकोऽत्राभासो रस इति। तत्र सञ्चारिणः पार्थक्या- भावात्कथं प्राधान्येनाभिव्यक्तिरित्युच्यते–

यथा मरिचखण्डादेरेकीभावे प्रपाणके।।261।।
उद्रेकः कस्यचित्क्वापि तथा सञ्चारिणो रसे।

अथ रसाभासभावाभासौ–

अनौचित्यप्रवृत्तत्व आभासो रसभावयोः।।262।।

अनौचित्यं चात्र रसानां भरतादिप्रणीतलक्षणानां सामग्रीरहित्वे एकदेशयोगित्वोपलक्षणपरं बोध्यम्।

तच्च बालव्युत्पत्तए एकदेशतो दर्श्यते–

उपनायकसंस्थायां मुनिगुरुपत्नीगतायां च।
बहुनायकविषयायां रतौ तथानुभयनिष्ठायाम्।।263।।
प्रतिनायकनिष्ठत्वे तद्वदधमपात्रतिर्यगादिगते।
शृङ्गारेऽनौचित्यं रौद्रे गुर्वादिगतकोपे।।264।।
शान्ते च हीननिष्ठे गुर्वाद्यालम्बने हास्ये।
ब्रह्मवधाद्युत्साहेऽधमपात्रगते तथा वीरे।।265।।
उत्तमपात्रगतत्वे भयानके ज्ञेयमेवमन्यत्र।

हिन्दी अनुवाद–मुनि-विषयक रति का निदर्शन जैसे–

हे मुनि! आपके इस पापनाशक दर्शन मात्र से मैं कृतार्थ हो गया हूं, फिर भी आपकी गौरवपूर्ण वाणी को सुनना चाहता हूं अथवा कल्याण-मार्ग से किसको तृप्ति होती है अर्थात् किसी को नहीं।

(यहां श्रीकृष्ण का नारद के प्रति अनुराग-विषयक रतिभाव है।)

राज-विषयक रति का उदाहरण जैसे मेरा (ग्रंथकार का) निम्न पद्य द्रष्टव्य है–

हे राजन्! शिवजी भी तुम्हारे घोड़ों के समूह से उड़ाई गई धूल से पङ्किल बनी गङ्गा को पहले से भी अधिक भार के डर से शिर में धारण नहीं करते।

(यहां वक्ता का राज-विषयक रतिभाव है।)

इसी तरह गुरु‘विषयक रति तथा सुहृद्विषयक रति का भी उदाहरण देना चाहिए।

उद्‌बुद्धमात्र स्थायिभाव का उदाहरण जैसे–

चन्द्रोदय के आरम्भ में समुद्र के समान थोड़ा-सा अधीर होकर महादेवजी ने बिम्ब फल के समान सुन्दर अधरोष्ठ वाले उमा के मुख में आंखें लगाई।

यहां पार्वती-विषयक भगवान् का रतिभाव है। यह उद्बुद्धमात्र होने से रस नहीं हो सकता।

'प्रपाणक रस के समान विभावादि की एकरूप में प्रतीति होती है'–ऐसा जो कहा गया, उसमें सञ्चारिभावों की पृथक्तया प्रतीति न होने के कारण उसकी प्रधानरूप से अभिव्यक्ति कैसे सम्भव है? इस पर कहते हैं–

जिस प्रकार शर्करा, मरिच, कर्पूर आदि के एकीभाव से बने प्रपाणक रस में कहीं किसी एक उद्रेक के प्राधान्य से अभिव्यक्त होता है, उसी तरह रस में सञ्चारिभावों में से किसी एक की प्रधानतया अभिव्यक्ति होती है।

अब रसाभाव तथा भावाभास का निरूपण किया जाता है–

रस और भाव के अनुचित ढंग से प्रवृत्त होने पर उन्हें क्रम से रसाभास तथा भावाभास कहते हैं।

यहां पर अनौचित्य का अभिप्राय यह है–भरत आदि काव्य-नाटयकोविदों से प्रणीत लक्षण वाले रसों का सामग्री रति अर्थात् आलम्बन आदि का योग्यता आदि कारण समूह के न रहने पर स्थायिभावादि किसी अंश का उपलक्षण परक है–ऐसा समझना चाहिए और जहां पात्र, आलम्बन आदि में योग्यता नहीं है अथवा केवल स्थायीभाव अथवा उद्दीपन विभाव मात्र हैं, वैसी अवस्था मात्र यहां अनौचित्य पद से अभिप्रेत है।

वह अनौचित्य बालकों की व्युत्पत्ति के लिए कतिपय स्थलों पर कुछ अंशों में दिखलाया जाता है।

परिणीता की रति उपपति का विषय होने पर, वेश्या अथवा कन्या की रति बहुनायक का विषय होने पर, शृङ्गार के गुरुपत्नी, मुनिपत्नी आदि से सम्बद्ध होने पर तथा रति का नायिका और नायक दोनों में न रहकर केवल किसी एक में रहने पर, नायक के विरोधी में होने पर, उसी तरह अधम पात्र तथा मनुष्येतर प्राणी में आलम्बित होने पर शृङ्गार में अनौचित्य होता है। गुरु आदि के प्रति कोप होने पर रौद्र में अनौचित्य होता है। इसी तरह हीन पात्र में आलम्बित होने पर शान्त में, गुरु आदि आलम्बन होने पर हास्य में, ब्रह्महत्या आदि में उत्साह होने पर और नीच पात्र से सम्बद्ध होने पर वीर में तथा उत्तम पात्र में भय के रहने पर भयानक

रस में अनौचित्य होता है। इसी तरह राजदण्डिगत शोक होने पर करुण में, ब्रह्मज्ञानिगत जुगुप्सा होने पर बीभत्स में, अभिज्ञमायाविनिष्ठ विस्मय में अद्भुत रस में अनौचित्य होता है।

संस्कृत व्याख्या—मुनिविषयकरतिमुदाहर्तुमुपक्रमते—मुनिसम्बद्धा रतिभावः यथा—विलोकनेनेति।

हे महर्षे! तव दूरीकृतपापेन प्रकृतेन दर्शनेन एव कृतकृत्यः विहितः अस्मि। तथापि अहं गौरवयुक्ताः वचनानि श्रोतुमिच्छुः अस्मि अथवा श्रेयोमार्गे केन अपितु न केनाऽपीति।

अत्र श्रीकृष्णस्य नारदविषयकानुरागात्मकरतिरूपो भावः।

राजविषयकरतिमुदाहर्तुमुपक्रमते—राजसम्बद्धा रतिभावः यथा ग्रंथकृतः त्वदिति।

हे राजन्! महादेवः, त्वदिति—तव अश्वसमूहेन रणप्रयाणकाले उत्थापितं, तद् धूलीना समूहः तेन कर्ममितां गङ्गां पूर्वतः अत्यन्तभारभएन शिरसा न धारयति। अत्र राजविषयकानुरागरतिरूपो भावः।

अनएव दिशा इतरत् अपि गुरुसुह्यदादिविषया रतिरपि उदाहर्तव्या इति।

उद्बुद्धमात्रः किन्तु परिपोषमप्राप्तः स्थायी भावो यथा—हरस्त्विति। शशिनः उदयस्य आरम्भे समुद्रः इव ईषत्क्षीणधैर्यः महादेवः बिम्बफलवदधरोष्ठे पार्वतीवदने त्रीण्येव चक्षूषि पातयामास इति।

श्लोकेऽस्मिन् पार्वतीसम्बद्धा शङ्करस्य रतिभावः। अत्र हि भगवतः शिवस्य रतिरुद्बुद्धभावा तादृक् दृष्टिपातरूपानुभावेनाभिव्यक्ताऽपि उद्दीपनसञ्चारिभावयोरभावात् प्राथमिकत्वाच्च भावरूपैव, न तु रसः। नात्र अधरोष्ठयोर्बिम्बफलसाम्यरूपोद्दीपनविभावेन लज्जादिव्यवहाराक्षेपेण परिपोषिता रतिरियं रसतामेतीति वक्तव्यं रतेरुत्पत्तिक्षणे एव तदुद्दीपनपरिपोषणयोरसम्भवात्। अत एव उद्बुद्धमात्रः स्थायी भावः इत्युक्तम्।

सञ्चारिणः प्राधान्येनाभिव्यक्तिमाशङ्क्य समाधानाय उपक्रमते—ननु कथितं पानकरसे इव विभावानुभावसञ्चारिभावानाम् एकः प्रतीतिः रसः इति। ततः संवलितः सर्वो विभावादिः सचेतसाम्। प्रपाणकरसन्यायाच्चवर्व्यमाणो रसो भवेत्। इत्युक्त्या रसे सञ्चारिणः पृथक्प्रतीत्यभावात् कथं प्रधानतया प्रतीतिः इत्यपेक्षायाम् कथ्यते।

अन्वयः–यथाखण्डमरीचादेः एकीभावे प्रपाणके क्वापि कस्यचित उद्रेकः तथा रसे सञ्चारिणः।

यथा मरीचादिखण्डानाम् एकीभूते पानके कुत्रचिदपि कमस्यचिदेकस्य प्राधान्येनाभिव्यक्तिः, तथा रसे सञ्चारिभावानां मध्ये एकस्य प्राधान्येनाभिव्यक्तिरिति।

रसभावाभासौ निरूपयति–अनौचित्येति।

अन्वयः–अनौचित्यप्रवृत्तत्वे रसभावयोः आभासः (भवति)।

अनौचित्यप्रवृत्तत्वे–रसभावयोः शास्त्रीयनियमस्वाभाविकनियमविरुद्धत्वेन विद्यमानत्वे दोषः भवतीति। स च क्वचिदयोग्यालम्बनविषयस्थायिभावकत्वं क्वचिद्वा भावमात्रस्य अयोग्यपात्रवृत्तित्वं रसभावयोराभास इति। अयोग्यत्वञ्च कदाचिद्धर्मशास्त्रनिषेधात् कदाचिदसम्भवात् कदाचित् तत्त्वबोधाक्षमत्वाच्चेति।

अनौचित्यं च अत्र भरतादिमुनिविहितलक्षणानां, रसानां सामग्रीरहित्वे सति स्थायिभावादि- कियदंशयुक्तत्वस्य उपलक्षणपरम्। यत्र हि पात्रालम्बनादीनां योग्यता नास्ति यत्र च केवलं स्थायिभाव उद्दीपनादिभावो वा वर्तते तादृशावस्था एवात्र अनौचित्यपदेनोच्यते। रसभावाभासत्वम् च अबोधबोधाय कतिपयस्थले दर्श्यते उपेति।

अन्वयः–रतौ उपनायकसंस्थायां मुनिगुरुपत्नीगतायां बहुनायकविषयायां तथा उभयनिष्ठायां रतौ। प्रतिनायकनिष्ठत्वे तद्वत् अधमपात्रतिर्यगादिगते शृङ्गारे अनौचित्यम्, गुर्वादिगतकोपे रौद्रे (अनौचित्यं भवति)। हीननिष्ठे शान्ते च, गुर्वाद्यालम्बने हास्ये, ब्रह्मवधाद्युत्साहे तथा अधमपात्रगते वीरे (अनौचित्यम्)। उत्तमपात्रगतत्वे भयानके (अनौचित्यं) एवम् अन्यत्र ज्ञेयम्।

रतिभावे उपपतिविषयायाम् परिणीतायाः रतौ उपपतिविषयायामिति, अनौचित्यं स्यात्; उपपतिविषयकानुरागस्य शास्त्रनिषिद्धत्वेन अनौचित्यात्। मुनिपत्नीगुरुपत्नी-विषयायां सत्यां शृङ्गारे अनौचित्यम्। रतौ एकाधिकनायकनिबद्धायां, शृङ्गारे अनौचित्यम्; बहुष्वेकस्या रसघटनोपयोगिपूर्णरतेरभावात्। एवमेव रतौ नायिकानायकोभयनिष्ठाविरहे, अनौचित्यम्; एकनिष्ठत्वे रतेः पूर्वत्वासम्भवात्। नायकविपक्षवर्तित्वे शृङ्गारे, अनौचित्यम्; तस्या अपि रतेः नायकीयबाधासत्त्वेन तथा पूर्णत्वासत्त्वात्। तथैव भिल्लादिनीचपात्रगते मनुष्येतरप्राणिगते तापसादिगते च शृङ्गारे, अनौचित्यम्; तेषामनुरागतत्त्वबोधाक्षमत्वात्। गुर्वादिगतकोपे रौद्रे अनौचित्यम्; गुर्वादि प्रति कोपस्य धर्मशास्त्रनिषिद्धत्वेन

अयोग्यालम्बनविषयकत्वात्। शमे हीनजातीयपात्रगते शानते च रसे, अनौचित्यम्; तादृशतत्त्वस्य शमतत्त्वबोधाक्षमत्वात्। गुरुमुन्यादिगते हास्ये अनौचित्यम्; तादृशहास्यस्यशास्त्रनिषिद्धत्वेन अयोग्यत्वात्। ब्राह्मणवधे मुन्यादिवधे, तथा अधमपात्रगते वीरे, अनौचित्यम्। नीचपात्रसंबंधत्वे भयानके अनौचित्यम् एवम् अन्यत्र अपि ज्ञेयम्। एवं गुरुतपरापराधेन राजदण्डितशोके करुणे ब्रह्मज्ञानिगतजुगुप्से बीभत्से अभिज्ञमायाविनिष्ठविस्मये अद्भुते दारुणशत्रुनिष्ठस्नेहे च वत्सले अनौचित्यम्।

टिप्पणी–(1) कहने का तात्पर्य यह है कि आपके सैनिकों के घोड़ों की टापों से उठी धूलि ने गङ्गा को कीचड़मय बना दिया है, जिससे गङ्गा का भार बहुत अधिक हो गया है, अतएव उसे शिवजी सिर पर नहीं रख सकते।

(2) यहां पर स्वतः ही संसार को पवित्र करने के लिए उल्लसित भगवती भागीरथी का अन्यथा प्रकार से वर्णन करने के कारण राजविषयक रतिरूप भाव अभिव्यक्त होता है।

(3) यहां पार्वती के मुख को देखने एवं अनुभावमात्र से उद्दीपन विभावादिकों से पूर्ण परिपुष्टि के न होने के कारण रति रसत्व को प्राप्त नहीं होती है, अतः ''भाव'' इस पद के व्यवहार के ही योग्य है अर्थात् यह ''रति'' ''भाव'' ही कहलाएगी।

(4) जहां पात्रों की आलम्बन विभावादिकों की योग्यता नहीं है किन्तु केवल स्थायीभाव या उद्दीपन विभाव है–उस अवस्था को ''अनौचित्य'' समझना चाहिए।

तत्र रतेरुपनायकनिष्ठत्वे यथा मम–

'स्वामी मुग्धतरो वनं घनमिदं बालाऽहमेकाकिनी
क्षोणीमावृणुते तमालमलिनच्छाया तमःसन्ततिः।
तन्मे सुन्दर! मुञ्च कृष्ण! सहसा वर्त्मेति गोप्या गिरः
श्रुत्वा तां परिरभ्य मन्मथकलासक्तो हरिः पातु वाः।।'

बहुनायकनिष्ठत्वे यथा–

'कान्तास्त एव भुवनत्रितयेऽपि मन्ए येषां कृते सुतनु! पाण्डुरयं कपोलः'।

अनुभयनिष्ठत्वे यथा–मालतीमाधवे नन्दनस्य मालत्याम्।

'पश्चादुभयनिष्ठत्वेऽपि प्रथममेकनिष्ठत्वे रतेराभासत्वम्' इति श्रीमल्लोचनकाराः।

तत्रोदाहरणं यथा–रत्नावल्यां सागरिकाया अन्योन्यसन्दर्शनात्प्राग्वत्सराजे रतिः।

प्रतिनायकनिष्ठत्वे यथा–हयग्रीववधे हयग्रीवस्य जलक्रीडावर्णने।

अधमपात्रगतत्वे यथा–

'जघनस्थलनद्धपत्रवल्ली गिरिमल्लीकुसुमानि कापि भिल्ली।
अवचित्य गिरौ पुरो निषण्णा स्वकचानुत्कचयाञ्चकार भर्त्रा'।।

तिर्यगादिगतत्वे यथा–

'मल्लीमतल्लीषु वनान्तरेषु वल्ल्यन्तरे वल्लभमाह्वयन्ती।
चञ्चद्विपञ्चीकलनादभङ्गीसङ्गीतमङ्गीकुरुते स्म भृङ्गी।।'

आदिशब्दात्तापसादयः।

हिन्दी अनुवाद–उनमें से रति के उपनायक में आश्रित होने पर जैसे मेरा (ग्रंथकार का) निम्न पद्य द्रष्टव्य है–

मेरे पति बहुत ही अबोध हैं, यह वन भी बहुत घना है, मैं अकेली बाला हूं, तमाल की भांति मलिन छाया वाली अन्धकार-राशि धरती को आच्छादित कर रही है। इस कारण से हे सुन्दर! हे कृष्ण! मेरा रास्ता शीघ्र छोड़ो। गोपी की इस प्रकार की बातें सुनकर सहसा उसको आलिङ्गन कर कामकलाव्यसनी श्रीकृष्ण आप सबकी रक्षा करें।

(यहां मेरे पति कहने से कृष्ण उपनायक हैं। उनमें निष्ठा वाली गोपी की रति होने से अनौचित्य होने के कारण रसाभाव है।)

रति के बहुत नायकों में आश्रित रहने पर शृङ्गराभास का निदर्शन जैसे–

हे सुन्दरी! मैं तीनों लोकों में उन्हीं को सुन्दर मानता हूं जिनके लिए यह तुम्हारे कपोल पीले वर्ण वाले हो गए हैं।

(यहां अनुराग के बहुनायकनिष्ठ होने से शृंङ्गाराभास है।)

अनुराग के दोनों में स्थित न होने पर शृङ्गाराभास का उदाहरण जैसे– मालतीमाधव में नन्दन का मालती में अनुराग। यह अनुराग मालती का नन्दन में नहीं है, अतः शृङ्गाराभास है।

बाद में रति के दोनों में आश्रित होने पर भी पहले एक में ही रहने पर शृङ्गाराभास होता है–ऐसा लोचनकार आचार्य अभिनवगुप्त का मत है। इसमें उदाहरण जैसे–रत्नावली में सागरिका का परस्पर दर्शन के पूर्व वत्सराज में अनुराग।

अनुराग के प्रतिनायकनिष्ठ होने पर शृङ्गाराभास का उदाहरण जैसे– हयग्रीववध में हयग्रीव के जलक्रीड़ा-वर्णन में।

अनुराग के अधम पात्र में रहने पर शृङ्गाराभास का उदाहरण जैसे–

अपनी जघनस्थली पर पत्रलता को लपेटने वाली किसी भिल्ल-सुन्दरी ने पहाड़ी चमेली पुष्पों को चुनकर पर्वत-शिखर पर पति के सामने बैठी हुई पति के द्वारा अपने केशों को संवारने लगी।

अनुराग के तिर्यग् योनि में आश्रय होने पर शृङ्गाराभास का निदर्शन जैसे–

प्रशस्त चमेली के पुष्प पाए जाने वाले वन में दूसरी लता में प्रियतम को बुलाती हुई भंवरी ने बजती हुई वीणा के कलनाद के समान मधुर स्वर से गुञ्जन प्रारम्भ किया।

(इन दोनों के अनुराग तत्त्व को न समझ सकने के कारण अनुराग का वर्णन होने से शृङ्गाराभास है।)

आदि शब्द से तापस आदि का ग्रहण होता है।

संस्कृत व्याख्या–रतेरुपनायकगतेऽनौचित्यमुदाहर्तुमुपक्रमते–तेषु मध्ये रतेः उपनायकनिष्ठत्वे यथा मम ग्रंथकारस्य स्वामीति।

हे सुन्दर! कमनीय! कृष्ण! मे परिणेता अतीवनिर्बोधः कथमपि विलम्बे स कुप्यत्येव पुरोगतं काननं निबिडम् अहम् अद्वितीया युवतिः, तमालमलिनच्छाया– तमालस्य इव मलिना छविः, यस्याः तादृशी अन्धकारराशिः पृथ्वीम् आच्छादयति। तस्मात् मे पन्थानम् सहसा त्यज इत्थं गोपवध्वाः वचनानि आकर्ण्य गोपीम् सहसा आश्लिष्य कामकेलिसंलग्नः कृष्णः वः युष्मान् रक्षतु इति।

अत्र स्वामी मुग्धतर इत्यनेन अन्यपरिणीतेति सूचनात् वक्तृनायिकायाः कृष्ण उपपतिरेव। तेन गोपीरतेरुपनायकनिष्ठत्वेन अनौचित्याद्रसाभास एवेति।

रतेः बहुनायकनिष्ठत्वे रसाभासमुदाहरति–कान्ता इति। हे सुतनु! त्रिलोक्याम् तथाविधाः एव प्रियतमाः मन्ए कान्तानां कृते त्वदीयः गण्डस्थली पाण्डुवर्णः। अत्र कान्ताः इति बहुवचनान्नायिकाया बहुनायकनिष्ठत्वम् अत्र अनौचित्याद्रसाभासः।

रतेरनुभयनिष्ठत्वे रसाभासमुदाहरति–मालतीमाधवे नन्दनस्य मालत्यां रतिः। अत्र रतिर्नन्दनमात्रनिष्ठा न तु मालतीनिष्ठाऽपि तेन रसाभास एव।

विषएऽस्मिन् लोचनकारमतमाह–पश्चादिति। रतेः अनन्तरम् उभयनिष्ठत्वे प्राक् एकनिष्ठत्वे शृङ्गाराभासत्वम् इति अभिनवगुप्तपादाः।

उक्तविषए उदाहरणं यथा–रत्नावल्यां नाटिकायाम् वत्सराजसागरिकयोः परस्परविलोकनात् प्रथमं सागरिकायाः नायिकायाः वत्सराजे नायके अनुरागः। अत्रात्मनोऽपि स्वरसदर्शनादयः समुल्लेखो नाम्ना।

प्रतिनायकनिष्ठत्वे रतेः रसाभासमुदाहरति–हयग्रववधे हयग्रीवस्य जलक्रीडावर्णने। अत्र रतेः प्रतिनायकनिष्ठत्वेन शृङ्गाराभासः।

रतेरधमपात्रगतत्वे रसाभासमुदाहरति–जघनस्थलनद्धपत्रवल्ली–कटीपश्चाद्भागे धृता पत्रलता यया सा तादृशी काऽपि भिल्लीस्त्री कुटजकुसुमानि आहृत्य पर्वते भर्तुरग्रतः उपविष्टा सती स्वामिना निजकेशान् संयमयामासेति। अत्र अनुरागस्य तत्त्वबोधाक्षमाद्यमनायिकानायकगतत्वेन परिपुष्टोऽपि शृङ्गारः शृङ्गाराभास एव।

तिर्यग्गतत्वे शृङ्गाराभासमुदाहरति–भ्रमरी मल्लिकाकुसुमैः प्रशस्तेषु काननाभ्यन्तरे अन्यस्यां लतायां प्रियं आमंत्रयन्ती चञ्चद्विपञ्चीकलनादभङ्गी क्वणन्त्याः सप्ततंत्री-शालिन्याः वीणायाः मधुरास्फुटध्वनिप्रकारेण सङ्गीतम् आददौ चकारेत्यर्थः। अत्रानुरागस्य तत्त्वबोधाक्षमतिर्यग्गतत्वात्।

मूले अधमपात्रतिर्यगादिगते इत्यत्रत्यादिपदात् तापसादयः ग्राह्या इति।

टिप्पणी–यहां रति के तत्वज्ञान के विषय में असमर्थ होने के कारण अधमनायक और नायिकागत होने के कारण ''शृङ्गाराभास'' है।

रौद्राभासो यथा–

'रक्तोत्फुल्लविशाललोलनयनः कम्पोत्तराङ्गो मुहु-
र्मुंक्त्वा कर्ममपेतभीर्धृतधनुर्बाणो हरेः पश्यतः।
आध्मातः कटुकोक्तिभिः स्वमसकृद्दोर्विक्रमं कीर्तय-
न्नंसास्फोटपटुर्युधिष्ठिरमसौ हन्तुं प्रविष्टोऽर्जुनः।।'

भयानकाभासो यथा–

'अशक्नुवन् सोढुमधीरलोचनः सहस्ररश्मेरिव यस्य दर्शनम्।
प्रविश्य हेमाद्रिगुहागृहान्तरं निनाय बिभ्यद्दिवसानि कौशिकः।।'
स्त्रीनीचविषयमेव हि भयं रसप्रकृतिः। एवमन्यत्र।
भावाभासो लज्जादिके तु वेश्यादिविषए स्यात्।।266।।

स्पष्टम्।

भावस्य शान्तावुदये संधिमिश्रितयोः क्रमात्।
भावस्य शान्तिरुदयः संधिः शबलता मता।।267।।

हिन्दी अनुवाद–रौद्राभास (का उदाहरण) यथा–

वह अर्जुन (क्रोध से) रक्तवर्ण वाला तथा विस्फारित हैं विशाल और चञ्चल नयन जिसके ऐसा, पौनःपुन्येन कम्पित हैं अङ्ग जिसके जैसा, निर्भय, धनुषबाण को धारण किए हुए (युधिष्ठिर की) कटूक्तियों से दग्ध, श्रीकृष्ण के देखते-देखते (अर्थात् देखते हुए श्रीकृष्ण का अनादर करके), पुनः पुनः अपने भुज विक्रम का कीर्तन करता हुआ (तथा) स्कन्ध को (हाथ से) ताड़ने में तत्पर (सूतपुत्र) कर्ण को (प्रहार करते हुए) छोड़कर युधिष्ठिर को मारने के लिए (स्कन्धावार में) घुस गया।

युधिष्ठिर को मारने के लिए शिविर में प्रवेश किया।

(यहां पूज्य बड़े भाई के ऊपर क्रोध होने से रौद्राभास है।)

भयानकाभास का उदाहरण जैसे–

जिस प्रकार उल्लू सूर्य की किरणों को देखने में असमर्थ होता है, वैसे ही इन्द्र सूर्य के समान तेजस्वी रावण को देखने में अमसर्थ होकर डरते हुए सुमेरु पर्वत की गुफाओं में छिपकर दिन व्यतीत करता है।

यहां भय का इन्द्रगत होने के कारण भयानकाभास है।

ऐसा इसलिए है कि स्त्री एवं नीच का विषय बना भय ही रस का आश्रय है।

इसी तरह शान्ताभास आदि के उदाहरण भी जान लेना चाहिए।

लज्जा, निर्वेद आदि सञ्चारिभाव वेश्या आदि में होने पर भावाभास होता है।

भावाभास तो लक्षणमात्र से स्पष्ट है।

सञ्चारिभाव की शान्ति एवं उत्पत्ति दोनों भावों की समानकक्ष के रूप में संधि, बहुत से भावों की पूर्व-पूर्व की अपेक्षा उत्तर-उत्तर के प्राबल्य के रूप में मिश्रण होने पर क्रम से भावशान्ति, भावोदय, भावसंधि एवं भावशबलता ये चार होते हैं। वे भी रसजातीय होने से काव्य की आत्मा बनते हैं। अर्थात् (1) भाव के (जिस किसी भी व्यभिचारी भाव के) शान्त होने पर उत्पन्न हुए भाव, का विरुद्ध सामग्री के बल पर तिरोभाव हो जाना' ''शन्ति'' कहलाता है। ''विरुद्धसामग्रीबलात् प्रशमावस्था'' ''भावशान्तिः'' (नामक काव्य की आत्मा होती) है। (2) (किसी) भाव की उत्पत्ति होने पर (स्वसामग्रीमाहात्म्येनोद्गमावस्था–अपनी सामग्री के बल से उत्पन्न होने पर अवस्था) ''भावोदय'' (नामक काव्य की आत्मा होती है) (उदय व्यभिचारीभाव का ही होता है, स्थायीभाव का नहीं।)

संस्कृत व्याख्या–गुरुजनकोपेन रौद्राभासमुदाहरति–कोपेन रक्तवर्णे प्रकाशिते विस्तृते आघूर्णिते नेत्रे, यस्य सः यथोक्तः वारं वारं कम्पः उत्तरः अधिको येषु तादृशानि अङ्गानि यस्य सः राधेयं उज्झित्वा व्यक्तभयः गृहीतकार्मुकशरः युधिष्ठिरस्य परुषवचनैः उत्तेजितः अंसास्फीटपटुः स्कन्धयोः हस्ताघाते तत्परः किरीटी मुहुः मुहुः निजं बाहुबलं वर्णयन् कृष्णस्य विलोकयतः तमप्यनादृत्येति। युधिष्ठिरं हन्तुं शिविरं प्रविष्ट इति।

अत्रार्जुनस्य क्रोधस्य ज्येष्ठाग्रजयुधिष्ठिररूपगुरुगतत्वेन प्रतिपुष्टोऽपि अनौचित्याद्रौद्राभास एव।

उत्तमपात्रगतत्वेन भयानकाभसमुदाहरति–अशक्नुवन्निति। इन्द्रः उलकः सूर्यस्य तेजः मर्षितुम् असमर्थः कातरनेत्रः इव रावणस्य विलोकनम् सोढुम् अशक्नुवन् अधीरलोचनः सन् हिमालयगह्वरवद् भवनान्तः प्रविश्य त्रस्यन् दिनानि यापितवान्।

यथा हि सूर्यस्य तेजः सोढुमसमर्थ उलूकः हिमालस्य गुहाभ्यन्तरं प्रविश्य बिभ्यत् दिनादि नियोयेति। अत्र भयस्य देवराजनिष्ठत्वेन भयानकाभासः।

अत्र केचित् शब्दशक्तिमूल उपमाध्वनिः। भयस्य स्थायिभावस्य बिभ्यदिति एतद्वाच्यत्वात् च व्यङ्ग्यत्वं व्यङ्ग्यक्रमापरिचयाधीनमसंलक्ष्यक्रमव्यङ्ग्यत्वम्। तेन नात्र रसाभासध्वनिः किन्तूपमाध्वनिरेव पेचक इव इन्द्रति स्थितेः।

नन्वत्र को दोषा यद्भयानकस्य आभासत्वमुच्यते इत्यत्राह—स्त्रीति। स्त्रीनीचपात्राश्रयम् एव हि भयभावः रसमूलम्, अत एव आभासत्वम्। अत एव भयस्य उत्तमपात्रगतत्वेन अनोचित्याद्दोष इति एवमिति। एवम् शमादीनां हीननिष्ठत्वादौ श्रेयम्।

अत्र हीननिष्ठत्वाच्छमस्य शान्ताभासः। गुर्वाद्यालम्बने हासे हास्याभासो यथा—

'अपानवायुं सततं विमुञ्चन् असंयमव्यग्रकपूर्वकेशः।
अध्यापयत्येष गुरुः सदा मे लालाक्तवक्त्रो मलदिग्धवासाः'।।

अत्र हासस्य गुरुगतत्वेन हास्याभासः।

ब्रह्मवधादौ उत्साहे वीरोभासो अधमपात्रगते चोत्साहे वीराभासो एवं रसाभासं निरूप्य भावाभासं निरूपयति—भावाभास इति।

अन्वयः—लज्जादिके वेश्यादिविषए तु भावाभासः स्यात्।

लज्जानिर्वेदप्रभृतिसञ्चारिभावे वारवनितादूतीप्रभृत्याश्रये सति तु भावाभासः स्यात्। अत्यन्तनिर्लज्जस्वभावेषु वेश्यादिषु लज्जादीनामसम्भवेनौचित्यात्। अत्र वेश्यानां लज्जाभावाद्भावाभासत्वम्। प्रकाशकारस्तु तदाभासा अनौचित्यप्रवर्तिता इति। भावशान्त्यादीन् निर्वक्ति—भावस्येति।

अन्वयः—भावस्य शान्तौ उदये संधिमिश्रितयोः क्रमात् भावस्य शान्तिः उदयः संधिः शबलता मता।

सञ्चारिणः प्रशमे उत्पत्तौ भावयोः कयोश्चिद्द्वयोः सन्धौ अवस्थाने भावानां केषाञ्चिद् बहूनां मिश्रिते समानभवेन मिश्रिततत्वे क्रमात् सञ्चारिभावस्य, शान्तिः, उदयः, संधिः शबलता चेति भावशान्तिः, भावोदयः, भावसंधिः भावशबलता चेति

स्थितयः मता इति। भावप्रशमादयो हि सञ्चारिण एव न तु स्थायिनः तस्य स्रक्सूत्रवृत्त्या सन्ततमविच्छेदिनः शान्त्यादिवर्णने विरसमेव। तत्र विरुद्धसामग्रीप्राबल्येन प्रशमः स्वसामग्रीप्राबल्येनोदयः उभयसामग्रीप्राबल्यात् परस्परानुपदमर्देन बोधः संधिः पूर्वर्वोपमर्द्देन उत्तरोत्तरोत्पत्तिः शबलता चेति। एतेऽति काव्यात्मतां भजन्ते रससजातीयत्वात्।

टिप्पणी–(1) एक बार कौरव-पाण्डवों के संग्राम में नित्य "आज ही मैं कौरवों को मार डालूंगा" इस प्रकार अपने पराक्रम की बड़ाई करते हुए, प्रतिज्ञा को पूरी करने में असमर्थ अर्जुन की युधिष्ठिर ने "यदि तू कौरवों को मारने में असमर्थ है, तो गाण्डीव का असम्मान मतकर, इसका त्याग कर दे, श्रीकृष्ण को सौंप दे" इस प्रकार निन्दा की। इस निन्दा को सहन न करते हुए अर्जुन ने "जो मुझे शस्त्र छोड़ने के लिए कहेगा, अथवा तिरस्कार करेगा, मैं उसको मार डालूंगा" इस प्रकार अपनी पूर्व प्रतिज्ञा को स्मरण करके अत्यन्त पूज्य युधिष्ठिर को मारने में प्रवृत्त हो गया" इस प्रकार की पौराणिकी कथा है।

(2) यहां पर अर्जुन का गुरुतुल्य ज्येष्ठ भाई के प्रति क्रोध के अनुचित होने के कारण "रौद्ररसाभास" है।

(3) रसाभास और भावाभासादिकों का असंलक्ष्यक्रमव्यंग्य होना ग्रंथकार आगे चलकर स्वयमेव कहेंगे। और उस स्थायीभाव व्यंग्य के बोध क्रम के अपरिचय से ही, इस श्लोक में स्थायीभाव भय के "बिभ्यत्" यह कहने से व्यंग्यता नहीं आती है। फिर व्यंग्यक्रम के अपरिचय के अधीन असंलक्ष्यक्रमव्यंग्यता का तो कहना ही क्या? अतः यहां पर रसाभासध्वनि न होकर उपमाध्वनि ही है।

(4) "भावशान्ति" के अन्दर एक ही भाव का नाश होता है। "भावोदय" के अन्दर एक ही भाव की उत्पत्ति होती है। 'भावसंधि' में दोनों ही भावों का विनाश और उत्पत्ति होती है। भावशबलता के अन्दर अनेक भावों का विनाश और उत्पत्ति होती है।

क्रमेण यथा–

'सुतनु! जहिहि कोपं पश्य पदानतं मां
न खलु तव कदाचित्कोप एवंविधोऽभूत्।
इति निगदति नाथे तिर्यगामीलिताक्ष्या
नयनजलमनल्पं मुक्तमुक्तं न किञ्चित्'।।

अत्र बाष्पमोचनेनेर्ष्याख्यसञ्चारिभावस्य शमः।

'चरणपतनप्रत्याख्यानात्प्रसादपराङ्मुखो
निभृतकितवाचारेत्युक्त्वा रुषा परुषीकृते।
व्रजति रमणे निःश्वस्योच्चैः स्तनस्थितहस्तया
नयनसलिलच्छन्ना दृष्टिः सखीषु निवेशिता'।।

अत्र विषादस्योदयः।

'नयनयुगासेचनकं मानसवृत्त्यापि दुष्प्रापम्।
रूपमिदं मदिराक्ष्या मदयति हृदयं दुनोति च मे'।।

अत्र हर्षविषादयोः संधिः।

क्वाकार्यं? शशलक्ष्मणः क्व च कुलं? भूयोऽपि दृश्येत सा?,
दोषाणां प्रशमाय मे श्रुतमहो!, कोपेऽपि कान्तं मुखम्।
किं वक्ष्यन्त्यपकल्मषाः कृतधियः, स्वप्नेऽपि सा दुर्लभा
चेतः स्वास्थ्यमुपैहि, कः खलु युवा धन्योऽधरं पास्यति।।'
अत्र वितर्कौत्सुक्यमतिस्मरणशङ्कादैन्यधृतिचिन्तानां शबलता।

हिन्दी अनुवाद—क्रम से उदाहरण जैसे भावशान्ति—

हे सुन्दरी! क्रोध छोड़ो, तुम्हारे चरणों पर झुके हुए मुझे देखो। तुम्हारा इस प्रकार का क्रोध तो कभी नहीं हुआ था। इस प्रकार प्रियतम के कहने पर आंखों को तिरछा करने वाली सुन्दरी ने आसूं को बहुत गिराया, परन्तु मुंह में कुछ भी नहीं बोली।

यहां वाष्पमोचन से ईर्ष्याभाव की शान्ति है।

भावोदय का उदाहरण जैसे—

चरणों में गिरने पर भी (प्रेमिका के) प्रसन्न न होने से खुश करने में विफल प्रसन्न धूर्त कहे जाने पर क्रोध से निष्ठुर बने प्रियतम के चले जाने पर लम्बी आंहें भरकर छाती पर हाथ रखती हुई उसने आंसुओं से भरी दृष्टि सखियों पर डाली।

यहां विषाद का उदय है।

भावसंधि का उदाहरण जैसे—

दोनों आंखों को अत्यन्त तृप्ति करने वाला तथा मन के व्यापार से प्राप्त करने में भी कठिन उस मदिरेक्षणा का यह रूप मेरे हृदय को आह्लादित करता है और प्राप्त करने में असमर्थ होने से पीड़ित भी करता है।

यहां हर्ष और विषाद की संधि है। रूप देखने में हर्ष एवं उसे न पाने पर विषाद है।

भावशबलता का उदाहरण जैसे–

कहां तो मेरा कुकार्य और कहां चन्द्रमा का वंश, जिसमें मेरा जन्म हुआ है? (वितर्क) वह फिर कहां देखने को मिलेगी? (औत्सुक्य) मेरा शास्त्र का अध्ययन दोषों के निवारण के लिए है। (मति) क्रोधित होने पर भी उसका मुखमंडल कितना सुन्दर था। (स्मृति) यदि मैंने ऐसा किया तो मुझे विद्वान् लोग क्या कहेंगे? (शङ्का) अब वह स्वप्न में भी दुर्लभ हो गई। (दैन्य) हे मन! धैर्य धारण करो। (धृति) ऐसा कौन भाग्यवान् युवक होगा जो उस सुन्दरी का अधरपान करेगा (चिन्ता)।

यहां पूर्व-पूर्व के उत्तरोत्तर प्राबल्य से वितर्क, औत्सुक्य, मति, स्मरण, शङ्का, दैन्य, धृति तथा चिन्ता–इन भावों की शबलता है।

इस पद्य में (1) (पहले वाक्य से) वितर्क, (2) (दूसरे वाक्य से) औत्सुक्य, (3) (तीसरे वाक्य से) मति, (4) (चौथे वाक्य से) स्मरण, (5) (पांचवें वाक्य से) शङ्का, (6) (छठे वाक्य से) दैन्य, (7) (सातवें वाक्य से) धृति, और (8) (आठवें वाक्य से) चिन्ता इत्यादि भावों की अभिव्यक्ति होने से शबलता है। (अतः अनेक संचारीभावों के मिश्रण से यह पद्य "भावशबलता" का उदाहरण है।)

संस्कृत व्याख्या–अथ क्रमेण भावशान्त्यादीनुदाहरति–क्रमेणेति। तत्र प्रथमं भावशान्तिर्यथा– सुतनु इति। हे सुन्दराङ्गि! क्रोधं त्यज चरणावनतम् मां विलोकय कदाचित् तव कोषः एवम्प्रकारः न जातः पत्यौ इत्थं वदति वक्रभावं यथा स्यात्तथा मुद्रितनयनायाः प्रचुरम् अश्रु मुक्तं किमपि न कथितम्।

उक्तश्लोक भावशान्ति निर्दिशति–पद्येऽस्मिन् अश्रुविसर्जनेन विरुद्धसामग्री-प्राबल्येन ईर्ष्याख्यसञ्चारिभावस्य शान्तिः इति।

भावोदयमुदाहरति–चरणेति। चरणपतनप्रत्याख्यानात् पादयोः पतने अपि कोपापरित्यागात् प्रियां प्रति प्रसादरहिते हे गुप्तधूर्व्यवहार! इति उक्त्वा क्रोधेन

निष्ठुरीकृते प्रिये परित्यज्य प्रस्थिते सति, उच्चैः निःश्वस्य वक्षसि दत्तहस्तया कया अपि वाष्पावृता दृष्टिः वयस्यासु अर्पिता।

तत्र भावोदयमाह–अत्रेति। अत्र, विषादस्य उदयः विषादोदये एव नयनसलिनावृतत्वाद् दृष्टेरिति। भावसंधिमुदाहरति–नयनेति। खञ्जगनयनायाः नेत्रयुगलात्यन्ततृप्तिकरम् मनोरथे अपि दुःखेनैव प्राप्यम्; भुविविरलत्वात् प्रकृतम् रूपं मे हृदयं आह्लादयति सन्तापयति चेति।

उदाहरणे लक्षणं घटयति–अत्रेति। अत्र हर्षविषादयोः सञ्चारिणोः संधि। वक्तुश्चिते समानभावेन क्रमिकावस्थानादिति। विलोकनेन हर्षः अलाभेन विषादश्चेति। उभयोः सामग्रीप्राबल्येन समानबलयोः द्वयोः संधिः।

भावशबलतामुदाहरति–क्वाकार्यमिति। उर्वशीमुद्दिश्य उन्मत्तस्य पुरूरवस उक्तिरियम्। स्त्रियाः कृते आत्महत्यारूपमकृत्यम् क्व चन्द्रमसः निर्मलवंशः, क्व? अत्यन्ते निर्मले निष्कलङ्के जातस्य मे तादृशं कर्म किमुचितमिति वितर्कः। उर्वशी पुनः अपि विलोक्येत् किम्? इति दर्शने औत्सुक्यम्। अस्माकम् शास्त्रज्ञानम् दुष्कार्याणाम् निवारणाय एव तादृशं कर्म मया न कार्यमिति मतिः। तस्याः वदनम् कोपे अपि कमनीयम् आश्चर्यम् कोपेऽपि तस्याः मुखं कान्तमिति स्मृतिः। निष्पापाः मनस्विनः किं वक्ष्यन्ति। अकार्यकारिणं मां प्रतीति। अत्र सन्तो मां किं कथयिष्यन्तीति शङ्का। उर्वशी स्वप्ने अपि प्राप्तुमशक्या अत्र दैन्यम्। हे चेतः! धीरत्वम् प्राप्नुहि अत्र धृतिः। कः भाग्यशाली तरुणः तस्या अधरं पास्यति इति चिन्ता।

लक्ष्ये लक्षणं सङ्गमयति–अस्मिन् काव्ये, वितर्क-औत्सुक्य-मतिस्मरण-शङ्का-दैन्य-धृति-चिन्तानां तत्तद्भावानां पूर्वपूर्वापेक्षया उत्तरोत्तर प्राबल्येन शाबल्यम्।

टिप्पणी–इस पद्य के प्रथम चरण में (1) वितर्क और (2) औत्सुक्य संचारी भाव हैं। यथा हि–"कुलम्" इससे चन्द्रकुल में उत्पन्न होने के कारण स्त्री विरह में आत्महत्या करना अनुचित है, इस प्रकार का विचार वितर्क है; "सा" इससे "औत्सुक्य" प्रतीत होता है। दूसरे चरण में (3) मति और (4) स्मरण सञ्चारीभाव हैं। यथाहि–श्रुतम्" इससे उर्वशी के प्रति अनुराग सर्वथा दोष के लिए ही है। इस प्रकार की निश्चयात्मक विचार वाली "मति" है, "मुखम्" इससे मुख की सुन्दरता का "स्मरण" है। तृतीयचरण में (5) शंका और (6) दैन्य सञ्चारीभाव हैं, यथाहि–

"कृतधियः" इससे शंका 'दुर्लभा' इससे अपने अनौजस्वरूप "दैन्य" प्रतीत होता है। चतुर्थ स्मरण में (7) धृति और (8) चिन्ता सञ्चारीभाव है। यश्चाहि-उपैहि—इससे धृति "पास्यति" इससे चिन्ता व्यक्त होती है। यहां पर जिस प्रकार अन्य पदार्थ के आस्वाद को विनष्ट न करते हुए नारियल के जलादि पदार्थों के साथ मिश्रित होने पर विलक्षण आस्वाद को उत्पन्न करते हैं, उसी प्रकार पृथक्-पृथक् अभिव्यक्त होते हुए भी ये भाव महावाक्य के अर्थ बोध में मिलकर अपूर्व चमत्कार को उत्पन्न करते हैं। (9) यहां इस पद्य के अन्दर दो-दो भावों में पहला-पहला भाव आने वाले भाव से बाध्य होता है और बाध्य करने वाला भाव बाधक होता है। इसी प्रकार सम्पूर्ण पद्य के अन्दर भाव समुदाय का बाध्य-बाधक भाव से मुख्य रूप से आस्वादन किया जाता है। अतः "भावशबलता" का ही प्राधान्य है।

इति साहित्यदर्पणे रसादिनिरूपणो नाम तृतीय परिच्छेदः।

इस प्रकार साहित्यदर्पण में रसादि-निरूपण नामक तीसरा परिच्छेद समाप्त हुआ।

इति तृतीयः परिच्छेदः।

□□□